普通高等院校经济管理类"十四五"应用型精品教材
【工商管理系列】

人力资源管理

HUMAN RESOURCE
MANAGEMENT

第 4 版

主　编　张小兵　孔凡柱
副主编　邓子鹃　陶爱祥　许　平
参　编　赵　莉　孙甫丽　邹　鑫

机械工业出版社
CHINA MACHINE PRESS

进入 21 世纪以来，经济全球化和全球市场化的进程不断加快，人类正在迈向知识经济时代。经济社会发展所依赖的关键资源由传统经济学认为的土地、劳动力和资本逐步转向现代经济学认为的人力资源和知识。本书紧跟时代趋势，注重人力资源管理理论与实务的结合，采用一体化的学习体系，融编写成员的科研成果和实践经验于书中，既能体现人力资源管理课程教学的科学性、适切性，又能培养学生分析和解决实际问题的能力，开拓学生的视野。

本书介绍了人力资源管理的理论和方法，主要包括：人力资源管理导论、人力资源战略与规划、工作分析、员工招聘与录用、员工培训与开发、绩效管理、薪酬管理、职业生涯管理、劳动关系管理、组织文化和跨文化人力资源管理。

本书主要适合普通高等院校经济管理类专业的专科生、本科生当作教材使用，也可供企事业单位的管理者、人力资源管理人员和其他理论工作者学习和使用。

图书在版编目（CIP）数据

人力资源管理 / 张小兵，孔凡柱主编. —4 版. —北京：机械工业出版社，2023.11（2025.8 重印）

普通高等院校经济管理类"十四五"应用型精品教材. 工商管理系列

ISBN 978-7-111-73995-1

Ⅰ. ①人… Ⅱ. ①张… ②孔… Ⅲ. ①人力资源管理 – 高等学校 – 教材 Ⅳ. ① F243

中国国家版本馆 CIP 数据核字（2023）第 186497 号

机械工业出版社（北京市百万庄大街 22 号　邮政编码 100037）
策划编辑：施琳琳　　　　　　责任编辑：施琳琳
责任校对：梁　园　许婉萍　　责任印制：张　博
天津嘉恒印务有限公司印刷
2025 年 8 月第 4 版第 3 次印刷
185mm×260mm・19 印张・423 千字
标准书号：ISBN 978-7-111-73995-1
定价：59.00 元

电话服务　　　　　　　　网络服务
客服电话：010-88361066　　机 工 官 网：www.cmpbook.com
　　　　　010-88379833　　机 工 官 博：weibo.com/cmp1952
　　　　　010-68326294　　金 书 网：www.golden-book.com
封底无防伪标均为盗版　　　机工教育服务网：www.cmpedu.com

Preface 前言

在VUCA时代，我们正面对着一个易变性（volatility）、不确定性（uncertainty）、复杂性（complexity）和模糊性（ambiguity）共存的世界，现代技术爆炸式发展，互联网不断渗透，处理相同问题所需的流程、工具以及方法也在时刻发生变化。过去几年间，当专家学者们对VUCA时代的种种可能性侃侃而谈时，大多数人可能并没有切身的体会。随着21世纪第三个十年的到来，企业正试图深刻地了解自己的人才，达到超越以往任何时期的理解水平，以便更好地服务于人才。2020年新冠疫情对全球经济造成巨大冲击，大量企业不得不直面商业转型，"以人为本""员工体验""员工关怀""共享服务""数字化"等全球人力资源管理发展趋势的关键词更为凸显。我们深刻感受到不确定性下的未来之路举步维艰，这也引发我们对人力资源管理的更深层次的思考。

人类社会自形成以来，其运行、演变和进化都离不开管理及其相关科学的发展和进步，而现代社会的发展，以及各种技术、学科之间的融合、交叉、互补，又给管理学注入了新的生机，提出了更多的现实问题，提供了更广的发展可能。人们在逐步意识到管理重要性的同时，也开始越来越多地思考管理在社会经济实践中所面临的新问题以及管理学研究在面对机遇和挑战时表现出的异象。这是社会经济发展的必然，同时也是管理学自身发展的需求。

进入21世纪以来，经济全球化和全球市场化的进程不断加快，人类正在迈向知识经济时代。经济社会发展所依赖的关键资源由传统经济学认为的土地、劳动力和资本逐步转向现代经济学认为的人力资源和知识。当代经济学家普遍认为，人力资源是决定经济增长的第一资源，是国家、地区和企业获得竞争优势的根本源泉和战略性资源。在这样的背景下，管理学的理论和实践模式也在创新和发展。

伴随着经济全球化的发展和全球竞争的加剧、技术和互联网迅速发展、顾客需求个性化日趋明显等外部环境的变化，组织建立在产品、工艺、技术上的传统优势逐渐减弱，不得不充分利用组织的一切资源来适应以速度、敏捷、创新和服务为主题的竞争市场的变化，以确保组织的生存和发展。其中作为组织重要资源的人力资源及有关因素也引起了组织的高度重视。从20世纪中期开始，越来越多的组织已经认识到，有效的人力资源管理逐渐成为组织发展与成功的关键。历经半个多世纪的实践证明，人力资源管理实践及其理论已经为大多数组织所接受，并且发展成为管理学一个重要的分支学科，引起了企业界和学术界越来越多的关注。

在这样的大环境和大背景下，国内掀起了学习人力资源管理的热潮。代表性事件之一就是教育部于1998年首次将人力资源管理专业列入《普通高等学校本科专业目录》中。

随着开设人力资源管理专业的高校逐年增加,人力资源管理课程也受到越来越多教师、学生及其他人群的关注和喜爱。因此,人力资源管理课程教材便成为这些人学习强有力的保障和支撑。同时,人力资源管理课程教材还应服务于本科高校培养应用型人才的目标,这也是我们编写本(套)教材的初衷之所在。

本书第1版是机械工业出版社"十一五"应用型规划教材,并于2011年被江苏省教育厅遴选为江苏省高等学校精品教材。本书有三个方面的特点:第一,注重人力资源管理理论与实务的结合。本书在阐述人力资源管理理论的同时,还介绍了一些人力资源管理实践中的操作实务,并辅以图表,以利于学生学习和掌握。第二,采用一体化的学习体系。全书每一章的开始都设有学习目标、引例,目的是使读者了解本章的概要,引发学习兴趣。全书内容中穿插着小案例、小知识等,章后附有本章小结、学习建议、课后思考与练习、案例分析和相关链接。由此组成的一体化学习体系,使本书在内容安排、体例设计、写作等方面与国际上同类教材接轨,便于教师的教学和学生的学习,能够培养学生分析问题和解决实际问题的能力。第三,融编写成员的科研成果和实践经验于书中。本书部分章节融入了作者的部分研究成果和实践经验,一方面,更能体现本书的科学性、适切性;另一方面,也能开拓学生的视野。

本书第1版由张小兵担任主编,李培林、焦晓波和张世云任副主编,张小兵统稿、整理和定稿。国内一些高校从事人力资源管理教学的教师参加了本书的编写工作,具体分工如下:河南财经学院李培林副教授,第8～10章;安徽财经大学焦晓波副教授、魏巍讲师,第4章;安徽财经大学焦晓波副教授、高佩华副教授,第5章;重庆邮电大学张世云副教授,第6、11章;淮阴工学院邓子鹃讲师,第7章;淮阴工学院张小兵副教授,第1～3章。

本书第2版修订由张小兵、孔凡柱担任主编,李培林、邓子鹃和张世云任副主编,张小兵、孔凡柱统稿、整理和定稿。国内一些高校从事人力资源管理教学的教师参加了本书的编写工作,具体分工如下:河南财经政法大学李培林副教授,第8～10章;淮阴工学院孔凡柱博士,第4、5章;重庆邮电大学张世云教授,第6章;淮阴工学院邓子鹃博士,第7、11章;淮阴工学院张小兵教授、赵莉讲师,第1～3章。

在第2版修订中,我们着重对第4、5、11章进行了修改和修订,这主要是基于两方面的考虑:一方面,我们把部分年富力强、学术视野宽的青年学者吸纳到编写团队中,使得整个编写团队的知识面、能力素质更能适应形势的变化;另一方面,考虑到文化差异给组织人力资源管理工作带来的影响,我们特意将第11章修改为跨文化人力资源管理,凸显跨文化管理和跨文化情境下组织人力资源管理的重要性。

本书第3版修订由张小兵、孔凡柱担任主编,李培林、邓子鹃和张世云任副主编,张小兵、孔凡柱统稿、整理和定稿。国内一些高校从事人力资源管理教学的教师参加了本书的编写工作,具体分工如下:河南财经政法大学李培林教授,第8～10章;淮阴工学院孔凡柱副教授,第4、5章;重庆邮电大学张世云教授,第6章;淮阴工学院邓子鹃副教授,第7、11章;淮阴工学院张小兵教授、赵莉副教授,第1～3章。

在第3版修订中,我们着重对第1～5、7、9、11章进行了修改和修订,其中

1～5、7、9、11章引例、案例分析根据使用教师的反馈意见进行了调整，第4、5、7、9、11章分别增加了微招聘、招聘计划、培训计划、微培训、奖金与福利设计、劳动保护和外派管理人员实务等内容。之所以如此修改和修订，主要是基于两方面的考虑：一方面，我们始终把教材质量放到第一位，毕竟教材的质量是教材长期存在的生命力源泉；另一方面，我们也希望能把反映时事、形势变化和人力资源管理发展方面的最新进展等相关内容加进教材，以体现与时俱进的时代精神。

本书第4版修订由张小兵、孔凡柱担任主编，邓子鹃、陶爱祥和许平任副主编，张小兵、孔凡柱统稿、整理和定稿，具体分工如下：淮阴工学院许平副教授，第8、9章；宿迁学院孔凡柱教授、淮阴工学院孙甫丽副教授，第4、5章；淮阴工学院陶爱祥副教授，第6、10章；淮阴工学院邓子鹃副教授，第7、11章；淮阴工学院张小兵教授、邹鑫副研究员、赵莉副教授，第1～3章。

在第4版修订中，我们增加了课程思政、纵横视野等专栏，着重对第1、2、3、4、5、7、8、9、11章进行了修改和修订，其中大部分章首的引例和章末的案例分析根据使用教师的反馈意见进行了调整，第1、2、5、7、8、9、11章分别增加了战略人力资源管理、三支柱模型、人力资源战略、人力资源开发、员工培训体系构建、劳动保护、生态文明绩效考核、宽带薪酬、前景理论、无边界职业生涯、易变性职业生涯、跨国企业人力资源管理模式等内容。除此之外，我们还把课程思政写进学习目标并作为教学小模块。之所以如此修改和修订，主要是基于两方面的考虑：一方面，我们把追求教材的质量作为教材编写的重中之重；另一方面，党的二十大报告提出"教育、科技、人才是全面建设社会主义现代化国家的基础性、战略性支撑"，为进一步落实"坚持科技是第一生产力、人才是第一资源""深入实施人才强国战略""培养造就大批德才兼备的高素质人才"等各项任务，本书也在不断改进和完善，及时融入人力资源管理的新理念、新方法等。跟踪国内外形势变化和人力资源管理前沿是教材能够长期生存的不二法门。

在第4版修订中，我们得到了很多兄弟院校老师的使用反馈意见和建议，也得到了机械工业出版社编辑们的使用反馈及调研意见，在此一并致谢。我们在修订中充分吸收了大家的意见和建议，并将其写进了具体的章节。但是受限于各种原因，部分很好的素材没能写进本书，我们感到很遗憾！

在编写过程中，本书参阅和引用了国内外学者大量的著作、论述和研究成果，在此谨向所有著述者表示诚挚的谢意。在本书的编辑和出版过程中，机械工业出版社给予了编写工作大力的支持和帮助。编辑们认真、细致的工作态度与敬业精神给我们留下了深刻的印象。在此，向他们表示最真诚的敬意和谢意！

由于作者水平有限，书中错误和疏漏在所难免，恳请读者朋友批评指正并提出宝贵意见。我的电子邮箱为：zhangxb3758@sina.com。

张小兵

2023年8月于淮阴工学院新校区周转房

教学建议　Suggestions

本课程是工商管理大类专业的主干课程，也是人力资源专业本专科学生的专业基础课。本课程教学旨在使学生对人力资源管理的一般理论、人力资源管理的基本工作环节和工作技术有一定的了解和掌握，并结合教学过程中的实践环节，强化具体实践能力的培养，从而使学生能够从事具体的人力资源管理各个环节的实践工作。

先修课程为管理学、经济学、战略管理学、组织行为学、统计学等。

课时分布建议如下：

课时分布建议

章　节	教学内容	课时安排 本科	课时安排 专科	备注
第1章	人力资源管理导论	6	4	结合引例、实训项目、案例等使用
第2章	人力资源战略与规划	4	4	
第3章	工作分析	6	6	
第4章	员工招聘与录用	6	8	
第5章	员工培训与开发	6	6	
第6章	绩效管理	6	8	
第7章	薪酬管理	6	8	
第8章	职业生涯管理	4	4	
第9章	劳动关系管理	6	4	
第10章	组织文化	2	2	
第11章	跨文化人力资源管理	4	2	
合　计		56	56	

说明：

1. 在教学时间方面，本书适合40～64学时的教学。教师可根据学生专业情况和人才培养方案等选择适宜的教学学时。
2. 讨论、案例分析等时间已经包括在各章的教学课时内。
3. 实训项目时间可根据教学情况灵活掌握，一般情况下，教师可以提前布置给学生预习和准备。
4. 若本书作为培训等用途，建议教师根据学员具体情况选用适宜的教学方法和工具。

Contents 目 录

前 言
教学建议

第 1 章　人力资源管理导论　/ 1

学习目标　/ 1
引例 1-1　SpaceX 为什么能创造出
　　　　　奇迹　/ 1
引例 1-2　互联网大厂抢人大战再起，
　　　　　谁能实现突围　/ 4
1.1　人力资源管理概述　/ 7
1.2　人力资源管理的发展历史　/ 19
1.3　人力资源管理的学科基础与
　　　理论基础　/ 22
1.4　人力资源管理的发展趋势与
　　　前沿问题　/ 24
本章小结　/ 26
学习建议　/ 26
核心概念　/ 27
课后思考与练习　/ 27
案例分析　高速增长的跨境企业
　　　　　背后，一定有一支
　　　　　优秀的 HRM 军团　/ 27
相关链接　/ 30

第 2 章　人力资源战略与规划　/ 31

学习目标　/ 31
引例 2-1　如何制定一份高质量的
　　　　　人力资源战略规划　/ 31

引例 2-2　实用的人力资源规划
　　　　　三原则　/ 34
引例 2-3　如何编制某汽车集团
　　　　　的人力资源规划　/ 36
2.1　人力资源战略　/ 37
2.2　人力资源规划的含义　/ 39
2.3　人力资源规划的内容和
　　　程序　/ 40
2.4　人力资源需求、供给预测与
　　　平衡　/ 44
2.5　人力资源规划的执行　/ 49
本章小结　/ 51
学习建议　/ 52
核心概念　/ 52
课后思考与练习　/ 53
案例分析　如何编制公司的人力
　　　　　资源规划　/ 53
实训应用　/ 54
相关链接　/ 55

第 3 章　工作分析　/ 56

学习目标　/ 56
引例 3-1　工作职责分歧　/ 56
引例 3-2　迪士尼的清洁工　/ 56
引例 3-3　华为的一线主管：
　　　　　"少将连长"　/ 57
3.1　工作分析的概念　/ 58
3.2　工作分析的内容　/ 61

3.3 工作分析的流程 / 64
3.4 工作分析的方法 / 65
3.5 工作说明书的编写 / 66
3.6 工作评价 / 68
本章小结 / 68
学习建议 / 68
核心概念 / 68
课后思考与练习 / 69
案例分析 红卫该怎么办 / 69
实训应用 / 70
相关链接 / 72

第 4 章 员工招聘与录用 / 73

学习目标 / 73
引例 创新驱动发展与人才的"跨界"招聘 / 73
4.1 员工招聘概述 / 75
4.2 员工招聘的渠道 / 85
4.3 员工甄选 / 87
4.4 员工录用 / 95
4.5 招聘评估 / 99
本章小结 / 100
学习建议 / 101
核心概念 / 101
课后思考与练习 / 101
角色模拟训练 招聘面试 / 101
案例分析 通过分析字迹选择人才 / 102
相关链接 / 103

第 5 章 员工培训与开发 / 104

学习目标 / 104
引例 宝洁员工培训体系 / 104
5.1 员工培训与开发概述 / 105
5.2 员工培训体系构建 / 111
5.3 员工培训方法 / 126

5.4 员工培训评估 / 131
5.5 培训成果转化 / 132
5.6 员工培训的发展趋势 / 133
本章小结 / 134
学习建议 / 135
核心概念 / 135
课后思考与练习 / 135
案例分析 5-1 任正非致新员工的信 / 136
案例分析 5-2 像迎娶恋人一样培训新员工 / 137
实训应用 5-1 / 140
实训应用 5-2 / 140
相关链接 / 141

第 6 章 绩效管理 / 142

学习目标 / 142
引例 D 公司的绩效考核 / 142
6.1 绩效的含义 / 143
6.2 绩效管理概述 / 143
6.3 绩效考核 / 145
6.4 生态文明绩效考核 / 155
6.5 新发展阶段的绩效考核 / 156
本章小结 / 157
学习建议 / 157
核心概念 / 157
课后思考与练习 / 158
案例分析 A 公司绩效考核 / 158
实训应用 / 160
阅读材料 某公司绩效考评方案 / 161
相关链接 / 163

第 7 章 薪酬管理 / 164

学习目标 / 164
引例 7-1 薪酬战略管理 / 164

引例 7-2　爱立信的员工
　　　　　　薪酬　/ 164
7.1　薪酬与薪酬体系　/ 165
7.2　薪酬管理概述　/ 169
7.3　薪酬管理的理论基础　/ 171
7.4　薪酬体系的设计　/ 173
本章小结　/ 186
学习建议　/ 186
核心概念　/ 186
课后思考与练习　/ 187
案例分析　医院的弹性薪酬制度
　　　　　设计思路　/ 187
实训应用　/ 190
相关链接　/ 192

第 8 章　职业生涯管理　/ 193

学习目标　/ 193
引例 8-1　陆步轩的"屠夫
　　　　　　生涯"　/ 193
引例 8-2　新时代就业形态的
　　　　　　新趋势　/ 194
8.1　职业生涯管理概述　/ 195
8.2　职业生涯管理理论　/ 199
8.3　员工职业生涯管理　/ 205
8.4　组织职业生涯管理　/ 209
本章小结　/ 213
学习建议　/ 214
核心概念　/ 214
课后思考与练习　/ 214
案例分析　阿莫科的职业生涯
　　　　　通道管理　/ 214
实训应用　/ 215
阅读材料　向诸葛亮学习
　　　　　"职业规划"　/ 216
相关链接　/ 217

第 9 章　劳动关系管理　/ 218

学习目标　/ 218
引例 9-1　用人单位以承揽协议
　　　　　　否认劳动关系　/ 218
引例 9-2　劳动者应严格遵守用人
　　　　　　单位疫情防控规定　/ 219
9.1　劳动关系管理概述　/ 220
9.2　劳动合同管理　/ 223
9.3　劳动保护　/ 236
9.4　劳动争议管理　/ 240
9.5　与劳动关系有关的主要法律
　　　法规　/ 245
本章小结　/ 247
学习建议　/ 248
核心概念　/ 248
课后思考与练习　/ 248
案例分析 9-1　"四期"女职工的
　　　　　　　权利保护案　/ 248
案例分析 9-2　保险从业人员的劳动
　　　　　　　关系确认案　/ 249
实训应用　/ 249
相关链接　/ 250

第 10 章　组织文化　/ 251

学习目标　/ 251
引例　W 公司的企业文化　/ 251
10.1　组织文化的概念与特性　/ 252
10.2　组织文化的要素与结构　/ 254
10.3　组织文化的功能与机制　/ 257
10.4　组织文化的生成与演化　/ 260
10.5　组织文化的冲突与整合　/ 262
10.6　组织文化的提升与影响　/ 264
本章小结　/ 264
学习建议　/ 265
核心概念　/ 265

课后思考与练习 / 265
案例分析　企业文化建设 / 265
实训应用 / 266
相关链接 / 267

第 11 章　跨文化人力资源管理 / 268

学习目标 / 268
引例 11-1　中国企业"走出去"的人力资源风险 / 268
引例 11-2　在华跨国公司的人才管理面临挑战 / 268
11.1　文化导向的人力资源管理 / 272
11.2　外派员工管理 / 275
11.3　东道国员工管理 / 279
11.4　跨文化人力资源管理的挑战与发展 / 280
本章小结 / 281
学习建议 / 282
核心概念 / 282
课后思考与练习 / 282
案例分析 11-1　新联想的国际化薪酬架构 / 282
案例分析 11-2　中国有色集团本土化用工经验 / 285
相关链接 / 290

参考文献　/ 291

Chapter 1

第1章

人力资源管理导论

⏱ 学习目标

- 理解人力资源和人力资源管理的基本概念。
- 了解人力资源管理的基本职能。
- 了解人力资源管理的发展历史。
- 了解人力资源管理的学科基础与理论基础。
- 了解人力资源管理部门的角色定位和人力资源管理者应具备的素质。
- 了解人力资源管理的发展趋势与前沿问题。
- 理解人力资源质量对国家和民族的重要性。

❀ 引例 1-1

SpaceX 为什么能创造出奇迹

市场上写特斯拉创始人马斯克的书不少，但是能获得他亲自授权并深入揭示他所创立的特斯拉、SpaceX 等公司内部真相的书却很少。特斯拉今天已经为世人所熟知，但是马斯克创立的另一家企业 SpaceX 仿佛笼罩着一层神秘的面纱，外界对其知之甚少。最近问世的一本新书 *Liftoff*: *Elon Musk and the Desperate Early Days That Launched SpaceX*（中文名姑且译作"发射：埃隆·马斯克和 SpaceX 推出早期的艰难岁月"）大概可以满足对 SpaceX 好奇的人们了，它全面揭示了 SpaceX 创业初期那些激情燃烧的岁月。该书作者埃里克·伯杰（Eric Berger）是普利策奖获得者，他通过马斯克的唯一授权采访 SpaceX 的关键员工，包括一些前员工，这才得以完成该书，让我们看到了一家小私人企业是如何完成从 0 到 1，将火箭发射上天的壮举。

一、第一性原理：敢于颠覆传统的勇气

为什么马斯克被人称作"外星人"？为什么在他手上能够诞生特斯拉、SpaceX、Solar City 这些给整个行业带来颠覆性革命的公司？这就得从他有一套与常人不同的做事

逻辑说起。有人把马斯克这套做事逻辑的理论归结于"第一性原理"。最早提出第一性原理思维的人是亚里士多德，他将其定义为"认知事物的第一基础"。法国哲学家和科学家笛卡尔认为，第一性原理是指"系统性地怀疑你可能怀疑的一切事物，直到你获得无可置疑的真相"。简单概括下，第一性原理就是我们需要充分质疑现有的假设，不断解放自己的思考能力，不要把现状当成绝对不变的，而是要勇于改变它。

马斯克是一个绝不按套路出牌的人。很多人认为私人企业是无法扛起发射火箭这样的大事的，只能靠巨无霸企业（比如波音、洛西）甚至国家机构（比如NASA）才能够完成。但是，马斯克偏偏不信这个邪，他认为火箭身上并没有什么与众不同的零部件，按照常规制造业的水平都可以做出来。所以，小企业也可以杀入这个市场。而且，巨头们因为垄断发射市场，造成发射成本也相当高昂。马斯克从小就有一个梦想：让人类成为跨越星际的种群，实现火星移民。要实现这一梦想，高昂的发射成本显然是不现实的，因此必须先将这个高成本降下来。今天，SpaceX的火箭可以实现回收，每次发射成本已经降到了传统巨头公司的几分之一。

要应用第一性原理，首先就要对传统说不，要能够系统性地去怀疑传统的做事方法。20世纪90年代初，美国国家航空航天局（NASA）为了让自己更像一个正规企业一样来运作，提出了让火箭发射工作变得"更快、更好、更经济"，但是后来NASA的种种努力都失败了。于是，人们都开始相信，要同时实现"更快、更好、更经济"是完全不可能的，你只能三者选其二。但是，马斯克并不接受这种结论，他从SpaceX创立之初就提出，以上三条标准他都要。对于马斯克的这种高标准，曾有员工开玩笑说："如果马斯克让你跳过一个50英尺⊖高的障碍，他最不想听到的回答是这件事不可能做到。你需要思考的是如何才能做成这件事，比如：给自己设计一个超级跳跃弹簧。你需要首先提出创意，而马斯克要考虑的是，对你提供什么资源支持来实现这个创意。"

SpaceX在早期招了不少来自波音、洛西这些大企业的员工。在平时工作中，马斯克最不喜欢听到的是这些人说："以前在我们公司就是这么做的。"一旦听到这样的话，马斯克就会严厉警告他们："你现在是在为SpaceX工作，要是再说一次这种话，就赶紧走。"在马斯克的高压下，SpaceX的员工彻底改变了自己做事的思维和方法，持续地创造了一个又一个行业里看似不可能的成果。

SpaceX历史上的前三次火箭发射都失败了。在第四次发射之前，又发生了一件异常惊险的事故：火箭在被从美国大陆空运至位于太平洋上一个小岛的发射场的过程中，因为运输机的气压问题，火箭内部的氧气罐结构受到了影响。在那个远离本土、人迹罕至的小岛上，工程师估计需要至少6周时间把火箭运回本土重新维修。但是，在SpaceX，这样的做事思路是不行的，而且当时发射窗口期已经不允许再浪费6周时间了。后来，工程师用马斯克的私人飞机把维修工具运到了岛上，然后所有人一起忙活，用了几天时间，在这个荒芜的小岛上居然修好了火箭，创造了一个奇迹。

⊖ 1英尺 = 0.304 8米。

二、坚毅：面对逆境的坚持不懈

《坚毅》(Grit: The Power of Passion And Perseverance)的作者、心理学家安杰拉·达克沃思通过大量的案例研究，得出了一个核心观点：一个人能否成功并不取决于他/她的天赋。那些极其成功的人都有一个共同特质：坚毅，也就是向着长期目标，坚持自己的激情，即便历经失败，依然能够坚持不懈地努力下去的品质。马斯克正是这样一个把"坚毅"体现得淋漓尽致的人。他创办SpaceX，是为了实现人类移民火星的梦想。由于一开始无人看好SpaceX的商业前景，这家公司早期运营所需资金几乎全部由马斯克自掏腰包。但是，即使马斯克有再多的钱也经不起SpaceX发射屡次失败的消耗，更何况，马斯克还有另外一家公司特斯拉需要维持。

2008年夏天，SpaceX的第三次火箭发射失败。当时，正值美国次贷危机之后的经济衰退，所有的人都绝望了，马斯克本人的钱也快烧光了。而且，他刚刚和妻子离婚，房子也归了妻子，他连属于自己的一个栖身之地都没有。马斯克将身上仅剩的3 000万美元平分成两半，一半投向了SpaceX，另一半投向了特斯拉。这时，很多人都等着看马斯克的笑话，甚至出现了一个网站叫"特斯拉死亡观察"，天天给特斯拉公司关门倒计时。此时，马斯克把"坚毅"的品质体现得淋漓尽致。马斯克没有放弃，鼓励SpaceX的员工重新振作起来，做好复盘，解决问题，把全部精力投入到下一次发射中来。经历了三次失败之后，SpaceX的第四次发射获得成功，这次发射帮助SpaceX获得了NASA的大额合同，公司起死回生。再后来，一切都成为传奇。马斯克曾非常生动地形容了当时千钧一发的情形："那一刻就像是你被蒙上双眼，被人用枪指着头，枪响了，但是并没有子弹射出来，然后你被释放了。"

现在回过头来回顾这段历史，你会发现正是这段最黑暗的时刻塑造了SpaceX的DNA。尼采说：那些杀不死你的，终将使你更强大。因为有这样的坚毅，后来SpaceX才能走向成功。今天，特斯拉公司市值已经超越7 000亿美元，当年那个连住所都没有的马斯克成了世界上数一数二的富豪。

三、人才：不惜一切代价地引进

SpaceX是行业最顶尖的公司，能进入这家公司工作，并在马斯克近乎偏执的要求下生存下来的也不是一般人。马斯克对加入公司的每一个人都严格挑选，连实习生也不例外。在SpaceX最早加入的3 000名员工中，每个人都接受了马斯克的面试。而马斯克对人才的疯狂渴望，也达到了一种超出常人想象的地步。SpaceX曾经面试了一位优秀工程师，在公司发出录取信后，这名工程师犹豫了，因为如果加入SpaceX，就意味着他需要从旧金山搬家到洛杉矶。他的妻子当时在位于旧金山的谷歌公司工作，她并不想因为搬家而放弃工作。为了获得这个工程师，马斯克亲自给谷歌创始人之一的佩奇打了电话请求帮助。结果，谷歌直接给这名工程师的妻子安排了在洛杉矶的工作。

一位著名的教授曾经创立了密歇根大学的空间工程专业，他有一次在专业杂志上发表文章提到，他最优秀的10名学生，有一半去了SpaceX。文章发表两个月后被马斯克注意到了。他热情邀请这名教授前往 SpaceX 参观，整个活动安排得隆重而周到。在当天各种礼节性的活动结束之后，马斯克盯着教授的双眼问了一个简单而直白的问题："另外 5 名学生都是谁？"可怜的教授此时才反应过来，原来马斯克所做的所有安排都是为了从他口里套取这 5 名学生的信息。进入 SpaceX 的员工，必须要和马斯克一样，全身心、疯狂地投入工作，他们多半是没有什么个人休假时间的。一位后来做到 SpaceX 副总裁级别的女士说，自己当初从斯坦福大学航空工程专业毕业时，怀揣着梦想加入了 SpaceX。当时她开车离开学校所在的旧金山，前往 SpaceX 办公室所在的洛杉矶。一路上，想到自己所有朋友都在旧金山，她一边开车一边掉眼泪。结果，到了 SpaceX 之后，她的工作日程一下子全被塞满，从此再无时间思考享受生活的问题了。也正因此，一批早期的功勋员工，由于无法花更多的时间和家人在一起，后来也不得不选择了离开。但是，即便如此，那些顶级的航天航空专业人才依然奋不顾身、前赴后继地加入 SpaceX。

前述那名教授采访了他的学生们，问他们为何明知道压力巨大却依然选择了 SpaceX。这些学生无一例外提到了以下三个原因：①对公司使命（让人类实现星际旅行和火星移民）的信仰；②自由自在的创新氛围；③能够帮助工作快速开展的充足资源。

资料来源：范珂，世界经理人，http://www.ceconline.com/strategy/ma/8800110867/01，2021 年 9 月 23 日。

引例 1-2
互联网大厂抢人大战再起，谁能实现突围

每年的招聘时节都是各大企业"八仙过海，各显神通"的时候，特别是 2021 年，几乎所有互联网大厂都宣布要启动"史上最大的招聘计划"。为啥互联网大厂都陷入了人才焦虑？谁的人才招聘计划最值得我们关注呢？对于这场人才大战我们又该怎么看待？

一、陷入集体焦虑的互联网大厂

根据 36 氪的报道，前不久，字节跳动公司开启了提前批校招。自此后，几乎所有大厂都开始了 2022 届应届生校园招聘。阿里巴巴集团此次校招针对应届高校毕业生开放了 113 种岗位，其中 45 种岗位首次招聘应届生，这被认为是阿里巴巴史上最大规模的校招。美团公司也将校招作为 2022 年的重点。京东集团则表示，2022 年的岗位需求较 2021 年的岗位需求增加了 30%。公开数据显示，2022 年有 1 000 万应届毕业生进入就业市场。不久前，华为公司百万年薪校招"天才少年"的消息，再一次登顶热搜榜。几乎所有的互联网大厂都打出了"今年是史上最大校招"的口号，这是互联网大厂对人才吸引力的一次全方位体检，也是毕业生们参加的第一次职场大考。

在这场大规模招聘大战的背后则是各大互联网大厂的人才焦虑，这些年伴随着互联网大厂的人数扩张，不少互联网大厂的人数都超过了 10 万人，互联网员工人数急剧膨胀的另一面是，年轻人急剧下降。统计数据显示，90 后的总人数比 80 后减少了 44.2%，00 后的总人数又比 90 后减少了 33.7%。这意味着倘若 80 后的总人数是 100 人，则 90 后约为 56 人，00 后约为 37 人。在这个人才即未来的时代，互联网大厂面对当前的困局，发

起抢人大战也就显得顺理成章了。在一众互联网大厂的招聘中，很多人都发现美团似乎是那个比较与众不同的存在，8月2日，美团宣布启动"2022届秋季校园招聘"，引人注意的是美团这次的招聘可谓是诚意十足：一是招聘规模大，美团业务范围广，还有巨大的市场发展空间，在这个前提下，美团的招聘规模不可谓之不大。二是分布地域广泛，与大部分大厂都只是以线上业务为主、在少数几地招聘不同，美团作为覆盖地域广泛的公司，这次的招聘地域包括北京、上海、成都、深圳、厦门、广州、武汉、扬州、石家庄等数十个城市。三是职位众多，增加了更多非技术类职位，共包含64种职位类型，包括开发、算法、测试、运维、安全、产品、产品运营、设计、商业分析、人力资源、零售等。可以说，对于这次校园招聘大战美团可谓是诚意满满，给不同层次的人才提供了多元化的选择。

而面对众多的互联网大厂的招聘，年轻人到底该怎么选？大厂们又该怎么化解内卷、解决焦虑？这两个问题成了两个急需解决的终极问题，我们不妨仔细分析一下。

二、应届生应聘的关键到底是什么

站在广大应届生的角度，到底该怎么选择互联网大厂呢？古人云"男怕入错行，女怕嫁错郎"，面对"乱花渐欲迷人眼"的互联网大厂，很多人其实都会陷入迷茫，除了一些硬性工资的指标之外，是不是还有其他可以考量的因素呢？其实，真正应该考虑的不应该只是工资的多少，而更应该从企业对于人才的发展的制度安排甚至企业人才观的角度来看待问题。其实，根据马斯洛的需求层级理论，一个人的需求从层次结构的底部往上，分别为：生理（食物和衣服）、安全（工作保障）、社交（友谊）、尊重和自我实现。如果我们仅仅考虑工资的话，那么还停留在马斯洛的生理与安全需求的角度，但是实际上对于大多数年轻人特别是应届毕业生来说，自我实现的需求才是长期且最关键的，所以对于应届毕业生而言，寻找到适合自己的人才观和发展阶梯的企业才是最重要的事情。那么，什么样的企业才是应届生最应该考虑的呢？我们根据马斯洛的理论来看，从马斯洛需求的最高层级的角度出发，能够实现自我尊重、自我成长乃至于自我实现的企业才是最值得年轻人选择的。针对此，这些互联网大厂到底做得怎么样呢？

前文提到了美团，而正好2020年有一篇名为《王兴的"TOP"人才观》的文章详细论述过美团对于人才观的一些认知，我们不妨拿来印证一下：一是用扁平化的组织与制度实现对每个人的尊重。在不少官僚化的企业中，员工们往往以职务尊称同事，似乎企业内部等级森严，但是实际上却缺乏对于每个人的尊重。而美团营造的是平等的氛围，在内部不仅组织扁平化、没有那么多的科层，而且在称呼上很少采用官僚化的称谓，如果姓名两个字，则直呼其名，比如王兴；如果姓名三个字，则取后面两个字；甚至于一些约定俗成的外号都可以用，比如说对美团联合创始人王慧文，就可以直接喊老王。通过这些安排直接从制度上形成了对每个人的平等与尊重。二是用学习型组织让年轻人在干中学、事中练，实现成长。其实对于任何一个年轻人来说，最担心的是在企业中虚度青春，做了很多没有意义的事情，几年下来不仅没有成长还把自己的专业荒废掉了。而美团强调的是"和高人聊，从书上学，在事上练"，美团是一个非常明显的学习型组织，极其强调读书和学习，等年轻人学到知识之后更强调让他们在"事上练"。作为全国最大的互联网平台之一，美团的业务范围非常广泛，从外卖到打车，从点评到快驴、优选等多元的业务，给年轻人提供了多元化的锻炼机会，从而实现自我的成长。三是用不设限的成长空间让年轻人看到希望。之前我们讨论过很多家族式的企业，年轻人进入公司之后成长空间有限，而美团给了年轻人足够的成长空间，让人不仅限于做基础工作的螺丝钉，更可以通过自身能力的成长不断上升到属于自己的阶梯，甚至于成为公司的高层，这种不设限的空间给了年轻人快速成长的可能。其实，拥有让员工真正做到自我实现的人才观的企业才是年轻人寻找工作岗位最需要看重的东西，这使得年轻人在工作中得到的不仅是工资，还有自身的成长与自我实现。

三、究竟该用什么办法解决人才焦虑

在整个互联网产业中，有两个概念始终困扰着很多人和企业，一个是"35岁效应"，另一个是"内卷化"。说起"35岁效应"，几乎所有的互联网大厂都在对此进行讨论，如果一个技术人员到了35岁还没有干到领导职务的话，往往就会失去市场竞争力，甚至会被企业淘汰。再说"内卷化"，不少企业都出现员工之间的竞争不再是良性竞争，而是几乎零和博弈的内卷竞争，大家都在做无用功，相互内卷。如果把这两个问题放到一起，其实就是不少企业之所以有人才焦虑的根源。

那么，上述的问题到底该怎么解决呢？之前一位内部人士的观点其实很有参考价值：之所以企业会出现人才焦虑，是因为之前的大多数互联网企业是红利驱动型的企业，当时整个市场都处于风口，所以当时的公司只要做得没那么差，基本上就可以做到一定的规模，取得不错的成果。然而，伴随着市场的发展，之前的红利正在不断消退，今天市场已经不再是红利驱动的阶段，已经到了创新驱动和领导力驱动的阶段，这个阶段对企业的要求大幅上升，对员工的要求同样大幅上升，最终的结果是不少能力不足的人感觉整个环境都不再舒适甚至非常内卷。在这样的情况下，美团几个关键词中有一个叫苦练基本功。之前市场在红利驱动的模式下运行，由于市场上大多数企业的商业周期很短，所以根本不需要太好的基本功，但是现在市场发展全面进入了深水区，这就需要员工能够有足够扎实的基本功，有着足够支撑长期发展的板凳深度。不少互联网公司之前喜欢社招，觉得一招进来就能用，但是到了现在这个阶段，因为大部分企业过去没有进入领导力驱动和创新驱动阶段，所以社招的人基本功并不好，招进来之后无法真正适应环境，甚至相当长时间都无法胜任工作。因此，当前美团开始把目光从社招转移到校招，通过有耐心的培养真正把员工的根基打扎实，比如说美团今年开启了"Better U"校招生三年成长计划。该计划通过入职集训融入、基本功练习、导师辅导、学习平台的应用等，帮助校招生逐步成长为自学能力强、基本功扎实、具有较大发展潜力的专业骨干人才，真正为企业培养出具有长期发展潜能的人才。

其实，人才焦虑的核心是企业没有基础足够扎实的人才。企业用人才观来吸引年轻人，用培养模式来塑造其扎实的基本功，是不是才是破局人才焦虑的关键所在呢？

资料来源：江瀚，世界经理人，http://www.ceconline.com/mycareer/ma/8800110344/01/，2021年8月6日。

1.1 人力资源管理概述

1.1.1 人力资源的含义与特征

1. 人力资源的含义

资源作为经济学术语，泛指社会财富的源泉，是指能给人们带来新的使用价值和价值的客观存在物。资源可分为物质资源和人力资源，其中物质资源包括自然资源、资本资源和信息资源。

人力资源（human resources）概念是由管理大师彼得·德鲁克（Peter Drucker）于1954年在其名著《管理的实践》[⊖]中首次提出的。广义的人力资源是指一定时间、一定空间地域内的人口总体所具有的劳动能力之总和。狭义的人力资源是指一个特定组织或企业员工总体所具有的生产和经营能力之和。

对于人力资源的概念，我们需要从以下几个方面把握。

第一，人力资源作为社会资产的来源，是一种国民经济资源，或者说是一种经济资源要素。

第二，人力资源作为经济资源，实质就是人所具有的运用和推动生产资料（物质资源）进行物质生产或社会经济活动的能力，即社会劳动能力。它包含体能和智能（智力、知识和技能）两个基本方面。体能、智力、知识和技能是人力资源现实的应用形态，也是人力资源之所以成为资源的基本内容和根本实质所在。

第三，构成人力资源实质的劳动能力，乃人类所独具，并以人体为其依存的载体，没有人，则作为经济资源的能力不复存在。因此，在现实生活中，人力资源表现为总人口中具有劳动能力的人口。

第四，人力资源是个时空概念。例如，某一时间某个国家或地区的人力资源，一定时间某经济区域、城市、乡村的人力资源，或者某个部门、公司、企业在某一时间拥有的人力资源。

第五，人力资源既有质的规定性，又有量的可计量性，是质和量的统一。

2. 人力资源的特征

人力资源是一种特殊的经济资源，与物质资源相比，呈现出以下特征。

第一，人力资源具有不可剥离性。作为资源的劳动能力，即体能与智能，是人类独具的，属于人类自身所有，并依附于人身，不可能游离于人体之外而自由存在，故人力资源

⊖ 本书中文版机械工业出版社已出版。

具有不可剥离性。

第二，人力资源具有生物属性。它是一种融于人体内的有生命的资源，与人的自然特征相关联，具有天然生理构成的方面和出生、成长、死亡的自然生理发展过程。

第三，人力资源具有社会属性。这是人力资源不同于物质资源之处，是人力资源实质性的属性。其社会属性主要表现在以下几个方面：①物质资源完全归属于自然界；人力资源虽然具有生物属性，也存在于自然界、宇宙空间，然而它不归属于自然界，而属于人类社会，人力资源从根本上讲是社会范畴。②人力资源是在人类社会生活和社会生产活动中形成与发展的。③人力资源存在于一定社会形态中，其形成、使用、配置必须通过社会，依赖于社会。离开一定的社会背景，它不可能作为经济资源要素在社会经济发展中发挥作用。④人力资源是社会生产和生活的主体，从其产生伊始，便处于一定的社会形态之中。因此，它总是在一定社会生产方式下的经济资源，反映一定的社会关系。

第四，人力资源具有能动性。其能动性主要表现在五个方面：一是人力资源有思想，有社会意识，在生产要素中，能动地支配和使用物质资料，从来都是自觉地、有意识地、有目的地从事社会生产活动，生产预期产品或达到预期工作效果；二是在与自然界的关系上，人力资源不是被动地服从于自然，而总是以其智力、知识和技能主动地认识、利用、改造自然，使之为人类服务，达到既定目的；三是人力资源是社会生产和生活的主体，积极要求同生产资料相结合，主动择业，按照自己的意愿、目的和要求，开发职业生涯；四是人力资源在社会经济活动中，可以自觉、主动地调度自身的体能、智力、知识和技能；五是人力资源的能动性不仅表现在对自然界和物质资源的关系上，还表现于它在改造自然、发展生产力的过程中，有意识地不断自我开发、自我强化、自我提高与自我发展。

第五，人力资源具有时效性。人力资源以人为载体，表现为人的脑力和体力，因此它与人的生命周期是紧密相连的。人的生命周期一般可以分为发育成长期、成年期和老年期三个大的阶段。在人的发育成长期（我国规定为16岁之前），体力和脑力还处于一个不断增强和积累的过程中，这时人的脑力和体力还不足以用来进行价值创造，因此还不能被称为人力资源。当人进入成年期，体力和脑力的发展都达到了可以从事劳动的程度，可以对财富的创造做出贡献，因而也就形成了现实的人力资源。继续向前，当人进入老年期，其体力和脑力都不断衰退，越来越不适合从事劳动，也就不能再被称为人力资源了。生命周期和人力资源的这种关系决定了人力资源的时效性。

第六，人力资源具有增值性。与自然资源相比，人力资源具有明显的增值性。一般来说，自然资源是不会增值的，它只会因为不断地消耗而逐渐"贬值"；人力资源则不同，人力资源是人所具有的脑力和体力，对单个的人来说，人的体力不会因为使用而消失，只会因为使用而不断地增强，当然这种增强是有限度的。人的知识、经验和技能不会因为使用而消失，相反会因为不断地使用而更有价值，也就是说在一定的范围内，人力资源是不断增值的，创造的价值会越来越多。

第七，人力资源开发具有连续性。人力资源从形成时即可多次开发和不断开发。在形成后的使用过程中，可以而且必须继续开发，连续不断地开发，以至终身开发。

3. 人力资源的数量与质量

人力资源在现实生活中表现为一定时间、一定空间范围内的总人口中具有劳动能力的人口之和。在某一时间内，一个国家或地区的人力资源数量构成为图 1-1 所示的阴影部分人口群体，以上为宏观和中观空间的人力资源数量内容。微观范围的企业人力资源，则为全部现任在岗工作人员之总和，请长假长休（事假、病休）人员、停薪留职人员和离退休人员不包含在内。影响人力资源数量的因素有：人口总量及其再生产状况、人口年龄结构及其变动、人口迁移等。

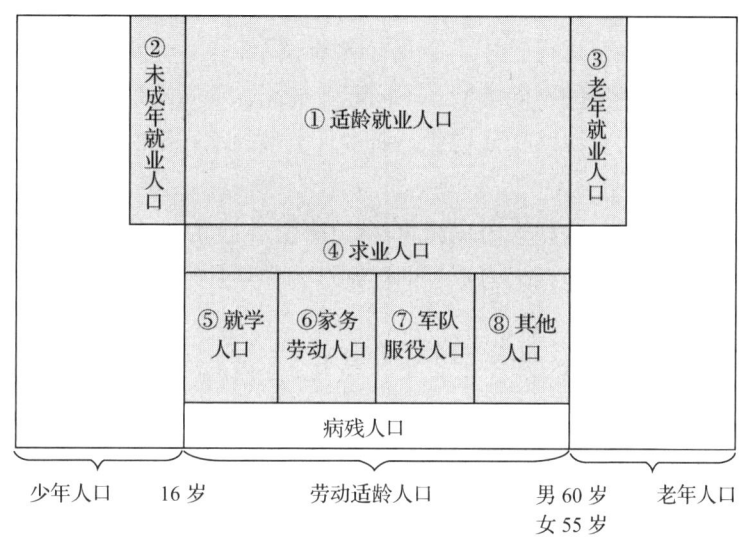

图 1-1 人力资源数量构成

资料来源：陈远敦，陈全明.人力资源开发与管理［M］.北京：中国统计出版社，2001：7.

人力资源的质量包含三方面内容：思想素质、文化技术素质和生理心理素质。思想素质包括政治觉悟、思想水平和道德品质等。文化技术素质主要就智力、知识和技能而言，这是人力资源的质量的主要方面。生理心理素质是指体能和心理精神状态。

人力资源的质量更多地受人类智能遗传、营养状况、教育状况、文化观念和经济与社会环境所影响。

课程思政

请大家从人力资源质量的角度出发，思考我们如何才能做到中华民族伟大复兴？

1.1.2 企业人力资源的作用与构成

1. 企业人力资源的作用

在现代社会中，企业是构成社会经济系统的细胞单元，是社会经济活动中最基本的经济单位之一,是价值创造最主要的组织形式。企业要想正常地运转,就必须投入各种资源。而在企业投入的各种资源中,人力资源是第一位的,是首要的资源。人力资源的存在和有效利用能够充分地激活、运用和支配其他物质资源,从而实现企业的目标。著名的管理大师彼得·德鲁克曾指出,"企业只有一项真正的资源——人"。小托马斯·沃森(Thomas J. Watson)的话更加形象:"你可以接管我的工厂,烧掉我的厂房,但只要留下我的那些人,我就可以重建IBM公司。"由此可以看出,人力资源是保证企业最终目标得以实现,起决定性主导作用的生产要素,是企业第一位的也是最有价值的资源。

2. 企业人力资源的构成

企业是一个有机的经济运行整体。企业有诸多不同特点、性质、职能作用的工作和业务活动,需要配置与之相应的不同类型、不同专业技能、不同质量层次的一定数量的人力资源去运作。企业的人力资源结构或构成是指多种类型、不同层次的人力资源在质量和数量上配置与组合的状况。

第一,人力资源自然结构。人力资源自然结构是指以人的自然生理属性或特征来进行的人力资源配置与组合,它包括人力资源的性别结构和年龄结构。这是企业人力资源队伍最基本和最一般的情况。

人力资源的性别结构是指在某一时点上,一个企业内的男女员工数量及其各自在企业人力资源总量中所占的比重。人力资源的年龄结构,是指某一时点企业内处于不同年龄的员工数量及其在企业员工总体中所占的比重。年龄结构是企业人力资源队伍的重要构成,它从一个侧面反映了企业人力资源质量现状及企业后续力量情况。

第二,人力资源文化结构。人力资源文化结构是以受教育程度来考察的人力资源组合情况。企业人力资源文化结构,是指某一时点企业中具有各种不同文化程度(文化层次)的员工数量及其各自在企业人力资源总量中所占的比重。它是企业极为重要的一项指标,因为文化结构直接反映企业人力资源队伍质量,反映企业智力资源拥有情况,表明企业的人力资本存量。

第三,人力资源专业技能结构。人力资源专业技能结构是指在一定时间内,不同级别的专业职称和技术等级的人员数量及其各自在企业人力资源总量中所占的比重。它反映企业人力资源拥有情况和企业现实的技术实力。

第四,人力资源职业或工种结构。这是以职业、业务类型或工种而组合配置的人力资源结构,是人力资源在企业直接经济运行或生产工艺流程过程中担当的经济职能结构。

1.1.3 人力资源管理的含义

人力资源管理(human resource management, HRM)这一概念的出现,是在彼得·德鲁克于1954年提出人力资源的概念之后,虽然它出现的时间不长,但是发展的速度却非常快。对于什么是人力资源管理，众说纷纭，但各自仅是在定义表述上强调不同的侧面，其实质内容并无大的分歧。所谓人力资源管理，是指围绕组织的战略和目标，对组织人力资源进行规划和管理，通过人力资源的招聘、使用、保留和激励等各个环节的管理活动，以实现组织的既定目标。

可以从以下几个方面来理解和把握人力资源管理的概念。

第一，人力资源管理的主体系某一组织，该组织可以是公司、企业、事业单位、行业部门，也可以是国家、地方政府等。人力资源管理的客体则是主体（组织）所辖的人力资源全体。

根据人力资源管理主体的宏微观性来看，人力资源管理可分为宏观人力资源管理和微观人力资源管理。一般而言，微观人力资源管理是指企业人力资源管理，即本书考虑的内容。宏观人力资源管理，一般是指以国家（中央政府或地方政府）作为主体，对社会人力资源的管理。它包括人力资源形成及前期的人口规划管理、教育规划管理、劳动力供求、职业技术培训、人力资源的产业部门与地区间的配置、就业与调配、劳动力流动管理、劳动保护与社会保障等。宏观人力资源管理的侧重点是如何组织管理已进入劳动过程的人力资源，强调国家、地区或行业范畴的用人管理、就业管理和组织管理。

第二，人力资源管理是组织行为。首先，人力资源管理是组织发出的管理行为，组织是其主体；其次，人力资源管理是组织所进行的有组织、有目的的行为和活动；最后，人力资源管理的目的是组织目标的实现，其一切管理活动皆服从于组织目标。

第三，人力资源管理的实质，即在推动工作、完成组织目标和使命的过程中，对"人与事"和"人与人"关系的调整。人力资源作为国民经济的第一资源和经济运行的主体，在社会生产和社会经济活动中发挥能动的主导作用，其一切经济行为或活动，均体现了人与生产资料、人与人的生产关系。所以，对人力资源的管理，实质是安排、调整和协调处理人与事、人与人的关系。

第四，人力资源管理，就其性质而言，是经济管理活动。其管理对象、内容、实质和目的清晰可见。

第五，人力资源管理是一个管理系统。它由对人力资源的挑选、使用、配置、培训、调整和保护等一系列管理活动构成，各项管理活动并不是无序、无关联的，而是立体交叉、有机联系在一起的，这就构成了人力资源管理体系。

正确地理解人力资源管理的含义，必须破除两种错误的看法：一种是将人力资源管理等同于传统的人事管理，认为两者是完全一样的，只不过换了一下名称而已；另一种是将人力资源管理与人事管理彻底割裂开来，认为两者毫无关系。其实，人力资源管理和人事管理之间是一种继承和发展的关系：一方面，人力资源管理是对人事管理的继承，人力资源管理的发展史告诉我们，它是从人事管理演变而来的，人力资源管理依然要履行人事管理的很多职能；另一方面，人力资源管理又是对人事管理的发展，它的立场和角度完全不同于人事管理。两者之间的区别如表1-1所示。

表 1-1 人力资源管理和人事管理的区别

比较项目	人力资源管理	人事管理
管理视角	视员工为第一资源	视员工为成本
管理目的	组织和员工利益的共同实现	组织短期目标的实现
管理活动	重视培训开发	重使用、轻开发
管理内容	非常丰富	简单的事务管理
管理地位	战略层	执行层
部门性质	生产效益部门	单纯的成本中心
管理方式	强调民主、参与	命令式、控制式
管理模式	以人为中心	以事为中心
管理性质	战略性、整体性	战术性、分散性

资料来源：伍勇军.人力资源实战管理模式：工作流程·范本实例·操作实务［M］.广州：广东经济出版社，2004：7.

1.1.4 人力资源管理的目标、模式与功能

1. 人力资源管理的目标

关于人力资源管理所要达到的目标，学者们的论述各不相同。但是我们可以从人力资源管理的最终目标和具体目标这两个层次来理解。人力资源管理的最终目标是要有助于实现企业的整体目标，人力资源管理只是企业管理的一个组成部分，它是从属于整个企业管理的。而对企业进行管理的目的是要实现企业既定的目标，因此人力资源管理的目标也应当服从和服务于这一目的。需要指出的是，虽然不同的企业，其整体目标的内容可能有所不同，但最基本的目标都是一样的，那就是要创造价值以满足相关利益群体的需要。在最终目标之下，人力资源管理还要达成一系列的具体目标，这些具体目标包括：保证价值源泉中人力资源的数量和质量；为价值创造营造良好的人力资源环境；保证员工价值评价的准确有效；实现员工价值分配的公平合理。

2. 人力资源管理的模式

在一般意义上，人力资源管理的模式可以被纳入管理的模式中去。但是由于人力资源管理具有自己的特殊性，因此它的具体模式会有所不同。董克用等（2007）在其所著书中提及米尔科维奇和布德罗（Milkovich & Boudreau，1997）的四种人力资源管理模式。米尔科维奇和布德罗根据人力资源管理发展历程所提出的四种模式应当说具有一定的代表性。这四种人力资源管理模式如下。

第一，工业（或产业）模式（industrial model）——20 世纪 50 年代以前。随着 20 世纪 20 年代人事部门的出现，人力资源管理的工业模式也诞生了。这一模式以劳动关系的协调为主，关注的问题主要包括工作规则的建立、职业晋升阶梯和职业生涯设计、以资历为基础的报酬体系、雇佣关系和绩效评估等。

第二，投资模式（investment model）——20 世纪六七十年代。随着 20 世纪 60 年代美国

颁布一系列关于雇用和就业的法令，对公平就业机会的关注成为焦点；同时，由于白领劳动力的增加，很多依赖知识型员工的企业产生了大量的非工会会员员工，如 IBM、柯达等著名公司，对这些员工的管理与传统的人事管理有着很大的差异，管理的重点从劳工关系转向培训开发方面，具体措施包括给员工更多的自主权、工作丰富化、培训和长期薪酬等。

第三，参与模式（involvement model）——20 世纪八九十年代。进入 20 世纪 80 年代，全球性竞争的加剧，对企业提出了新的、更高的要求，如强调团队合作、相互信任、思想观念的一致性以及对组织的承诺等，因此管理的理念和方法也必须做出相应的调整，而这些都迫使企业在人力资源管理过程中更多地采用民主、参与的方式。

第四，高度弹性化模式（high-flex model）——20 世纪 90 年代以后。随着科学技术的快速发展，尤其是通信和计算机技术的发展，人们的工作和生活方式发生了根本性的变化，没有任何一个组织能够凭借一成不变的管理制度或方法保持长久的发展，人力资源管理的方式必须适应多变的环境，采取弹性化的模式。借助"外脑"、聘请顾问、人力资源管理的外包、灵活的雇佣关系、多样的报酬以及权变的组织结构等，这些都成了人力资源管理新模式的主要内容。

3. 人力资源管理的基本职能与功能

人力资源管理是从人力资源的角度确保企业战略的实现，通过对人及与人相关的事的管理活动来提升企业的绩效。企业中"人及与人相关的事"是个很宽的范畴，所以人力资源管理的基本职能涉及范围很广，内容很庞杂，主要包括人力资源战略的制定、工作分析、人力资源规划、招聘与录用、职业生涯管理、人员培训、绩效管理、薪酬管理和劳动关系管理等活动，如图 1-2 所示。任何一个环节的缺失或失误，都会影响人力资源系统功能的发挥甚至系统的正常运转，从而影响企业战略的实现，并最终影响企业的绩效。

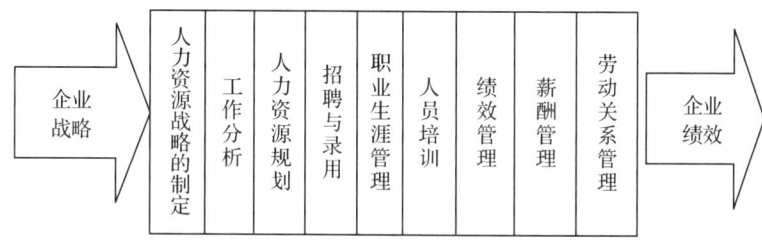

图 1-2　人力资源管理的基本职能与功能

资料来源：作者根据资料整理而成。

人力资源管理发挥着战略性功能和战术性功能的作用。战略性功能是指做好企业战略制定的信息提供者和决策咨询者的角色，在人力资源方面保证战略的实施；同时，关注企业的长远发展，如制定人力资源规划、分析劳动力供求变化趋势、协助企业进行战略的扩展等。战术性功能是指做一些基础性、辅助性和常规性的工作，着眼于企业短期目标的实现，解决企业经营中出现的各种与人有关的问题，如补充人员、处理员工投诉、制订薪酬和福利计划以及实施方案、员工培训、绩效考核等。

人力资源管理绝不能埋头于这些常规性、事务性的工作中而忽视或无暇顾及战略性的任务，要尽可能将基础性和常规性工作条理化、程序化，从常规性和事务性工作中脱身出来，更多地思考战略性的任务。

1.1.5 人力资源管理职责

人力资源管理职责是一种职能性的责任，但不由某个部门独自承担。在现代企业中，人力资源管理越来越多地被认为是各级各类管理者的职责，而不仅仅是人力资源管理部门的事情，因为它对所有的管理者都很重要。

在现代企业中，人力资源管理活动的主要责任主体有公司的高层管理者、非人力资源管理部门管理人员、人力资源管理部门和企业的每位员工，以上四者共同承担着公司的人力资源管理职责。首先，高层管理者负责制定人力资源管理政策、建设领导团队等重大人力资源管理职责。其次，人力资源管理部门承担主要的人力资源管理职责。再次，非人力资源管理部门承担一定的人力资源管理职责。人力资源管理部门与非人力资源管理部门的责任主要体现在三个对应关系上。第一是制度制定与制度执行的关系，人力资源管理部门负责制定相关的制度和政策，非人力资源管理部门来贯彻执行。第二是监控审核与执行申报的关系，人力资源管理部门要对其他部门执行人力资源管理制度和政策的情况进行指导监控，同时还要对其他部门申报的有关信息进行审核，从企业整体出发进行平衡。非人力资源管理部门则要执行相关的人力资源制度和政策，及时进行咨询，同时要按时申报各种信息。第三是需求提出和服务提供的关系，非人力资源管理部门根据自己的情况提出有关的需求，人力资源管理部门要及时地提供相应的服务，满足他们的需求。最后，企业的每位员工自身负有自我开发与管理的责任。

1.1.6 人力资源管理部门与人力资源管理者

人力资源管理部门与人力资源管理者是随着企业人力资源管理实践活动的发展演变而出现的，他们在企业中扮演着一定的角色，同时还开展着一系列的活动。

1. 人力资源管理部门和人力资源管理者的活动

人力资源管理部门和人力资源管理者所从事的活动可以划分为三类：一类是战略性和变革性活动。战略性和变革性的活动涉及整个企业，包括战略制定和调整以及组织变革的推动等内容。严格来讲，这些活动都是企业高层管理者的职责，但是人力资源管理部门和管理者必须参与到这些活动中来，要从人力资源管理的角度为这些活动的实施提供有力的支持。一类是业务性活动，包括人员招聘、工作分析、培训、薪酬管理等。还有一类是行政性活动，如员工档案的管理、人力资源信息的保存等。

图1-3为国外学者帕特里克·赖特和加里·麦克马汉关于人力资源管理活动类型与投入产出情况示意图。人力资源管理部门和管理者所从事的各类活动的投入时间和产生的

附加值并不是正相关的。人力资源管理部门和管理者从事战略性和变革性活动、业务性活动、行政性活动的投入时间分别为 10%、30% 和 60%，但各项活动所产生的附加值为 60%、30% 和 10%。

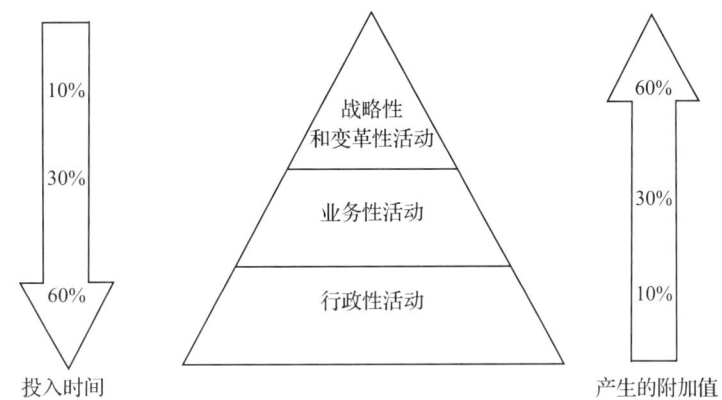

图 1-3　人力资源管理活动类型与投入产出情况示意

资料来源：董克用，叶向峰，李超平.人力资源管理概论[M].2 版.北京：中国人民大学出版社，2007：95.

随着计算机、网络技术的发展和人事代理服务公司的出现，人力资源管理者和人力资源管理部门可以省去大量的行政性事务工作，或剥离出部分的业务性工作。通过这些手段，人力资源管理部门和管理者可以节省出大量的时间与精力来进行附加值较高的活动，从而使自己的工作层次发生根本性的变化，如图 1-4 所示。

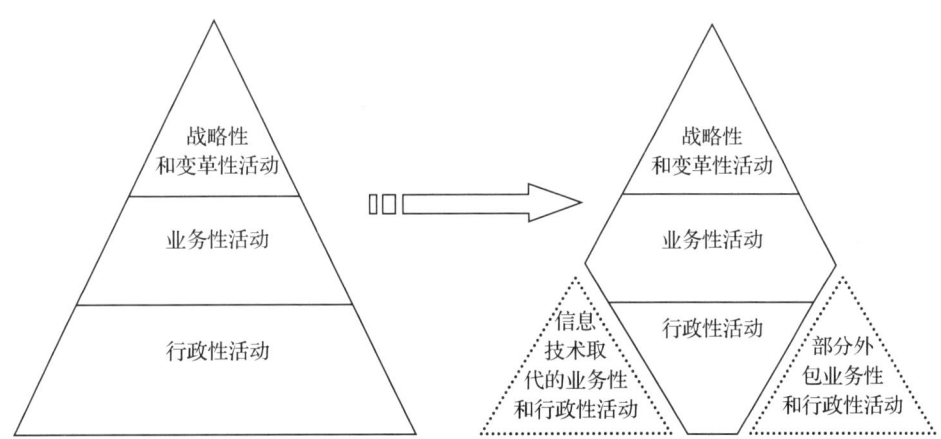

图 1-4　人力资源管理部门和管理者工作层次变化示意

资料来源：董克用，叶向峰，李超平.人力资源管理概论[M].2 版.北京：中国人民大学出版社，2007：96.（略做改动）

2. 人力资源管理部门和人力资源管理者的角色

和其他管理者一样，人力资源管理者在组织中也要扮演一定的角色，而所有人力资源管理者角色的集合就形成了人力资源管理部门的角色。

随着管理实践的推动，人们对人力资源管理部门和管理者的角色逐渐形成了基本统一的认识。例如,美国国际人力资源管理协会认为,人力资源管理者应该承担四种角色:业务合作伙伴、变革推动者、领导者和人力资源管理专家。美国密歇根大学的戴维·尤里奇教授也将人力资源管理部门和管理者划分为四种角色:战略伙伴、管理专家、员工激励者和变革推动者,如图1-5所示。在该图中,横轴表示人力资源管理活动是关注于过程还是人员,纵轴表示活动层次是着眼于未来或战略还是日常工作或操作。战略伙伴是指人力资源管理部门和管理者要参与到企业战略的制定中去,并且要确保企业所制定的人力资源管理战略得以有效地实施,这就要求人力资源管理部门和管理者的工作必须以战略为导向。管理专家是指人力资源管理部门和管理者要进行各种人力资源管理制度和政策的设计及执行,要承担相应的职能管理活动。员工激励者是指人力资源管理部门和管理者要通过各种手段激发员工的组织承诺和献身精神。变革推动者是指人力资源管理部门和管理者要积极推动组织各项变革的实施。

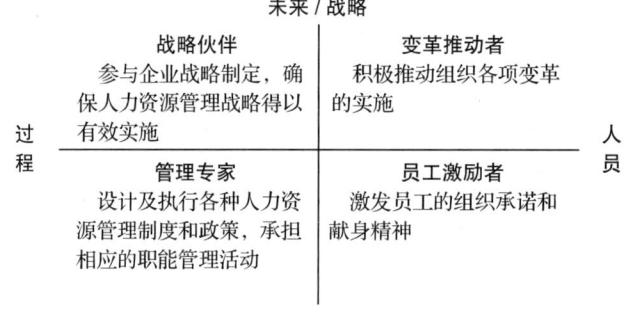

图1-5 人力资源管理部门和管理者角色示意

资料来源:董克用,叶向峰,李超平.人力资源管理概论[M].2版.北京:中国人民大学出版社,2007:98.(略做改动)

战略人力资源管理(strategic human resource management,SHRM)产生于20世纪80年代初期,40多年来该领域的发展令人瞩目。相对于传统人力资源管理,战略人力资源管理定位于支持企业战略中人力资源管理的作用和职能。人力资源管理与战略人力资源管理的区别如表1-2所示。

表1-2 人力资源管理和战略人力资源管理的区别

比较项目	人力资源管理	战略人力资源管理
HR的职责	职能专家	事业管理者
焦点	员工关系	与内部及外部客户的合作关系
HR的角色	变革的追随者和响应者	变革的领导者和发起者
创新	零碎、被动、缓慢	整体、主动、迅速
时间视野	短期	短期、中期、长期
控制	官僚的角色、政策、程序	有机的、灵活的、根据成功的需要
工作设计	紧密型劳动部门、独立、专业化	广泛的、灵活的、交叉培训、团队
关键投资	资本、产品	人、知识
经济责任	成本中心	投资中心

资料来源:梅洛.战略人力资源管理[M].吴雯芳,译.北京:中国财政经济出版社,2004.(略做改动)

人力资源管理文献中出现了很多关于战略人力资源管理的界定。不同学者对战略人力资源管理的定义是不同的，他们总体上是从结果（outcome）、过程（process）、过程和结果（process and outcome）三个方面来定义的。本书将战略人力资源管理界定为：使组织达到组织目标而开展的一系列相互协作的人力资源配置、活动和过程。战略人力资源管理概念的内涵包括四个方面：第一，人力资源管理的战略性。组织人力资源可视为获取竞争优势的一种首要资源。第二，人力资源管理的系统性。组织通过人力资源规划、政策及实践活动，可以达到获取竞争优势的人力资源配置。第三，强调获取竞争优势的人力资源管理活动的内外部匹配。第四，人力资源管理的目标导向性。组织通过一致的人力资源管理活动达到组织绩效最大化。

人力资源管理向战略人力资源管理演进的显著标志是人力资源管理部门负责人参加公司高层战略决策会议。人力资源管理部门必须直接参与公司战略决策，领悟公司战略意图，与其他职能部门协调一致且充分接触交往，共同实现公司战略目标。

戴维·尤里奇教授于1997年提出了人力资源三支柱模型（见图1-6）。以三支柱为支撑的人力资源体系源于公司战略，服务于公司业务，其核心理念是通过组织能力再造，让人力资源（human resources，HR）更好地为组织创造价值。该模型将人力资源管理的角色一分为三，即人力资源专家中心（center of expertise，COE）、人力资源业务合作伙伴（HR business partner，HRBP）和人力资源共享服务中心（shared service centre，SSC）。人力资源专家中心（COE）主要侧重于战略层面，完成人力资源管理的顶层设计职能与人力资源规划职能，为业务单元提供人力资源方面的专业咨询，包括人力资源规划、培训需求调查及培训方案设计、绩效管理制度设计、薪酬设计等专业性工作，同时帮助HRBP解决在业务单元遇到的人力资源管理方面的专业性难题，协助企业制定和完善HR方面的各项管理规定，指导SSC开展服务活动。

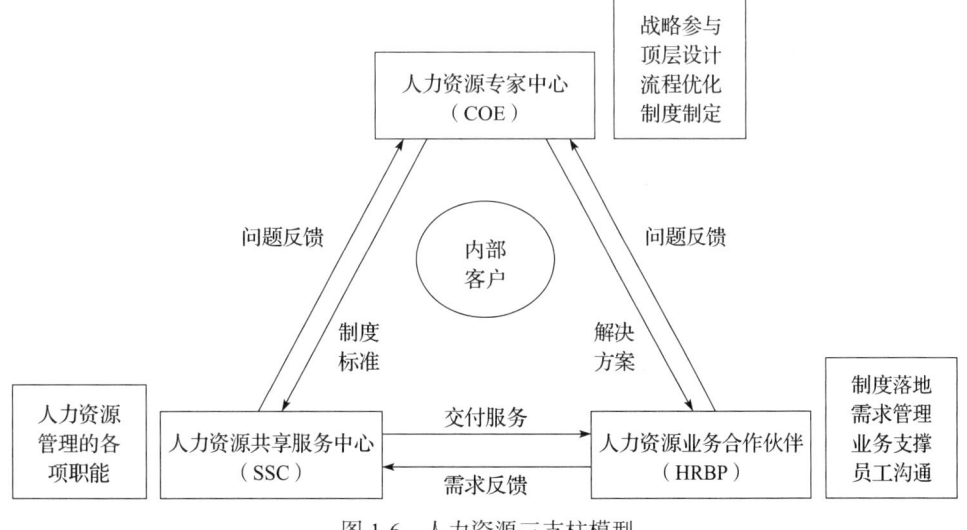

图1-6　人力资源三支柱模型

人力资源业务合作伙伴（HRBP）是人力资源内部与各业务经理沟通的桥梁。HRBP 既要熟悉人力资源各个职能领域，又要了解业务需求，既能帮助业务单元更好地维护员工关系，处理各业务单元中日常出现的较简单的人力资源问题，又能协助业务经理更好地使用各种人力资源管理制度和工具管理员工。同时，HRBP 利用自身的人力资源专业素养来发现业务单元人力资源管理中存在的种种问题，提出、整理问题交付给 COE。

人力资源共享服务中心（SSC）将企业各业务单元中所有与人力资源管理有关的基础性行政工作统一处理，比如员工招聘、薪酬核算发放、人事信息服务管理、劳动合同管理、新员工培训、员工投诉与建议处理等。SSC 的使命是为人力资源服务目标群体提供高效、高质量和成本最佳的人力资源共享服务。

传统人力资源管理与人力资源三支柱模型的关键差异体现在三个方面：①从专业导向到业务导向。传统人力资源管理不是不重视业务，而是往往习惯从人力资源管理自身职能出发，人力资源管理有什么能力，就给业务部门输送什么能力，而人力资源管理三支柱模型侧重需求导向，业务部门需要什么，就穷尽能力去满足和支撑。这也叫从供给导向到需求导向。②从事务型人力资源管理到策略型人力资源管理。人力资源三支柱模型提倡人力资源管理和服务职能有效分离，将可流程化实施的事务性服务职能交给 SSC 或外包，将复杂程度高的技术性职能交给 COE，而 HRBP 只需聚焦业务部门动态的需求变化，匹配相应的解决方案。③从职能型人力资源管理到业务伙伴人力资源管理。职能型人力资源管理在企业中几乎没有话语权，总被业务部门牵着鼻子走，业务伙伴人力资源管理即合作型人力资源管理，强调平等协商，推崇"服务交付"理念，在商言商。目前，业务部门可能不一定认同这个理念，但人力资源管理部门自己应该摆正这个理念。

并非所有的企业都适用于人力资源三支柱模型。其适用条件主要有：①企业具有一定的规模。企业有庞大的下属子公司或者机构，员工数量众多；各子公司或分支机构中均设立人力资源部，且各人力资源部均重复性地设立了很多职能相似的部门。②人力资源活动的相似性。各子公司或下设机构的人力资源活动有较高的相似性，可以将某些人力资源工作从下面收归到集团层面来进行统一处理。③公司高层领导的重视程度较高。高层领导重视人力资源管理，有从人力资源管理方面提升企业竞争力的愿望。

3. 人力资源管理者的素质

人力资源管理者的素质是指人力资源管理者具备胜任人力资源管理工作的最基本的知识、技能和能力的总和。国内外理论界和实践界提出了各自不同的人力资源管理者的素质模型。综合学者们的观点，我们认为人力资源管理者的素质可分为四大类。

（1）**知识**。知识包括专业知识和业务知识。专业知识是指人力资源管理人员要掌握与人力资源管理所承担的各种职能活动有关的知识，具备设计和制定各种人力资源制度、方案及政策的能力。业务知识是指人力资源管理人员要了解本企业所从事的行业，熟悉本企业所开展的业务，在制定政策和方针的时候，人力资源管理人员要考虑企业的行业情况和实际情况。

（2）**技能**。技能是指人力资源管理者运用人力资源管理技术的能力。例如，人力资源管理者对工作分析技术、人力资源管理信息系统、绩效考核技术等的掌握和运用情况对其工作非常重要。

（3）**能力**。能力主要包括战略决策能力和实施能力两类。战略决策能力是指人力资源管理者参与企业战略和人力资源战略制定、组织变革过程中反映出来的决断能力。实施能力主要是指人力资源管理人员要具备推行和实施各种人力资源制度及方案的能力。这种实施往往不是直接的，而是推动直线部门来实施，实施能力包括很多具体的项目，如沟通协调能力、分析判断能力、组织能力、计划能力及应变能力等。

（4）**思想素质与价值观**。思想素质与价值观是指人力资源管理人员要具备一定的思想道德品质、工作原则和行为标准。因为人力资源管理人员所做决策大多涉及员工的切身利益，掌握的信息也关系到企业和员工的秘密。因此，作为人力资源管理人员，不能将个人因素牵扯进工作，工作中要遵守职业道德和行为标准，不能违背职业操守。

1.2 人力资源管理的发展历史

1.2.1 国外人力资源管理的发展历史

国外人力资源管理的发展历史可以追溯到前工业（pre-industrial）时代。17世纪至20世纪初期，工人从封建主义的经济关系下解放出来进入自由劳动市场，雇员（学徒和熟练工人）和雇主（工匠）间的关系受制于传统和法律。人力资源管理领域真正得到发展是在18世纪后期工业革命到来以后，工业革命为复杂的工业社会打下了基础。工业革命是随着蒸汽机代替手工劳动开始的，并且带来了工作条件、社会格局和劳动分工等方面的深刻变化。然而，工业革命的出现使得雇主-雇员关系开始恶化，工厂普遍采用层级结构来管理工人，雇用、培训、工资决策和解聘等人事职能由工头掌握，管理是专制式的。

20世纪初期，现代人力资源管理的基础（如科学管理、福利工作和工业心理）开始产生。它们的出现是为了解决劳动力的管理问题。科学管理主要是通过重新组织工作强调管理者关注生产的低效率问题。为了提高生产率，时间和动作研究、工作分析以及工作培训开始被管理者引入生产中。

技术的剧烈变革、组织的增长、工会的兴起、政府对工人的关心和干预，导致了人事部门的发展。人事部门的出现没有具体的时间，但是大约在20世纪20年代，越来越多的组织注意到了员工和管理层之间的冲突问题，并且采取提供给工人福利的应对行动。福利工作的前提假设是劳动力问题应当通过改善工人的生活质量而改进。组织提供给工人的福利包括图书馆、休息设施和医疗服务等，组织雇用福利秘书来管理这些福利，这些职位逐渐演变成了人事部门的人事主管。他们的工作是在管理层和工人之间架起桥梁。工业心理则主要关注工作场所劳动力的心理情况。而倡导工业心理的莉莲·吉尔布雷斯（Lillian Gilbreth）则寻求把个体心理和科学管理整合起来。20世纪二三十年代，科学管理、福利工作和工业心理间的融合形成了人力资源管理领域的实践和理论基础。20世纪30年代至60年代早期的人际关系运动的重点是通过心理和社会满意度来激励合作和生产率。从20世纪60年代至70年代，改善工作条件和关注雇员福利是工作生活质量（quality of work life）的重心工作。旨在提高雇员工作心理的人力资源管理职能（工作丰富化、工作再设计、职业生涯规划和开发及雇员参与工作决策）得以实施，雇员与雇主间的敌对关系也变成了合作关系。

早期的人事历史仍然掩盖着人力资源管理对管理的重要性。直到20世纪60年代，人事还只被认为与蓝领或操作工人有关，它的作用就是记录活动、颁发奖章和协调每年一次的公司野餐会。当代著名的管理大师彼得·德鲁克对人事管理进行的综述也反映了人事管理的蓝领倾向。德鲁克说，人事工作"部分是档案员的工作，部分是管家的工作，部分是社会工作者的工作，部分是消防员的工作，不顾一切地解决工会的问题"。

"人力资源"一词是由德鲁克于1954年在《管理的实践》[⊖]一书中提出的。德鲁克指出人力资源"和其他所有资源相比较而言，唯一的区别就是它是人"，并且是经理们必须考虑的具有"特殊资产"的资源。20世纪60年代以后，一个显著的趋势就是用人力资源管理代替人事管理。人力资源管理起源于20世纪60年代初期美国著名人力经济学家舒尔茨（T. W. Schultz）教授所提出的人力资本理论。

美国最早用人力资源管理代替人事管理是在1964年，当时梅耶斯（Mayers）等人把他们所著的人事管理教材更名为《人力资源管理：人事管理阅读材料》。1965年，迈尔斯（Miles）发表在《哈佛商业评论》的论文指出经理应当关注员工的价值和能力，经理的任务是创建能够发挥员工能力的组织气氛。由此，人力资源的概念才引起了学者和管理人员的注意。到20世纪70年代，人事管理和人力资源管理两个术语被交替使用。1972年，作为经理培训组织的美国管理协会（AMA）出版了由达萨特尼（Desatnik）编著的《改革人力资源管理》一书，作者在书中强调了在组织中人是最重要的资源的观点。但从20世纪80年代初开始，人们开始快速地转向青睐人力资源管理。不仅一些专业协会开始更名，而且企业中人事副总裁也开始被人力资源副总裁所取代。例如在此期间，美国管理协会开始致力于提高人事经理的作用和重要性。

20世纪70年代中后期至80年代早期，有效的人力资源管理活动对组织的重要性日益增加，得到了众多学科的关注和投入，特别是现代管理理论、心理学和组织行为学等学科的发展，将人力资源管理研究推向了学术巅峰。因此，在20世纪80年代初期，人力资源管理开始作为一门独立的学科，越来越多的学者也在努力构建人力资源管理理论和体系来解释、预测和指导企业的人力资源管理实践。

20世纪70年代晚期至今，技术迅速革新，全球化及竞争加剧使得人力资源的重要性日益凸显。传统资源带来的竞争优势很容易被复制，而人力资源在增加组织价值和提供持续竞争优势等方面的重要性日益增加。企业雇员被认为是资产而不是商品的观念得到普遍接受，人力资源管理职能更多地被整合到企业获取目标的过程中。战略人力资源管理的出

⊖ 本书中文版机械工业出版社已出版。

现极大地提升了组织中人力资源管理职能的地位。

在学术界，到 20 世纪 90 年代中期，几乎所有的商学院都把专业和课程设置中的人事管理更名为人力资源管理，几乎所有的教材都放弃了人事管理而选择了人力资源管理。

1.2.2 我国人力资源管理的发展历史

我国人力资源管理的发展大致可分为四个阶段，即近代劳动人事管理、新中国成立后的劳动人事管理、改革开放初期的劳动人事管理和人力资源管理阶段。

近代劳动人事管理。中国近代企业基本是由官僚买办资产阶级和民族资本家兴建的，在劳动人事管理方面具有以下两个特点：其一是带有浓厚的封建色彩。很多企业实行包工制度，由包工头与企业签订承包合同，领取全部包工费用，并招收工人，组织生产，发放工资，处分和解雇工人，带有浓厚的家族企业色彩。其二是引进了一些资本主义管理手段和方法。例如：1916 年，民族资本家穆藕初翻译出版了泰勒的《科学管理原理》⊖一书；一些企业派人出国留学，带回了科学管理的制度和方法。一些规模较大的企业封建色彩逐渐淡化，资本主义色彩渐浓。有的任用外国人担任管理职务，改造原有的管理制度；有的启用工程技术人员管理企业，废除了包工制；有的建立了职能管理机构，制定规章制度，并在员工选用上实行标准化、制度化的考核制度；有的甚至制定了一套企业文化培训制度，从精神上教育和激励员工，在一定程度上提高了企业的凝聚力，这在当时是难能可贵的。

新中国成立后的劳动人事管理。这一时期的劳动人事管理与我国政治、经济形势同步，经历了"两上两下"的过程。一是新中国成立之初至 20 世纪 50 年代中期。这是企业劳动人事管理健康发展的时期。在此期间彻底废除了封建包工制，工人在企业当家做主；实行"低工资，高就业"政策；1952 年、1956 年两次进行工资改革；以苏联经济模式为标准，在企业建立了一整套社会主义劳动人事管理制度，在当时收到了良好的效果。二是从 1958 年全面开始的"大跃进"时期。这一时期使劳动人事管理受到很大冲击。在此期间企业增员过多，使劳动计划和定员定额制度失效；取消了计件工资和奖励制度，平均主义泛滥，按劳分配受到冲击。三是 1961—1966 年为第二个健康发展时期。1961 年，"大跃进"时期的错误得到纠正，劳动人事管理制度又得到恢复和发展，企业压缩了非生产人员，精简了大批富余职工，恢复了计件工资制度并健全了奖励制度，使劳动生产率有了很大的提高。四是 1966—1976 年的"文化大革命"时期。这一时期使劳动人事管理遭到严重破坏，各项合理的规章制度遭到全盘否定，企业人员猛增，分配中的平均主义愈演愈烈。

改革开放初期的劳动人事管理。"文化大革命"结束后，我国的工作重点转移到经济建设上，劳动人事管理再次步入正轨。特别是改革开放以来，劳动人事管理在改革、转轨中迅速发展，标志有以下五个方面：一是企业扩大了用工自主权，用工形式多样化，实行"企业劳动合同制"。二是实行"先培养，后就业"，大力发展职业教育，优先招收各类

⊖ 本书中文版机械工业出版社已出版。

职业技术学校的毕业生，加强成人教育、继续教育，提高劳动者素质。三是实施管理方法标准化，制定了劳动定额管理、定编定员管理、人员培训、技术职称评聘、岗位责任制等劳动人事管理制度。四是工资、奖金管理逐步合理化，企事业单位普遍实行工资总额随单位总体效益和绩效浮动，工资模式走向结构化，实行岗位技能工资和其他结构性工资相结合，增强了工资的激励作用。五是变就业保障为失业保障，劳动力走向市场，实行平等竞争，允许企业倒闭和解雇员工，社会保障由"就业保障"向"失业保障"逐步过渡。

人力资源管理。在我国，对人力资源管理的研究可以追溯到 20 世纪 80 年代中期。1984 年，中国人力资源开发研究会的前身中国人力资源开发研究中心成立，任务是"组织研究中国人力资源开发问题的理论和政策，探索具有中国特色的人力资源开发和管理体系，开展有关人力资源研究和开发的国际合作，提供咨询服务等"。但是系统研究人力资源管理理论实际上是在 20 世纪 90 年代初期，一些学者出版了一些人力资源管理方面的专著。目前，我国几乎所有主要大学的商学院都设有人力资源管理专业或研究方向。很多企业的人事部门也逐渐被人力资源管理部门所代替，因为不仅大公司意识到人力资源管理的重要性，小企业也不例外。越来越多的企业已经认识到企业的成败最终归结为企业中的人。

1.3 人力资源管理的学科基础与理论基础

1.3.1 人力资源管理的学科性质与学科基础

对于人力资源管理的学科性质，学者们看法各有分歧。通过人力资源管理的发展历史，我们可以看出人力资源管理的发展离不开企业管理中对人的观念认识的改变和对人加以管理的深化。因此，我们把人力资源管理的学科性质界定为管理学学科。人力资源管理学科不仅可以采用管理学学科的研究方法、研究思路和相关理论，还和心理学、社会学、管理学、经济学、人类学等有着千丝万缕的联系。

人力资源管理和心理学。心理学作为一门独立的学科，已经有 100 多年的发展历史，形成了很多分支。心理学研究个体心理活动的过程和特点，包括动机、认知、需要、态度、人格、学习模式的研究等，而所有这些都可以用来帮助我们理解人力资源管理问题。心理学对人力资源管理问题的研究是利用心理学理论和方法从组织、群体和个人等不同层次和角度，通过分析组织中的人力资源管理过程，研究如何科学地选拔、评价、激励、培训员工，使人的心理和行为组织化。例如，心理学在人员素质测评、人员激励、员工压力、绩效管理等方面的有效使用。实践表明，人力资源管理最难解决的其实还是人的心理问题。由于心理学能更科学地预测人的行为发展趋势并进行相应的引导与控制，因此，心理学在人力资源管理中仍将占据重要的位置。

人力资源管理和社会学。社会学是研究社会结构及其内在关系与社会发展规律的学科，它侧重于对宏观社会及社会组织、社会结构、社会功能、社会变迁、社会群体活动趋势的剖析和研究。社会学主要研究人与人的社会关系。人力资源管理是在社会学的基础上，研究怎样才能更好地对组织里的个体进行管理，涉及个体与个体、个体与群体、团队与组织、个体与组织等一系列的社会关系。

人力资源管理和管理学。管理学是系统研究管理活动的基本规律和一般方法的科学。管理学是适应现代社会化大生产的需要而产生的，它的目的是研究在现有的条件下，如何通过合理地组织和配置人、财、物等因素，提高生产力的水平。人力资源管理是对管理过程中人的配置和管理，因此，管理学给予了人力资源管理更多的理论支持。

人力资源管理和经济学。经济学作为一门独立的科学，研究的是一个社会如何利用稀缺的资源以生产有价值的物品和劳务，并将它们在不同的人中间进行分配。劳动经济学是专门研究人力资源管理问题的经济学分支，是研究劳动力市场现象及其运动规律的科学。劳动经济学研究范围包括了从微观层面的企业内部人力资源的配置到宏观层面的失业和收入分配问题。经济学对人力资源管理问题的研究早期主要集中在人力资本理论和劳动力市场理论。人力资本理论早已成为人力资源开发的重要理论基础。此外，利润分享理论、效率工资理论、内部劳动力市场理论以及契约和激励理论等在人力资源管理领域已经得到了广泛的应用。

人力资源管理和人类学。人类学是用历史的眼光研究人类及其文化的科学，是以人作为直接研究对象，并以其为基础、以综合理解为目的的学科。人类学研究的目的是以全面的方式理解人这个个体。换句话说，人类如何行动，如何认知自己的行动，行动的结果又如何影响人的思考以及人与其他群体、象征的互动，是人类学想解答的最根本的问题。人力资源管理要解决的问题，如人际关系问题、群体问题，都需要借助人类学的研究方法和研究工具来实现。例如，早在20世纪初，梅奥等在霍桑实验中就将人类学的方法应用于企业的组织研究中，当时这一方法被称为工业人类学。

1.3.2 人力资源管理的理论基础

1. 人性假设理论

人力资源管理的理论基础之一是企业管理中的人性假设理论。人性假设是对人的本性所持有的基本看法和判断，主要包括经济人假设、社会人假设、自我实现人假设和复杂人假设。人力资源管理是对人进行的管理，因此对人的基本看法将直接决定着人力资源管理的具体管理方法，人性假设理论从而也就构成了人力资源管理的一个理论基础。

2. 激励理论

人力资源管理的最终目的是实现企业的战略目标，这一目的的达成是以每个员工个人绩效的实现作为基本前提和保证的。在一定的外部环境条件下，员工个人绩效取决于其工作能力和态度这两个因素。如何激发员工的工作热情、调动他们的工作积极性和主动性就成为人力资源管理需要解决的主要问题，因此，激励理论就构成了人力资源管理的另一个理论基础。

1.4 人力资源管理的发展趋势与前沿问题

1.4.1 人力资源管理的发展趋势

人类社会进入 21 世纪，全球的社会经济环境不断发生着巨大变化，随着经济全球化、信息技术的快速发展和知识经济的深入，组织赖以生存的外部环境与组织竞争方式正发生着深入持久的变革。未来人力资源管理的发展将呈现以下几个趋势。

1. 人力资源管理成为企业战略规划及战略管理不可分割的组成部分

人力资源可以说是企业最重要的资源。其不仅是人事部门的事情，而且是整个企业的战略性工作之一，是企业董事会和高层管理者必须关心的事情。因而所有的企业在设计自己的发展战略的时候，都应将企业和部门战略与人力资源战略统一结合起来为企业战略决策服务，各项人力资源管理理念和方法之间应达成有效的切合。

2. 人力资源管理在企业价值链中的作用日益凸显

在 21 世纪，人力资源管理的核心是如何通过价值链的管理，来实现人力资本价值的增值，价值链本身就是人才激励和创新的过程。通过围绕价值链拓展管理范围，人力资源管理在企业价值链中的重要作用日益凸显，即可以为顾客提供附加值。因此人力资源管理部门应该积极加强与企业各业务部门的密切联系，从权力中心走向服务中心。

3. 人力资源管理边界呈日益模糊状态

此前，人力资源管理不被企业重视或仅仅被看作企业组织内部的一项管理活动，有其独立的工作范畴。近年来，随着业务外包、战略联盟、虚拟企业等各种形式的企业网络组织的出现和迅猛发展，人力资源的管理边界日益模糊，其管理已经跨越组织的边界，不再仅仅局限于企业内部的管理事务，而是面向更为广阔的管理空间。

4. 人力资源管理方式更趋灵活

信息技术的迅猛发展和应用，改变了人力资源管理的方式。

（1）人力资源管理突破了空间和时间的限制，网上招聘、人工智能（artificial intelligence，AI）招聘、网上在线培训、网上沟通、利用网络进行人力资源管理等成为人力资源管理的现代化手段。

（2）把越来越多的行政工作交由专业化的公司来运作，比如通过专业的猎头公司来进行招聘，通过管理咨询公司设计薪酬，对日常工作尽量简化手续并使工作流程化，以便让企业把大部分精力放在研究、预测、分析、收集信息、联络沟通、创造环境上。

（3）组织运行模式由传统层级型向平台共治型转型，组织结构从复杂向简单过渡，由金字塔型向扁平化、虚拟化、动态化发展，员工的工作时间更具有弹性，员工的工作内容有更多的选择性。工作的流程越来越简单，工作标准化将逐渐被更多体现的员工个性和创造性所代替。

（4）雇佣关系由典型雇佣关系转变为典型雇佣与非典型雇佣（non-standard employment）

关系并存，非典型雇佣关系呈增加趋势。随着市场竞争范围的扩大和竞争程度的提高，企业逐渐意识到灵活用工在降低管理成本、提升组织柔性方面的积极作用，开始寻求通过不同的渠道和方式改变传统的单一用工模式。非典型雇佣在实践中首先发端于北美、欧洲发达国家及日本，它所包含的非全日制用工（part-time work）、临时雇佣（temporary employment）、固定期限合同用工（contract work/fixed contract work）等用工方式，与一般意义上的典型雇佣存在着明显的差异，如非全日制用工在工作时间方面、外包用工在工作地点方面，以及派遣用工在契约性质方面。非典型雇佣关系在不同的环境中，具有不同的特点和发展路径，经济、政治和文化因素都会影响企业的用工模式、劳动力的就业取向、工会的谈判立场和议价能力，以及政府的规制导向和强度。

（5）人才流动更加通畅。一方面，人才稀缺与日益增长的人才需求使人才面临多种流动诱因与流动机会，员工由追求终身就业饭碗转向追求终身就业能力，通过流动实现增值。另一方面，人才流动具有内在动力，从单边流动到多边流动。高科技、高智能人才从低报酬国家流入高报酬国家的单边流动转变为跨地区、跨国家的多边流动，国际性的人力资本所有者将带来新的工作方式和生活方式。这种变化给人力资源管理者带来的变化是用人更加重视人品和职业道德，人才流动中的信用与风险管理也加强，使人才流动不影响组织的利益。

5. 人力资源开发成为培育企业核心竞争力的源泉

企业核心竞争力是一个以企业技术创新能力为核心，包括企业的反应能力、生产制造能力、市场营销能力、连带服务能力和组织管理能力在内的复杂系统，而技术创新能力等多项能力的状况与增强主要取决于人力资源的状况与开发。因此，企业核心竞争力的根本在于企业人力资源的开发。离开了企业人力资源的开发，企业核心竞争力便会成为无本之木、无源之水。在信息时代，在一个以服务为基础的经济环境中，企业间的竞争越来越多地体现在建立、培养和应用有限的知识与专长的能力上。例如，比尔·盖茨把约见优秀的应聘者作为其最重要的管理活动之一，并努力说服其中的优秀者加盟微软公司。

6. 跨文化管理成为人力资源管理的趋势

不同国家企业人力资源管理的不同，不只是技术的原因，其最终的差异在于国家文化不同。同一国家内不同企业的管理模式也不相同，原因在于各自的企业文化不同。因此，决定人力资源管理差异的基础在于企业文化。跨国公司的人力资源管理必然要直面跨文化管理的问题，这也是人力资源管理面临的挑战之一。

1.4.2 人力资源管理前沿问题

与人力资源管理发展趋势相吻合的是，人力资源管理中的很多前沿问题引起了理论界和实践界的关注。这些人力资源管理的前沿问题有：数字化人力资源管理；互联网人力资源管理；人工智能与人力资源管理；超组织人力资源管理；人本管理；人力资本管理；战略人力资源管理；战略人力资源开发；人力资源管理柔性；虚拟人力资源管理；人力资源管理外包；人力资源管理跨文化管理；临时雇用、微招聘、微培训；知识型员工管理；胜任力研究；绿色人力资源管理与开发；学习型组织和知识管理等。限于篇幅，本书不做展开，有兴趣的读者，可以参考相关书籍、期刊和网络文章来学习。

本章小结

人力资源是指一个特定组织或企业员工总体所具有的生产和经营能力之和。人力资源与物质资源相比，具有不可剥离性、生物属性、社会属性、能动性、时效性、增值性和连续性等特征。理解人力资源概念可以从人力资源的数量和质量两个方面入手。

人力资源管理是指围绕组织的战略和目标，对组织人力资源进行规划和管理，通过人力资源的招聘、使用、保留和激励等各个环节的管理活动，以实现组织的既定目标。人力资源管理依据其研究范围可分为宏观人力资源管理和微观人力资源管理。一般而言，微观人力资源管理是指企业人力资源管理。宏观人力资源管理，一般是指以国家（中央政府或地方政府）作为主体，对社会人力资源的管理。人力资源管理是从人力资源的角度确保企业战略的实现，通过对人及与人相关的事的管理活动来提升企业的绩效。人力资源管理的基本职能涉及范围很广，内容很庞杂，主要包括人力资源战略的制定、工作分析、人力资源规划、招聘与录用、职业生涯管理、人员培训、绩效管理、薪酬管理和劳动关系管理等活动。人力资源管理发挥着战略性和战术性的作用。

人力资源管理部门和管理者所从事的活动主要包括：战略性和变革性活动；业务性活动；行政性活动。人力资源管理部门和管理者在企业中扮演着四种角色：战略伙伴、管理专家、员工激励和变革推动者。人力资源管理者的素质是指人力资源管理者具备胜任人力资源管理工作的最基本的知识、技能和能力的总和。人力资源管理者的素质包括知识、技能、能力、思想素质与价值观四个方面。

人力资源管理的发展历史是组织对人的看法和对人力资源管理认识提升的过程。正是这种认识层面的提高，导致我们看到人力资源管理乃至人力资源管理部门价值的提升和在组织中重要性的确立。人力资源管理发展过程中呈现战略性加强、边界日益模糊、管理方式更趋灵活、跨文化等发展趋势。

我们把人力资源管理的学科性质界定为管理学学科。人力资源管理学科与心理学、社会学、管理学、经济学、人类学等有着密切的联系。

学习建议

本章主要是提供人力资源管理的概貌。在学习过程中，我们应该把重心放在对概念的理解和把握上，同时还要着重了解人力资源管理的发展历史和理论基础。

1.本章重点

人力资源和人力资源管理的概念；人力资源管理的目标、职能、功能和职责；人力资源管理的理论基础等。

2. 本章难点

人力资源管理的目标、功能；人力资源管理的发展历史；人力资源管理部门的角色。

核心概念

人力资源、人力资源数量、人力资源质量、人力资源管理、人事管理、人力资源管理职能、人力资源管理部门、人力资源管理者。

课后思考与练习

1. 什么是人力资源？人力资源具有哪些性质？
2. 人力资源的数量和质量说明什么问题？
3. 人力资源管理的含义是什么？
4. 人力资源管理的目标和功能有哪些？
5. 人力资源管理活动包括哪些方面？它们之间有什么样的关系？
6. 简述人力资源管理的发展历史。
7. 如何理解人力资源管理的职责？
8. 简述人力资源管理部门在企业中的地位和角色。
9. 人力资源管理的理论基础有哪些？
10. 你认为人力资源管理学科属于什么学科？
11. 试列举一些人力资源管理的前沿问题。
12. 人力资源管理者应具备什么素质？

案例分析

高速增长的跨境企业背后，一定有一支优秀的 HRM 军团

2020 年 10 月 15 日晚，跨境眼海豚商学院组织了行业第一次跨境企业发展官（eCHO）的交流晚宴。近 10 家跨境电商行业亿级以上卖家和物流商的人力资源负责人，以及人力资源与发展专家郝伟臣老师和胡可德老师都到了现场进行讨论分享。这些跨境企业团队从几十人到几千人不等，它们所遇到的关于组织架构、人才培养、招聘、激励等问题，基本覆盖了当下大多数跨境企业会遇到的难题。

HRM 的 9 个困惑

今年，对于跨境电商企业来说，大致有 3 种情况和与之对应的人力资源负责人（HRM）的 9 个困惑。第一种情况是业绩大幅增长，团队短期内快速扩张，这类企业的核心是要人。HRM 的困惑相应表现为：①人员招聘速度跟不上业务发展速度。因为人才稀缺，短时间内公司大量招人，但新人的留用率不足 1/3，HR 该如何精准识别对工作充满热情且有潜力的人？②培养的缺失，导致人才质量跟不上业务需求。例如：中层员工基本处于放

养状态，腰部力量严重支撑不住业务的扩张；对于新员工也仅限于对新人的入职培训，因此其上手慢、出不了单。③在与同行抢人的过程中，现有的激励体系无竞争力，如何打造有竞争力的薪酬、职级和激励体系呢？第二种情况是公司开始探索第二曲线业务，比如从平台卖家到探索独立站。这类企业要么重新组建团队，要么成立新公司，除了要人外，它们也遇到用人的问题。HRM的困惑相应表现为：①团队的胜任力模型怎么做？在筛选至关重要的新业务带头人时，不能精准识别出哪些人适合走专家路线，哪些人适合走管理路线，哪些人能够被委以公司转型重任。现场一位HRM举例：在探索新业务初期，公司经过慎重考虑，将最厉害的销售冠军提升为新业务负责人，期望他带领新团队开疆拓土。在短短几个月时间内，这位销售冠军因为无法达成团队目标，且抗压的阈值较低就离职了。②对于专业能力强的人，公司如何给他赋能，将他的个人能力转换成组织能力？③公司要发展要转型，但老员工转变不过来，驱动不了，跟不上公司发展的需要，怎么办？第三种情况是由于上半年决策的失误，业绩未增长甚至亏损，公司开始裁员。这类企业的需求在于重新梳理组织体系。HRM的困惑相应表现为：①人才结构不合理，新人太多，腰部力量薄弱，出现管理断层。②从人治阶段过渡到法治阶段，需要建立标准化流程。例如：招聘流程、人才盘点、人才发展、组织流程、组织氛围、薪酬绩效、转正标准等，建立起一套人力资本的标准化流程。③应该如何解决人效低的问题，进一步提升个人效率？

人力资源管理跟不上快速发展的业务需求

关于人的一切问题，其背后的底层逻辑在于：快速发展的业务需求与落后的人力资源管理之间的矛盾。这主要表现在四个方面：其一，行业已经从粗放到精细化运作。例如铺货往垂直细分品类走，精品卖家往品牌模式运营。其二，从人才争夺战到人才经营战。这种趋势已经很明显了，很多团队骨干都是企业自身培养出来的。其三，老板已经从个人视角看HRM，过渡到从战略和业务的角度看HRM。其四，HRM已经从人事行政向企业合作伙伴转变。但是从现状看，HRM并不能满足老板的高期望。我们总能听到老板对于HRM的吐槽，如：打杂、人效低、招人太慢、中层断层、不懂业务、能力弱、没效果……面对老板的吐槽，HRM也是一脸委屈。对于如何去影响老板、影响组织、给企业带来积极的转变，HRM显得气场很弱，更不用说给老板提出关于企业发展的顶层设计了。胡可德老师表示要改变这种状况，人力资源管理首先应该做的是升维，快速提升HRM的战略、业务和绩效意识，从纷繁琐碎的事务性工作中找到格局和方向，否则其他无从谈起。

人力资源管理的所有工作都是围绕人开展的，包括人才吸引、人才雇用、团队融入、人才培育、激励与保留机制、人才的发展规划、人才识别以及不适合人员的及时退出这一整套闭环流程。针对每一个环节，HRM只有下足功夫，才是改变的真正开始。从老板的层面讲，认知的升维在于认识到持续的成功＝战略×组织能力，这从阿里巴巴、华为等一系列优秀的企业身上得到了验证。

招聘：定标、寻人、当官、转化、算数

胡可德老师认为，其实老板对HRM的以上抱怨可以简单归纳为两个问题：你什么时候把人给我招过来？你什么时候把人给我培养起来？接下来，我们说说如何做好招聘。第一步：定标，包括招不招、招多少、什么时候招、招什么样的。首先，要根据战略做好人才规划、人才盘点，确定业务需求；其次，确定每个员工的岗位贡献对企业战略发展的影响程度，以及人才稀缺度，以此梳理出核心人才库。再次，要前置人才招聘和培养需求，不要等到业务部门要人的那一天，才急着去招人。第二步：寻人。定位目标人才在哪里，怎么接触到他们。比尔·盖茨曾说，将你的公司与竞争对手区分开的最佳方式，将你与碌碌大众区分开的最佳方式，就是充分利用信息。你如何收集、管理和使用信息将决定你的输赢。第三步：当官。通过测评（官）和面试（官）选中适合的人才。熟练运用好人才测评工具，筛选出热情、有潜力、能打的人。第四步：转化。从有人到有料，也是拉关系的最佳时机。根据人脉投资理论，良好的人际关系能够创造财富，将人际关系转化为合理投资可以从中获益。所以，你是谁很重要，但你是否具备关键人脉、你跟谁在一起更重要。第五步：算数。不要相信你的直觉，要用数据评价招聘结果。

人效分析与新晋人才培养

在"选用育留出"的人才生命周期中，还有一个最容易被大家忽视的环节：淘汰。管理界有句话说：一个 HRM 的成熟是从"人才结构调整"开始的，一个 CEO 的成熟是从人才结构优化开始的。我们为什么要优化，很多时候是觉得人效低。郝伟臣老师认为，人效的分析不应该只关注于花出去多少钱，更多应关注在员工的赚钱能力上。他提出了分析人效的四种方法：人头对应业绩，分析人效变化；浮动薪资包对应业绩，分析激励方案的投入产出比；管理薪资包对应业绩，分析管理效率；整体薪资包对应业绩，分析薪资投入产出比。

此外，现场多位 HRM 提到关于新任管理者培养的问题。因为没有很好的培育和帮带，从基层升职或跨业务进入的管理者，要么很难实现角色的转变，要么没办法将个人绩效的达成赋能到团队目标的达成，最终造成优秀人才的流失。因此，郝伟臣老师提出，新晋人才的"90～180 天黄金转身期"是巨大的人力资本投资。在转身期要对关键岗位的新上任管理者进行跟进和赋能，帮助其更快胜任新的工作，聚焦目标，快速度过转折期，降低失败的风险。转身期就是阵痛期，新上任管理者能否转型成功，在四个核心步骤上需要直接主管、教练、导师赋能。第一步：我该如何为新角色的成功做好准备？第二步：我应该为哪些近期目标而努力，建立成功的动能？第三步：我该怎么加速提升有效的影响力？第四步：我该如何在成功转身的基础上带领团队更上一层楼？

在上述过程中，直接主管需要把握方向，给予新管理者支持，及时反馈；教练的定位在于，帮助新管理者在角色转变上进行一对一的专业辅导；而导师的工作是针对新岗位特定知识经验的分享和指导，及时提供经验，响应管理者的求救。但是在很多跨境企业中，特别是中小卖家，并没有细分直接主管、教练、导师这样的辅导机制，很多时候都是直接主管在带新管理者，所以直接主管需要兼顾好这三者的职能。

资料来源：曾琦，跨境眼海豚学院，https://mp.weixin.qq.com/s/L-H6tT7kUrORPuMiJdys5g，2020 年 10 月 20 日，略有改动。

思考题：

1. 公司的人力资源管理为什么重要？人力资源管理如何支持公司业务？
2. 人力资源管理过程中围绕人才要做哪些具体工作？

@ 相关链接

人力资源开发管理网：http://www.hrdm.net

中国人力资源开发网：http://www.chinahrd.net

行天人力资源管理网：http://www.sintere.com.cn

中华人力资源网：http://www.sino-hr.cn

中国人力资源网：http://www.hr.com.cn

亚太人力资源网：http://www.aphr.org

人力资源管理协会网站：http://www.shrm.org

现代人力资源管理网：http://www.ehrdm.com

HR 管理世界：http://www.hroot.com

中华人力总监网：http://www.chinacho.com

世界经理人：http://www.ceconline.com/

Chapter 2

第2章

人力资源战略与规划

学习目标

- 理解人力资源规划的含义与主要内容。
- 掌握人力资源规划的程序。
- 掌握人力资源供给和需求预测的方法与工具。
- 理解和掌握人力资源供需平衡措施。
- 了解人力资源管理信息系统的功能、构成要素与实施。
- 了解人力资源流动中的竞业禁止。

引例 2-1

如何制定一份高质量的人力资源战略规划

业务部门每到第四季度就会启动第二年的业务规划,人力资源规划自然也须跟上。高质量的人力资源规划,不在于文本有多厚,而在于能跟上业务节拍,并且能够预见组织与人才方面的变化,为业务提供预案,使来年的人力资本回报更高。本文是 2017 年年初康至军老师的演讲摘录,重点分享了制定高质量的人力资源战略规划的两个关键点:一是我们要能够敏锐地把握公司跟往常相比在客户产品、组织业务和人员方面的变化,觉察其中的战略机会点;二是利用 SHARP 模型识别和管理好关键岗位和关键人才。

一、捕捉业务变化与战略性机会点,匹配人力资源重点工作

我们怎样才能敏锐地捕捉公司的业务和组织的变化,让人力资源的重点工作跟它匹配起来?这是一个非常重要的问题。首先,我们要能够捕捉企业的变化。因为业务的变化一定是每年都会有的,有的可能会剧烈一些,有的可能会平缓一些,只有当我们能够捕捉到这些变化,才能够抓住一些战略性的机会。其中有几个方面的变化值得关注,它们背后都蕴含着大量的组织和人才建设的需求。

第一个方面是公司的产品发生了变化。以 IBM 为例,其实 IBM 在 1993 年、1994 年

的时候濒于崩溃，两年连续亏损将近一百亿美元。路易斯·郭士纳上任以后对公司做了一个整体性的战略定位的调整——从原来的"卖产品"到"卖整体的IT解决方案"。因为他的很多大客户认为，卖产品很容易，但是这些产品、软件的整合很难，所以希望有一个公司能够提供完整的IT解决方案。郭士纳发现，其实IBM是全世界范围内少数的两三家能够提供完整的IT解决方案的公司之一，因此他们做了这样一个转变。这也就意味着IBM为客户提供的产品和服务发生了变化，而这个变化传导到整个公司的话，很显然有一个岗位的人员能力的要求跟以前比是截然不同的，这就是他们的客户经理：卖产品的销售能力与卖解决方案的销售能力是完全不一样的。所以他们邀请了一干专家来研究"解决方案"的销售流程，根据实践做了最佳萃取和标准化提炼，然后围绕这个流程设计了一个培养项目来提高客户经理的"解决方案"的销售能力。这就是一个典型的例子，当公司的业务或者产品和服务发生了变化以后，我们要去思考在这个变化背后，对我们的组织和人才建设提出了怎样的要求。

第二个方面是客户群体发生了变化。当客户群体发生了变化以后，对我们来说也会有一些新的要求，最重要的一点是对一线的销售会提出一些新的需求。当然其中还会有各种各样的情况。例如，我们在做培训的时候有一位朋友说，他是做服装的，后来专卖店的定位做了一些调整，原来是做普通款，现在做的是高端产品。很显然，这个产品变化本身所带来的一个问题就是客户群体的变化。这与IBM不同，虽然IBM的产品改变了，但它面对的主要客户还是一些大企业的首席信息官。但在这个例子中，服装专卖店的客户变成了新的客户群体，那么跟这个群体打交道所需要的能力，对店员来说很显然是不一样的。因此这位朋友后来反思说："其实我们在店员的相关能力的提升方面还是做得不够啊，他们还是用原来的对待客户的方式来对待新的客户，这很显然是有问题的。"

第三个方面是客户的需求发生了变化。例如，银川一家企业原来的客户订单周期是三个月，现在的客户订单周期变成了一个月，这就意味着客户的需求发生了很大的变化。那么由这个变化倒推到人力资源，倒推到人力资源组织的工作中，我们就会发现一些机会点：首先，怎样去加强跨部门的协同？原来的设计周期可能得要一个月，而现在客户的订单周期总共只有一个月，那你应该怎么办？其次，对销售员的考核也要进行调整。销售员要尽可能地去卖标准化的产品。如果不用考核机制做牵引，那么他们可能会因为想提高销售额获取更多的奖金而盲目地满足客户的需求，等等。

第四个方面是组织的地域或者组织的规模发生了变化。比如组织扩张带来的需求变化，有的公司由原来在一个城市发展变成在多个城市发展，要进入到不同的区域，甚至进入到不同的国家去。为此公司需要设立总部，随之而来的是总部的定位问题：如何定位以避免总部走向官僚主义、与一线公司如何协同等。这个组织的形态、层级发生变化以后，就会产生大量的组织和人员建设的需求。

第五个方面是公司整体的业务发生了变化。比如公司在原来的主营业务之外又开辟了一些新业务，那么在这个新业务产生以后，公司会面临几个问题：要厘清新业务与老业务之间的关系，包括如何为新业务配备合适的人才？原来的老人可能不懂新业务怎么办？如果从外部招聘人员，空降兵短时间内不能够融入组织怎么办？2017年上半年我们跟万科合作的一个组织和商业模式创新的项目就面临这个问题。万科本身也在不断地探索，从原来的住宅变成城市发展配套服务商，其分布在很多城市的分公司都非常愿意去尝试开展一些新业务。在新业务开展过程中出现了一些问题：此前负责老业务的人员做新业务时因为对新业务不熟，可能做不起来；从外面招聘的一些人员对新业务熟，但是他在组织中没有人员基础、群众基础，所以他调动不了资源。如何妥善解决这个问题是很关键的。

还有一个就是，很多企业会用一些老业务的管理和评价的方式去对待新业务。其实公司在做一些创新业务时，不可能一开始就能够想清楚它能够贡献多少利润、做多大规模。那公司应该如何评价新业务？北方有一家特别大的集团曾说，他们有的业务板块的目标是五年以内规模要进入一线梯队，但是公司拼命考核的是利润，所谓的原因是对成熟业务都是这样考核的。在这个例子中，该集团想要的与考核的是不一致的，因此在实现业务目标时显得困难重重。由此可见，如果公司开展了新业务，那么公司应该思考：怎样才能培育和发展这些新业务？对组织、绩效和人才管理又会产生哪些新的挑战？

第六个方面是组织快速扩张时对人员能力提升的需求。比如公司在快速扩张时，其后备梯队的建设、人才的招揽、空降兵的融入等会面临很多挑战。为此人力资源部要敏锐地分析公司与去年比最大的变化在哪里，然后围绕这个变化去思考人力资源部的工作重心或者关键议题在哪里。这样，人力资源部才能把握住公司业务的需求和关键点，让工作更好地贴近业务、贴近战略。

二、从人力资源工作到战略，找到关键逻辑

海尔一位人力资源副总经理曾经提出一个问题说："张首席对我们的工作不是特别满意，因为我们的指标定完以后，到考核的时候，业绩好，我们的分就还不错，业绩不好呢，我们的分还比较高。所以张首席觉得我们的工作没有跟业务紧密地结合起来。"那么怎么来解决这个问题？他说，他们也考虑调整指标，将60%的权重全放给公司级的经营指标，这样的话就能够跟业务一样忽上忽下了。但他自己也觉得，这个可能是治标不治本。

从公司角度来说，真正的需求是人力资源工作怎样更有力地支撑公司的业务和战略，驱动这个战略目标的实现，这是一个令很多企业非常头疼的问题。所以，我们就要找到从人力资源工作到战略的关键逻辑。我们在2016年的时候翻译了很多本非常经典的书，包括从讲组织创新和变革的《无边界组织：移动互联网时代企业如何运行》到最新的《ATD人才管理手册》，再到描述未来工作趋势和挑战的《未来的工作：传统雇用时代的终结》，再有就是我们接下来要说的《重新定义人才：如何让人才转化为战略影响力》。这本书的逻辑非常简单，就是如果你想让人力资源工作更有力，你就不能撒胡椒面，而是要找到驱动战略执行的关键点。这个关键点是什么呢？关键点就是我们要识别出公司关键的成功要素或者战略性的能力，再基于战略性能力，识别出关键性岗位。

总结起来就是：第一步，你要能够识别你的公司成功的一些战略性的能力、关键成功要素。第二步，基于关键成功要素识别出你的关键岗位。第三步，基于关键岗位盘点一下

你现有的关键岗位上的人员，根据他们的岗位胜任度做一些必要的人员调整，包括培训发展。第四步，在这个基础上还有一项非常重要的工作——针对这些关键岗位和关键人才采取差异化的或者倾斜式的激励政策，让这些为公司做出贡献的人员得到相应的回报。有的公司的奖励政策其实是在逼迫优秀员工离职，因为过于强调内部公平会让很多真正优秀的员工感觉到不公平。因此，第五步是你要重新设定人力资源部门的评价指标。把重心放在是不是为关键岗位尽快地补充到了优秀的人才，关键岗位空缺率是怎样的，这些岗位上人员的胜任度是怎样的，等等。杠杆点上的人才队伍的建设对于企业来说是更加重要的。

这五个步骤可以被归纳为SHARP模型。人力资源的战略规划或者工作重心，如何能够更有力地支撑公司的业务？其中有两个关键点：一是我们要能够敏锐地把握公司与往常相比在客户产品、组织业务和人员方面的变化，觉察其中的战略机会点；二是利用SHARP模型识别和管理好关键岗位和关键人才。

资料来源：儒思人力资源至军专栏，如何制定一份高质量的人力资源战略规划，http://www.ruthout.com/information/5624.html，2018年8月18日，略有改动。

引例2-2

实用的人力资源规划三原则

一、过程比结果重要

我们经常会听见大老板威严地指示："我只要结果，其他的我不管。"其实，对于很多企业来说，只问结果不问过程的管理方式，是一种不负责任的管理方式，是企业管理的懒汉哲学。没有过程，就没有结果；有什么样的过程，就有什么样的结果；当过程不可控时，结果也就自然不可控。一般情况下，除了创造发明之类的科研工作，管理者应重视通过过程管理来确保预期的结果，而不是一味地"死生有命，富贵在天"。

装帧精美的人力资源规划报告，之所以常常被束之高阁，其中很重要的一个原因就是它是做给老板看的。老板说"9月之前搞个人力资源规划给我"，于是人力资源部忘我地奉献了30天，在8月31日上午，提前一天，把规划报告呈给了老板。至此，人力资源部基本完成了使命，可以"躺"下来休息了。

从结果看，人力资源部呈给老板的规划相当精美、相当专业、相当国际化，内容涵盖了内外形势PEST分析、SWOT分析、现状分析、GAP分析、应对策略甚至还有分门别类的详细的行动计划，而且中间穿插了大量的数据、图表和模型。这么漂亮的报告，简直可以作为艺术品展示了，为什么还会遭到批评呢？是不是大家过于苛刻和挑剔了，一点同理心都没有？大家都没有错，问题的关键在于，我们要的是一个人力资源规划，而不是漂亮的花瓶。没有过程的人力资源规划，最多只能成为一个花瓶。

为什么制定人力资源规划必须强调要有过程？因为，人力资源规划不应该只是给老板一个人看的，也不应该是人力资源部自产自销的专利。人力资源规划要想有实用性，必须让各部门经理充分参与进来，让其感觉到人力资源规划是为他们而做的，让其感觉到是他们自己做出来的。新华保险公司一直以来非常重视人力资源规划工作，但由于上述的类似原因，前两版规划的命运可想而知。现行的人力资源规划却表现出旺盛的生命力，成为人力资源部门和各部门经理的人力资源工作的指南。从表面上看，目标成果物都是《新华保险公司三年人力资源规划》，内容结构大同小异，但效果却截然不同。究其原因，就在于"规划到底是怎么做出来的"，"过程比结果重要"。在制定人力资源规划的过程中，新华保险公司有效组织并调动了关键组织和人员的积极性，主要包括以下几项措施。

（1）组建跨部门核心专业团队。这个团队由高级 HR 规划师牵头，成员包括战略、人力资源、销售、财务、运营等各主要部门的核心专业骨干。该团队负责规划内容架构的总体设计、重要议题的提出、主要策略的提出以及专业的分析、测算等。

（2）组织实施有代表性的结构化调研访谈。与各层各类干部员工代表一起沟通讨论相关领域的发展预期、人力资源政策需求、人员需求以及策略建议。特别是战略、销售、财务等部门高管的意见和建议被充分地挖掘、吸纳，使人力资源规划紧密地与公司战略、业务、财务相融合。

（3）穿插针对性的专业培训。邀请公司内外专家就公司战略、人力资源规划、职业生涯管理、人才培养与梯队建设、绩效管理、薪酬激励等专题开展培训或研讨，提升了部门经理的人力资源管理能力，也建立了共享共通的专业沟通平台。

（4）开展多层面的宣传指导活动。借助公司报纸、杂志、网站宣传人力资源的使命、愿景、价值观、战略目标以及与员工切身利益密切相关的人事政策；利用人力资源工作会议对 HR 系统人员进行培训；在业务会议上增加人力资源规划与队伍建设专题研讨。

（5）落实人力资源管理规划相关责任。结合公司绩效考核与奖惩管理，鼓励和要求直线经理承担引进人才、培育下属、建设梯队等人力资源管理职能，从制度和利益上树立和巩固大人力资源观念。

二、战略比技术重要

有的企业本来不重视技术，甚至不屑于"雕虫小技"。但是近代以来，这种情况发生了很大变化。伴随国际化的浪潮，有的人对"数字管理"趋之若鹜，过分迷恋量化模型。这种舍本逐末的规划，必然缺少人力资源具体职能与战略的衔接，缺少基于战略的系统思考。而战略性的人力资源规划的重点不是为技术而技术，为定量而定量，它更侧重于研究企业人力资源的使命、愿景与战略目标，以及实现战略目标的人力资源策略和行动方案。

比如，某大型商业银行制定的人力资源策略非常简明，如下所述。

（1）以"竞争型"策略为主导，鼓励平等竞争和淘汰更新。

（2）在制度管理的基础上，渗透融合人性化管理和文化管理。

（3）因事择人，强调业绩、能力和发展潜力。

（4）近期人力补充以外聘为主，长期立足于内部培养。

（5）总行人才强调专业化、国际化，分行人才强调市场化、本土化。

（6）单位主要负责人以"复合型"为主导，其余以"专家型"为主导。

（7）重点关注高端人才、中层核心骨干和基层潜力人才，作为引进、选拔、培养的重点。

这些策略是否实用，不在于是否有严密的逻辑推理和数学论证，而在于是否符合公司战略导向，在于是否有相应的配套措施。人力资源规划需要宏观的战略思维，需要在不确定环境中做出选择，需要较强的开拓精神。

三、变通比规则重要

人力资源规划通常以五年或三年为周期，其主要意义在于方向性和前瞻性。在规划的执行过程中，规划制定时所依据的内外环境随时都在变化之中。再完美的规划，也不可能预估一切。规划的实用性总是相对的，不是绝对的。比较可行的办法是，与公司"五年规划"配套拟订相应的人力资源五年规划，然后每年拟订"三年滚动规划"，让规划成为一个滚动的连续的循环。

比如，保险公司在2015年拟订的2016—2020年人力资源管理规划中很难准确预测2018年保险市场。在规划中，可能会针对同业公司做了很多分析预测并制定了相应的超越策略。但目前明显感受到的一个变化，就是"同业"的概念已经今非昔比了。当初对混业经营的限制很严格，保险公司上市还是一个新课题。随着很多大型保险公司陆续在境内外上市，银行、保险、证券公司相互持股以及产、寿险相互持股，混业经营的大保险、大金融蓬勃发展，方兴未艾。金融混业经营的进程在加快，保险公司的竞争对手不再局限于现在的保险公司。银行、证券公司、基金公司等逐渐成为保险公司的直接竞争对手。

资料来源：http://www.ceconline.com/hr/ma/8800049839/01/，略有改动。

引例 2-3

如何编制某汽车集团的人力资源规划

某汽车集团是一个有20年历史的国有大型企业，主要生产轿车和轻型汽车。该集团由总经理直接领导，下设多个职能部门，如总经理办公室、人力资源部、财务部、生产管理部、企划信息部。另外还有自己的投资室、审计室和战略研究所。集团下属工厂分成四个事业部：总装厂、发动机厂、车身厂和变速器厂。各生产厂实行厂长负责制，彼此互相独立，它们除了有自己的研发中心、生产中心和销售中心外，还有相应的职能机构，如计划科、厂长办公室、质量管理科等。集团赋予各生产厂尽可能大的生产经营自主权，但是，配套生产厂生产的产品主要供给总装厂使用。

何人现任该公司人力资源部经理助理。11月中旬，公司要求人力资源部在两星期内提交一份公司明年的人力资源规划初稿，以便在12月初的公司计划会议上讨论。人力资源部经理王盛将此任务交给了何人，并指出必须考虑和处理好下列关键因素：①公司的现状。公司现有生产及维修工人850人，文职人员56人，工程技术人员40人，中层与基层管理人员38人，销售人员24人，高层管理人员10人。②统计数字表明，近5年来，生产及维修工人的离职率高达8%，销售人员离职率为6%，文职人员离职率为4%，工程技术人员离职率为3%，中层与基层管理人员离职率为3%，高层管理人员的离职率只有

1%，预计明年不会有大的改变。③按企业已定的生产发展规划，文职人员要增加10%，销售人员要增加15%，工程技术人员要增加6%，而生产及维修工人要增加5%，高层、中层和基层管理人员可以不增加。另外，要求在上述因素的基础上为明年提出合理可行的人员补充规划，其中要列出现有的、可能离职的，以及必须增补的各类人员的数目。

思考题：假设你是何人，你将如何编制这份人力资源规划？

资料来源：http://www.edu24ol.com/web_news/html/2008-9/20089513437229.html，略有改动。

2.1 人力资源战略

2.1.1 企业战略

"strategic"一词意思是极其重要的东西，是指战略、战略学、策略、计谋；从军事角度理解，战略是长远性的、全局性的，是根本性的方针、谋略。从经济学和管理学角度理解，战略必须解决两个基本问题：你的目标是什么？你想如何实现你的目标？不同的学者对战略所下的定义各不相同。一般来说，战略是指对于任何一个组织都具有全局性或决定性的谋划。

企业战略是企业以未来为基点，在分析外部环境和内部条件的现状及其变化趋势的基础上，为寻求和维持持久竞争优势而做出的有关全局的重大筹划和谋略，包括战略指导思想、战略目标、战略重点和战略步骤等。企业战略具有全局性、长远性、竞争性、纲领性、相对稳定性的特征。企业战略一般分为三个层次：总体战略、竞争战略和职能战略。总体战略考虑应该做什么业务和怎样做这些业务；竞争战略考虑在给定的产品/市场上怎样实现可持续竞争优势；职能战略是按职能分解的竞争战略。

企业总体战略包括发展型战略、稳定型战略、收缩型战略和重组战略。发展型战略是指企业为了利用市场机会，以内部资源和竞争能力为支持，以谋求更大发展为目的的一种积极的战略。稳定型战略是企业处于不利的情况下，为了稳住阵地、积蓄实力，以求寻机发展的一种积极的战略。收缩型战略通常是在企业产品的市场疲软、竞争形势不利的情况下，所采取的以退为进的一种积极的战略。重组战略是指企业通过资产重组的方式寻求发展的战略。

2.1.2 人力资源战略概述

1. 人力资源战略的定义

人力资源战略是指组织中与人有关问题的方向性的谋划，是充分合理地运用企业各种人力资源，以符合企业的战略需求，实现组织目标的各种人力资源使用模式和活动的综合，是企业战略的重要组成部分。

2. 人力资源战略的分类

人力资源战略的分类有三种：按人力资源战略在企业发展中的时效划分、按企业在人力资源战略管理中的作用划分、按企业变革程度及管理方式划分。

按人力资源战略在企业发展中的时效划分为：①累积型人力资源战略。企业以长期的观点来衡量人力资源管理工作，重视内部员工的培养和人才的发掘，通过严格的筛选从内部找出适任的人才。②效用型人力资源战略。以短期的观点来考核衡量人力资源管理工作，因此提供较少的员工培训机会，企业职位一有空缺随时填补，实行非终身雇用制，员工晋升速度快，采用以个人为基础的薪酬支付方式。③协助型人力资源战略。个人不仅需要具备技术能力，还要与同事有良好的互动协作关系。

按企业在人力资源战略管理中的作用划分为：①投资战略。企业通常聘用不同类型的员工，以提高企业弹性和使用员工多样化的专业技能；企业与员工建立长期工作关系，注重员工培训和员工技能的提高；企业视员工为投资对象。②吸引战略。企业为控制工资成本而限制员工人数；员工招聘和录用较为简单，培训费用较低；企业与员工的关系是利益交换关系。③参与战略。企业将很多决策权下放到基层，使大多数员工能参与决策，从而提高员工的参与性、主动性和创新性，增强员工的责任感和归属感。

按企业变革程度及管理方式划分为：①家长式人力资源战略。变革程度：基本稳定，微小调整；管理方式：以指令式管理为主。②开发式人力资源战略。变革程度：循序渐进，不断变革；管理方式：以咨询式管理为主，以指令式管理为辅。③任务式人力资源战略。变革程度：局部变革；管理方式：以指令式管理为主，以咨询式管理为辅。④转型式人力资源战略。变革程度：整体变革；管理方式：指令式管理与高压式管理并重。

3. 人力资源战略的特征

人力资源战略的特征主要表现在：①目标导向性。强调与企业战略的匹配（外部匹配），通过组织建构，将人力资源管理置于组织经营系统中，促进组织绩效最大化。②契合性。强调人力资源实践间的匹配（内部匹配），包括纵向契合和横向契合。纵向契合即人力资源管理必须与企业的发展战略契合，横向契合即整个人力资源管理系统各组成部分或要素之间的契合。③系统性。企业为了获得可持续竞争优势而部署的人力资源管理政策、实践以及方法、手段等构成了一种战略系统。④重要性。强调人力资源战略是员工发展决策以及对员工有重要的、长远的影响的决策。

4. 人力资源战略和企业战略的关系

人力资源战略是实现企业战略目标，获得企业最大绩效的关键。研究和分析人力资源战略，有利于提升企业自身的竞争力，是达到人力资本储存和扩张的有效途径。企业在实施人力资源战略过程中必须使其服从企业战略，企业战略形成的实际过程中也必须积极考虑人力资源因素，二者只有达到相互一致、相互匹配，才能促进企业全面、协调、可持续发展。图2-1为企业战略决策、人力资源战略决策和人力资源规划关系的示意图。

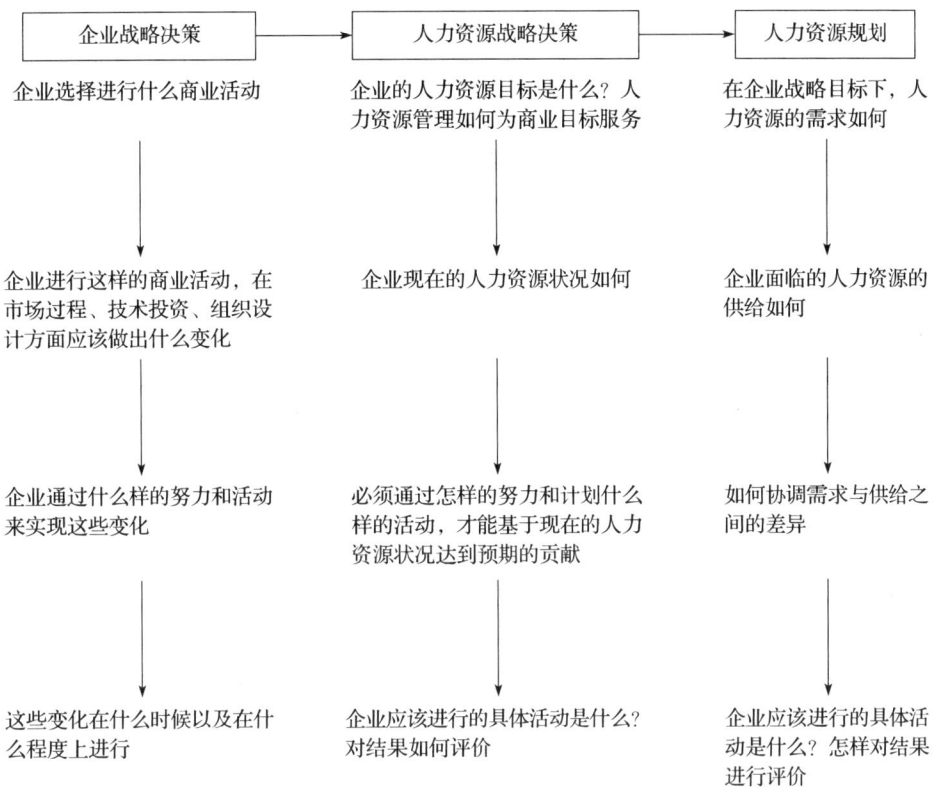

图 2-1 企业战略决策、人力资源战略决策和人力资源规划之间的密切关系

2.2 人力资源规划的含义

在组织竞争激烈的今天，人力资源已经成为组织最为重要的资源，是组织获取竞争优势的重要力量。在组织的生产经营过程中，组织的经营者会经常思考一些问题，例如，为实现组织的发展目标，人力资源如何进行代谢和替换？现有的人力资源状况如何？组织是否合理利用了现有人力资源？这些问题都涉及人力资源规划的范围。

人力资源规划（human resource planning），也叫作人力资源计划，是指在企业发展战略和经营规划的指导下进行人员的供需平衡，以满足企业在不同发展时期对人员的需求，为企业发展提供符合质量和数量要求的人力资源的综合性发展计划。其主要目的是使企业在适当的时间、适当的岗位获得适当的人员，最终获得人力资源的有效配置。

人力资源规划的作用主要表现为：①确保组织战略目标和年度经营计划的有效实施。一般情况下，组织在确定了业务经营计划后，人力资源规划人员帮助组织设计出切实可行的组织结构，并且确定所需要的员工数量和种类，建立结构匹配的员工队伍，塑造员工队伍必备的技能，确立员工的激励机制，逐步培养认同组织文化的关键人才，保证组织战略目标的顺利实现。②人力资源规划是各项人力资源管理活动的起点和重要依据。人力资源规划作为人力资源管理的出发点，是任何一项人力资源管理工作得以成功实施的重要步骤之一。在组织的人力资源管理活动中,人力资源规划对组织成员的招聘选拔、薪酬福利、教育培训等各项人力资源管理活动的目标与实施步骤做了具体而详尽的安排。因此,人力资源规划不仅具有先导性和战略性,而且在实现组织目标和进行规划的过程中,还能不断调整人力资源管理的政策和措施,是连接其他各项人力资源管理活动的纽带。③对组织紧缺的人才发出引进或开发的预警,更有效地使用在岗员工,防止过多招人和盲目裁员,使现有员工更加满意。

准确地理解人力资源规划的含义,必须把握以下几个要点。

(1)人力资源规划要在企业发展战略和经营规划的基础上进行。人力资源管理只是企业经营管理系统的一个子系统,是要为企业经营发展提供人力资源支持的,因此人力资源规划必须以企业的最高战略为参照,否则人力资源规划将无从谈起。

(2)人力资源规划包括两个部分的内容:一是对企业在特定时期内的人员供给和需求进行预测;二是根据预测的结果采取相应的措施使供需平衡。前者是后者的基础,离开了预测,将无法进行人力资源的平衡;后者是前者的目的,如果不采取措施平衡供需,进行预测将失去意义。

(3)人力资源规划对企业人力资源供给和需求的预测要从数量和质量两个方面进行。企业对人力资源的需求,数量只是一个方面,更重要的是要保证质量,也就是说供给和需求不仅要在数量上平衡,还要在结构上匹配,而对于后者,人们往往容易忽视。

2.3 人力资源规划的内容和程序

2.3.1 人力资源规划的内容

企业人力资源规划按其规划的期限有长、中、短期之分。一般说来,一年内的规划为短期规划,这种规划要求明确,任务具体,措施易落实;一至五年的规划为中期规划,需要对企业的总体要求、方针政策做出明确规定,但没有短期计划那样具体;五年以上为长期规划,长期规划只是对企业总的方向、原则和方针政策做出概括的指导性说明,在实施过程中需要根据环境变化做出相应的调整。

企业的人力资源战略规划是对企业人力资源长期性、战略性的规划,即人力资源总体规划。人力资源总体规划是对计划期内人力资源规划结果的总体描述,包括预测的需求和供给分别是多少,人力资源净需求是多少,做出这些预测的具体依据是什么,企业平衡人力资源供需的原则和总体政策是什么。人力资源总体规划具体包括三个方面的内容,分别是人力资源数量规划、人力资源素质规划和人力资源结构规划。人力资源数量规划是指依据企业未来业务模式、业务流程、组织结构等因素确定未来企业各部门人力资源编制以及各类职位人员配比关系、需求计划和供给计划。人力资源素质规划是依据企业战略、业务模式、业务流程确定企业人员基本素质要求、行为能力和标准,并在此基础上制订企业未来人力资源素质提升计划和培养激励计划。人力资源结构规划是指依据行业特点、企业规模、战略重点发展的业务及业务模式,对企业人力资源进行分层分类,设计和定义企业职位种类与职位责权界限的综合计划。

人力资源的战术计划和行动方案是对企业人力资源短期性的规划,即人力资源专项业务计划。人力资源专项业务计划是总体规划的展开和具体化,人力资源专项业务计划包括人员补充计划、人员使用计划、人才接替及提升计划、培训与开发计划、评价与激励计划、劳动关系计划和退休与解聘计划等内容,每项计划均由目标、政策、步骤和预算等要素组成。

人力资源规划的具体内容如表2-1所示。

表2-1 人力资源规划的具体内容

计划类别	目标	政策	步骤	预算
总体规划	总目标(绩效、人力资源总量、素质、员工满意度)	基本政策(如扩大、收缩、改革、稳定等)	总体步骤(按年安排)	总预算×××万元
人员补充计划	类型、数量、对人力资源结构及绩效的改善等	人员标准、人员来源、起点待遇	拟订标准、广告宣传、招募筛选、录用(时间)	招聘、挑选费用×××万元
人员使用计划	部门编制、人力资源结构优化及绩效改善、职务轮换幅度	任职条件、岗位轮换的范围和时间	略	按使用规模、类别及人员状况决定的薪资预算
人才接替及提升计划	后备人才数量保持、人才结构优化、绩效提高	选拔标准、资格、试用期、提升比例	拟订接替人员和提升的员工;接替和提升条件、渠道、模式	职位变化引起的薪酬变化
培训与开发计划	素质及绩效改善、企业文化推广、员工入职引导	时间保证、培训效果保证(待遇、考核、使用)	拟订培训人员、内容、时间、方式、地点;培训费用估算	培训投入、工作脱产损失
评价与激励计划	人才离职率降低,士气水平、绩效提高	激励重点、工资政策、奖励政策、反馈	略	增加工资、奖金
劳动关系计划	降低非期望离职率、减少投诉率及不满	参与管理、加强沟通	略	诉公费及相关费用
退休与解聘计划	编制、人力成本降低及生产率提高	退休政策、解聘程序	略	安置费、资遣费、人员重置费用

资料来源:作者根据资料整理而成。

课程思政

竞业禁止,又称为竞业回避、竞业避让、竞业限制,是用人单位对员工采取的以保护其商业秘密为目的的一种法律措施,是根据法律规定或双方约定,在劳动关系存续期间或劳动关系结束后的一定时期内,限制并禁止员工在本单位任职期间同时兼职于业务竞争单位,限制并禁止员工在离职后从事与本单位竞争的业务,包括不得在生产同类产品或经营同类业务且有竞争关系或其他利害关系的其他业务单位任职,不得到生产同类产品或经营同类业务且具有竞争关系的其他用人单位兼职或任职,也不得自己生产与原单位有竞争关系的同类产品或经营同类业务。

【思考讨论题】

从员工流动的角度看，为什么《中华人民共和国劳动合同法》要规定和设立竞业限制相关条款？

人力资源总体规划中的人力资源净需求可以在人力资源需求预测与人力资源供给预测的基础上求得（见表2-2）。通常有两类人力资源净需求，第一类是按部门编制的净需求，第二类是按人力资源类别编制的净需求（见表2-3），前者可表明组织未来人力资源规划的大致情况，后者可为后续的业务计划使用。

表2-2 人力资源净需求评估表

		第一年	第二年	第三年	第四年	第五年
需求	1. 年初人力资源需求量	120	140	140	120	120
	2. 预测年内需求之增加	20	—	-20	—	—
	3. 年末总需求	140	140	120	120	120
内部供给	4. 年初拥有人数	120	140	140	120	120
	5. 招聘人数	5	5	—	—	—
	6. 人员损耗	20	27	28	19	17
	其中：退休	3	6	4	1	3
	调出或升迁	15	17	18	15	14
	辞职	2	4	6	3	—
	辞退或其他	—	—	—	—	—
	7. 年底拥有人数	105	118	112	101	103
净需求	8. 不足或有余	-35	-22	-8	-19	-17
	9. 新进人员损耗总计	3	6	2	4	3
	10. 该年人力资源净需求	38	28	10	23	20

注："—"表示当期没有发生。

资料来源：余凯成，程文文，陈维政．人力资源管理［M］．大连：大连理工大学出版社，2001：48．

表2-3 按类别编制的人力资源净需求评估表

主要工作类别（按职务分类）	现有人员	计划人员	余缺	预期人员的流失							本期人力资源净需求
				调职	升迁	辞职	退休	辞退	其他	合计	
1. 高层主管											
2. 部门经理											
3. 部门管理人员											
……											
合 计											

资料来源：余凯成，程文文，陈维政．人力资源管理［M］．大连：大连理工大学出版社，2001：49．

2.3.2 人力资源规划的程序

人力资源规划需要按照一定的程序来进行，如图2-2所示。

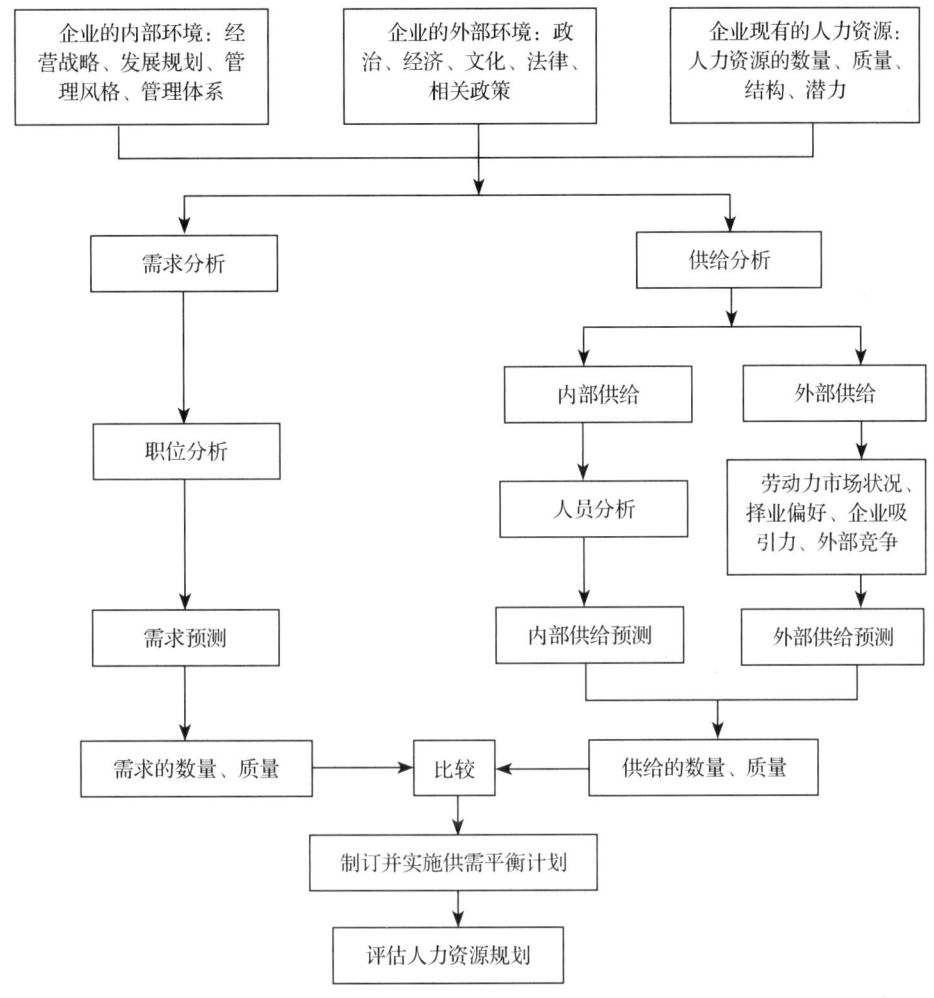

图 2-2 人力资源规划的程序

资料来源：董克用，叶向峰，李超平. 人力资源管理概论 [M]. 2 版. 北京：中国人民大学出版社，2007：225.

由图 2-2 可以看出，人力资源规划的过程一般包括以下四个步骤：准备阶段、预测阶段、实施阶段和评估阶段。下面结合这四个步骤对人力资源规划的整个过程进行简要的说明。

（1）准备阶段。准备阶段主要针对企业内外部环境进行预测相关信息的收集。由于影响企业人力资源供给和需求的因素有很多，为了能够比较准确地做出预测，需要收集和调查与之有关的各种信息，这些信息主要包括：企业外部环境的信息；企业内部环境的信息；企业现有人力资源的信息。

（2）预测阶段。这一阶段的主要任务是要在充分掌握信息的基础上，选择使用有效的预测方法，对企业在未来某一时期的人力资源供给和需求做出预测。在整个人力资源规划中，这是最为关键的一部分，也是难度最大的一部分，直接决定了规划的成败。

（3）实施阶段。在供给和需求预测出来之后，就要根据两者之间的比较结果，通过人力资源的总体规划和业务规划，制定并实施平衡供需的措施，使企业对人力资源的需求得到正常的满足。

（4）评估阶段。对人力资源规划实施的效果进行评估是整个规划过程的最后一步。人力资源规划的评估包括两层含义：一是指在实施的过程中，要随时根据内外部环境的变化来修正供给和需求的预测结果，并对平衡供需的措施做出调整；二是指要对预测的结果以及制定的措施进行评估，对预测的准确性和措施的有效性做出衡量，找出其中存在的问题以及有益的经验，为以后的规划提供借鉴和帮助。

2.4 人力资源需求、供给预测与平衡

对人力资源需求和供给进行预测是人力资源规划的重要环节，而对人力资源需求和供给的科学预测方法的选择，又是保证人力资源规划准确性的前提。

2.4.1 人力资源需求预测

人力资源需求预测是指对企业未来某一特定时期内所需人力资源的数量、质量和结构所做的估计。人力资源需求预测受很多因素的影响，包括技术变化、经济形势、政策变化、消费者购买偏好、企业的经营状况、发展战略、企业结构设计等。

目前，人力资源需求预测主要有以下几种方法。

（1）管理人员判断法。管理人员判断法是指企业各级管理人员根据自己的经验和直觉，自下而上确定未来所需人员。具体做法是：先由企业各职能部门的基层领导根据自己部门在未来各时期的业务增减情况，提出本部门各类人员的需求量，再由上一层领导估算平衡，最后在最高领导层进行决策。这种方法适用于短期预测。

（2）经验预测法。这种方法也叫比率分析，即根据以往的经验对人力资源需求进行预测。具体的方法是根据企业的生产经营计划及劳动定额或每个人的生产能力、销售能力、管理能力等进行。使用这种方法进行预测时，需要对未来的业务量、人均的生产效率及其变化做出准确的估计，这样对人力资源需求的预测才会比较符合实际。这种方法应用起来比较简单，适用于技术较稳定企业的中、短期人力资源预测。

（3）德尔菲法。德尔菲法是一种使专家们对影响企业某一领域发展的看法达成一致意见的结构化方法。专家的选择基于他们对影响企业的内部因素的了解程度，专家既可以来自一线的管理人员、高层经理，也可以来自外请的顾问和参谋。例如，在估计未来公司对劳动力的需求时，公司可以选择在计划、人事、市场、生产和销售部门任职的经理作为专家。

（4）趋势分析法。该方法的基本思路是：确定企业中哪一种因素与劳动力数量和结构的关系最大，然后找出这一因素随雇用人数的变化趋势，由此推出将来的变化趋势，从而得到未来的人力资源需求。这种定量方法一般分为几个步骤：确定与劳动力数量有关的企业因素；用这一因素与劳动力数量的历史纪录做出二者间的关系图；借助关系图计算劳动生产率；确定劳动生产率的趋势；对劳动生产率进行必要的调整；对预测年度的情况进行预测。

2.4.2 人力资源供给预测

人力资源供给预测是指对在未来某一特定时期内能够提供给企业的人力资源数量、质量和结构所做的估计。人力资源的需求和供给预测分析的一个重要差别在于：需求预测分析仅研究企业内部对人力资源的影响，而供给预测分析则需要研究企业内部和外部两个方面，因此，供给预测分析的不确定性因素较多。

人力资源供给预测需要注意的是：第一，企业需要考察现有的人力资源存量，假定企业现行的人力资源管理政策保持不变，对未来的人力资源供给数量进行预测；第二，在预测过程中，企业需要考虑内部的晋升、降级、调配等因素，还要考虑到员工的辞职、退休、被开除等因素的影响；第三，得到的预测结果不应仅仅是员工的数量，而应该是员工规模、经验、能力、人工成本等各个方面的综合反映。

1. 人力资源内部供给分析

由于人力资源的内部供给来自企业内部，因此，企业在预测期内所拥有的人力资源就形成了内部供给的全部来源，所以内部供给分析主要是对现有人力资源的存量及其在未来的变化情况做出判断，这种分析主要有以下几种。

现有人力资源的分析。人力资源不同于其他资源，即使外部条件都保持不变，人力资源自身的自然变化也会影响未来的供给。因此，在预测未来人力资源的供给时，需要对现有的人力资源状况做出分析。一般来说，主要是对年龄结构、性别、身体状况等进行分析。

人员流动的分析。在进行人员流动分析时，假定人员的质量不发生变化，企业内部人员流动如图 2-3 所示。人员流动主要包括人员由企业流出和人员在企业内部流动两种。由

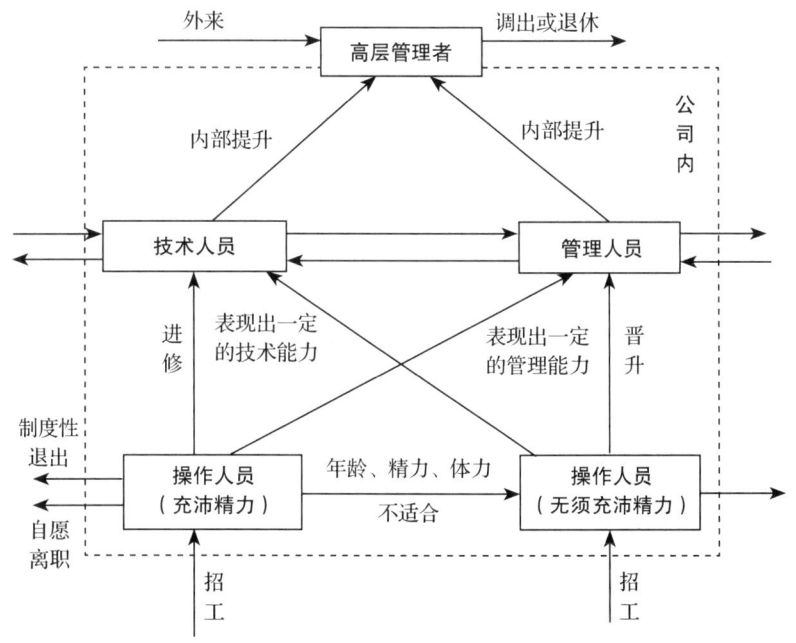

图 2-3 企业内部人员流动

资料来源：赵西萍，宋合义，梁磊.组织与人力资源管理［M］.西安：西安交通大学出版社，1999：91.

企业流出的人员数量就构成了内部人力资源供给减少的数量。人员在企业内部流动的分析应针对具体的部门、职位层次或职位类别来进行，虽然这种流动对于整个企业来说并没有影响人力资源的供给，但是对内部的供给结构却造成了影响。

2. 人力资源外部供给分析

相比内部供给来说，企业对外部人力资源供给的可控性是比较差的。因此，人力资源外部供给的分析主要是对影响人力资源供给的因素进行判断，从而对人力资源外部供给的有效性和变化趋势做出预测。

一般来说，影响人力资源外部供给的因素主要有外部劳动力市场状况、人们的就业意识、企业的吸引力和外部竞争等。当外部劳动力市场紧张时，外部供给的数量就会减少；而当外部劳动力市场宽松时，外部供给的数量就会增加。如果企业不属于人们择业时的首选行业，那么外部供给量自然就会比较少，反之就比较多。当企业对人们的吸引力比较强时，人们都会愿意到这里来工作，供给量就会比较多；相反，如果企业不具有吸引力，人们就不愿意到这里来工作，供给量就会比较少。

3. 人力资源供给预测的方法

人力资源供给预测的方法主要是针对内部供给预测而言的。以下主要介绍几种比较有代表性的方法。

技能清单法。技能清单是一个用来反映员工工作记录和能力特征的列表。这些能力特征包括培训背景、以往的经历、持有的证书、已经通过的考试、主管的能力评价等。技能清单是对员工实际能力的记录，可帮助人力资源规划人员估计现有员工调换工作岗位的可能性，以及确定哪些员工可以补充当前的岗位空缺。表2-4是一个技能清单的示例。

表2-4 技能清单示例

姓名：	部门：		到职日期：	来源：	出生年月：	最高职称：
教育背景	类别		学位种类	毕业日期	学校	主修科目
	高中					
	大学					
	硕士					
	博士					
训练背景	训练主题			训练机构		训练时间
技能		技能种类			证书	
评价						
需要何种培训	改善目前的技能和绩效：					
	提高晋升所需要的经验和能力：					
目前可晋升或流动至何岗位						

资料来源：作者根据资料整理而成。

技能清单的一般用途，包括晋升人选的确定、管理人员接续计划、对特殊项目的工作分配、工作调配、培训、薪酬奖励计划、职业生涯规划和企业结构分析等。在利用技能清单法的时候，组织必须先收集员工能力特征和工作经历的资料。

人员核查法。人员核查法是通过对企业现有人力资源的数量、质量、结构和在各职位上的分布状态进行核查，从而掌握企业可供调配的人力资源拥有量及其利用潜力，并在此基础上，评价当前不同种类员工的供应状况，确定晋升和岗位轮换的人选，确定员工特定的培训或发展项目的需求，帮助员工确定职业开发计划与职业通路。运用人员核查法的前提是企业应建立人力资源管理信息系统。

管理人员继任计划。这是预测管理人员内部供给的最简单的方法。该方法是企业高层和人力资源管理部门对现有管理人员的状况进行调查、评价之后，列出未来可能的人选；从选定的人中寻找未来的管理者。使用该方法要将满足企业对人员的需求与人员的选拔、晋升，以及企业战略有机地结合在一起。

该方法目前在很多公司中得到运用，效果比较明显。例如，IBM公司、通用汽车公司将该方法用于选拔和培养企业管理者。IBM公司实施了"管理者继承计划"，其目的是"保证高层管理者的素质，为公司遍布世界的所有管理者的职位做好人才准备"。

管理人员继任计划的运作程序如下：①要按照一定的标准选择候选人，即选择潜在的职位接替者。②对三类岗位人员，即对现有的管理人员、接替人员和其他岗位人员，进行工作绩效与发展潜力的评估。③把各类人员按照绩效或潜力排队，组成岗位接替图，如图2-4所示。

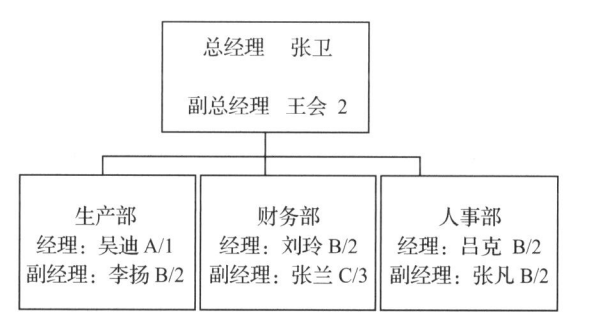

图2-4 管理人员岗位接替示意

资料来源：作者根据资料整理而成。

员工接续计划。员工接续计划是通过人员接替图（见图2-5）来预测企业内部的人力资源供给情况。图2-5所示为企业具体某一岗位替代情况。我们在分析完所有岗位替代情况之后，就可以将所有岗位替代情况合并起来，得出企业未来各个层次岗位的内部供给量以及总的供给量。

马尔可夫（Markov）矩阵分析法。该方法的假定前提是企业内部员工的流动模式与流动概率有一定规律，且该规律在规划期内不会发生变化。所以，如果给定各个状态（各类）的人数、转移率和从外界补充进来的人员数目，就可以预测各类人员在未来时刻的人数。

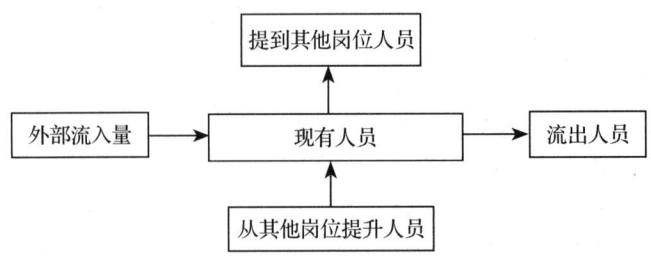

岗位员工内部供给量 = 现有人员 + 外部流入量 + 从其他岗位提升人员 - 提到其他岗位人员 - 流出人员

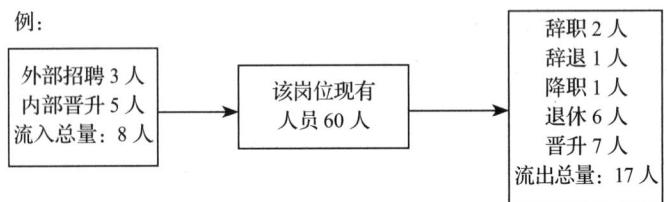

该岗位员工内部供给量 = 现有人员 + 流入总量 - 流出总量 = 51（人）

图 2-5　人员接替

资料来源：作者根据资料整理而成。

下面举例说明。表 2-5 为某公司人员变动矩阵表，表中的每一个元素表示从一个时期到另一个时期在两种工作之间人员调动的概率。

表 2-5　某公司人员变动矩阵表

职位层次	人员调动的概率				
	A	B	C	D	离职
高层领导人（A）	0.80				0.20
基层领导人（B）	0.10	0.70			0.20
高级会计师（C）		0.05	0.80	0.05	0.10
会计员（D）			0.15	0.65	0.20

将计划初期每一种工作的人员数量与每一种工作的人员调动概率相乘，然后纵向相加，即可得到公司内部未来劳动力的净供给量（见表 2-6）。如果下一期与上一期相同，预计的人员供给量为：下一期高层领导人供给量为 40 人，高级会计师供给量为 120 人，但基层领导人将减少 18（= 80 - 62）人，会计员将减少 50（= 160 - 110）人。将这些人员变动的数据，与正常的人员扩大、缩减或维持不变的计划相结合，就可以用来决策怎样使预计的劳动力供给与需求匹配。

表 2-6　某公司人员供给情况的马尔可夫矩阵分析

职位层次	初期人员数量	A	B	C	D	离职
高层领导人（A）	40	32				8
基层领导人（B）	80	8	56			16
高级会计师（C）	120		6	96	6	12
会计员（D）	160			24	104	32
预计的人员供给量		40	62	120	110	68

2.4.3 人力资源供需的平衡

人力资源规划的最终目的是要实现企业人力资源供给和需求的平衡，因此，在预测出人力资源的供给和需求之后，就要对两者进行比较，一般会有四种情况：供给和需求在数量、质量以及结构方面都基本相等；供给和需求在总量上平衡，但是在结构上不匹配；供给大于需求；供给小于需求。第一种情况比较理想，对于后三种情况，要根据比较的结果来采取相应的措施。

（1）供给和需求在总量上平衡，但是在结构上不匹配。对于结构性的人力资源供需不平衡，一般要采取下列措施实现平衡：第一，进行人员内部的重新配置，包括晋升、调动、降职等，来弥补那些空缺的职位，满足这部分的人力资源需求。第二，对人员进行有针对性的专门培训，使他们能够从事空缺职位的工作。第三，进行人员的置换，释放那些企业不需要的人员，补充企业需要的人员，以调整人员的结构。

（2）供给大于需求。当预测的供给大于需求时，可以采取以下措施从供给和需求两个方面来平衡供需：第一，企业要扩大经营规模，或者开拓新的增长点，以增加对人力资源的需求，例如，企业可以实施多种经营吸纳过剩的人力资源。第二，永久性裁员或者辞退员工，这种方法虽然比较直接，但是由于给社会带来不安定因素，因此，往往会受到政府的限制。第三，鼓励员工提前退休；冻结招聘，通过自然减员来减少供给。第四，缩短员工的工作时间或者降低员工的工资，对富余员工实施培训。

（3）供给小于需求。当预测的供给小于需求时，同样可以从供给和需求两个角度来平衡供需，可采取以下措施：第一，从外部雇用人员，包括返聘退休人员，这是最为直接的一种方法，可以雇用全职的也可以雇用兼职的，这要根据企业自身的情况来确定。第二，提高现有员工的工作效率。第三，适当延长工作时间。第四，降低员工的离职率，减少员工的流失，同时进行内部调配，增加内部的流动来扩大某些职位的供给。第五，可以将企业的部分业务外包，这其实等于减少了企业对人力资源的需求。

2.5 人力资源规划的执行

2.5.1 人力资源规划的执行者

人力资源管理工作不仅是人力资源管理部门的责任，也是非人力资源管理部门管理者的责任。在制定组织人力资源规划过程中，一般需要人力资源管理部门与其他相关部门相互配合，人力资源规划中的专项业务计划都是在各部门的管理者制订本部门的人员调配补充、素质提升、退休解聘等计划的基础上层层汇总到人力资源管理部门，再由人力资源管理者依据人力资源战略分析、制订出来，而非人力资源管理者凭空创造出来的。人力资源规划的执行可采用以下几种方式：①人力资源管理部门负责办理，其他相关部门与其配合；②人力资源管理部门与其他相关部门共同负责；③由各部门选出代表组成跨职能团队负责。

2.5.2 人力资源规划的执行层次

人力资源规划的执行涉及三个层次：企业层次、跨部门层次和部门层次。

企业层次：企业层次上的人力资源规划需要企业高层管理者的亲自参与，尤其是组织经营战略对人力资源规划的影响，人力资源规划对人力资源管理各个职能体系的影响及其指导方针、政策，必须由企业的高层管理者进行决策。

跨部门层次：跨部门层次上的人力资源规划需要企业副总级别的管理者来执行，即对各个部门人力资源规划的执行情况进行协调和监督，并对人力资源规划的实施进行评估。

部门层次：部门层次上的人力资源规划又分为两种情况。一种情况是人力资源管理部门。人力资源管理部门不但要完成本部门的人力资源规划工作，还要担任"工程师＋销售员"的角色，即人力资源管理部门的员工既要做人力资源规划的专家、制定者，又要做人力资源规划的"销售员"与指导者，指导组织内其他部门人力资源规划工作的顺利进行。人力资源管理部门经理会为各个部门提供人力资源规划的系统解决方案，并为各类人才尤其是核心人才提供个性化的服务，如制订专门的继任者管理计划等。另一种情况是其他部门。人力资源规划工作应该是每个部门经理工作的组成部分。部门经理应该依据企业发展战略和本部门经营计划，制定出本部门的人力资源规划，在此基础上上报给人力资源管理部门，接受人力资源管理部门的指导。

2.5.3 人力资源管理信息系统

人力资源管理信息系统是人力资源规划的有效辅助工具。有效的信息管理系统不但有利于企业更好地制定、执行人力资源规划，还有利于整个人力资源管理系统的顺利实施。

1. 人力资源管理信息系统的概念

人力资源管理信息系统是以信息技术和人力资源管理思想相结合，依靠信息技术对企业人力资源进行优化配置的一种管理方式。它是对与组织的职务和员工有关的工作信息进行收集、保存、分析、报告的整体工作过程。人力资源管理信息系统可以辅助管理者进行人力资源决策和管理，它不仅是一个技术系统，更重要的是一个管理系统。

2. 人力资源管理信息系统的功能

人力资源管理信息系统是以决策管理的信息化为核心，通过选择某种流程结构，帮助决策者进行各种相关的决策管理活动，为决策者提供所需的人力资源信息和资料，辅助决策者建立和修改人力资源决策模型，提供各种备选方案，并对方案进行优化和判断，从而提高决策者的决策能力。通过充分发挥人力资源管理信息系统的上述功能，企业可以实现构建人力资源数据中心、实现网上招聘、提供在线培训、企业和员工建立无缝协作关系等目标。

3. 人力资源管理信息系统的构成

人力资源管理信息系统是由人力资源信息、技术支持和组织管理理念三个核心要素构成的。人力资源信息包括组织内部人力资源信息和组织外部人力资源信息两方面内容。组织内部人力资源信息包含工作信息和员工信息。工作信息是指与具体职位相关的各种信息，如职位头衔、目前空缺职位数量、所需任职资格等。员工信息包括个人情况、教育资料、工作资料等。组织外部人力资源信息主要包括组织所在地区经济发展状况和其他行业的各种信息、劳动力市场信息、技术信息和政策法规信息等。

人力资源管理信息系统从收集数据到数据加工、储存、传送、使用和维护都离不开信息技术的支持。人力资源管理信息系统通过全面运用计算机技术、网络通信技术、数据库技术以及运筹学、统计学和各种最优化技术，实测企业的人力资源现状，建立起企业的人力资源管理专家系统，为企业提供有关人力资源问题的高质量解决方案。

技术为管理服务，人力资源管理信息系统要发挥其作用仅靠技术还不行，必须与先进的管理理念结合起来。人力资源管理的实质是将知识资源视为企业最重要的战略性资源，而人力资源管理信息系统本身就渗透着知识管理的思想，其关注的是如何利用员工数据信息获得员工知识，再利用这些知识获取最大的效益，这一管理思想应贯穿于人力资源管理信息化过程的始终。

4. 人力资源管理信息系统的建立与实施

人力资源管理信息系统的建立过程主要包括以下几个步骤：①建立组织的人力资源管理信息平台。通过计算机和网络技术构建组织的人力资源信息数据库，配备所需的各种硬件设备和软件设备。②建立人力资源（信息）收集、整理、分析、评价等各个子系统，确定每个子系统的具体方法。③将收集来的各种信息输入人力资源数据库，并进行分类。④运用人力资源管理信息系统和数据库开展各项人力资源规划工作，对组织的人力资源状况进行准确判断和预测。

人力资源管理信息系统的实施可以依靠两条路径来实现。一方面，企业可以把自身的人力资源管理信息系统的需求告诉软件供应商，争取通过直接购买或软件商量身设计来实现拥有人力资源管理信息系统。另一方面，企业可以按照上述人力资源管理信息系统的建立过程来自建。当然，人力资源管理信息系统的成功实施还需要企业高层管理者的重视、全员信息化管理意识的增强、信息系统建设运营的资金保障和拥有信息系统管理人才等环境条件的支撑。

小练习

请上网查一下能够设计、提供、出售人力资源管理信息系统软件的企业名目和具体售价等信息，比较它们的软件功能。

本章小结

人力资源战略是指组织中与人有关问题的方向性的谋划，是充分合理地运用企业各种人力资源，以符合企业的战略需求，实现组织目标的各种人力资源使用模式和活动的综合，是企业战略的重要组成部分。

人力资源规划是指在企业发展战略和经营规划的指导下进行人员的供需平衡，以满足企业在不同发展时期对人员的需求，为企业发展提供符合质量和数量要求的人力资源的综合性发展计划。

人力资源规划的内容主要包括人力资源总体规划和人力资源专项业务计划。人力资源总体规划是对计划期内人力资源规划结果的总体描述，具体包括三个方面的内容，分别是人力资源数量规划、人力资源素质规划和人力资源结构规划。人力资源专项业务计划是总体规划的展开和具体化，人力资源专项业务计划包括人员补充计划、人员使用计划、人才接替及提升计划、培训与开发计划、评价与激励计划、劳动关系计划和退休与解聘计划等内容，每项计划均由目标、政策、步骤和预算等要素组成。人力资源规划的过程一般包括准备阶段、预测阶段、实施阶段和评估阶段四个步骤。

人力资源需求和供给预测是人力资源规划的重要环节。人力资源需求预测是指对企业未来某一特定时期内所需人力资源的数量、质量和结构所做的估计。人力资源需求预测受很多因素的影响，包括技术变化、经济形势、政策变化、消费者购买偏好、企业的经营状况、发展战略、企业结构设计等。人力资源需求预测的方法主要有管理人员判断法、经验预测法、德尔菲法和趋势分析法。人力资源供给预测是指对在未来某一特定时期内能够提供给企业的人力资源数量、质量和结构所做的估计，包括人力资源内部供给分析和人力资源外部供给分析两类。人力资源供给预测的方法主要有技能清单法、人员核查法、管理人员继任计划、员工接续计划和马尔可夫矩阵分析法。人力资源供需出现不平衡时，企业应根据比较结果采取相应的解决措施。

组织制定人力资源规划过程中，人力资源管理部门与其他相关部门管理者要承担责任。人力资源规划的执行涉及企业层次、跨部门层次和部门层次三个层次，同时要依靠人力资源管理信息系统来辅助实现。

学习建议

在本章学习过程中，我们应该把重心放在基本知识点和基本能力点的理解和把握上。

1. 本章重点

人力资源规划制定的程序；人力资源供需预测的方法；人力资源供需的平衡。

2. 本章难点

人力资源规划制定过程的把握；制定和形成人力资源总体规划。

核心概念

人力资源战略、人力资源规划、人力资源计划、人力资源供给、人力资源需求、人力资源供给预测、人力资源需求预测、人力资源供需平衡、管理技能清单、管理人员继任计划、员工接续计划、人力资源管理信息系统。

课后思考与练习

1. 什么是人力资源战略？
2. 人力资源规划的含义及目的是什么？
3. 人力资源规划的内容有哪些？
4. 人力资源规划的操作程序是怎样的？
5. 影响人力资源规划的内外部环境因素有哪些？
6. 人力资源需求预测的含义是什么？
7. 影响企业人力资源需求的因素有哪些？
8. 人力资源需求预测方法有哪些？如何应用？
9. 企业人力资源供给预测方法有哪些？如何应用？
10. 如何才能做到人力资源供需平衡？如果二者不平衡的话，应采取怎样的措施来解决？
11. 人力资源规划由谁来执行？如何执行？
12. 什么是人力资源管理信息系统？它的功能和构成要素是什么？

案例分析

如何编制公司的人力资源规划

H 汽车集团是一个有 40 年历史的国有大型企业，主要生产轿车和轻型汽车。该集团由总经理直接领导，下设多个职能部门，如总经理办公室、人力资源部、财务部、生产管理部、企划信息部。另外还有自己的投资室、审计室和战略研究所。集团下属工厂分成四个事业部：总装厂、发动机厂、车身厂和变速器厂。各生产厂实行厂长负责制，彼此互相独立，它们除了有自己的研发中心、生产中心和销售中心外，还有相应的职能机构，如计划科、厂长办公室、质量管理科等。集团赋予各生产厂尽可能大的生产经营自主权，但是，配套生产厂生产的产品主要供给总装厂使用。

王军现任该公司人力资源部经理助理。2020 年 11 月初，公司要求人力资源部在一个月内提交公司 2021 年的人力资源规划初稿，以便在 2020 年 12 月初的公司计划会议上讨论。人力资源部经理吴祥将此任务交给了王军，并指出必须考虑和处理好下列关键因素：①公司的现状。公司现有生产及维修工人 850 人，文秘和行政职员 56 人，工程技术人员 40 人，中层与基层管理人员 38 人，销售人员 24 人，高层管理人员 10 人。②统计数字表明，近五年来，生产及维修工人的离职率高达 8%，销售人员离职率为 6%，文职人员离职率为 4%，工程技术人员离职率为 3%，中层与基层管理人员离职率为 3%，高层管理人员的离职率只有 1%，预计 2021 年不会有大的改变。③按企业已定的生产发展规划，文职人员要增加 10%，销售人员要增加 15%，工程技术人员要增加 6%，而生产及维修工人要增加 5%，高层、中层和基层管理人员可以不增加。另外，要求在上述因素的基础上为 2021 年提出合理可行的人员补充规划，其中要列出现有的、可能离职的，以及必须增补的各类人员的数目。

假设你是王军，将如何编制这份人力资源规划？

<small>资料来源：作者根据资料整理而成，略有改动。</small>

实训应用

实训项目

编制企业人力资源管理计划。

实训目的

通过实训，了解和掌握企业人力资源管理计划的制订原则、主要内容以及人力资源管理计划编撰的方法、程序。

实训指导

指导教师主要给予实训对象两方面的指导：一是企业人力资源管理计划相关基础知识要点的指导，主要包括制定人力资源管理计划的原则、人力资源管理计划的内容（主要包括职务编制计划、人员配置计划、预测人员需求、人员供给计划、人员培训计划、人力资源管理政策调整计划、人力资源管理费用预算、风险分析与对策等），编撰人力资源管理计划的步骤；二是指导实训对象深入企业人力资源管理部门，获取一手资料。

实训组织

实训开始前，要求实训对象已经阅读过相关书籍，并已获得企业人力资源管理真实资料。

实训开始后，进行分组讨论，每组3~5人，每人充分发表个人意见和观点，指导教师进行点评。实训对象选择某家企业，编撰该企业人力资源管理计划。

本实训项目的实训时间以2小时为宜。

实训案例资料

成立于1995年的Q公司，在经历1997—1999年的高速扩张后，于2000年年初放缓了发展的脚步，因为总经理感受到高速扩张带来的两个头痛问题：一是高速扩张带来管理人才紧缺，管理机制出了一些问题。二是企业的发展方向，经过几年的发展，企业发展壮大了，资金已经不再是制约公司发展的一个关键问题，但未来的投资领域在哪儿仍然是个问题。特别是中国加入WTO后，将面临很多的投资机遇，发展决策成了决策难点和迫切需要解决的问题。于是，总经理调整了公司的战略，决定2000年以完善公司内部管理为基础，以优化企业的人力资源为关键，并且还专门找了一家咨询公司对公司进行诊断和咨询，整理出了公司的战略发展计划。

愿景：致力于成为高效、优质、服务良好的公司，建立以管理和先进研发技术为核心竞争力的光通信产品供应商。

使命：享受沟通的快乐。

战略：①整合企业价值体系，创建具有Q公司特色的企业文化；②以优良的办公和内部环境吸引人，建设高绩效的管理团队，合理配置人力资源；③以客户服务为中心，建立优质服务体系；④建设高效的运作流程，使公司高效运作；⑤实行全员质量管理；⑥加强与外界的技术交流，提高技术研发能力，创造优质产品；⑦以社会责任为己任，尽公司所能支持慈善事业和参加其他公益活动，树立公司良好形象。

战略目标（人力资源部分）。①人员规划：2000年1 980人；2001年2 200人；2002年2 500人；2003年2 800人；2004年3 000人。②人员素质结构比例：到2004年，博士1%；硕士5%；本科10%；大专40%；中专（包括技校和高中）30%；其他14%。③人员总体结构比例：管理人员12%；技术人员20%；生产人员50%；生产幕僚8%；其他10%。④员工培训：管理干部全年不低于80小时；技术、管理职员全年不低于60小时；一般员工全年不低于30小时。⑤员工流失情况：员工流失率不低于3%，不高于8%。⑥工资调整幅度：结合公司经营情况及上一年的目标完成情况，公司总体工资按2%的比例上浮。

实训考核

实训结束后，每位学生必须当场编撰并完成实训报告，实训指导教师可给予点评。实训报告要求语言流畅、文字简练、条理清晰。实训报告内容主要包括实训报告封面（实训日期、实训人姓名、专业、班级等信息）、实训项目名称、实训目的、实训内容、实训资料（实训所依据的原始资料和使用的工具、材料等）、实训过程（实训采用的方法、步骤等）、实训结果或结论、收获与体会、实训指导教师评价意见等。

实训成绩按优秀、良好、中等、及格和不及格五级计分法评定。

相关链接

人力资源开发管理网：http://www.hrdm.net
中国人力资源开发网：http://www.chinahrd.net
行天人力资源管理网：http://www.sintere.com.cn
中华人力资源网：http://www.sino-hr.cn
中国人力资源网：http://www.hr.com.cn
亚太人力资源网：http://www.aphr.org
人力资源管理协会网站：http://www.shrm.org
现代人力资源管理网：http://www.ehrdm.com
新人资：http://sinohrm.hrdm.net
HR管理世界：http://www.hroot.com
中华人力总监网：http://www.chinacho.com
世界经理人：http://www.ceconline.com/

Chapter 3

第3章

工作分析

学习目标

- 理解工作分析的概念及含义。
- 掌握工作分析的主要内容。
- 熟悉工作分析实施的基本程序。
- 掌握工作分析的主要方法。
- 掌握工作说明书编写内容及编写技巧。
- 理解岗位工作的价值和职业道德。

引例 3-1

工作职责分歧

红旗机械厂的电焊车间操作工 A 把大量的液体洒在了机床周围的地板上,车间主任王大伟叫操作工 A 把洒在地板上的液体打扫干净,操作工 A 不干,说职位说明书里没有清扫的条文。王主任顾不上去查职位说明书,便找来服务工 B。服务工 B 也不干,理由是职位说明书里没有此项工作。王主任威胁服务工 B 说要解雇他,服务工 B 勉强同意,干完以后他向厂人力资源部投诉了王主任。

人力资源部接到投诉后,审阅了操作工、服务工和勤杂工的职位说明书。操作工的职位说明书提到要保持机床的清洁,未提及清扫地板。服务工的职位说明书提到要协助操作工,但没提到清扫。勤杂工的职位说明书包括了清扫工作,但工作时间是工人下班之后。

资料来源:作者根据资料整理而成。

引例 3-2

迪士尼的清洁工

迪士尼对清洁工的培训是非常细致的。有报道说,迪士尼清洁工打扫卫生的那个扫帚都有三种类型,不同的扫帚适用不同的情况。迪士尼还特别培训了他们拍照的技巧,要求他们掌握十几种高级相机的使用。这对大多数的清洁工来说是匪夷所思的。为什么迪士尼对清洁工那么重视呢?

因为迪士尼发现,自己的战略性能力是打造独一无二的游客体验,而游客在游园过程中对接触点的体验将直接影响他整体的满意度和体验。在游客游园的整个过程中,清洁工是他们经常求助的对象,比如抱小朋友、迷路了、拍照等各个方面。因此迪士尼敏锐地发现,打造一支能够提升客户体验的清洁工队伍,对于它的整个核心能力的建设是非常关键的。

思考题:

1. 迪士尼清洁工的岗位职责仅仅是清扫清洁吗?
2. 岗位职责跟企业战略有关系吗?你能解释原因吗?

资料来源:儒思人力资源至军专栏,如何制定一份高质量的人力资源战略规划,http://www.ruthout.com/information/5624.html,2018年8月18日,略有改动。

引例3-3

华为的一线主管:"少将连长"

在任正非近年的不少讲话中,多次提到"少将连长"这个词,他说:"少将有两种,一是少将同志当了连长,二是连长配了个少将衔。"根据《华为人报》作者工乙的分析,华为的"少将连长"至少有两个培养途径:第一,高级干部下到基层一线当基层主管,带小团队冲锋陷阵,充当尖兵;或者如同重装旅,作为资源池,到一线协调指挥重大项目,建立高层客户关系,建设商业生态环境,充分发挥老干部的优势。第二,"连长配了个少将衔",是指提高一线人员的级别,一线基层主管、骨干因为优秀而被破格提拔,职级、待遇等达到了很高的水准,这样,就会引导优秀人才到一线、长期奋斗在一线,逐渐筛选出优质资源直接服务客户,从而创造更大的价值。

2008年华为的体系建得已经非常好了,这时华为提出要授权一线。授权一线持续了五六年的时间,到了2014年的时候华为发现,公司业务最重要的一个快速增长点是软件和服务业务的增长,原来的硬件业务的增长已经放缓甚至是趋于负增长了。软件和服务业务都是以项目的方式来交付的,而当年华为运作了9 000多个项目,项目管理的水平参差不齐。很多海外办事处下面挂了多个项目,管理幅度已经过宽了。一线的同事也提了一个需求:公司是以奋斗者为本的,希望公司能够划小经营单位,提供更强的激励,能够让做得好的人分享到更多的成果。

在这个基础之上,华为提出一个组织变革的方向——打造以项目为中心的眼镜蛇式组织。前端小型化、特种部队化;后端网络化,能够有效地整合资源、敏捷地支持前端。这个其实也是效仿了美军的作战方式。美军现在其实很少大规模作战,都是采用由特种小分队去克服和完成一个个具体的难题与项目这种模式。

那么在这个模式之下,任正非就非常敏锐地发现了一个问题:项目经理就是一线的主管、指挥官,这个角色变得非常重要。任正非的讲话里面谈到,在过去传统的金字塔型管理框架之下，一线主管是一个非常不起眼的职位，但是在今天华为业务增长的逻辑之下，他们面对的是客户的 CEO 和高管团队，要解决的是一些非常困难的问题。所以，必须要加强这个岗位的人员配置，通过人才优化推动华为整个组织变革目标的实现。这是任正非提出"少将连长"的一个非常重要的逻辑。

在此基础之上，任正非在讲话中提到要在这个岗位上打破原来以岗定薪的传统方式，通过激励的手段吸引更多的资深管理者愿意到一线去担任项目负责人的职位。

资料来源：儒思人力资源至军专栏，如何制定一份高质量的人力资源战略规划，http://www.ruthout.com/information/5624.html，2018 年 8 月 18 日，略有改动。

3.1 工作分析的概念

组织活动是由众多的工作所组成的，工作分析的目的就是对作为组织基本要素的工作做出规定。因此，工作分析是人力资源管理最基本的业务，是人力资源管理的基础。

3.1.1 工作分析中的相关术语

工作分析中经常涉及很多术语，这些术语对于科学、有效地进行工作分析是十分必要的。下文将介绍工作分析中主要的一些术语。

工作要素：工作中不能再分解的最小动作单位。例如，开启计算机、拿出文件等都是工作要素。

任务：为了达到某种目的所从事的一系列活动。它可以由一个或多个工作要素组成，是对一个人从事的事情所做的具体描述。如工人加工工件、打字员打字都是一项任务。

责任：个体在工作岗位上需要完成的主要任务或大部分任务。它可以由一个或多个任务组成。例如，打字员的责任包括打字、校对、机器维修等任务。

职位：根据组织目标为个人规定的一组任务及相应的责任，也称为岗位。职位与个体是一一匹配的，也就是有多少职位就有多少人，二者的数量相等。例如，为了达到组织的生产目标，必须搞好生产管理，主要包括生产计划、生产统计、生产调度等，为此设置生产计划员、生产统计员、生产科长等职位。

职务：一组重要责任相似或相同的职位。例如，科长、处长、计划员等。通常，职位与职务是不加区分的，但是职位与职务在内涵上是有很大区别的。职位是任务与责任的集合，它是人与事有机结合的基本单元；而职务是同类职位的集合，它是职位的统称。职位的数量是有限的，职位的数量又称编制。一个人担任的职务可以是变化的，而职位不随人员的变动而改变。

职权与职责：职权是赋予职位的某种权力，以保障履行职责，完成工作任务。职责是指任职者为实现一定的组织职能或工作使命而进行的一个或一系列工作的集合，如秘书的职责之一就是处理文件，包括起草文件、打印文件、收发文件等。职责往往与职权有密切关系，特定的职责要赋予特定的职权。

职业：职业是指在不同组织、不同时间，从事相似工作活动的一系列工作的总称，例如，教师、工人、编辑等就是不同的职业。

职位：职位可以按不同的标准加以分类，但职务一般不加以分类。所谓职位分类是指将所有的工作岗位（职位），按其业务性质分为若干职组、职系，然后按责任的大小、工作难易、所需受教育程度及技术高低分为若干职级、职等，对每一职位给予准确的定义和描述，编成职位说明书，以此作为对聘用人员管理的依据。

联系、职组、职级与职等：职系是指一些工作性质相同，而责任轻重和困难程度不同的职位系列，也叫职种。简言之，一个职系就是一种专门职业。职组是指工作性质相近的若干职系的总和，也叫职群。职级是指工作内容、难易程度、责任大小、所需资格皆很相似的职位的分类总称，俗称职称。一般来说，同一职级实行同样的管理与报酬。职等是工作性质不同或主要职务不同，难易程度、职责大小、工作所需资格等条件充分相同的职级总称。表3-1为我国部分专业技术职务的简表，从中我们可以了解职组、职系、职级、职等之间的关系。

表3-1 部分专业技术职务中的职组、职系、职级、职等之间的关系

职组	职系	职等				
		V	IV	III	II	I
		职级				
		员级	助级	中级	副高职	正高职
高等教育	教师		助教	讲师	副教授	教授
	科研人员		助理工程师	工程师	高级工程师	
	实验人员	实验员	助理实验师	实验师	高级实验师	
	图书、档案	管理员	助理馆员	馆员	副研究馆员	研究馆员
科学研究	研究人员		研究实习员	助理研究员	副研究员	研究员
企业	工程技术	技术员	助理工程师	工程师	高级工程师	正高工
	会计	会计员	助理会计师	会计师	高级会计师	
	统计	统计员	助理统计师	统计师	高级统计师	
	管理	经济员	助理经济师	经济师	高级经济师	
农业	技术人员	技术员	助理农艺师	农艺师	高级农艺师	
医疗卫生	医疗、保健	医士	医师	主治医师	副主任医师	主任医师
	护理	护士	护师	主管护师	副主任护师	主任护师
	药剂	药士	药师	主管药师	副主任药师	主任药师
	其他	技士	技师	主管技师	副主任技师	主任技师
出版	编辑		助理编辑	编辑	副编审	编审
	技术编辑		技术设计员、助理技术编辑	技术编辑		
	校对		三级校对、二级校对	一级校对		

资料来源：余凯成，程文文，陈维政.人力资源管理[M].大连：大连理工大学出版社，2001：60.

课程思政

请大家阅读《人民日报》文章《人民论坛：做有职业道德的好建设者》（网址：https://baijiahao.baidu.com/s?id=1648773499456556450&wfr=spider&for=pc）后，展开思考和讨论。

【思考讨论题】
1. 什么是职业道德？职业道德的属性是什么？
2. 如何在工作岗位上坚守职业道德？
3. 违反职业道德的后果是什么？

小练习

试着列举一些自己家人和亲戚朋友的工作岗位、职务、职系、职级（职称），然后请大家共同加以辨别，并仔细辨别职位和职务、职级和职务、岗位和职称等的关系。

纵横视野

请大家阅读《新职业，有哪些？》（《浙江日报》，网址：https://baijiahao.baidu.com/s?id=1705853484998245992&wfr=spider&for=pc）、《9个新职业公布 看看都有哪些》（《南京晨报》，网址：http://njcbv5.xhby.net/mp2/pc/c/202007/07/c797339.html）、《又一批"新职业"乘风而来，你喜欢哪个？》（个人图书馆，网址：http://www.360doc.com/content/21/0915/08/69638934_995553542.shtml）、《人工智能浪潮下未来工作形态如何变革？》（世界经理人，网址：http://www.ceconline.com/it/ma/8800097317/01/）后，展开思考和讨论。

【思考讨论题】
假如现在你要找工作，你觉得找什么工作合适呢？

3.1.2 工作分析的含义

工作分析（job analysis，JA）又称职位分析，是指完整地确认工作整体要求，对组织中某一特定工作或职位的目的、任务或职责、权利、隶属关系、工作条件、任职资格等相关信息进行收集和分析，做出明确规定，并确定完成工作所需的能力和资质的过程或活动。

对工作分析的概念，需要从以下几个方面把握。

（1）作为人力资源管理的一项职能活动，工作分析的主体是工作分析者，客体是组织内部的各个职位，内容是与各个职位有关的情况，结果是工作说明书，也可以叫作职位说明书或岗位说明书。

（2）工作分析主要回答和解决"某一职位是做什么事情的"和"什么样的人来做这些

事情最适合"两个主要问题。具体来说，工作分析就是要为管理活动提供与工作有关的各种信息，这些信息可以用6W1H来概括：who，谁来完成这些工作；what，这一职位具体的工作内容是什么；when，工作的时间安排是什么；where，这些工作在哪里进行；why，从事这些工作的目的是什么；whom，这些工作的服务对象是谁；how，如何来开展这些工作。

（3）工作分析的本质是研究某项工作所包括的内容及工作人员必需的技术、知识、能力与责任，并区别本工作与其他工作的差异，即对某项工作的内容及有关因素做全面的、有组织的描写或记载。

3.1.3 工作分析的作用

工作分析是人力资源管理的基础性工作，也是企业各项人力资源管理活动顺利、有效开展的重要前提。工作分析在整个人力资源管理系统中发挥着非常重要的作用。一方面，工作分析可以给企业组织结构设计、发展规划、工作流程设计、职位分类、权责关系、职务设计、规章制度的健全等提供重要信息准备。另一方面，工作分析的结果是人力资源管理及其他管理活动的重要依据。工作分析可以为人力资源规划提供岗位的基本信息，为招聘录用过程提供明确的录用标准，为员工与职位任职资格要求的差距设计和提供相应的培训，绩效管理人员还可以依据工作说明书中的工作职责、工作内容等设计考核指标，薪酬管理人员还可以依据各个职位在企业内部相对重要性的大小给予不同的报酬，从而确保薪酬的公平。

3.2 工作分析的内容

工作分析的任务是为人力资源管理的各个方面提供基础、标准和依据。一般来说，工作分析包括两个方面的基本内容：第一，确定工作岗位的具体特征，如工作内容、任务、职责、环境等；第二，找出工作岗位对任职人员的各种要求，如技能、学历、经验等。前者的结果表现为工作描述，后者的结果表现为任职资格说明，它们的文本形式就是工作说明书。

1. 工作描述

工作描述具体说明工作的物质特点和环境特点，主要解决工作内容、任务、责任、权限、标准、工作流程、环境等问题。工作描述没有统一的严格标准，在内容上一般包括以下几个方面：①工作基本资料，包括工作名称、直接上级职位、所属部门、对应岗位等级、薪资水平、所辖人员、工作性质等。②工作详细说明，包括工作概述、工作职责、工作权限、所使用的材料和设备、工作流程、工作结果、与其他工作关系等。③组织提供的聘用条件，主要描述工作人员在组织中的有关工作安置情况。④工作环境说明，包括工作条件、物理环境、安全性等说明。

小案例

"招聘专员"工作描述

职位名称：招聘专员

所属部门：人力资源部

直接上级职位：人力资源部经理

职位代码：XL-HR-021

工资等级：9～13

1. 工作目的

为企业招聘优秀、合适的人才。

2. 工作要点

（1）制订和执行企业的招聘计划。

（2）制定、完善和监督执行企业的招聘制度。

（3）安排应聘人员的面试工作。

3. 工作要求

认真负责、有计划性、热情周到。

4. 工作责任

（1）根据企业发展情况，提出人员招聘计划。

（2）执行企业招聘计划。

（3）制定、完善和监督执行企业的招聘制度。

（4）制定面试工作流程。

（5）安排应聘人员的面试工作。

（6）应聘人员材料管理。

（7）应聘人员材料、证件的鉴别。

（8）负责建立企业人才库。

（9）完成直属上司交待的其他所有工作任务。

5. 衡量标准

（1）上交的报表和报告的时效性与建设性。

（2）工作档案的完整性。

（3）应聘人员材料的完整性。

6. 工作难点

提供详尽的有效的工作报告。

7. 工作禁忌

工作粗心，留有首尾，不能有效地向应聘者介绍企业的情况。

8. 职业发展道路

招聘经理、人力资源部经理。

2. 任职资格说明

任职资格说明要求说明从事某项工作的人员必须具备的资历、生理和心理要求，主要包括：①资历要求。它主要是指任职所需的最低学历，职位所需的性别、年龄规定，培训的内容和时间，从事与本职相关工作的年限和经验等。②生理要求。它主要包括健康状况、体能要求、运动的灵活性、感觉器官的灵敏度等。③心理要求。它主要包括观察能力、集中能力、记忆能力、学习能力、解决问题能力、性格、态度、合作性等。

小案例

"招聘专员"任职资格说明

1. 生理要求

年龄：23～35岁

性别：不限

身高：女性1.55～1.70米　　　男性1.60～1.85米

体重：与身高成比例，在合理的范围内均可

听力：正常

视力：矫正视力正常

健康状况：无残疾、无传染病

外貌：无畸形，出众更佳

声音：普通话发音标准、语音和语速正常

2. 知识和技能要求

（1）学历要求：本科，大专学历须从事专业工作3年以上。

（2）工作经验：3年以上大型企业工作经验。

（3）专业背景要求：曾从事人事招聘工作2年以上。

（4）英文水平：达到全国大学英语四级水平。

（5）计算机：熟练使用Windows和MS Office系列。

3. 特殊才能要求

（1）语言表达能力：能够准确、清晰、生动地向应聘者介绍企业情况，并准确、巧妙地解答应聘者提出的各种问题。

（2）文字表述能力：能够准确、快速地将希望表达的内容用文字表述出来，对文字描述很敏感。

（3）观察能力：能够很快地把握应聘者的心理。

（4）逻辑处理能力：能够将多项并行的事务安排得井井有条。

4. 综合素质

（1）有良好的职业道德，能够保守企业人事秘密。

（2）独立工作能力强，能够独立完成布置招聘会场、接待应聘人员、应聘者非智力因素评价等事务。

（3）工作认真细心，能认真保管好各类招聘相关材料。

（4）有较好的公关能力，能准确地把握同行业的招聘情况。

5. 其他要求

（1）能够随时准备出差。

（2）不可请1个月以上的假期。

小练习

请你课后找点空闲时间去大街、小巷、超市、人才市场等地方，搜集一些企业、用人单位所打出来的招聘广告。这些招聘广告中是否含有所招聘岗位的工作说明和详细的任职资格条件呢？如果没有，你能否指出其缺陷和不足呢？

3.3 工作分析的流程

工作分析是人力资源管理工作的一项复杂过程，包含了一系列的工作流程。工作分析的主要流程如下。

（1）制订工作分析计划。工作分析的首要环节，是由人力资源管理部门负责制订工作分析计划。工作分析计划包括：①确认被考察的各种职位的特点和属性。例如，这些职位是否属于拿工资的职位，是否属于职员性的职位，是某一部门内的职位还是整个企业的全部职位。②在确认阶段，还要对现有文件资料进行审查，如现在的各种工作说明书、组织系统结构图、以往的工作分析信息、其他与工作分析有关的资料。③选定参加工作分析的人员和所使用的具体方法，确定在职员工和管理人员将以何种方式参与工作分析的过程，必须将哪些员工的职位列入工作分析范围等。

（2）向经理和员工说明工作分析过程。在工作分析中，要向管理人员、将受到影响的员工和其他有关人员说明工作分析的过程。需要解释和说明的事项一般包括工作分析的目的、采取的步骤、时间安排、管理人员和员工如何参与、谁来进行工作分析、有问题时应该与谁联系等。

（3）进行工作分析。接下来就要采取行动去获取工作分析信息，即分发问卷、安排面谈、到现场进行观察等。此后，分析人员必须与有关人员进行跟踪联系，以提醒管理人员和员工归还问卷和按时参加面谈。在取得了工作分析信息后，分析人员应该进行仔细审阅，分析其是否完整。如果有必要，分析人员可以安排进一步的面谈，以获取澄清某些问题所需要的补充信息。

（4）准备工作说明书。在获取了所需要的信息资料后，先应该对其进行分类和筛选，然后就可以用来起草工作说明书。起草工作一般由人力资源管理部门负责，在完成第一稿后，应该分发给有关的经理和员工进行审阅，根据审阅意见，再进行必要的修改，直到形成最终的工作说明书。

（5）保持和更新工作说明书。在形成了正式的工作说明书后，还必须建立一套制度来使其能够根据新情况不断得以反馈、更新。否则，整个工作分析过程就可能每隔几年重复一次。企业是不断演化的动态实体，组织在多年内始终保持不变的情况罕见。所以，这个反馈和自动变迁机制是极其有必要的。

小讨论

如果在工作分析过程中，工作分析岗位上有员工不配合或有抵触情绪，这时候，工作分析小组人员该如何解决？

3.4 工作分析的方法

要进行完整的工作分析，必须收集到足够的有关工作的信息。获取这些信息的方法有很多，常用的工作分析方法如下。

（1）问卷调查法。问卷调查法是通过结构化的问卷来收集信息的一种方法。通过让在岗人员填写工作信息调查表来获取有关工作的信息，是一种快速而有效的方法，其使用范围较广。问卷调查表一般应包括：基本资料（员工基本信息）；工作时间要求；工作内容；工作责任；任职者所需知识技能；工作的劳动强度和工作环境。问卷调查表中的调查问题可以根据工作分析的目的加以调整，内容可繁可简。

问卷调查法的优点是不必亲临工作现场，手续简便，便于全面开展调查，节省时间，速度快，而且容易获得广泛、丰富的资料，加之问卷调查表是一种标准化、格式化的表格形式，便于资料整理工作的开展。该方法的缺点在于被调查者的主观态度对调查结果的干扰性较大，容易导致所填内容与事实不符，使调查所获信息的真实性降低。

（2）资料分析法。资料分析法是指利用企业现有的一些书面材料获取工作分析信息的方法。资料包括现有岗位规范或责任文书、员工关键事件的记录、工作日记等。资料分析法是一种间接分析方法。对二手资料进行分析时，需要耗费大量时间从中甄别主观性因素和无效信息，然后进行分类汇总，以获取有用信息。

（3）面谈法。面谈法是通过工作分析人员和工作执行人员面对面的谈话来收集信息资料的方法。采用面谈法时，应使面谈者的总体构成具有代表性，并注意选择参加面谈的工作执行人员；另外，要提前准备好面谈（问题）提纲。面谈法的优点是能够迅速而简单地收集工作分析资料，适用面广，由任职者亲口讲出工作内容，具体而相对准确。缺点是员工容易把工作分析当成绩效考核，而夸大其承担的责任和工作难度，会引起工作分析信息的失真和扭曲。因此，面谈法不适合作为工作分析信息搜集的唯一方法，而应与其他方法结合使用。

（4）观察法。观察法是通过对特定对象的观察，记录并收集有关工作的内容、原因、方法、程序、目的等信息的一种方法。该方法适用于大量标准化的、周期短的、以体力活动为主的工作。观察法的优点是工作分析人员能够比较全面和深入地了解工作要求。其缺点是不适用于脑力劳动为主的活动和处理紧急情况的间歇性工作，而且不易得到有关任职者要求的信息。

（5）参与法。参与法是指工作分析人员通过直接参与某项工作，细致深入地体验、了解、分析工作的特点和要求的一种信息收集方法。参与法的优点是针对一些有经验的员工并不总是很了解自己完成任务的方式等情况，工作分析人员直接参与其中可以提高信息的真实性和有效性。但该方法的缺点是工作分析人员往往不易直接参与其中。

小练习

请采用面谈法和问卷调查法来调查你所在单位的门卫的工作情况（包括工作性质、职责、工作内容和任职要求等），在面谈之后设计调查问卷，小范围使用后，再征求资深门卫的意见进行修改，最后大范围发放给门卫岗位的所有人员来填写。

另外，请采用观察法详细观察门卫的工作。

你也可以选择所在单位的其他岗位来尝试。

3.5 工作说明书的编写

3.5.1 工作说明书的编写要求

工作说明书在企业管理中的地位极为重要，不仅可以帮助任职人员了解其工作，明确其职责范围，还可以为管理者的某些决策提供参考。因此，在编写工作说明书时，必须注意以下几点要求。

（1）组织可以根据工作分析的目的选择编制适合的工作说明书，内容可简可繁。对于一些技术水平低或简单的工作，工作说明书可以简短而清楚地描述。但对于一些技术高、性质与内容复杂的工作，可选用若干含义较广的词句来概括。

（2）工作说明书的叙述要清晰、完整，文字力求简单、精确。工作描述应遵循"动词+名词+目标"或者"工作依据+动词+名词+目标"的书写格式。

（3）按照技术或逻辑顺序排列各项工作活动，或者以重要性、所耗费时间的多少进行排列。

（4）列明工作最基本的范围。

（5）尽量避免采用任职者或其上级不熟悉的专业化术语或管理学专业的术语。

3.5.2 工作说明书的编写范例

工作说明书可以采用表格形式，也可以采用叙述形式，但格式运用要统一，以达到整体的协调性。工作说明书范例如表3-2所示。具体的工作说明书编写在此范例或其他类型工作说明书的基础上加以变通即可。

表 3-2　工作说明书范例（销售总监）

职位名称	销售总监	职位代码		所属部门	
职　　系		职等/职级		直属上级	总经理
薪金标准		填写日期		核准人	

职位概要
　　制定并推进实施全面的销售战略、销售方案，有效地管理客户。

工作内容
　　协助总经理建立全面的销售战略；
　　制订并组织实施完整的销售方案；
　　与客户、同行业间建立良好的合作关系；
　　引导和控制市场销售工作的方向和进度；
　　组织部门开发多种销售手段，完成销售计划及回款任务；
　　管理销售人员，帮助建立、补充、发展、培养销售队伍；
　　掌握市场动态，熟悉市场状况并有独特见解；
　　有效地管理全国的经销商；
　　主持公司重大营销合同的谈判与签订工作；
　　协助处理大客户投诉，跟踪处理投诉结果，并进行客户满意度调查；
　　进行客户分析，建立客户关系，挖掘客户需求；
　　深入了解本行业，把握最新销售信息，为企业提供业务发展战略依据；
　　完成总经理临时交办的其他任务。

任职资格
　　教育背景：
　　◆ 管理、市场营销等专业本科以上学历。
　　培训经历：
　　◆ 受过战略管理、战略市场营销、管理技能开发、组织变革管理、《中华人民共和国民法典》合同编、财务管理等方面的培训。
　　经　　验：
　　◆ 8 年以上销售、市场营销管理工作经验。
　　技能技巧：
　　◆ 熟悉现代管理模式，熟练运用各种激励措施；
　　◆ 有丰富的市场营销策划经验，能够识别、确定潜在的商业合作伙伴，熟悉行业市场发展现状；
　　◆ 具有优秀的营销技巧，较强的市场策划能力和运作能力；
　　◆ 拥有良好的口头及书面表达能力；
　　◆ 具有较强的管理能力、判断和决策能力、人际沟通协调能力、计划和执行能力；
　　◆ 优秀的市场拓展、项目协调、谈判能力。
　　态　　度：
　　◆ 工作细致、严谨，并具有战略前瞻性思维；
　　◆ 具有高度的工作热情和责任感。

工作条件
　　工作场所：办公室。
　　环境状况：舒适。
　　危 险 性：基本无危险，无职业病危险。

　　资料来源：作者根据资料整理而成。

3.6 工作评价

工作评价，又称职位评估，它是在工作描述的基础上，对职位本身所具有的特性（如职责范围、任职条件、环境条件等）进行评价，以确定职位相对价值的过程。工作评价的对象是职位本身，而不是员工个人，因此体现出"对岗不对人"原则。工作评价反映的是职位的相对价值，而不是职位的绝对价值。

制定出工作描述和工作规范后，职位就被客观地确定下来了。根据这些文件对职位的规定，每一职位在职位体系中的相对重要程度已被确定，工作评价的目的是找出这种相对程度，以此作为薪酬管理工作的参考依据之一。

本章小结

工作分析是人力资源管理的基础性工作，也是企业各项人力资源管理工作顺利、有效开展的重要前提。工作分析是指完整地确认工作整体要求，对组织中某一特定工作或职位的目的、任务或职责、权利、隶属关系、工作条件、任职资格等相关信息进行收集和分析，做出明确规定，并确定完成工作所需的能力和资质的过程或活动。工作分析在整个人力资源管理系统中发挥着非常重要的作用。

工作分析的主要流程包括制订工作分析计划、向经理和员工说明工作分析过程、进行工作分析、准备工作说明书、保持和更新工作说明书。常用的工作分析方法有问卷调查法、资料分析法、面谈法、观察法、参与法等。

一般来说，工作分析包括两个方面的基本内容：确定工作岗位的具体特征和找出工作岗位对任职人员的各种要求。工作分析的结果为工作描述和任职资格说明，它们的文本形式就是工作说明书。工作说明书的编写应遵循一定的要求。

学习建议

本章学完之后，要抓住两个基本能力点：工作分析方法的应用能力；编制工作说明书的能力。重要的是通过实际应用和训练掌握以上能力。

1. 本章重点

工作分析的具体实施步骤；工作说明书的编制；工作分析方法的应用。

2. 本章难点

对工作分析程序和编制的把握。

核心概念

工作要素、任务、职位、职务、职责、职系、职级、职组、职等、工作说明书、工作描述、工作规范。

课后思考与练习

1. 工作分析的作用及其应遵循的原则是什么？
2. 简述工作分析的内容。
3. 工作分析的程序有哪些？
4. 工作分析的主要方法有哪些？各有什么特点？
5. 工作说明书包括的主要内容有哪些？
6. 工作说明书编写中应注意哪些问题？
7. 什么是工作评价？

案例分析

红卫该怎么办

HHW 公司是一家制造型电子公司，集研发、销售、制造为一体，有职工 200 人左右，成立 20 多年了。公司人力资源部经理王伟，主管红卫，其他人员 4 人；王伟入职 5 个月，红卫入职 3 年，王伟和红卫各分管人力资源的三个模块，此外王伟还管着行政，是红卫的直接上级。

HHW 公司的分公司 B 是一家研发和销售型科技公司，共有 10 人，成立两年多，于 2021 年搬迁到 HHW 公司的旁边。HHW 公司人力资源部兼管 B 公司的人力资源工作，但只做考勤、办公用品、招聘等事务性工作。

HHW 公司总经理大军，也是 B 公司董事长。某天董事长把红卫叫到办公室，对他说："随着 B 公司业务增长，将来会成为主产业，预计 2028 年要增加到 30 人，主要增加研发及销售人才。现在来看 HHW 公司的制度健全，B 公司制度不健全，急需人去推动。公司考虑到你和王伟性格不同，所以安排王伟经理继续留在 HHW 公司，你到 B 公司。至于 B 公司，我也不懂要你具体做哪些工作，任务很艰巨。但我的想法与 HHW 公司相同，配备精英人才，推动公司快速发展。等到 B 公司业务都稳定了，你负责管理 B 公司。"

接下来，红卫找到 B 公司总经理，把董事长的想法向其说明，问总经理关于人事方面近一年需要解决什么问题。总经理说主要是配备优秀人才，增加员工福利，做好新入职人员培训。

红卫出了总经理办公室，紧皱眉头，不知道该何去何从。

思考题：

1. 该公司出了什么问题？原因是什么？
2. 如何对红卫的工作进行工作分析？
3. 企业在什么情况下要进行系统的工作分析，明确岗位职责？工作分析对于企业的人力资源管理来说有什么具体的作用呢？怎样利用工作分析来提高企业整体人力资源管理？
4. 工作分析到底由谁来做，是由人力资源部一手操办吗？

5. 在工作分析进行、执行的过程中，组织管理者应该充当什么样的角色？难道仅仅是任务的布置者，或者是旁观者？

6. 在工作分析过程中，部门经理、岗位任职者应该做些什么？还是什么都不做，等着用工作说明书来规范自己？

7. 在工作说明书执行的过程中，如果员工有异议，或者说根本就不同意你对他所在岗位进行的规定，那么人力资源部该怎么做？

8. 工作说明书执行后，是否需要更新维护还是就不再变动？如果需要更新维护的话，依靠什么、由谁来做呢？是人力资源部吗？

资料来源：作者根据资料整理而成。

实训应用

实训项目

企业工作分析实训。

实训目的

通过实训，使学生明确工作分析在企业人力资源管理中的重要性，掌握工作分析的基本程序和方法。

实训指导

指导教师主要给予实训对象两个方面的指导：一是对工作分析相关基础知识要点的指导，主要包括制定工作分析的程序、工作分析的内容（主要包括确定工作岗位的具体特征，如工作内容、任务、职责、环境等；找出工作岗位对任职人员的各种要求，如技能、学历、经验、技能等。前者的结果表现为工作描述，后者的结果表现为任职资格说明）、编撰工作说明书的步骤；二是指导实训对象深入企业人力资源管理部门，获取一手资料。

实训组织

实训开始前，要求实训对象已经阅读过相关书籍，并已获得企业人力资源管理真实资料。实训开始后，实训同学进行分组讨论，每组3～5人，每人充分发表个人意见和观点，指导教师进行点评。实训对象选择集团办公室相关岗位，编撰这些岗位的工作分析说明书。

本实训项目的实训时间以课内为宜，时间控制在2小时左右。教师也可以在课堂上布置实训项目，课后学生花4～6小时讨论完成，再到课堂进行展示。

实训案例资料

万家公司是一家大型的家用电器集团公司。由于近年来公司发展过于迅速，人员也飞速增长，因此很多问题逐渐暴露出来。表现比较突出的问题是岗位职责不清，有的事情没有人管，有的事情大家都在管，但又发生推诿扯皮的现象。现在公司中使用的岗位职责说明已经是几年前的版本了，但实际情况已经发生了很大变化，因此根本就无法起到指导工作的作用。由于没有清晰的岗位职责，因此各个岗位上的用人标准也比较模糊。这样人员的招聘选拔、提升办法就全凭领导的主观意见了；公司的薪酬激励体系也无法与岗位的价值相对等。员工在这些方面意见很大，士气也有所下降。最近，公司进行了一系列重组工作，年轻有为的新的高层团队也开始发挥作用，他们看到公司目前面临的问题，决定请专业的咨询顾问进行一次系统的人力资源管理诊断和设计工作。由于工作分析是各项人力资源管理工作的基础，因此专家建议首先从工作分析入手。

集团公司和集团办公室的组织结构如图3-1和图3-2所示。

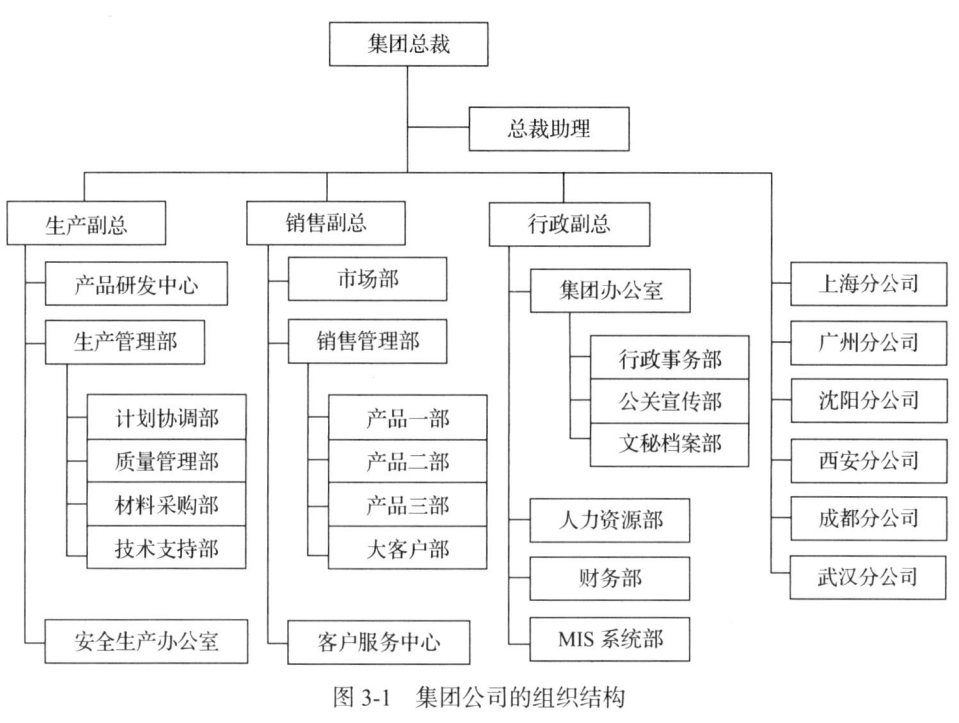

图 3-1 集团公司的组织结构

图 3-2 集团办公室的组织结构

资料来源：佑佐HR论坛。

实训考核

实训结束后,每位学生必须当场编撰并完成实训报告和工作说明书,实训指导教师可给予点评。实训报告要求语言流畅、文字简练、条理清晰。实训报告内容主要包括实训报告封面(实训日期、实训人姓名、专业、班级等信息)、实训项目名称、实训目的、实训内容、实训资料(实训所依据的原始资料和使用的工具、材料等)、实训过程(实训采用的方法、步骤等)、实训结果或结论、收获与体会、实训指导教师评价意见等。

实训成绩按优秀、良好、中等、及格和不及格五级计分法评定。

相关链接

职业便利网:http://www.jan.wvu.edu

O*Net Online:http://www.onetcenter.org

人力资源开发管理网:http://www.hrdm.net

中国人力资源开发网:http://www.chinahrd.net

行天人力资源管理网:http://www.sintere.com.cn

中华人力资源网:http://www.sino-hr.cn

中国人力资源网:http://www.hr.com.cn

现代人力资源管理网:http://www.ehrdm.com

新人资:http://sinohrm.hrdm.net

HR管理世界:http://www.hroot.com

中华人力总监网:http://www.chinacho.com

Chapter 4
第4章

员工招聘与录用

学习目标

- 了解员工招聘的概念。
- 熟悉员工招聘的基本程序及要求。
- 知晓合格员工的来源。
- 掌握内部招聘和外部招聘的优缺点。
- 掌握员工招聘的基本方法。
- 掌握员工甄选的主要方法,了解招聘结果评估。
- 了解员工录用的内涵、原则、方法。

引例

创新驱动发展与人才的"跨界"招聘

当前无论是国与国之间的竞争,或是企业间的竞争,都更加依赖于企业的创新能力,而创新源于创新性人才的智慧碰撞。不同于以往的局域性创新,今天的创新需要整体协同,甚至是跨部门、跨领域的协同,归根结底依赖于跨领域人才的协同。对企业来说,跨界招聘就成了当下的选择之一。尤其在高科技领域,专业的交叉与综合是技术创新的源泉活水,高科技的发展需要一大批具有跨学科视野和思维、具备多学科理论与方法,并善于学习、借鉴其他学科成果的高层次人才。

"跨界"招聘对企业发展发挥着独特的作用,它包括跨行业招聘、跨专业招聘等。

一、跨行业招聘

受制于业内优秀人才紧缺的困境,很多银行正在从投资银行业之外的行业招聘人才,比如消费品和快速消费品行业都已经相当成熟,而且在培训和培养高素质人才方面进行了大量的投资,其行业人才也已习惯于跨国公司的工作环境和文化,因此银行倾向于从这两个行业招聘更多优秀人才。

房地产行业情况类似。某品牌地产企业总经理认为，目前房地产行业的经营方式已经从粗放转向精细，企业如果要生存并获得持续发展，首先面临的就是人才的挑战，需要向更为成熟的行业学习，如消费品行业的品牌管理、品类细分、客户关系管理，制造业的品质管理、成本管理、流程优化、售后服务，以及金融业的投资者关系管理，等等。

二、跨专业招聘

华南某科技发展公司技术部急需无线网络规划工程师，这是一个跨学科岗位，需要应聘者具备无线电和计算机知识。目前IT技术和机械、电子等行业的融合越来越多，但学校迟迟没有开设类似的交叉学科专业，业界只能疯抢这类有经验的技术人员。

随着各行业、各专业之间的相互渗透，行业、专业之间的边界越来越模糊，互融互通，编织成愈来愈密集、复杂的网状结构，而新的商机发掘与管理提升往往产生于这些网格的节点。对于在本行业与本专业领域内无法解决的问题，如果我们能恰当运用其他行业与专业领域的理论、方法和技术手段，换一个思维角度，很可能就豁然开朗。

企业发展到一定阶段，必然需要考虑引进与培养具有复合型知识背景的高层次人才，因为跨行业、跨专业的知识背景和方法能够使这些高端人才自如应对瞬息万变的市场，妥善处理各种复杂问题，有效推进知识创新、技术创新和制度创新。当然，"跨界"招聘与培养人才是一个系统工程，我们要从人力资源管理的各环节入手，进行通盘考虑和统筹兼顾。

招聘是人才培养的起始环节，跨专业培养复合型人才的一个重要方面是招收一定数量的优质的跨行业、跨专业人才。因此，企业首先要制定专门政策，鼓励和支持"跨界"人员应聘，消除人为设置的门槛。

其次，招聘笔试题目的设置要突出综合性和基础性，减少纯专业性试题，要有意识地打破行业与专业界限，选择一些交叉的热点问题作为笔试题目，鼓励应聘者从不同视角分析和解答同一问题，对于灵活运用其他行业、专业理论与方法回答并言之成理、有创新见解的应聘者要给予认可。

再次，在面试环节，要注重考查应聘者知识的广度、深度，以及能力结构与素质结构的复合性程度；要考察应聘者运用知识解决问题的能力、口头表达能力和应变能力；对"跨界"应聘者，要有意识地提出一些与其原有专业背景不相关的前沿问题，以检验其是否具备跨学科的思维方式。

最后，在录取环节，要在同等条件下优先录取"跨界"人才。通过招聘、面试等各环节的系列安排，营造一种有利于"跨界"人才脱颖而出的氛围，并从制度和政策上对其给予倾斜和扶持。

由于"跨界"人才可能来自不同的行业，因此企业吸纳和保留人才后需要面临不同的人员群体，针对这一情况企业应为不同的人员群体制定与之相匹配的薪酬体系。不过，薪酬福利设计与管理是一项难度较大的工作，只有企业大规模招聘"跨界"人才，并且业务功能模式设置与"跨界"人才聚集状况紧密结合时，才需要设计个性化的薪酬策略。当确定各部门和岗位的薪资水平或标准时，人力资源部可以在薪资调查的基础上，参考其业务功能模式所对应行业的薪资水平，也就是说不同的业务部门分别对应不同的行业薪酬方式，针对其工作性质和特点采取更具激励性的计薪方式。

企业在应届生起薪、调薪幅度、管理序列与技术序列晋升和薪酬福利项目等方面均可设计灵活的策略，量体裁衣定制化地满足不同"跨界"人才的心理需求，并提升市场竞争力。微软公司首席研究及战略执行官科瑞格·蒙迪表示："企业界正以一个更快的速度朝前发展，我们在不断挑战传统，不断冒各种各样的风险……人类面临的问题已经非常复杂，要想解决这些问题，单靠一个学科的人、靠一个人的知识是解决不了的，因此我们很看重人才跨学科思考解决问题的能力和团队合作能力。"企业"跨界"招聘将逐渐成为一个趋势，对企业人力资源管理提出了新的课题，有远见的企业一定会提前做好"跨界"人力资源规划工作，前瞻性地构筑人才竞争优势，以使企业赢得持续发展的新动力。

资料来源：作者根据网络资料整理。

4.1 员工招聘概述

在创新驱动的新经济常态下，人力资源已经成为企业核心竞争力的一部分，对人才争夺的激烈程度也已达到了新的高度。如何获得企业所需人才成为每一个企业管理者所必须面对的紧要问题。在这样的时代背景下，人力资源管理的人才吸纳功能越发显得重要，而这项功能正是通过招聘活动来实现的。遵循企业的发展战略与业务要求，在人力资源战略的指导下，根据工作分析的标准在合适的时间招聘到合适的人才成为企业成功的关键影响因素之一。何为招聘、为何招聘、如何招聘、怎样保证招聘成功等一系列问题就成为本章需要解决的关键问题。

4.1.1 员工招聘的概念

人是企业之本，企业成功的决定性因素是人。古往今来，人与财被称为企业发展的两驾马车。进入知识经济时代，企业间的竞争越来越激烈，要想在这场竞争中取得最终的胜利，归根结底要靠人才。人力资本已经成为比物质资本更重要的资本，它是企业提高其核心竞争力的关键所在。比尔·盖茨就曾说过："将我们公司最好的20人拿走，微软在世界上将变得无足轻重。"由此可见，企业获得长久发展的重点在于人力资本。招聘作为企业获得人力资本的主渠道，自然应该引起企业极大的重视。

员工招聘是组织为了发展的需要，根据人力资源规划和工作分析的数量和质量要求，通过信息发布和科学甄选，从组织内外获得组织所需人才，并安排他们到组织所需岗位上工作的过程。R. 韦恩·蒙迪也认为，招聘是能及时地吸引足够多的具备资格的个人，并鼓励他们加入组织中来工作的过程。通过招聘，企业能够获得高质量人才、引进先进的思想理念、提高核心竞争力；可以向外界展示自身实力，提高企业知名度。

招聘是企业整个人力资源管理活动的基础，直接关系到企业人力资源的形成，有效的招聘工作不仅可以提高员工素质、改善人员结构，还可以为组织注入新的管理思想，为组织增添新的活力，甚至可能给企业带来技术、管理上的重大革新。同时，员工招聘也是人力资源管理其他职能活动的基础，有效的招聘可以为员工培训、绩效管理、薪酬管理、劳动关系等人力资源管理奠定基础。

此外，招聘包括寻找、吸引并选择合格适当的候选人等活动。如果企业对需要补充人员的岗位定义模糊，那么也就不可能清楚用人标准和选才依据，则很难成功地招聘到合格适当的人才。无论这个需要补充新员工的岗位是已经存在的还是新增的，其工作资格条件都必须尽可能准确，如此才能使招聘有效。

4.1.2 招聘需求

广义来说，员工招聘包括临时性招聘和长期招聘。临时性招聘用以满足企业的临时性人才需求，或者说是弥补结构性空缺，长期招聘则是用以满足企业的长期性人才需求。短期人才空缺多是临时性动因造成的，比如员工休假、额外订单等非固定业务量的增加。长期人才空缺多是永久性空缺，比如员工退休、离职、公司规模扩张、新兴业务产生的崭新岗位等（如无特殊说明，本书所指招聘即长期招聘）。

招聘需求的产生多是以人员需求表的形式来展现。人员需求表说明需要招聘新人的理由及条件，很多公司会将职位说明书附于人员需求表之后，用以明示所需招聘人才的资格条件，以为人才的甄选提供依据。值得一提的是，不同公司的人员需求表内容可能会有所差异，但都大同小异，表4-1为一家公司的人员需求表。

表 4-1 人员需求表

申请日期：

申请部门		岗位名称		人数	
申请理由 （请打√在相应的字母上）	A.扩大编制　B.辞职补充　C.储备　D.补充编制				
	具体理由				
	若替换请写明被替换人的姓名				
用工性质	A.劳动合同工		B.聘用工		C.临时工
应到岗时间		工资范围	试用期：	转正：	
招聘建议	A.部门内部招聘		B.公司内部招聘		C.外部招聘
任职资格（扩大编制或在编请附工作说明书）					
岗位概述					
主要职责					
性别	A.男　B.女　C.不限		年龄	岁到　　岁	
学历			婚姻	A.已婚　B.未婚　C.不限	
知识					
技术					
能力					
个性品质					

（续）

工作经验	
特殊要求	
申请部门意见：	
	签名　　　日期
分管领导意见：	
	签名　　　日期
人力资源部意见：	
	签名　　　日期
总经理意见：	
	签名　　　日期

资料来源：作者收集于互联网。

4.1.3　员工招聘的激发因素

员工招聘是企业获得人才的重要途径，不是一项可以"随便"的工作，需要企业全盘考虑和计划。其中首先需要解决的是"是否需要招聘"。这就需要企业弄清楚招聘的原因。一般而言，企业在以下几种情形下会产生招聘需求。

（1）新公司成立。企业在设立新的子公司或新的职能部门、开拓新的业务时需要招聘大量新员工以满足新的需求。

（2）员工队伍结构调整。为保持员工队伍的活力，企业需要适时对员工队伍结构进行优化调整，当员工队伍结构失衡时企业需要进行招聘以补充新鲜血液。

（3）现有职位因晋升、辞退、辞职等原因发生永久性空缺。虽然有效的招聘可以降低人才流失率，但绝对的人才零流失是无法实现的。企业可能会因为晋升、退休、辞退和员工离职等产生职位的长久性空缺，从而产生招聘需求。

（4）公司业务扩大，导致人手不足。企业成长都经历了从无到有、从小到大的过程，这期间会伴随公司业务的不断扩大，从而产生新的人才需求。

（5）为改造企业文化而引进相关高层管理人员和专业人才。文化的作用越来越被企业所看重，培育优良的富有特色的企业文化被很多企业列为重大事项。但是新的企业文化的创建必须突破原有文化的束缚和阻力，这就往往需要强有力的优质外来文化的推动和支撑。

（6）根据企业发展战略和人力资源战略的规划或预测，提前培训或储备一批人才。人才重要性的凸显，促使越来越多的企业重视人才储备工作。因此，为企业未来发展储备人才也成为企业员工招聘的激发因素之一。

4.1.4　员工招聘的原则

员工招聘原则是企业在员工招聘中所应遵循的规则。企业在招聘过程中既要考虑外部环境的约束，又要以实现企业招聘目的为前提。由于用人政策的差异，不同企业可能会有不同的招聘原则，但一般来说员工招聘应遵循以下几个原则。

1. 能岗匹配原则

能岗匹配原则是员工招聘的首要原则，是指在企业招聘过程中应尽可能使人的能力与岗位要求的能力相一致。它包括两个方面的含义：一是指某个人的能力完全胜任岗位的要求，即所谓的人得其职；二是指岗位所要求的能力与这个人所具备的能力完全匹配，即所谓职得其人。能岗匹配原则是尽可能使人的能力与岗位要求的能力相匹配。这种匹配包含着恰好的意思。因此，企业在招聘时应招聘最适合岗位要求的人，而不是一味追求"高层次"，这既是企业持续发展的需要，也是企业成本管理的需要。

2. 双向选择原则

用人单位根据自身发展和岗位的要求自主地挑选员工，劳动者根据自身能力和意愿，结合劳动力市场供求状况自主选择职业，即企业自主选人、劳动者自主择业。双向选择原则一方面能使企业不断提高效益，改善自身形象，增强自身吸引力；另一方面，还能使劳动者为了获得理想的职业，努力提高自身的知识水平和专业素质，在招聘竞争中取胜。

3. 高质量基础上的效率优先原则

效率高的一方能在激烈的市场竞争中赢得主动权，人员招聘工作也不例外。效率优先在招聘中的体现就是企业根据不同的招聘要求，灵活选用适当的招聘形式和方法，在保证招聘质量的基础上，尽可能降低招聘成本。一个好的招聘系统，能够保证企业用最少的雇用成本获得适合职位要求的最佳人选，或者说以尽可能低的招聘成本录用到同样素质的人员，这体现了效率优先原则。

4. 竞争、择优、全面的录用原则

员工招聘必须制定科学的考核程序、录用标准，选择合适的测试方法来考核和鉴别人才。只有根据科学的测试结果的优劣来选拔人才，企业才能真正选到良才。在强调择优的同时注重全面的原则，对应聘人员的品德、知识、能力、智力、心理、过去工作经验和业绩进行全面考察。对于知识面广、综合素质高的人才，企业还要重视他们的发展前景、未来的能力贡献等诸多因素。

5. 多元化原则

世界之大无奇不有，实际上讲的就是多元化，多元化让世界变得美丽多娇，让千万花朵争奇斗艳。企业是社会的一个重要组成部分，只有实现了企业的多元存在，才能满足人类的不同需求。企业内部也是一样，企业内部有多种不同部门，负责不同业务，这就要求企业招聘不同类型的人才以满足不同业务的需求。另外，即使是同一业务部门、同一岗位，企业也应该考虑人才的多样化，这样才能实现人才的优势互补，发挥1+1>2的叠加效应。试想，如果西游记中的取经团队是四个孙悟空，或四个唐僧，再或者是四个猪八戒、沙和尚，他们最终会取得成功吗？

> 小案例

同质化的高层管理者与一家企业的倒闭

英国有一家轮胎公司，其最高管理层有五个人，他们是同一个大学同一个系毕业的，大学毕业之后这五个人又考上了同一个大学的MBA，然后一起担任这家公司的高级管理人员。平时这五个人都住在一个小镇上，他们去同一个超市买东西，星期日一起去同一个教堂。这五个人平日里总是形影不离，他们一起构筑生活的理想。不幸的是，这家公司后来倒闭了，这五个人也因此丢了饭碗。

资料来源：作者根据网络资料整理。

6. 价值观匹配原则

每家企业都有自己的企业文化和价值观，如果新员工认同企业价值观，则能较好地融入企业，否则可能会带来较强的负面效应。这就要求企业在招聘员工时要重点考虑员工的价值观是否与企业已有价值观相吻合，只招聘与企业价值观相吻合的人。通用电气公司是价值观招聘的典型代表，其前总裁杰克·韦尔奇先生按照价值观和能力两个维度，把员工划分为四类：第一类是能力很高且对企业价值观也很认同的员工，这类员工是企业最需要的；第二类是能力不高且对企业的价值观也不认同的员工，这类员工是肯定要被淘汰的；第三类是能力很强，但对企业价值观的认同度非常低的员工，此种人是不被启用的；第四类是能力一般，但对企业价值观的认同度非常高，这样的人是给机会的。韦尔奇先生将第三类人当成是害群之马，原因有二：一是他本身和企业是拧着的，企业没有办法去用他；二是因为他很能干、能力很强，还可能会把别人带坏，没准其他员工会相信他说的话，如果企业要用他，会比较麻烦。

> 企业资料

华为招聘原则

在企业中，由于高层管理者之间存在的教育文化背景的差异会影响他们用人的理念，经常是人事主任推荐的候选人被用人经理否决，而用人经理看重的人又得不到人事经理的赞同，因此要想提高企业的招聘效率，就必须建立一个大家公认的招聘原则。

华为认为，一个企业的招聘是否有效主要体现在以下四个方面：一是是否能及时招到所需人员以满足企业需要；二是是否能以最少的投入招到合适的人才；三是把所录用的人员放在真正的岗位上后是否与预想的一致，人员是否符合公司和岗位的要求；四是"危险期"（一般指进公司后的六个月）内的离职率是否为最低。

根据以上四个要点，结合公司的具体实际，华为制定了一套详细的招聘原则，力求实现招聘效益的最大化。

原则1：最合适的，就是最好的

标准是具体的、可衡量的，可以作为招聘部门考察人、面试人、筛选人、录用人的标杆。因为人才不是越优秀越好，只有合适的才是最好的。

在华为，"合适"的标准如下。

（1）企业目前需要什么样的人，这是"软"的素质，由企业文化决定。具体来说，选人是德才兼备还是以德为先或以才为先，是强调突出个性还是团队合作，是开拓型还是稳健型，等等，这主要侧重于考察应聘者的兴趣、态度、个性等。

（2）岗位需要什么样的人，这是"硬"的条件，即人力资源部门通过职务分析明确岗位需要具备的学历、年龄、技能、体能等。这侧重于考察应聘者的能力、素质等。只有掌握了标准，招聘人员才能做到心中有数，才能用心中的这把"尺"去衡量每一位应聘者。否则稀里糊涂，根本没有办法从众多的应聘者中挑出企业所需要的人，更严重的是若是经过"层层筛选"而录用的优秀人才在试用一段时间后发现并不适合本企业，那么将造成企业财力和精力的极大浪费。

原则2：强调"双向选择"

企业要树立"双向选择"的现代人才流动观念，与应聘者特别是重点应聘者（潜在的未来雇员）平等地、客观地交流，双向考察，看彼此是否真正合适。华为在进行招聘时，会特别向招聘人员强调"双向选择"这一条，绝不能像某些企业一样，为吸引应聘者，故意美化、夸大企业，对企业存在的问题避而不谈，以致应聘者过分相信招聘企业的宣传而对企业满怀期望。一旦人才进入企业，发现企业实际上并没有原先设想的那样好，就会产生失落、上当受骗的感觉，挫伤其工作积极性。因此无论是在最初的招聘现场，还是在最后一轮面试中，华为始终把彼此满意作为招聘人才的基础。特别是在最后安排应聘者和相关负责人谈话和吃饭的时候，负责人会把企业的发展前景、发展现状、普遍存在的问题等实事求是地向应聘者做客观的介绍。

原则3：招聘人员的职责 = 对企业负责 + 对应聘者负责

招聘人员既要对企业负责，也应对应聘者负责，要树立"优秀≠合适，招进一名不合适的人才是对资源的极大浪费"的观念。在华为，招聘部门会在每年年初就主动地参与企业和部门的人力资源规划，深入一线了解企业内部人员流动去向，随时掌握企业在各阶段的用人需求，以采取合适的招聘策略，及时为企业输送所需人才。

原则4：用人部门要与招聘部门协作

在传统观念中，招聘是招聘部门的事，用人部门只管提出用人需求。实际上，只有用人部门最清楚自己需要什么样的人，而且招进来的人的素质和能力直接关系到用人部门的工作成效。宝洁前任首席执行官说："在公司内部，我看不到比招聘更重要的事了。"由此可见，招聘不只是人力资源部的工作，而是上至CEO、下至部门主管所有人的工作。在招聘的过程中，华为会要求具体的用人部门和招聘部门一起完成招聘工作，华为甚至认为用人部门对招聘的配合、支持程度，直接决定了招聘的成败。

原则 5：设计科学合理的应聘登记表

有的企业会事先设计一张科学合理的应聘登记表，让应聘者填写企业特别关注的项目。通过面试前审查应聘者填写的资料，企业可以淘汰一大部分明显不符合招聘要求的人员，筛选出意向对象并邀请其参加面试。华为的招聘表格经过了科学的设计，一张小小的表格基本能反映出一个人的所有情况，例如华为的登记表格把软件细分为系统软件和应用软件，大大减少了面试的时间。

原则 6：人才信息储备就是给企业备足粮草

企业在招聘实践中，常会发现一些条件不错且适合企业需要的人才，但受限于企业岗位编制、现阶段发展计划等因素无法现时录用这些人才。华为绝不会轻易与这些人才擦肩而过，其人力资源中心会将这类人才的信息纳入企业的人才信息库（包括个人资料、面试小组意见、评价等），不定期地与之保持联系，一旦将来出现岗位空缺或由于企业发展需要出现新的岗位需求，即可将之招入麾下，既提高了招聘速度又降低了招聘成本。

华为每年都会从高校和社会上招聘大量的人才，在其招聘和录用过程中，华为的招聘人员最注重应聘者的素质、潜能、品格、学历，其次才是经验。按照双向选择的原则，华为在人才使用、培养与发展上，提供客观且对等的承诺。华为有严格的面试流程，一般来说，一个应聘者必须经过人力资源部、业务部门的主管等环节的面试，以及公司人力资源部总裁审批才能正式加盟华为。

为了保障人员招聘的实际效果，华为会在正式招聘之前建立一个面试资格人管理制度，对所有的面试考官进行培训，合格者才能获得面试资格。而且华为每年对面试考官进行资格年审，考核、把关不严者将被取消面试资格。华为认为，招聘人员是公司招聘人才的第一道门槛，如果这些面试官自身的素质都很一般，那么就不可能指望他们能独具慧眼，选拔出公司所需要的优秀人才。

资料来源：作者根据网络资源整理。

4.1.5 员工招聘的影响因素

企业是一个开放的系统，其行为方式会受到外界各种因素的制约。作为企业人力资源管理活动的重要组成部分，员工招聘的实施也会受到多种因素的影响。主要影响因素有外部影响因素、内部影响因素和个人因素三大类。

1. 外部影响因素

（1）国家的政策法规。一般意义上，国家的法律法规对企业的招聘活动具有限制作用，它往往规定了企业招聘活动的外部边界。国家的政策法规从客观上界定了企业人力资源招聘的对象选择和限制条件，企业的员工招聘应该在国家政策法规限定的框架内进行，不能与之相违背。目前，《中华人民共和国劳动法》和《中华人民共和国劳动合同法》是我国就业领域的两部最重要的法律。

（2）社会经济制度和宏观经济形势。企业作为社会的一个组成部分，其经营和运营方式必然会烙有社会经济制度的影子。我国传统的计划经济体制在一定程度上限制了人才的发展，改革开放以来，企业的公开招聘制度逐步完善，招聘的方式方法也日趋科学和完善。宏观经济形势对企业招聘的影响主要表现在三个方面：①宏观经济形势会影响企业的经营状况，进而作用于企业招聘需求；②宏观经济形势中的通货膨胀会影响企业招聘的成本；③政府对宏观经济的调控会直接影响企业的发展，进而影响企业吸纳人才的能力。

（3）传统文化及风俗习惯。传统文化及风俗习惯对招聘的影响是潜在的、惯性的、顽固的，甚至有时候是缺失理性的。例如，日本的终身雇用制至今仍非常强烈地影响着日本企业的招聘模式，以及员工的就业前景。中国几千年积淀而成的传统文化也潜移默化地塑造了人们对某些职位的固定看法，这些看法直接影响了企业招聘和求职者。正如鲁迅所说的"因袭的重负"的影响力是很大的。"官本位"的思想使人们更加看重职位和发展空间；传统的"三教九流"的职业分类依然使某些人不能正确评价某些岗位的价值和贡献，硕士应聘清洁工引起社会热议就是最典型的例证；"重男轻女"的思想也使得一些企业在招聘中忽略了女性的才华。

（4）外部劳动力市场。由于外部招聘主要是在劳动力市场进行的，因此市场的供求状况会影响招聘的效果，当劳动力市场的供给小于需求时，企业吸引人员就会比较困难；相反，当劳动力市场的供给大于需求时，企业吸引人员就会比较容易。在分析外部劳动力市场的影响时，一般要针对具体的职位层次或职位类别来进行。例如，现在技术工人的市场比较紧张，企业招聘这类人员就比较困难，往往要投入大量的人力、物力。

（5）竞争对手。在招聘活动中，竞争对手也是非常重要的一个影响因素。应聘者往往是在进行比较之后才做出决策。如果企业的招聘人员、招聘政策和竞争对手存在差距，那么就会影响企业的吸引力，从而影响招聘的效果。

小作业

请列出你所知道的有关招聘的法律法规和相关制度，以及你所在地的文化和风俗习惯。

2. 内部影响因素

（1）企业的经营战略和用人政策。一个企业的战略类型、战略决策的层次和企业文化等都会对企业的招聘产生影响。不同的企业发展战略对人员的需求量不同，而且在不同的发展战略下，企业招聘活动的重点也是不同的。企业高层决策人员的用人政策不同，对员工的素质要求也不同。同时，高层决策人员对内部招聘和外部招聘的倾向性看法，也会影响企业招聘的方式方法。

（2）企业自身的形象和条件。一般来说，企业在社会中的形象越好，就越有利于招聘活动。良好的企业形象会对应聘者产生积极的影响，引起他们对企业空缺职位的兴趣，从而有助于提升招聘的效果。在当今社会，个人所得往往被认为是自身价值的体现，是社会对自己的认可，不少求职者会着重关注企业所提供的福利待遇。在实际招聘中，公司也常常"打待遇牌"，用高薪吸引人才。

（3）企业的招聘预算。企业的招聘预算对招聘活动有着重要的影响。充足的招聘资金可以使企业选择更多的招聘方法，扩大招聘的范围。例如，公司可以选择强势媒体发布招聘广告。相反，有限的招聘资金会使企业在招聘时的选择大大减少，这会对招聘效果产生不利的影响。

（4）职位的性质。职位根据性质可以分为适需性职位和储备性职位。职位不同，招聘方法也应不同。高层管理者的招聘必须综合使用多种方法；特殊人才的招聘可以借助猎头公司和专业的评价中心；普通员工的招聘应考虑节约成本；而储备性人才的招聘应与企业发展战略相结合，综合考虑他们的短期安排和长期发展。

3. 个人因素

（1）求职者的求职动机和强度。求职者的求职动机和强度决定了求职者对所应聘职位的渴求程度。虽然求职者的求职动机和强度会受到诸如个人背景和经历以及个人财务状况等因素的影响，但总体而言，求职强度高的应聘者更容易接受企业的应聘条件，求职成功率高，反之亦然。

（2）招聘者的个人特质。企业招聘人员的个人特质也会对最终的招聘结果产生影响。较好的个人形象、文雅的谈吐、温和的态度等积极特质会对求职者产生正向吸引，进而增加求职者接受企业应聘条件的概率。

4.1.6 招聘的基本程序

为保证招聘工作的科学规范，提升招聘效果，招聘活动要按照既定的程序进行。一般而言，员工招聘的基本程序划分为以下几个步骤：确定招聘需求、员工招募、员工甄选、员工录用和招聘评估。

1. 确定招聘需求

确定招聘需求是员工招聘的首要工作，包括数量和质量两个方面。确定招聘需求就是要准确地把握组织对各类人员的需求信息，确定人员招聘的种类和数量。这项工作需要以人力资源规划和工作分析为前提和基础，通过人力资源规划和工作分析这两项前期工作来明确招聘需求以及招聘工作特征和要求。

2. 员工招募

员工招募是一个寻找与吸引一群可由其中选出合格候选人的过程。在确定招聘需求之后，企业要选择合适的招聘渠道和相应的招聘方法，吸引合适的应聘者，以达到适当的效果，这一过程就是员工招募。简单来说，员工招募就是通过各种方法尽可能多地吸引应聘者前来应聘。员工招募主要包括两个步骤：一是发布招聘信息；二是接待应聘者，获取企业所需的应聘者相关资料。

3. 员工甄选

员工招募为企业吸引到了合适的应聘者数量，但并不是所有的应聘者都符合企业需求，企业要运用科学的方法对应聘者的任职资格和对工作的胜任程度进行系统的、客观的测量和评论，从所有的应聘者中选择出最符合企业需求的那部分人员，这一选择的过程称为员工甄选。员工甄选的具体方法将在 4.3 节中介绍。

4. 员工录用

员工录用是依据选择的结果做出录用决策并进行安置的活动，主要包括录用决策、发录用通知、办理录用手续、员工的初始安置、试用、正式录用等内容。在这个阶段，招聘者和求职者都要做出自己的决策，以便达成个人和工作的最终匹配。

5. 招聘评估

对招聘进行评估是招聘工作的最后一个步骤，招聘评估可以帮助企业发现招聘过程中存在的问题，以对招聘进行优化，提升今后的招聘效果。招聘活动的评估主要包括两个方面：一是对照招聘计划对实际招聘录用的结果进行评价总结；二是对招聘工作的效率进行评估，以便发现招聘中的问题，有利于企业不断改进招聘方式，以指导下一轮招聘工作高质量地开展。

小知识

某公司招聘流程如图 4-1 所示。

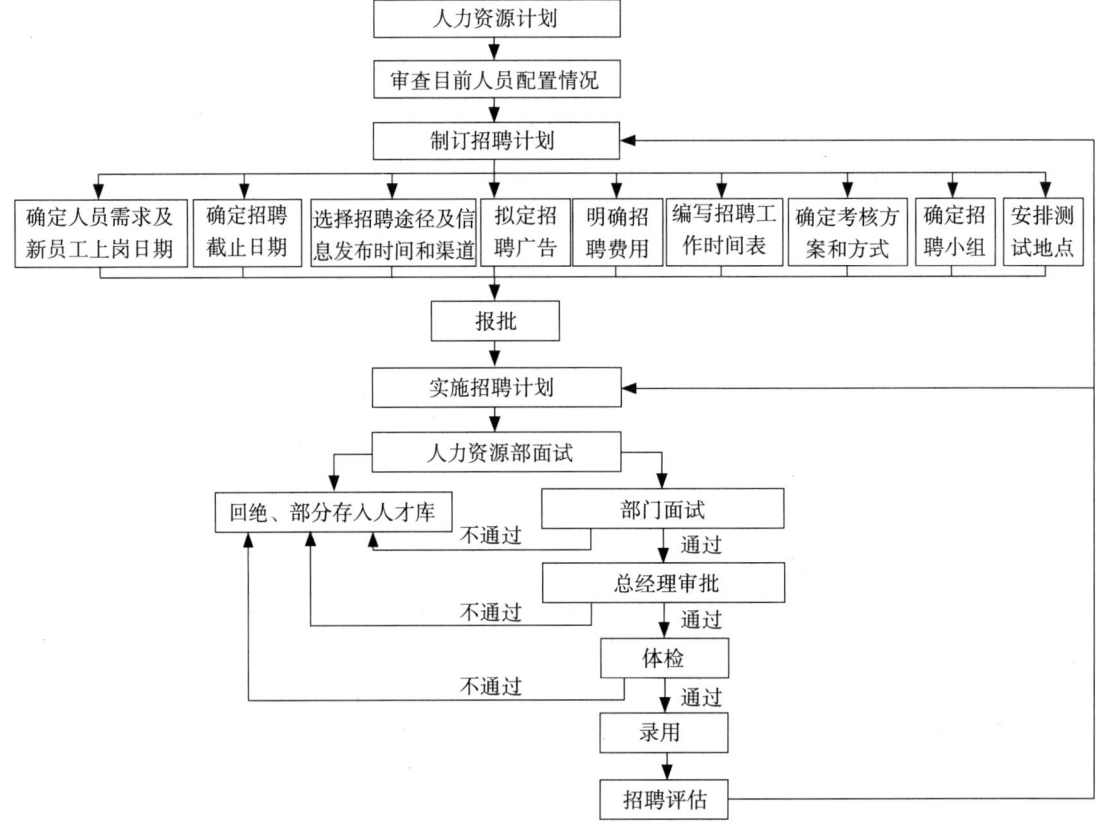

图 4-1 招聘流程

资料来源：作者收集于互联网。

4.2 员工招聘的渠道

企业招聘的合格人员要么来源于企业内部，要么来源于企业外部。因此，企业招聘也就划分为内部招聘和外部招聘两种主要渠道，每种渠道又可根据招聘信息的发布方式和备选人员信息的获取方式划分为多种具体招聘实施方式。

4.2.1 内部招聘

内部招聘是指从企业内部选拔出合适的人员补充到空缺或新增岗位上去的活动，内部招聘主要有提拔晋升、工作调换、工作轮换和人员重聘等形式。内部招聘可以采用员工推荐法、公告法和人力资源信息系统三种方法。

（1）员工推荐法。员工推荐法可用于内部招聘，也可用于外部招聘。它是由本企业员工根据企业的需要推荐其熟悉的合适人员，供企业选拔。由于推荐人对用人单位及被推荐者的情况都较为了解，使得被推荐者更容易获得企业与岗位的信息，便于其决策，也使企业更容易了解被推荐者，因而这种方法较为有效，成功的概率较大。它的缺点在于这种推荐会比较主观，容易受个人因素的影响。在国外，一些著名公司如思科、微软等会采取鼓励措施，鼓励员工积极推荐适合公司需要的人才加入公司。

（2）公告法。公告法是在确定了空缺岗位的性质、职责及其所要求的条件后，将这些信息以公告的形式在企业内进行公布，尽可能使全体员工都能获得信息，所有对此岗位感兴趣的员工均可申请此岗位。一般来说，公告法经常用于非管理人员的招聘，尤其适合于普通职员的招聘。公告法的优点在于让企业内更多的人员了解招聘信息，为员工职业生涯的发展提供更多的机会；缺点在于员工可能由于盲目地变换工作而丧失原有的优势。

（3）人力资源信息系统。现代企业都应建设完善的内部人力资源信息系统，对所有员工的个人基本资料、个人特征资料和个人绩效资料进行管理。当企业的工作岗位出现空缺时，根据该岗位对专业、能力和工作经验等多方面的要求，在企业内部人力资源信息系统中进行搜寻，进而选拔合适人员填补到空缺岗位。该方法的优点是能够较快地找到合适人员，成本低；缺点是企业较难准确发现员工的某些主观性的信息如道德品质、性格特征等。

内部招聘在激发员工的内在积极性，使新员工更迅速地熟悉工作和进入工作，保持企业内部员工稳定性，节约成本和使招聘结果的成功率维持较高水平等方面具有较为明显的优势。但由于内部招聘的范围较小，因此也存在着一些不足：容易形成企业内部人员的板块结构；容易导致近亲繁殖、抑制创新；可能引发企业高层领导的不团结；可能造成营私舞弊的现象；容易出现涟漪效应，影响企业的后续发展。

4.2.2 外部招聘

1. 外部招聘的基本内涵

外部招聘是指从组织外部获得企业所需人员。一个企业必须不断地从企业外部寻求员工，特别是当它需要大量地扩充劳动力时。一般而言，当企业为了补充初级岗位，获取现有员工不具备的技术，以及获得能够提供新思想并具有不同背景的员工时比较适宜采取外部招聘的方式。

相对于内部招聘而言，外部招聘的成本比较高，筛选难度大、时间长，决策风险大，影响内部员工的积极性，但容易带来新思想和新方法，有利于招聘一流人才，树立企业形象；而且通常从外部招聘技术或管理方面的员工，比内部培训更为价廉和容易，尤其是当组织急需这类人才时，外部招聘的效益会更为显著。

2. 外部招聘的主要方法

（1）校园招聘。校园招聘是指企业直接从应届生中招聘企业所需的人才，是一种两点式招聘，即在学校和企业两点间进行。校园招聘通常有三种方式：一是企业到校园招聘，二是学生提前到企业实习，三是企业和学校联合、配合。第一种方式最为常见。企业在进行校园招聘时，为了让学生增进对企业的了解，鼓励学生毕业后到本企业来工作，企业招聘者应当向学生详细介绍企业情况及工作性质与要求，最好印发公司简介小册子，或制成录像带、印刷介绍图片。

（2）借助中介。随着人才流动的日益普遍，各类人力资源市场、职业介绍所、劳动就业服务中心和猎头公司等就业中介机构应运而生。这些机构承担着双重角色——既为企业择人，也为求职者择业。借助这些机构，企业与求职者均可获得大量的信息，同时也可传播各自的信息。

人力资源交流市场是最为常见的招聘中介。在全国的各大中城市，一般都有人力资源交流市场，每年都会举办定期和不定期的人才招聘会。在招聘会中企业和应聘者可以直接进行洽谈，既节省了双方的时间，又提供了双方交流的空间，增大了招聘的成功概率。人力资源交流市场一般适用于中低层人员的招聘，不适合高级人才的招聘。

猎头公司是指为组织寻找高级人才的服务机构。猎头公司服务的一大特点就是推荐的人才素质高。当然，企业要通过猎头公司招聘到高素质的人才，就需要支付昂贵的服务费。目前，猎头公司的收费通常能达到所推荐人才年薪的 25%～35%。

小知识

猎头公司与高级管理人员的招聘

➤ 猎头公司的正规名称是高级管理人员代理招募机构。其主要职能是为公司搜寻、招募高层管理人员。美国行情一般是以年薪 5 万美元作为下限。

➤ 目标的独特性。搜捕目标通常是已经为某个企业服务的高级人才，猎头的目的是引诱这些人离开现有公司，为另一家企业服务。所以猎头的工作对象常常是正在工作，或者目前对更换工作没有积极性的人。猎头不帮助找不到工作的人找工作，只帮助不愁找工作的人找工作。就像银行贷款一样，不借钱给穷人。

➤ 工作流程的独特性。整个猎头流程通常是在保密的情况下进行，以雇主认定的岗位说明书为基础，首先经历人才搜寻程序，然后进行面试和候选人的评估活动等。

➤ 合作关系的独特性。猎头分为两种：一种是独家受聘猎头，主要负责高级决策岗位人才；另一种是随机受聘猎头，主要负责中等技术岗位和管理岗位人才。独家受聘猎头与雇主在某一特定岗位的招聘合作关系上具有严格的排他性。在某一特定岗位的招聘中，雇主一次只可雇用一家猎头。

（3）广告法。发布广告是企业外部招聘的常用方法之一。通常的做法是在一些大众媒体上刊登企业的招聘信息，吸引对这些空缺岗位感兴趣的潜在人选应聘。广告法需要解决两个关键问题，即选择何种广告媒体和如何设计广告内容。一般来说，广播、电视、报纸、专业杂志和专业网站等都是企业可选择的媒体，具体选择何种媒体应根据企业招聘职位的类型和要求确定。广告的内容除了明确告知应聘者企业所招聘的岗位类型和条件外，还应具有吸引力，以激起大众对企业的兴趣。另外，广告还应告诉应聘者申请的方式，这些内容都应在确定广告内容时给予充分的注意。

（4）网络招聘。网络招聘是指企业通过网络发布信息，应聘者通过网络将个人信息提供给招聘方。网络招聘分为两种方式：一种是企业仅通过网络获得应聘者的信息并经过初步筛选，随后即进入员工甄选的其他流程，网络仅起到发布信息、获取信息和初步筛选的作用；另一种是所有的招聘工作仅在网络中完成，即通过网络筛选和网络面试来完成。网络招聘的优势表现在覆盖面广、成本低、时间投入少、效果明显。但网络招聘暴露出的信息处理难度大、虚假信息大量存在、涉及隐私权等问题应引起企业和应聘者的注意。另外，视频招聘是借助网络技术衍生出来的一种新型招聘方法。

（5）员工推荐。员工推荐也是一个较为重要的外部招聘方式，很多企业会鼓励员工参与招聘过程，这些招聘可能是非正式的，通过口头传播，也可能是由一个必须遵守的明确指导原则所构成的。有些企业还制定了相应奖励性制度，如果员工推荐的人被录用，将会给予推荐人一定奖励。但是，这种方法可能会带来组织内的派系，因为员工大多倾向于支持自己的朋友或亲戚。

4.3 员工甄选

4.3.1 员工甄选的内涵

当企业收集到足够多的应聘者信息之后，就要从所有备选者中甄别出真正符合企业需要的人才。人才的多样性和能力的内隐性，甚至应聘者为获得工作机会而表现出一定的欺骗性，都使得员工选择过程变得异常艰难和重要，因而员工甄选也就成为招聘过程中的核心环节。一般认为，员工甄选是指通过运用一定的工具和手段对已经招募到的求职者进行鉴别和考察，区分他们的人格特点与知识技能水平，预测他们的未来工作绩效，从而最终挑选出企业所需要的、恰当的职位空缺填补者。简单来说，员工甄选就是从应聘者中选出最终录用者的过程。有效的员工甄选可以降低人员招聘的风险，有利于人员的安置和管理。员工甄选应本着全面性原则、竞争性原则和适用性原则对求职者的知识、能力、个性和动力因素等进行恰当的测量，以实现员工招聘的能岗匹配。

4.3.2 员工甄选的程序

员工甄选的程序因招聘规模、用人理念、工作种类等不同而有所差异，但主要的步骤大致相同（见图 4-2）。

（1）制定甄选标准。甄选工作是在一群人中挑选，被选中的人员被认为是最符合组织需要的人员。那什么是最符合需要，就要用一系列的标准来衡量。甄选标准分为三大类：生理标准、技能标准、心理标准。生理标准主要是指年龄、健康等标准，根据工作的特殊需要，增加相应标准，如服务员有身高、相貌要求，司机有视力要求……可以通过应聘申请表、体验报告筛除不符合生理标准的求职者，对于一些特殊标准，还要增加相应测试。技能标准是指学历、专业、资格证书、工作经验、工作能力等标准，根据岗位需要制定。最难制定的标准是心理标准，虽然像忠诚、努力、有责任心等是公认的要求，但是如何将这些要求转变成可以衡量的标准就非常困难。一般来说，甄选标准来源于岗位说明书的任职资格要求。

（2）选择甄选方法。甄选方法是甄选标准的实践体现，甄选方法有很多种，其不断地在发展，并已有很多种方法用于实践。选择甄选方法时，主要考虑甄选的目的和标准，具体甄选方法的选择要依据甄选标准、招聘类型和企业实际来确定。具体甄选方法将在 4.3.3 小节中介绍。

（3）甄选准备。在明确甄选标准和选定甄选方法后，为了保证甄选工作的顺利开展，企业需要做一些甄选的准备工作。甄选准备工作主要包括人员准备和物质准备。人员准备主要是指选择适宜的甄选人员；物质准备主要是指准备需要的场地、工具、资料。各种测试需要的物资不同，必须事先准

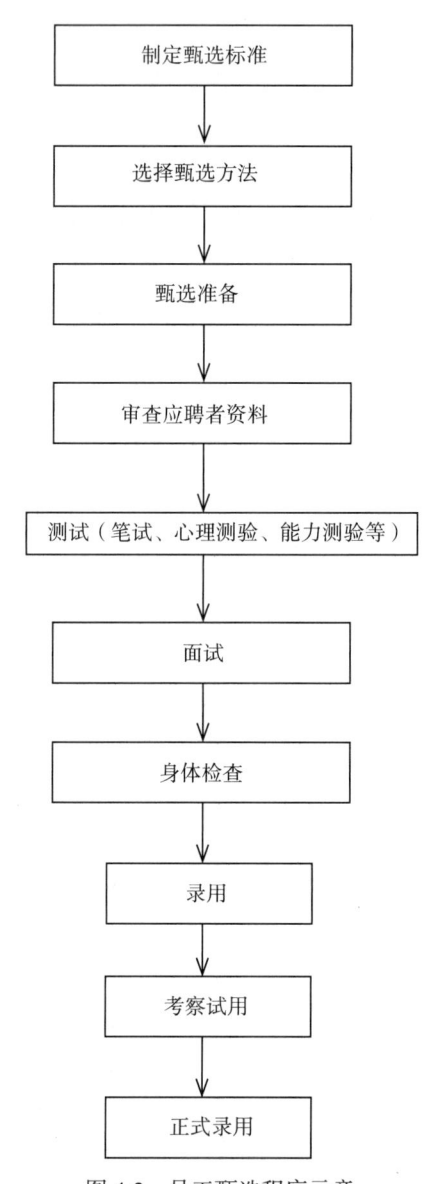

图 4-2 员工甄选程序示意

备好，如有的需要小零件、有的需要电子仪器、有的需要各种公文等。

（4）审查应聘者资料。应聘者资料主要有申请表和简历两种类型，两种可选其一，也可并用。审查应聘者资料主要是根据岗位要求，选出符合基本条件的候选者，同时还要注意审查应聘者材料的真实性。有关此部分的内容，将在 4.3.3 小节中详述。

（5）测试。测试是通过一系列的方法，评价申请人各方面情况，预测申请人将来在特定岗位上的工作表现。甄选方法中包含了各种测试方法，有关测试的内容将在 4.3.3 小节中介绍。

（6）面试。面试其实也是测试的一部分，只不过多数企业均把通过各项测试作为参加面试的前提，也可以说面试是最后一项测试。有人认为当面交申请表给招聘人就是面试，其实不然，面试通常由专业人士主持并参与，递交申请表时的见面充其量只能算是初面。有关面试的内容，将在 4.3.3 小节中详述。

（7）身体检查。身体检查简称体检，几乎是所有招聘中的必经环节，用以考察候选者的身体健康状况是否符合工作的基本条件。但也有部分企业并不重视体检，仅仅把体检当作一场礼节式的走秀。

（8）录用。通过身体检查的候选人就成为最终录用的备选人，招聘小组应给这些人发放正式的录用通知，告知其报到时间和注意事项等。

（9）考察试用。试用期几乎是所有企业都会安排的一次员工正式上岗前的最终测试。如果顺利通过考察试用，员工即可办理正式录用，享受正式员工待遇；如果未能通过试用期考察，员工可能被解聘。

（10）正式录用。等试用期满，如果合格，企业便要将试用员工转为正式员工，办理相关手续，并将相关资料存档。

4.3.3 员工甄选的方法

员工甄选常采用初步筛选、纸笔测评、心理测验、评价中心法和面试等方法对应聘者的知识、能力、个性和动力因素进行评价，判断其是否胜任工作岗位。

1. 初步筛选

初步筛选是对应聘者是否符合岗位基本要求的一种资格审查，目的是筛选出那些背景和潜质都与职位规范所需条件相当的候选人。初步筛选主要是人力资源管理相关人员通过审阅应聘者的个人简历或申请表进行的。初步筛选应重点关注以下三个方面。

（1）判断应聘者的态度。在筛选申请表时，首先要筛选掉那些填写不认真的表格，即填写不完整或字迹难以辨认的申请表。如果简历中存在虚假信息，也应该直接将这些简历筛选掉。

（2）关注与职业相关的问题。在审查申请表时，要估算背景材料的可信程度，注意应聘者以往经历中所任职务、技能、知识与应聘岗位之间的联系。

（3）要注意应聘者是否标明了过去单位的名称，应聘者过去的工作经验与现在申请的工作是否相符，工作经历和教育背景是否符合申请条件。

2. 纸笔测评

纸笔测评简称笔试，是测试应聘者学识水平的重要工具。该方法可以有效地测量应聘者在基本知识、专业知识、管理知识、综合分析能力、逻辑推理能力和文字表达能力等知识和基本素质能力上的差异，判断应聘者对招聘岗位的适应性。

纸笔测评的优点是：试题的容量较大，考试的取样较多，可以保证测试的信度和效度；可以对大规模的应聘者同时进行筛选，花较少的时间达到较高的效率；对应聘者来说，心理压力较小，容易发挥正常水平；成绩评定也比较客观。纸笔测评的不足主要表现在企业招聘人员不能直接与应聘者见面，不直观，不能全面考察应聘者的工作态度、品德修养、组织管理能力以及口头表达能力等。因此，还需要采用其他选择方法进行补充。一般来说，在人员招聘中，纸笔测评往往是应聘者的初次竞争，成绩合格者才能继续参加面试或下一轮的竞争。

3. 心理测验

心理测验（mental test）是根据一定的法则和心理学原理，使用一定的操作程序对人的认知、行为、情感的心理活动予以量化。心理测验是心理测量的工具，心理测量在心理咨询中能帮助当事人了解自己的情绪、行为模式和人格特点。一般来说，心理测验主要包括以下几种类型。

（1）智力测验。它是对人的一般认知能力进行测量的一种方法，测验结果常用智商（IQ）来表示。智力测验有各种类型，如个人智力测验、团体智力测验、特殊人口用的测验等。智力测验多数以言语推理测验为主要内容，如对词汇、词的异同及类比等项目进行测量，另外还包括一些测量一般常识、数值推理、记忆以及感知技能与组织技能的项目。常用的智力测验量表包括比奈–西蒙智力量表、斯坦福–比奈智力量表和瑞文标准智力测验等。

（2）个性测验。它是用以了解被测试者的情绪、性格、态度、品德和价值观等方面的内容。个性对工作成就的影响是极为重要的，不同气质、性格的人适合于不同种类的工作，通过个性测验可以寻求应试者的性格特征和工作要求的匹配程度。对于一些重要的工作岗位如主要领导岗位，为选择合适的人才，则需进行个性测试。常用的个性测验工具包括《卡特尔16种个性因素问卷》《DISC个性测试》《HR个性测试》和中国原人事部人事与人才科学研究所编制的《现代管理者心理测试》等。

（3）职业能力测验。职业能力是一种潜在的特殊能力，是一种对于职业成功有较大影响的心理因素。从内容上看，与职业活动效率有关的能力包括语言理解能力、数学推理能力、逻辑推理能力、知觉速度能力、人际协调能力等。职业能力测验可以分为两类：一类是一般职业能力测验；另一类是专门职业能力测验，主要用于职业人员的选择，例如中国公务员考试使用的《行政职业能力测试》、针对企业管理工作需要开发的《企业管理能力测试》等。

（4）职业倾向测验。职业倾向测验又称职业兴趣测验，主要是为了揭示求职者想做什么和喜欢做什么，从中可以发现应聘者最感兴趣并从中得到最大满足的工作是什么。如果当前所从事的工作与其兴趣不相符合，那么就无法保证他会尽职尽责、全力以赴地去完成本职工作。在这种情况下，不是工作本身，而更可能是高薪或社会地位促使他们从事自己并不热衷的职业。然而，一个有强烈兴趣并积极投身本职工作的人与一个对其职业毫无兴趣的人相比，二者的工作态度与工作绩效是截然不同的。当前较常用的测验有美国心理学家库德编制的《职业兴趣量表》、美国心理学家霍兰德编制的《职业倾向量表》、中国BEC编制的《职业兴趣测验》等。

4. 评价中心法

评价中心法将各种不同的素质测评方法相互结合，通过创设一种逼真的模拟管理系统和工作场景，将被试纳入该环境系统中，使其完成该系统环境下对应的各种工作。在这个过程中，主试采用多种测评技术和方法，观察和分析被试在模拟的各种情景压力下的心理、行为、表现以及工作绩效，以测量评价被试的管理能力和潜能等素质。评价中心法最主要的特点之一就是它的情景模拟性，所以又被称为情景模拟测评。从评价中心活动的内容来看，主要有公文筐测试、无领导小组讨论、角色扮演、演讲、管理游戏、案例分析等形式。

（1）公文筐测试。公文筐测试是一种具有较高信度和效度的测评手段，是一种有效的管理人员的测评方法，可以为企业高级管理人才的选拔和考核提供科学可靠的信息。在该方法中，将被试置于一个特定的职位或管理岗位的模拟情景中，由主试提供一批岗位人员经常需要处理的文件，一般有信函、备忘录、报告、电话记录、上级指示和下级请示等；它们分别来自上级和下级、组织内部与外部，包括日常琐事和重要大事。接着让应聘者在规定的时间和条件下处理完毕，并说明理由和原因。主试根据被试处理的质量、效率、轻重缓急的判断，以及处理公文中被试表现出来的分析判断能力、组织与统筹能力、决策能力、心理承受能力和自控能力等进行评价。

（2）无领导小组讨论。无领导小组讨论是指运用松散群体讨论的行为，快速诱发人们的特定行为，并通过对这些行为的定性描述、定量分析及人际比较来判断被评价者素质特征的人事测评方法。所谓"无领导"，就是说参加讨论的这一组被评价者，他们在讨论问题情景中的地位是平等的，而且也没有指定哪一个人充当小组的领导者。目的就在于考察被评价者的表现，尤其是看谁会从中脱颖而出，成为自发的领导者。评价者不参与讨论过程，他们只是在讨论之前向被评价者介绍一下要讨论的问题，给他们规定所要达到的目标及时间限制等，至于怎样解决问题则完全由被评价者自己来决定。评价者一般通过现场观察或者通过录像观察对被评价者进行评定。

（3）角色扮演。角色扮演是一个在模拟的人际关系情境中，设计出一系列尖锐的人际矛盾和人际冲突，要求被测试者扮演其中一种角色并进入情境去处理情境中的矛盾和问题。测评者通过对应试者在扮演不同角色时表现出来的行为进行观察和记录，测试应试者的素质或潜能。一般来说，对角色扮演的评价主要放在角色把握能力、人际关系技能和对突发事件的应变能力等方面。该方法主要用于评价角色扮演者的人际关系协调技巧、情绪的稳定性和情绪的控制能力、随机应变能力和处理各种问题的方法和技巧。

（4）演讲。赋予候选人一定管理角色，提出演说任务，以此来评价其决策、沟通技能和说服能力。例如，让候选人扮演某公司的财务顾问，要求就以下两个问题向该公司下属的一个工厂提出建议：这个持续亏损的工厂应采取什么行动？公司是否应当扩张？给予候选人各种数据资料，并要求其在一个7分钟左右的演讲中提出建议，并设法让工厂领导小组接受这一方案。

（5）管理游戏。管理游戏又称管理竞赛，是一种以完成某项"实际工作任务"为基础的标准化模拟活动。在这项活动中，小组成员被分配一定的任务，必须合作才能较好地完成。通过被测试者在完成任务的过程中所表现出的行为来测评被测试者的实际管理能力。该方法主要用于选拔管理人员。

（6）案例分析。案例分析是一种情境模拟测试。案例的具体内容根据测评对象和测评目的而定。被评价者通过对原始材料进行分析，试图解决案例要求的问题，并以书面的形式提出一个分析报告或一系列的建议。评价者可以根据被评价者的案例分析结果对其能力素质进行考查判断。

5. 面试

面试也称口试，即主考官以各种问题面对面地询问应聘者。面试对于一个人各方面能力的测验都具有特殊的功效。例如：欲考察应聘者的学识，则问之以各种知识；欲考察应聘者的应变能力，则问之以各种极富机敏性的问题；欲考察其社会成熟度或性格的稳定性，则可以实施压力式的面试。

面试的实施一般按照以下基本程序进行。

（1）面试准备。在面试准备工作中，要完成以下任务：第一，审查求职者的申请表和履历表，并对模糊或突出的优缺点做重点标记。第二，查阅工作说明书，了解岗位要求，建立清晰的理想雇员模型。第三，准备面试提纲，规划面试的重点和范围。第四，面试官之间相互沟通，对面试方式和评价标准达成一致。第五，做好面试安排，确定时间和地点，保证面试时安静独立的空间环境，不要被电话或其他事情打扰。

（2）营造和谐气氛。当求职者进来之后，采取一定措施降低他们的紧张感和拘束感。可以通过聊一些无关紧要的话题，如天气、交通状况等，缓解紧张气氛，保证求职者能够全面清晰地回答问题。营造和谐气氛还有另外一个目的，就是通过面试官使求职者对组织产生良好的印象，无论是否被录用，都应该得到友好、礼貌的对待。

（3）正式面试。采用灵活的提问和多样化的形式交流信息，进一步观察和了解应聘者。此外，还应察言观色，密切注意应聘者的行为和反应，对所提的问题、问题间的变换、问话时机以及对方的答复都要多加注意。所提问题可根据简历或应聘申请表中发现的疑点，先易后难逐一提出，尽量营造和谐自然的环境。

（4）结束面试。在面试结束时，应留有时间回答求职者的提问，向求职者提供必要的组织信息。努力以积极的态度结束面试，如果不能马上做出决策，应当告诉求职者怎样尽快知道面试结果。

（5）面试总结。求职者离开后，应当及时检查面试记录，摘录面试要点。如果记录来不及写完，应迅速补齐，力求完整。仔细回顾面试的细节，检查是否出现上述几个常见的面试偏差。面试官们要及时沟通对各求职者的面试印象，得出基本一致的结论，以便管理者决策。

在实施面试时应注意以下问题。

（1）选择合适的面试地点。面试地点是决定应聘者能否充分展示才能的重要场所，所以，面试地点的选择在面试中非常重要，应尽量做到以下几点。第一，便利。方便应聘者等待和准备。第二，清洁。使主考官和应聘者都感到愉快舒适。第三，独立。面试场所应与其他场所分离独立，以利于应聘者放松情绪并保证其隐私安全。第四，安静。保证面试过程中不被电话、来访者等不必要的事务所干扰。

（2）避免无计划的面谈。无计划的面谈表现在事先准备工作不充分，对应聘者情况掌握不充分或不准确，面谈目的不清晰，过程杂乱无章。

（3）营造良好的气氛。为了使应聘者能在最短的时间内调整情绪，缓和紧张气氛，考官不妨主动将应聘者接进面试室；在面试开始阶段，从一些轻松的话题谈起；在面试出现僵局时，应及时化解，随时主动地与应聘者进行轻松自如的交流。

（4）鼓励应聘者多谈。面试是了解应聘者的过程，因此考官应当鼓励应聘者多谈。

（5）避免情绪化。主考官在面试中应始终保持客观公正的态度，避免情绪化。

（6）注意面试的提问技巧。面试过程中，提问的问题不在于多，而在于精，而且考官最好能灵活运用各种类型的面试题目进行提问。

根据不同的标准，面试可分为多种类型。根据面试的结构化程度，面试可以分为结构化面试、半结构化面试和非结构化面试三种。所谓结构化面试，是指面试题目、面试实施程序、面试评价、考官构成等方面都有统一明确的规范的面试；半结构化面试，是指只对面试的部分因素有统一要求的面试，如规定有统一的程序和评价标准，但面试题目可以根据面试对象而随意变化；非结构化面试，是对与面试有关的因素不做任何限定的面试，也就是通常没有任何规范的随意性面试。

正规的面试一般都为结构化面试。所谓结构化，包括以下三个方面的含义。一是面试过程把握的结构化。在面试的起始阶段、核心阶段、收尾阶段，主考官要做些什么、注意些什么、要达到什么目的，事前都要做相应的策划。二是面试试题的结构化。关于面试过程中要考察应试者哪些方面的素质、围绕这些考察角度主要提哪些问题、在什么时候提出、怎样提等，主考官在面试前都会做出准备。三是面试结果评判的结构化。从哪些角度来评判应试者的面试表现，等级如何区分，甚至如何打分等，在面试前都会有相应规定，并在众考官间统一尺度。

非结构化面试无固定的模式，事先无须做太多的准备，面试者只要掌握组织、岗位的基本情况即可。这种面试的主要目的在于给应聘者充分发挥自己能力与潜力的机会，通过观察应聘者的知识面、价值观、谈吐和风度，了解其表达能力、思维能力、判断力和组织能力等。由于这种面试有很大的随意性，因此需要面试考官有丰富的知识和经验，掌握灵活的谈话技巧，否则很容易使面谈失败。同时，由于面试考官所提问题的真实意图比较隐蔽，因此要求应聘者有很好的理解能力与应变能力。其优点是灵活自由，问题可因人而异，可以得到较深入的信息；其缺点是这种方法缺乏统一的标准，易带来偏差。

根据面试对象的多少，面试可分为单独面试和小组面试。所谓单独面试，是指主考官个别地与应试者单独交谈。这是最普遍、最基本的一种面试方式。单独面试的优点是能提供一个面对面的机会，让面试双方较深入地交流。单独面试又有两种类型。一是只有一个主考官负责整个面试过程。这种面试大多在较小规模的单位录用较低职位人员时采用。二是由多位主考官参加整个面试过程，但每次均只与一位应试者交谈。公务员面试大多属于这种形式。

小组面试又叫集体面试，是指多位应试者同时面对主考官的情况。在小组面试中，通常要求应试者做小组讨论，相互协作解决某一问题，或者让应试者轮流担任领导主持会议、发表演说等。这种面试方法主要用于考察应试者的人际沟通能力、洞察与把握环境的能力、领导能力等。无领导小组讨论是最常见的一种小组面试。在不指定召集人、主考官也不直接参与的情况下，应试者自由讨论主考官给定的讨论题目，这一题目一般取自拟任工作岗位的专业需要，或是现实生活中的热点问题，具有很强的岗位特殊性、情景逼真性和典型性。讨论中，众考官坐于离应试者一定距离的地方，不参加提问或讨论，通过观察、倾听为应试者评分。

根据面试目的的不同，可以将面试分为压力性面试和非压力性面试。压力性面试是将应考者置于一种人为的紧张气氛中，让应聘者接受诸如挑衅性的、非议性的、刁难性的刺激，以考察其应变能力、压力承受能力、情绪稳定性等。典型的压力式面试，是考官以穷究不舍的方式连续就某事向应聘者发问，且问题刁钻棘手，考官以此种"压力发问"方式逼迫应聘者充分表现出对待难题的机智灵活性、应变能力、思考判断能力、气质性格和修养等方面的素质。非压力性面试是在没有压力的情景下考察应聘者相关方面的素质。

小案例

微软：智力导向型的人员甄选方法

微软由一个小公司在短短数十年间成为软件业乃至整个IT业的"巨人"，这其中微软的用人策略功不可没。通常很多公司在进行甄选时十分看中工作经验，而微软的首要甄选指标却是"总体智力水平和认知能力"。也就是说，微软的整个筛选过程就是要发现和选择"最聪明的人"。微软公司每年大约要对12万名求职者进行筛选，其中不乏在软件领域已经小有作为的求职者，但微软往往会拒绝他们，而直接到一些名牌大学的数学系或物理系去网罗那些高智商的天才——即使这些人几乎没有什么直接的程序开发经验。

这种对逻辑推理能力和问题解决能力的重视，充分契合了微软所处的竞争环境、经营战略以及企业文化的要求。对微软而言，过去拥有的技能远不如开发新的技能重要，微软因此能够以比对手更为敏捷的反应来赢得竞争的胜利。在微软，人员甄选被视为一项非常重要的工作，在招募新员工以及对求职者进行面试时，比尔·盖茨本人常常亲自参与。盖茨认为，智力和创造力往往是天生的，企业很难在雇用了某人之后再使他具备这种能力。盖茨曾声称："如果把我最优秀的20个雇员拿走，那么微软将会变成一个很不起眼的公司。"正是这种对"人"的重视造就了"微软巨人"！

4.4 员工录用

4.4.1 员工录用的内涵

员工录用是员工招聘过程中的重要一环，是在经历过初步筛选、笔试、面试，以及评价中心等各种测试之后，根据其测评结果最终选择出企业适宜人才的过程。

员工录用是企业获取优质、合格的人力资源的直接和有效手段。同时，录用可以对企业人力资源供需矛盾进行调和，为企业战略目标的实现提供人力资源保障。企业要实现发展目标，就必须有充足的人员供给，从而将物质、资金、时间的投入转化为实际效益。找寻契合企业发展目标的人员，才能实现企业人力资源的优化配置，提高人力资源效益的高回报。

企业员工录用过程是应聘者与企业相互选择的过程。一方面，应聘者会根据企业的实际情况对企业进行"筛选"和"测评"。另一方面，在员工录用过程中，企业也在根据自身需要对应聘者进行"过滤"。这个过程也是企业文化、精神及管理制度综合作用的结果。精心设计员工录用计划并使其顺利实施可以帮助企业进行公众宣传，为求职者及公众充分了解企业，树立良好的社会形象和声誉提供了有效的平台。

4.4.2 员工录用的原则

1. 能岗匹配原则

录用的过程要紧密围绕能力–岗位间的匹配度进行。对于人员的录用，责任部门要对岗位的责任、义务和要求十分明确，依据工作岗位本身的要求来设计录用目标、测试鉴别方法和评价依据，严格按照人力资源规划的供需计划来吸纳每一名员工。以"公允心"对待整个录用过程，避免"任人唯亲"的现象。日本松下电器的松下幸之助力排众议，任人唯贤，任人唯才，大胆起用一线普通职工，就是看重其出众的才能和长期生产一线积累的对企业全面且真实的了解，鼓励其倡导的改革，推动了企业的长效发展，也为企业打造了良性、积极的企业文化。

2. 高层次人才内部录用选拔优先原则

外部供给与内部选拔是人才录用的两种主要途径。外部供给可以给企业注入新鲜血液，在一定程度上避免企业人员更替过程中"近亲结婚"现象而导致的管理模式僵化。但值得注意的是，"新鲜血液"同时也会给本体带来排异现象，无法立刻融入从而导致管理混乱，尤其在选拔可以引导变革、推动企业战略发展的高层管理人才时更为明显。而内部选拔有利于激励和引导良性的竞争机制和文化，同时，由于对自身企业文化的认同及归属感，高层次人才内部录用选拔优先机制能够避免或缩短磨合期，有效降低录用成本，大大提高录用效率。

3. 挖掘潜质、持续培训原则

新员工录用后，往往需要一段试用期甚至更长的磨合期，最终也可能出现录用效果低甚至录用失败的现象。导致这些现象的原因可能是录用方法和录用标准选择不当，也可能是新录用员工的潜能未得到充分挖掘，需要更长时间的入职、岗前培训。所以，在员工试用期，企业要制定工作标准与考核机制，一方面随时跟踪录用效果，及时修订录用计划；另一方面，根据员工具体表现给予必要的指导和培训，使具有合格潜质的员工得到及时的引导，缩短磨合期，顺利转型。

4. 信任原则

由于新员工录用与正式上岗之间有一段试用期，属于磨合互动期，企业往往因为顾虑不合格员工在试用期结束离职后泄露企业机密而拒绝给予信任与支持，而新录用员工也因为得不到有效的支持和必要的授权，无法实现职业目标，从而产生消极情绪。信任缺失在造成员工离职、核心员工流失的同时，也使核心技术等机密信息被泄露。

资料链接

人才选拔，德先？才先？

虽然"德才兼备"是人才选拔的基本原则，但在管理实践中，一个在德才上达到两全其美的人是很难找到的。那么，在这种情况下，我们该重"德"，还是重"才"呢？古往今来，很多政治家、思想家和管理学家都对此有过不同的论述，提出了不同的观点。

三国时期，曹操提出"唯才是举"的用人理念，曹操用人时注重真才实用，不求全责备，用其长而避其短。而同一时期的诸葛亮，提出"以德为先"的用人思想，要求德才兼备、全面发展，突出"德"在用人标准中的优先地位和主导作用，如果"德"不具备，才能再好，也不会得到重用。曹操和诸葛亮的用人之道为什么会存在如此差异呢？

德与才是一个统一体。按照冰山模型，"才"主要是指冰山以上的知识、经验、技能，也与冰山以下的角色定位、自我认知、品质等相关。而"德"，则完全与冰山以下的价值观、品质、动机等相关。由此可见，"德"是人内在的、难以测量的部分，它不太容易受外界的影响而改变，但是对人的行为与表现起着关键性的作用。从这个角度来说，德与才是一个完整的统一体，不能割裂，不可偏废。北宋司马光指出："才者，德之资也；德者，才之帅也。"这句话很好地阐述了德与才是一个统一体的观点。

一方面，"德"对"才"起着统帅和保证作用，它既决定着"才"的方向，同时也是

"才"的原动力。"德"不备，就没有正确的方向以施其"才"。另一方面，"德"不能离开"才"而单独存在，一个人如果不具备所需要的知识和才能，任何事情都办不好，在这种情况下也就无所谓"德"。"才"不具备，就没有得力的凭借以显其"德"。这就是我们坚持"德才兼备"标准的原因所在。

"德"和"才"都包含了素质要求的多个方面，"德才兼备"是人才标准的一种追求目标，并非强调"德"与"才"的所有方面都完美无缺。"德才兼备"是指"德"和"才"中的核心素质符合用人标准。

根据"德"与"才"的高低，我们可以将"德"与"才"的关系划分为九种类型，相应的使用措施也有所不同（见图4-3）。我们在处理"德"与"才"的关系时，以"德才兼备"为原则，但是把"德"摆在更加重要的位置上，也就是"以德为先"。"德才兼备""以德为先"是一个统一体，是相辅相成的。

德	低	中	高
高	有德无才（限制使用）	德大于才（培养使用）	德才兼备（重用）
中	德才平庸（减少使用）	德才中等（一般使用）	才大于德（合理使用）
低	无德无才（淘汰不用）	德才平庸（减少使用）	有才无德（限制使用）

才

图4-3 "德"与"才"关系的九种类型

曹操在第一道《求贤令》中提到，选人要以"才"为主。只要这个人有"才"，即使其他方面有点毛病也可以启用，也就是说，不管白猫黑猫，能捉老鼠的就是好猫。第二道《求贤令》中提到，有德行的人未必能干成事，能干成事的人未必德行多么高尚。例如，陈平"盗嫂受金"，但他能帮助刘邦成就汉朝基业；苏秦最不讲信用，但他能使弱小的燕国强大起来。第三道《求贤令》中提到，陈平、韩信是市井无赖，吴起杀妻求将、母死不奔丧，但他们都为国家立下了不朽的大功，现在天下还没有统一，正是国家用人之际，不管他有什么缺陷，都要积极举荐，千万不要有所遗漏。曹操把"唯才是举"的理念发挥到了极致。

事实上，曹操"唯才是举"思想的弊端在魏国后期逐渐显露出来。曹操的继任者重用有才能但对曹魏怀有二心的司马懿家族，最终导致皇位落于他人之手。

在诸葛亮主政时期，蜀国已基本安定下来，治国的重心已从对外战争转移到对内的以经济建设为核心，开始走和平崛起之路。虽然诸葛亮曾"六出祁山"，但都是小打小闹、虚张声势而已。因此，这时他需要的不是上马定乾坤的将帅之才，而是提笔安天下的治国之才，要以民为本，走群众路线，所以必须把"德"摆在第一位，以德行好坏来决定用还是不用。一个人如果品德好，即使能力差点儿，那么也只是不能把事情办好，不会造成大的祸害。能力可以锻炼培养，而品德不好就不容易改了。

实际上，诸葛亮的"以德为先"，并不是不注重"才"，相反它是与"德才兼备"密不可分的，只是在"德"与"才"之间，将"德"摆在更加重要的位置。这种用人的理念，从大方向上来说，应该是合理的。只是诸葛亮晚年在用人时，把"德"的标准提得过高，加上他事必躬亲，以致一些有才能的人被埋没。此外，唐太宗等其他古代政治家，也是按照"德才兼备""以德为先"的原则选拔和任用官吏的。

由此可见，古代的政治家和管理者在处理"德"与"才"的关系上是很聪明的，基本原则是服从于当时的政治路线或战略目标。当天下大乱的时候，政治家的主要目标是争夺天下，一切只要对战争胜利有用的人才，都可以启用。当战争胜利了、国家安定太平了，政治家的主要目标和任务是搞好建设、发展生产、安定社会，这时在选用人上就要注重对"德"的要求。

对于今天的企业管理来说，也是同样的道理。坚持"德才兼备"的原则，要注意从实际出发。不同性质的企业对人的"德"与"才"的要求侧重点不同。外资企业相对侧重"德"，重视诚实守信等；民营企业相对重视"才"，在"德"上比较重视员工对企业的忠诚度；国有企业侧重"德才兼备"，特别强调员工敬业奉献、清正廉洁等品质。

从企业的不同发展阶段来看：在创业成长阶段，规章制度和管理机制尚不成熟，企业的首要任务是开拓市场，要尽快占领市场、增加市场份额，此时企业迫切需要有才能的人来支撑企业发展，用人主要看重才能；而在成熟稳定阶段，规章制度比较完善，企业文化也已经形成，此时企业需要的是守业的人，用人则侧重于"德"，并逐渐强调"德才兼备"。

从不同岗位层级来看：对基层员工，"德"的主要要求是敬业奉献、有责任心；对中层人员，"德"的要求是组织认同、敢于担当等；对高层，"德"的要求则比较全面，既要有良好的品德和修养、突出的政治品质，还要有清正廉洁、公道正派等职业道德。

从不同的岗位来看：对采购、招标、财务等敏感岗位，企业更看重的是清正廉洁、诚实守信等品质；对人力资源管理、行政后勤等岗位，企业更看重的是公平公正等；对其他的岗位，企业则更加看重敬业奉献与责任心。

总之，"德"与"才"之间的关系是辩证统一的，它们相互联系、相互依存、相互制约，不能割裂、不能等同、不能偏废。"唯才是举""以德为先"并不矛盾，它们是"德才兼备"人才标准在不同情况下的不同侧重点。

资料来源：作者根据网络资料整理。

4.4.3 员工录用的方法

（1）主观决策法。主观决策法也称诊断法，是指依赖决策者或者决策团队对于应聘岗位的了解，通过主观判断的方式确定录用人员的一种方式。这种方法操作简单、成本低，对硬件要求低，所以使用起来更加便捷、经济。但由于主观影响因素干预，因此决策团队最终可能存在比较差异化的决策，难以做出最终决定，做出的决定也往往缺乏说服力。

（2）客观决策法。客观决策法也称定量决策法、统计法等。相对于主观决策法，客观决策法更为客观和科学。在使用客观决策法进行员工录用的时候，企业要辨别评分指标的重要性，赋予其权重，最后根据统计的评分结果进行加权运算，按照最终得分择优录用。企业使用统计方法进行员工录用时，通常采用补偿模式、多切点模式和跨栏模式。①补偿模式是指评价指标中得分高的指标可以替代一些得分低的指标，即并联指标的使用。②多切点模式要求应聘者达到所有指标的最低限度，然后再从所有达标的候选者中按照统计分数高低进行决策。③跨栏模式是采用串联指标，应聘者要通过测试才可以顺利进入下一个阶段的筛选环节，每个环节的评分都要在合格及以上。跨栏模式对应聘者的综合素质有一定的要求，同时，对指标体系的区别与设计要求较高。在实际应用中，企业最常用的是变通的跨栏模式，即在每一个测评环节并不设定合格线，而是按照进阶比率进行环节筛选，只有通过第一个环节的候选者才能进入下一个环节，直至通过最后一个测评环节，实现最后录用。

4.5 招聘评估

招聘评估主要是指对招聘结果、招聘成本和招聘方法等方面进行评估。

4.5.1 招聘结果评估

招聘结果评估主要是对录用人员进行评估，包括录用人员的数量和质量两个方面。判断招聘数量的一个简单方法是看职位空缺是否得到满足，录用率是否符合招聘计划的设计。衡量招聘质量是按照企业的长短期经营指标来分别确定的。在短期计划中，企业可以根据求职人员的数量和实际录用人数的比例来确定招聘质量。在长期计划中，企业可以根据接受雇用的求职者的转换率来判断招聘的质量。录用人员数量评估主要从录用比、招聘完成比和应聘比三方面进行。其计算公式为：

$$录用比 = 录用人数 / 应聘人数 \times 100\%$$
$$招聘完成比 = 录用人数 / 计划招聘人数 \times 100\%$$
$$应聘比 = 应聘人数 / 计划招聘人数 \times 100\%$$

当招聘完成比等于或大于100%时，则说明在数量上完成或超额完成了招聘任务；应聘比说明的是招聘的效果，该比例越大，则招聘信息发布的效果越好。

录用员工的质量是否满足企业需求是衡量招聘结果的一个重要指标，是对员工的工作绩效行为、实际能力、工作潜力的评估。录用人员的质量评估实际上是对录用人员在人员选拔过程中对其能力、潜力、素质等进行的各种测试与考核的延续，也可根据招聘的要求或工作分析中得出的结论，对录用人员进行等级排列来确定其质量，其方法与绩效考核方法相似。当然，录用比和应聘比这两个数据也在一定程度上反映录用人员的质量。

4.5.2 招聘成本效益评估

招聘成本效益评估是指对招聘中的费用进行调查、核实，并对照预算进行评价的过程。招聘成本效益评估是鉴定招聘效率的一个重要指标。

（1）招聘成本。招聘成本分为招聘总成本与招聘单位成本。招聘总成本即人力资源的获取成本，它由两个部分组成。一部分是直接成本，包括：招募费用、选拔费用、录用员工的家庭安置费用和工作安置费用、其他费用（如招聘人员差旅费、应聘人员招待费等）。另一部分是间接费用，包括：内部提拔费用、工作流动费用。招聘单位成本是招聘总成本与实际录用人数之比。如果招聘实际费用少，录用人数多，意味着招聘单位成本低；反之，则意味着招聘单位成本高。

（2）成本效用评估。成本效用评估是对招聘成本所产生的效果进行的分析。它主要包括：招聘总成本效用分析、招募成本效用分析、人员选拔成本效用分析和人员录用成本效用分析等。计算方法是：

$$招聘总成本效用 = 录用人数 / 招聘总成本$$
$$招募成本效用 = 应聘人数 / 招募期间的费用$$
$$人员选拔成本效用 = 被选中人数 / 选拔期间的费用$$
$$人员录用成本效用 = 正式录用的人数 / 录用期间的费用$$

（3）招聘收益成本比。它既是一项经济评价指标，同时也是对招聘工作的有效性进行考核的一项指标。招聘收益成本比越高，则说明招聘工作越有效。

$$招聘收益成本比 = 所有新员工为组织创造的总价值 / 招聘总成本$$

4.5.3 招聘方法的成效评估

招聘方法的成效评估主要评估招聘方法的信度和效度。限于篇幅，招聘方法的成效评估可参见其他相关书籍和材料。

本章小结

员工招聘是组织为了发展的需要，根据人力资源规划和工作分析的数量和质量要求，通过信息发布和科学甄选，从组织内外获得组织所需人才，并安排他们到组织所需岗位上工作的过程。招聘活动的目的是吸引人员前来企业参加应聘，并从这些人员中挑选合适的人员进行录用。招聘流程是指从组织内出现空缺到候选人正式进入组织工作的整个过程，主要包括招聘准备、招聘实施和招聘评估三个阶段。

员工招聘的过程就是通过各种方法尽可能多地吸引应聘者前来应聘的过程，渠道主要有内部招聘和外部招聘两大类。内部招聘的方法主要有员工推荐法、公告法、人力资源信息系统等；外部招聘的方法主要有校园招聘、借助中介、广告法、网络招聘、员工推荐等。

员工甄选是指通过运用一定的工具和手段对已经招募到的求职者进行鉴别和考察，区分他们的人格特点与知识技能水平，预测他们的未来工作绩效，从而最终挑选出企业所需要的、恰当的职位空缺填补者。员工甄选的方法主要有初步筛选、纸笔测评、心理测验、评价中心法、面试。企业通过员工甄选，做出初步录用决定后，接下来要对这些入选者进行背景调查、健康检查，与合格者签订试用协议。

招聘评估是通过对招聘渠道的吸引力和有效性的评价，来改进招聘的甄选方法，降低招聘成本，从而提高招聘工作绩效，提高新聘员工的质量。招聘评估包括招聘结果评估、招聘成本效益评估招聘方法的成效评估。

学习建议

在本章学习过程中，我们应该把重心放在招聘流程和方法的理解与把握上。

1. 本章重点

员工招聘的概念；招聘的基本程序；内部招聘和外部招聘的优缺点；员工甄选的主要方法；招聘评估。

2. 本章难点

面试的程序；心理测验和评价中心法的应用。

核心概念

员工招聘、甄选、录用、内部招聘、外部招聘、评价中心法、公文筐测试、无领导小组讨论、结构化面试。

课后思考与练习

1. 什么是招聘？招聘的基本流程是什么？
2. 员工招聘渠道有哪些？简述各种员工招聘渠道的特点。
3. 常用的人员甄选的方法有哪些？
4. 如何评估招聘活动？

角色模拟训练

招聘面试

面试是人才甄选的最常用方法之一，在这个练习中，指导教师可以将全班同学随机分为招聘委员会、准备组、服务组、面试组、应试组和观察组，除应试组外，每组成员5人左右。

首先，由招聘面试准备组设计好招聘背景，虚拟一个相对较为熟悉的招聘职位（如人事专员、销售员等），明确求职者应具备的素质，并按照重要程度顺序排列，依次制定出人才甄选标准。时间控制在10分钟以内。

其次，由面试组根据选定的职位要求设计出求职者应具备的素质，并设计出面试题目及评分表格，上交至招聘委员会审核。时间控制在10分钟以内。

再次，招聘委员会根据职位要求选定面试题目，指派面试组进行面试，并按照相应的面试评价量表进行打分。服务组提供相应服务，并做好面试评分汇总整理。面试时间控制在每人10分钟以内。

面试结束后，服务组将面试结果按照从高到低的顺序将结果向招聘委员会汇报，由招聘委员会确定最终录用人员，并说明判断的依据。时间控制在5分钟以内。

最后，观察组对整个招聘面试的组织给出评价，并就面试结果给出意见。选派代表进行阐述。

案例分析

通过分析字迹选择人才

初步筛选

我所在的部门需要招聘一名文员，要求英语专业的女性。作为一家全国知名公司，我们的招聘消息在网上发布后没多久，就接到了大量的求职信。

经过对几十个人的初筛后，我选定了一些人来面试。经过层层考核，其中几个人实力相当，难以取舍。在最终抉择中，是笔迹分析让我迅速做出了判断。我让每个应聘者写一篇800字以内的汉语作文，在考察她们的文字表达能力的同时，更重要的是我要通过笔迹分析来判断谁最适合这个岗位。

三种不合适的人选

A小姐：有光鲜的加拿大留学经历，我们在面试中发现她的英语口语和写作都非常出色。但由于本部门文员需要做大量日常琐碎的工作，所以除了英语水平外，日常工作的严谨、上进和办事细腻程度也是我考察的重点内容。我仔细看了她的作文，发现她的字歪斜懈怠，横倒竖斜，没有任何棱角，通篇很不整洁，很多地方有大团涂抹的污迹。整个字体给人的感觉是：懒惰、不思进取、散漫和得过且过。这也可以从她说话极慢的语速和不是很灵活的眼神中得到印证。我知道她不是一个合适的文员人选。

B小姐：英语水平和中文表达能力都极其出色，而且由于她看过很多书，谈吐非常得体。我面试时对她的印象很好，已经把她作为第一考虑人选。但我仔细研究她的笔迹后发现，她的字体非常大、棱角过于突出，经常有些竖笔画写到下一行的现象。通篇有一种不可一世、压倒一切的霸气。经过分析，我知道这是一个很有才气同时又很有野心的女孩，她不会安心于终日做一些琐碎日常的工作，而且由于她自信心极强，她字体里反映出的不可一世，让她也不可能很随和地与部门里的人相处。而且作为经理，会非常难领导这样的下属。有这样字体的女孩子更适合做营销、业务等能带来高度挑战感的工作。所以我选择了放弃她。

C 小姐：人长得非常漂亮，口齿伶俐，在面试时，回答问题都反应机灵而敏捷。她的英语口语非常出色。但我在研究她的笔迹后发现，她的字体非常小而粘连，弱弱娇娇，字没有骨架，有很强的讨好别人的谄媚之相。研究后我强烈地感觉这是一个心胸很小、娇滴滴的、吃不了一点苦而且还有极强虚荣心的人。我联想起她反复问我进了公司后是不是经常有机会出国，由此判断这是一个极爱出风头的女孩，所以我不予考虑。

合适的人选

D 小姐：表面看她没有任何优势，她是通过英语自学考试拿到的英语本科文凭，无法与其他人光鲜的大学背景相比。虽然通过考试发现她英语口语和写作都还不错，但由于人长得非常不起眼，而且说话很少、声音很轻，刚面试时，她没给我留下什么印象。恰恰是她的字让我立刻注意了她：经过仔细研究，我知道部门文员就是她了。她的字写得娟秀清爽整齐，笔压很轻，通篇干干净净，字的大小非常均匀，而且字体适度的棱角让字体很有个性，但这种棱角又没有咄咄逼人的压迫之气。从她的字可以判断出来她做事非常认真仔细，自律意识很强且能安心做日常琐碎的工作。她有自己独立的见解但又不至于没有团队精神。她的问题是笔压非常轻，从中可以看出自信心不足，但我完全可以在今后的工作中慢慢培养她的自信。

在笔迹分析的帮助下，我选择了 D 小姐做我的部门文员。半年过去了，事实证明她的性格走向完全与我当初的判断相符：她敬业且高效，严谨且认真，她将我们部门的日常工作处理得非常好。

思考题：

从该案例主管的选人方法和效果中你得到什么启示？

相关链接

中华英才网：http://www.chinahr.com

智联招聘：http://www.zhaopin.com

中国人力资源开发网：http://www.chinahrd.net

企业大学网：http://www.study365.cn

人力资源开发管理网：http://www.hrdm.net

中国人力资源网：http://www.hr.com.cn

亚太人力资源网：http://www.aphr.org

HR 管理世界：http://www.hroot.com

中华人力总监网：http://www.chinacho.com

Chapter 5

第5章

员工培训与开发

学习目标

- 了解员工培训与开发的内涵。
- 领会培训流程的四个阶段。
- 掌握员工培训需求分析的内容和方法。
- 理解不同培训方法的特点和适用对象。

引例

宝洁员工培训体系

宝洁公司把人才视为公司最宝贵的财富,每年都从一流大学招聘优秀大学毕业生,并通过独具特色的培训把他们培养成一流管理人才。

一、培训工作的组织

宝洁公司负责培训工作的部门大体有两类:一类是隶属于公司人力资源部的公共培训部门,负责公司全体员工的管理技能培训、新员工入职培训、一般商业知识培训及语言培训等公共培训项目;另一类是各单位负责本单位专业技能培训的部门,以培训和提高本部门员工的专业水平为中心。他们每年都会定期分析和评估公司员工的技能需求,有针对性地提出培训计划以满足公司的技术需要。

二、培训项目分析

在宝洁公司,当组织、工作任务或人员三者之一的任何因素在需求上出现变化的时候,公司都会首先通过培训来满足和弥补。为了达到公司工作人员的合理配置和使用,宝洁公司的培训部门会调查企业现有的人员构成、素质状况和能力结构,充分认识既定的经营战略、现有技能水平与希望达到技能水平之间的差距、培训需要解决的问题,做好培训需求分析。在培训需求分析及评价方式明确之后,相应地设计培训的具体项目。

三、培训体系：三全立体

全程：从新员工入职到退休，宝洁推行全职业生涯规划，在每个阶段都有对应的培训与之配合。对于一个员工进入职业生涯中期，即所谓的职涯平台期后，宝洁鼓励员工横向发展，成为资深的讲师。

全员：公司内所有员工，从生产制造、市场营销到 IT 服务，都是宝洁培训体系的覆盖对象。

全方位：宝洁将提高员工素养作为培训的主要任务。员工素养又分为基础素养、专业素养和管理素养三大类。

四、宝洁大学：无处不在的培训

宝洁大学由全球总部的 GM 学院、全球总部职能部门的职能学院、各大区的宝洁学院和职能学院共同构成。

全球总部的 GM 学院：宝洁公司在其全球总部美国的辛辛那提市设有宝洁 GM 学院，对各个国家总经理级员工及拟提升为总经理的人进行培训。GM 学院相当于总经理的课程班，其内部有很多研发。各个大区的总经理每个季度都会开研讨会，总部的副总裁包括 CEO 都会到总经理班去上课。

全球总部职能部门的职能学院：在宝洁的全球各大区都有自己的职能学院，主要的服务对象是中级和初级的技术人员，对于高级专业人员的技术和专业培训由全球总部的职能部门组织实施。

大区宝洁学院：宝洁在全球的各大区都设有宝洁学院。宝洁学院设在人力资源部内，由人力资源部副总监负责运作。宝洁学院的定位非常清晰，只负责新员工培训中的公共部分和公共管理技能的部分培训。

大区职能学院：职能学院是高度灵活的非正式组织，大部分人员都是兼职的，而且学院的名称每年都可能发生变化。职能学院根据具体情况动态调整员工培训项目、类型和参与人员等，可以说是一种特殊类型的"战略储备部队"。

五、培训效果评估

在每一次培训结束之后，宝洁公司的培训机构都会要求参加培训的员工填写一份课程评估表，以检查课程是否达到了预期的实施目的。这些直接反馈意见将被用以改进今后的培训课程。同时，公司还会建立起培训后的跟踪体系，去征求被培训人直接经理的意见，检验接受培训的人员是否明显地提高了工作绩效，是否明显地改善了其需要提高的工作能力或技能。最终，培训的后期实际效果信息将反馈到培训效果分析报告中，为来年的培训改进提供依据。

资料来源：作者根据网络资料整理。

5.1 员工培训与开发概述

人非生而知之，为了更好地在社会中生存和发展，需要不断地学习，需要接受各种各样的教育。在创新驱动的经济社会，组织和员工个人更需要在企业核心竞争力和个人工作技能与素质方面加以提高，只有这样，才能在未来站稳脚跟。

5.1.1 员工培训与开发的相关概念

员工培训是指企业为开展业务及培育人才的需要，采用各种方式对员工进行有目的、有计划的培养和训练的管理活动，其目标是使员工不断地更新知识，开拓技能，改进员工的动机、态度和行为，更好地胜任现职工作或担负更高级别的职务，从而促进组织效率的提高和组织目标的实现，最终实现员工与组织的共同发展。

对于培训概念的理解，需要把握以下几点。

（1）培训的对象是全体员工，而不是部分员工。也就是说，应当将所有的员工都纳入培训的系统之中，而不能将有些员工排斥在培训系统之外。

（2）培训的内容应当与员工的工作有关，与工作无关的内容不应当包括在培训范围之内。

（3）培训的目的是要改善员工的工作业绩并提升企业的整体绩效，应当说这是企业进行培训的初衷和根本原因，也是衡量培训工作成败的根本标准。

（4）培训的主体是企业，即培训工作应当由企业来组织实施。

员工开发是指为管理未来发展而开展的正规教育、在职体验、人际互动等活动，以及在学习型组织中为员工未来发展而开展的各种开发活动。员工开发的对象是在职员工，其性质属于继续教育的范畴，它具有以下鲜明特点。

（1）广泛性：广泛性是从员工开发的覆盖面来讲的，员工开发的覆盖面虽然不及员工培训，但涉及面也较为广泛。

（2）协调性：与员工培训这一单项活动不同，员工开发往往包含多种活动，这些活动之间相互协调，共同组成员工开发这一系统。

（3）实用性：作为一项企业经营活动，员工开发也必然会涉及经济收益，从这方面来说，员工开发活动应着眼于企业发展的实际需求，能够产生一定回报。

（4）长期性：员工培训往往是一次性活动，具有特定目的，但员工开发通常是长期的，尤其在当今科学技术日益发展的时代，员工必须不断接受并学习新的知识和技术，任何企业对其员工的开发都必将是长期而持续的。

培训与开发是调动员工积极性的有效方法。组织中的人员虽然因学历、背景、个性的不同而有不同的主导需求，但就其大多数而言，都希望不断充实和完善自己，使自己的潜力得到充分发掘。越是高层次的人才，这种需求就越迫切。在组织中得到锻炼和成长，已成为人们重要的择业标准。

企业如能满足员工的这种自尊、自我实现需要，将激发出他们深刻而又持久的工作动力。国内外大量实例证明，安排员工参加培训、去国外子公司任职、去先进公司跟班学习、脱产去高等学校深造、去先进国家进修等，都是满足这种需求的途径。经过培训与开发的员工，不仅提高了素质和能力，也改善了工作动机和工作态度。应该说，培训与开发是调动员工积极性的有效方法。

5.1.2 员工培训的意义和特点

1. 员工培训的意义

员工培训作为直接提高经营管理者能力水平和员工技能,为企业提供新的工作思路、知识、信息、技能,增长员工才干和敬业、创新精神的根本途径和极好方式,是最为重要的人力资源开发,是比物质资本投资更重要的人力资本投资。良好的员工培训对企业发展有着重要意义。

(1)员工培训能增强员工对企业的归属感和主人翁责任感。就企业而言,员工培训越充分,对员工越具有吸引力,越能发挥人力资源的高增值性,从而为企业创造更多的效益。有资料显示,百事可乐公司对深圳270名员工中的100名进行了一次调查,这些人几乎全部参加过培训。其中80%的员工对自己从事的工作表示满意,87%的员工愿意继续留在公司工作。培训不仅提高了员工的技能,而且提高了员工对自身价值的认识,使其对工作目标有了更好的理解。

(2)培训能促进企业与员工、管理层与员工层的双向沟通,增强企业向心力和凝聚力,塑造优秀的企业文化。企业文化是企业的灵魂,它是一种以价值观为核心对全体员工进行企业意识教育的微观文化体系。成熟的员工培训是企业文化的重要组成部分,培训中企业核心价值观的灌输会提高员工对企业文化的认同感。另外,培训也是一种相互沟通和交流的过程,在培训中员工可以就自己感兴趣的主题发表见解,与其他员工进行探讨,可以增进不同员工之间的信任和情感,缩短管理者与员工间的距离,增强企业的凝聚力。

(3)培训能提高员工综合素质,提高生产效率和服务水平,增强企业的竞争力。美国权威机构监测数据显示,培训的投资回报率一般在33%左右。在对美国大型制造业公司的分析中,公司从培训中得到的回报率大约可达20%~30%。摩托罗拉公司向全体雇员提供每年至少40小时的培训。调查表明:摩托罗拉公司每1美元培训费可以在3年以内实现40美元的生产效益。摩托罗拉公司认为,素质良好的公司雇员已通过技术革新和节约操作为公司创造了40亿美元的财富。摩托罗拉公司的巨额培训收益说明了培训投资对企业的重要性。

(4)员工培训能提高企业适应市场变化的能力,增强竞争优势,保持企业永续经营的生命力。企业竞争说穿了是人才的竞争,越来越多的企业家认识到培训是企业发展不可忽视的"人本投资",是提高企业"造血功能"的根本途径。美国的一项研究资料表明,企业技术创新的最佳投资比例是5∶5,即"人本投资"和硬件投资各占50%。人本为主的软技术投资作用于机械设备的硬技术投资后,产出的效益成倍增加。在同样的设备条件下,增加"人本投资",可达到1∶8的投入产出比。发达国家在推进技术创新中,不但注意引进、更新改造机械设备等方面的硬件投入,而且更注重以提高人的素质为主要目标的软技术投入。事实证明,人才是企业的第一资源,有了一流的人才,就可以开发一流的产品、创造一流的业绩,企业就可以在市场竞争中立于不败之地。

（5）满足员工实现自我价值的需要。在现代企业中，员工工作目的更重要的是为了"高级"需求——自我价值的实现。培训不断教给员工新的知识与技能，使其能适应或能接受具有挑战性的工作与任务，实现自我成长和自我价值，这不仅使员工在物质上得到满足，而且使员工得到精神上的成就感。

2. 员工培训的特点

员工培训的对象是在职人员，其性质属于继续教育的范畴。它具有鲜明的特征。

（1）广泛性。它是指员工培训的网络涉及面广，不仅决策层、管理者需要培训，而且一般员工也需要受训；员工培训的内容涉及企业经营活动或将来需要的知识、技能以及其他主题，而且员工培训的方式与方法也具有更大的广泛性。

（2）层次性。它是指员工培训网络的深度，也是培训网络现实性的具体表现。不仅企业战略不同，培训的内容及重点不同，而且不同知识水平和不同需要的员工，所承担的工作任务不同，知识和技能需要也各异。

（3）协调性。它是指员工培训网络是一个系统工程。它要求培训的各环节、培训项目应协调，使培训网络运转正常。首先要从企业经营战略出发，确定培训的模式、培训内容、培训对象；其次应适时地根据企业发展的规模、速度和方向，合理确定受训者的总量与结构；最后还要准确地根据员工的培训人数，合理地设计培训方案、培训的时间、地点等。

（4）实用性。它是指员工的培训投资应产生的一定回报。员工培训系统要发挥其功能，即培训成果转移或转化成生产力，并能迅速促进企业竞争优势的发挥与保持。首先，企业应设计好的培训项目，使工所掌握的技术、技能、更新的知识结构能适应新的工作。其次，应让受训者获得实践机会，为受训者提供或受训者主动抓住机会来应用培训中所学的知识、技能和行为方式。最后，为培训成果转化创造有利的工作环境，构建学习型组织，即具有促进学习能力、适应能力和变革能力的组织。

（5）长期性和速成性的统一。它是指随着科学技术的日益发展，人们必须不断接受新的知识，不断学习，任何企业对其员工的培训将是长期的，也是永恒的。员工学习的主要目的是为企业工作，所以，培训一般针对性较强，周期短，具有速成的特点。很多培训是随经营的变化而设置的，如为改善经济技术指标急需掌握的知识和技能，为已决定进行的攻关课题、革新项目急需掌握的知识和技能，以及为强化企业内部管理急需掌握的管理基本技能，等等。

5.1.3 员工培训的原则

由于行业差异、地区差异，以及企业间的差异，企业开展员工培训活动时大多有自己的行为准则，该准则即是员工培训的原则。员工培训虽没有统一的原则，但一般而言应遵循以下几点。

（1）服务企业战略规划的原则。战略规划是企业的最高经营纲领，对企业各方面的工作都具有指导意义，培训作为人力资源管理系统的一个组成部分，自然也要服从于企业的战略规划。培训工作的实施，应当从企业战略的高度出发，绝不能将两者割裂开来，就培训谈培训。

（2）目标原则。目标对人们的行为具有导向作用，因此在培训的过程中也应该贯彻目标原则。在培训之前为受训人员设置明确的目标，不仅有助于在培训结束之后进行培训效果的衡量，而且有助于提高培训的效果，使受训人员在接受培训的过程中具有明确的方向并且具有一定的学习压力。

（3）差异化原则。培训在普遍性的基础上更强调差异化。这里，差异化原则有两层含义：第一，是指内容上的差异化。由于培训的目的是改善员工的工作业绩，因此培训的内容必须与员工的工作有关，而在企业中每个职位的工作内容都是不一样的，每个员工的工作业绩也是不同的，因此在培训时应当根据员工的实际水平和所处职位确定不同的培训内容，进行个性化的培训，这样的培训开发才更有针对性。第二，是指人员上的差异化。虽然培训开发要针对全体员工来实施，但这绝不意味着在培训过程中就要平均使用力量。在培训中企业应当向关键职位倾斜，特别是中高层管理人员和技术人员。

（4）激励原则。为了保证培训开发的效果，在培训过程中还要坚持激励原则，这样才能更好地调动员工的积极性和主动性，使其以更大的热情参与到培训中来，提高培训的效果。这种激励的内容是广泛的，既包括正向的激励，也包括反向的激励；激励还应当贯穿整个培训的过程，例如，在培训前对员工进行宣传教育，鼓舞员工学习的信心；在培训过程中及时进行反馈，增强员工学习的热情；在培训结束后进行考核，增加员工学习的压力。

（5）讲究实效原则。由于培训的目的在于员工个人和企业的绩效改善，因此培训应当讲究实效，不能只注重培训的形式，而忽视培训的内容；培训的内容应当结合实际，要有助于绩效的改善；要注重培训成果的迁移和转化。培训结束后企业应当创造一切有利条件帮助员工实践培训的内容，要将培训和工作结合起来。

5.1.4 员工培训的类型

按照不同的分类准则，员工培训可以有多种不同类型。

1. 按照培训对象的不同来划分，分为新员工培训和在职员工培训

新员工培训是指对刚刚进入企业的员工进行培训。在职员工培训是指对已经在企业中工作的员工进行培训。由于培训对象的不同，这两类培训之间存在着比较大的差别。

按照员工所处的层次不同，在职员工培训又可以划分为基层员工培训、中层员工培训和高层员工培训。由于这三类员工在企业中所处的位置不同，承担的职责不同，发挥的作用也不同，因此对他们的培训要区别对待。基层员工培训可以侧重于一般性的技术知识和方法；中层员工培训可以适当增加有关理论课程；高层员工培训应侧重于学习新理论、新观念、新方法。

2. 按照培训内容的不同来划分，分为知识培训、技能培训和态度培训

知识培训是指通过培训使员工具备完成本职工作所需的基本知识，了解组织的基本情况，如组织的发展战略、目标、经营状况、规章制度等。技能培训的目标是使员工掌握从事本职工作的必备技能，如操作技能、处理人际关系的技能、谈判技能等，并以此培养、开发员工的潜能。态度培训是指促使员工形成正确的工作态度和行为方式，通过这方面的培训建立起组织与员工之间的相互信任，培养员工对组织的忠诚，增强组织观念和团队意识。

3. 按照培训与工作的关系来划分，分为在职培训、脱产培训和半脱产培训

在职培训即人员在实际的工作中得到培训，它比较经济，不需要另外添置场所、设备，有时也不需要专职的教师，而是利用现有的人力、物力来实施培训。同时，培训对象不脱离岗位，可以不影响工作和生产。但这种方法往往缺乏良好的组织，不太规范。

脱产培训即受训者脱离工作岗位，专门接受培训。脱产培训可以在企业内部进行，也可以在企业外部进行。脱产培训主要是针对企业战略和核心业务、核心能力、价值观和关键知识、员工改善绩效所共需的基础知识和基本技能以及其他对企业运营产生重要影响的内容进行的专项培训。这种形式的缺点是需要资金、设备、专职教师、专门场所，成本较高；如果是异地脱产培训，则具体针对性较差，需要受训者进一步摸索如何在实践中应用所学知识。

半脱产培训介于上述两种形式之间，可以在一定程度上克服二者的缺点，吸纳二者的优点，从而较好地兼顾费用和质量。

5.1.5 培训的基本流程

企业培训流程附属于人力资源管理流程，是人力资源管理流程的一部分，如图5-1所示。按照培训的实践序列和内在逻辑，我们通常将一个完整的培训周期划分为培训需求分析、制订培训计划、培训实施、培训评估和反馈四个阶段。

培训需求分析的目的是确定是否培训，什么方面需要培训。在确认只要通过对现任职人员进行培训就能消除工作差距或减少工作差距后，就要开始制订培训计划，这是培训准备工作的第一步。教学设计是进入实质性培训的第一步，这个阶段工作的好坏将直接影响受训人员对培训内容的接受程度。在企业培训管理组织部门的组织下，由培训教师实施培训。培训评估和反馈是组织管理中对培训修正、完善和提高的必要手段，是企业组织与管理必不可少的程序，为以后改进和提升培训效果提供依据。

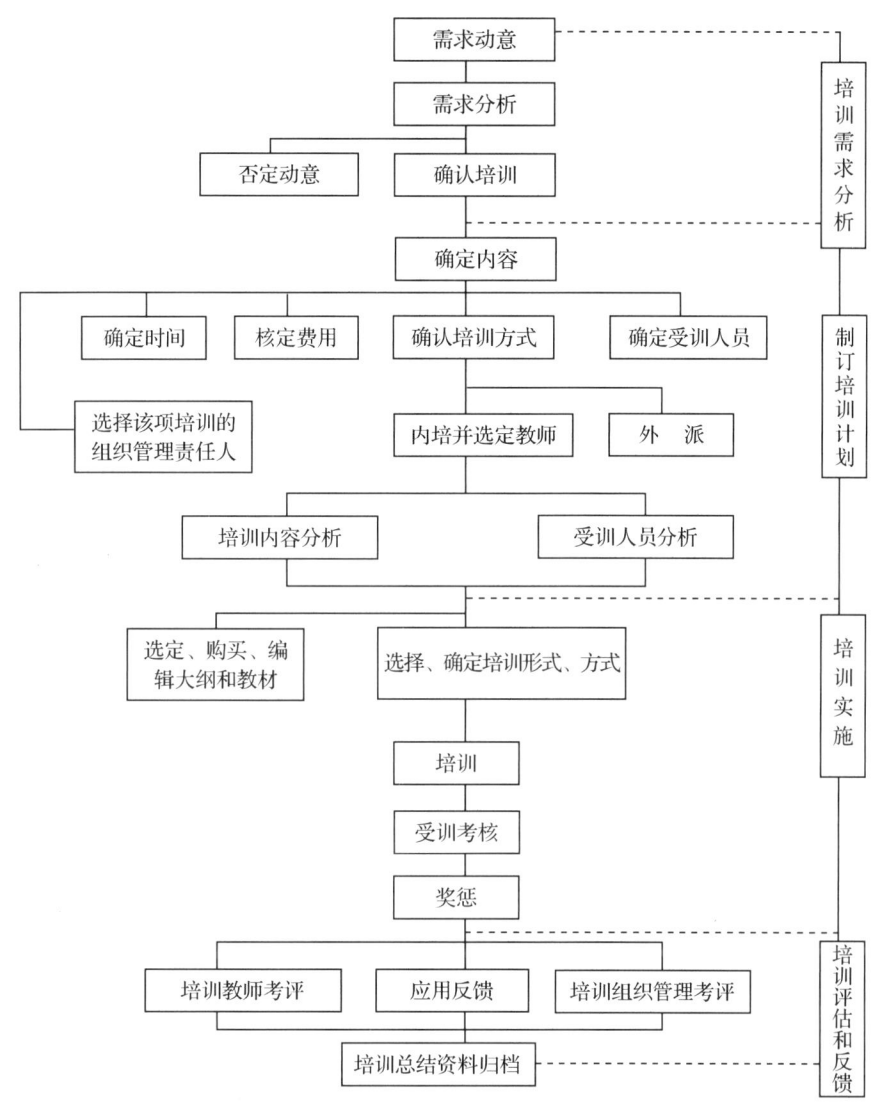

图 5-1　企业培训流程

资料来源：郭京生，张立兴，潘立.人员培训实务手册［M］.北京：机械工业出版社，2002：22.（编者略做修改）

5.2 员工培训体系构建

5.2.1 培训需求分析

明白了培训的基本内涵之后，我们就要探讨企业为什么要培训，什么动力促使企业开展培训，开展什么样的培训。其中核心问题就是弄清培训需求。培训需求是指特定工作的实际需要与任职者现有能力之间的差距。培训需求分析，是指在企业培训需要调查的基础上，采用全面分析与绩效差距分析等多种分析方法和技术，对企业及其成员在知识、技能、目标等方面进行系统分析，以确定是否需要培训以及培训的内容。换句话说，在企业的生产经营活动过程中，由于多种因素的影响，企业不可避免会面临一系列新的困难和问题，当它们只有通过培训才能被解决或才能被更好地解决时，培训需求就应运而生了。

企业是否需要培训，需要通过相应的需求分析才能确定。目前公认的分析方法是组织分析、任务分析和人员分析。图5-2表明培训需求分析的原因或"压力点"，及其所产生的结果，即确定有哪些培训需求、谁需要培训、哪些任务需要培训等。美国培训与发展协会（ASID）和弗吉尼亚州麦克兰德的一家培训与开发公司——英沈公司（InSync）合作开发了一套培训需求分析软件系统——ASID评估，它可以帮助管理人员在培训需求分析时利用计算机进行调查研究，分析数据并制作报告。

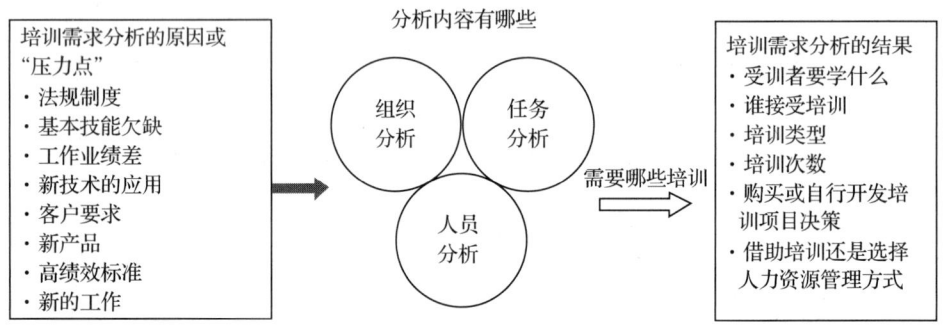

图5-2 培训需求分析过程

资料来源：诺伊.雇员培训与开发[M].北京：中国人民大学出版社，2001：43.

1. 组织分析

组织分析一般通过对战略、组织绩效、环境和资源三个方面进行分析，以确定组织中培训是否符合需求。

（1）战略。企业的经营战略会产生培训需求。如表5-1所示，不同的经营战略会影响培训实践并产生不同的培训需求。

表5-1 不同经营战略与相关培训需求

战略	重点	达成途径	关键点	培训内容
集中战略	●增加市场份额 ●降低运作成本 ●建立和维护市场地位	●改善产品质量 ●提高生产率或技术流程创新 ●现有劳动力队伍的开发 ●产品和服务的客户化	●技能的先进性	●团队建设 ●跨职能培训 ●专业化的培训计划 ●人际关系培训 ●在职培训
内部成长战略	●市场开发 ●产品开发 ●创新 ●合资	●现有产品的营销或者增加分销渠道 ●全球市场扩展 ●修正现有的产品 ●创造新的产品或者不同的产品 ●通过合资进行扩张	●创造新的工作和任务 ●创新	●支持或者促进高质量的产品价值沟通 ●文化培训 ●帮助建立一种鼓励创造性地思考和分析问题的组织文化 ●工作中的技术能力 ●反馈与沟通方面的管理者培训 ●冲突谈判技能

战略	重点	达成途径	关键点	培训内容（续）
外部成长战略（兼并）	● 横向一体化 ● 纵向一体化 ● 集中的多元化	● 兼并在产品市场链条上与本企业处在相同阶段的企业 ● 兼并能够为本企业供应原料或购买本企业产品的企业 ● 兼并与本企业毫无关系的其他企业	● 一体化 ● 人员富余 ● 重组	● 确定被兼并企业中的雇员能力 ● 使两家企业的培训系统一体化 ● 合并后企业中的各种办事方法和程序 ● 团队培训
收回投资战略	● 精简规模 ● 转向 ● 剥离 ● 清算	● 降低成本 ● 减少资产规模 ● 获取收入 ● 重新确定目标 ● 出售所有资产	● 效率	● 激励、目标设定、时间管理、压力管理、跨职能培训 ● 领导能力培训 ● 人际沟通培训 ● 重新求职帮助 ● 工作搜寻技巧培训

资料来源：诺伊，霍伦拜克，格哈特，等.人力资源管理：赢得竞争优势[M].刘昕，译.北京：中国人民大学出版社，2001：267.

（2）组织绩效。组织分析的一个重要源泉来自组织绩效的各种运行标准。对人力资源数据进行连续、详细的分析能够使组织找到培训的薄弱环节。例如，通过查看哪个部门的跳槽率高、缺勤率高、绩效低或其他缺点，可以确定培训问题。组织需要分析的特定信息和运行标准来源包括：委屈不平事件、事故记录、观察、辞职会见、顾客的投诉、装备使用数据、废物/废料/质量控制数据等。从整个组织的角度对组织绩效进行评价的指标有数量、质量、时间、成本、态度和行为等。

（3）环境和资源。政府的政治经济政策会对培训需求产生广泛的影响，特别是相关法律法规的影响更为直接。其他如来自顾客、供应商等的意见也会产生培训需求。资源主要表现为企业是否拥有足够的培训经费预算、培训时间、专业培训人员（培训能力）来用于培训。如果公司本身缺乏必要的时间与专业培训人员，则需要外部服务与咨询公司提供适合本公司培训项目所需要的定制化服务。

来自组织层面的其他举措也可能对培训提出要求，如引进新技术、招募新员工、生产新产品、企业文化建设、工作再设计等。当然，必须对这些需求进行分析以确认培训是否是解决问题的正确途径。

2.任务分析

任务分析主要是确定工作的具体内容是什么，即描述工作由哪些任务组成，完成这些任务需要做哪些具体的工作活动，以及完成它需要哪些知识、技能或能力。任务分析的目的是确定培训内容应该是什么。任务分析通常分为以下四步。

（1）选择要被分析的工作。

（2）列出组成工作的所有任务和职责。

（3）列出员工完成每一项任务的具体步骤或工作活动，分析任务的执行频率、花费的时间、重要程度、学会的难度等。

（4）定义完成工作的类型（如讲话、记忆、辨别、指挥）及完成任务所需的知识、技能或能力。

任务分析明确地说明各项工作的任务要求、能力要求和对人员素质的要求。通过对工作任务的需求分析使每个人都能认识到接受一项工作的最低要求是什么，只有满足了这一要求，员工才能上岗，否则就必须接受培训。任务分析的结果应该准确、规范，并由此确定相应的培训标准。

3. 人员分析

人员分析主要是指通过分析员工实际绩效与预期绩效间的差距来判断是否需要进行培训，主要用于确定哪些员工需要进行培训。绩效评估通常被用于人员分析，这样可以确定哪些员工的现有绩效与企业确定的标准绩效有差距，但无法确定为什么会存在差距，即造成差距的原因是什么。所以，人员分析首先应对员工的实际绩效与预期绩效间的差距做出判断，如果实际绩效低于预期绩效，则要进一步对产生这一现象的背后原因进行分析，确认是否必须通过培训才能改善员工绩效，如果是则产生培训需求，否则不会产生培训需求。具体而言，影响员工绩效的因素有很多，比如，个人的知识、技能或能力，个人的态度和动机，设备、时间、预算等资源方面的支持，来自上级、同事的反馈和强化，薪酬等的激励。如果员工不具备工作所需的知识、技能、态度或动机，则需要对他们进行培训；如果是设备、时间和预算等其他方面的问题，则不是培训所能够解决的。

培训需求分析可以通过观察员工工作、阅读技术手册及有关工作记录、调查问卷等方法来完成。观察法是培训者通过对员工工作过程的观察得到有关工作环境的资料，并将需求分析活动对工作的干扰降到最低；它对观察者的水平要求高；员工的工作行为因为被观察而有一定的影响。调查问卷法的费用低廉，培训者可从大量人员那里收集到数据，易于对数据进行归纳总结；但它需要的时间长，有时会出现问卷的回收率低或答案不符合要求以及答案不够具体等。阅读技术手册和记录方法有利于收集有关工作程序信息，而且目的性强，尤其是有关新职业和在生产过程中新产生任务信息的收集；但是培训者会因不了解技术术语而难以理解，有些材料也有可能已过时。访问专门项目专家有利于培训者发现培训需求的具体问题及问题的原因和解决办法，但是也比较费时，而且分析的难度大，也需要访问者的水平高才有效。

5.2.2 制订培训计划

培训计划是在培训需求分析的基础上，从企业总体发展战略的全局出发，根据企业各种培训资源的配置情况，对计划期内的培训目标、培训对象和内容、培训规模和时间、培训评估的标准、培训人员的安排、培训费用的预算等一系列工作所做出的安排。培训计划不仅关系到培训需求分析结果的落实，还关系到企业员工培训过程的顺利进行。培训计划的准确性、实用性和可行性决定了企业员工培训的成败。

实际上，培训需求分析的结果一般已经确定了是否需要培训，培训哪些内容，谁需要培训，培训的类型是什么，是否有足够的资源，等等。因此，在人力资源管理实践中，有的企业将培训需求分析与培训计划的制订放在一起来做。我们在这里单独将其列出，因为它是有效的培训项目系统流程中的一个重要环节，也是整个培训过程与培训活动开展的开端与源头。

一般来说，一份完整的培训计划应包括以下内容。

（1）培训目的。培训目的主要是说明员工为什么要进行培训，只有明确了培训目的，才能确立培训的目标、范围、对象和内容，从根本上决定培训计划所涉及的资源投入规模和程度。

（2）培训目标。培训目标是培训的预期成果。目标可以针对每一培训阶段设置，也可以面向整个培训计划来设定。培训目标包括三个方面的内容：第一，说明员工应该做什么；第二，阐明可被接受的绩效水平；第三，受训者完成指定学习成果的条件。

（3）培训对象和内容。培训对象和内容即明确培训谁，培训什么，进行何种类型的培训。这项内容一般在培训需求分析中通过对工作任务和人员绩效的系列调查与综合分析后确定。

（4）培训规模。培训规模受很多因素的影响，如人数、场所、培训性质以及培训经费等，具体规模要根据企业的实际情况而定。

（5）培训时间。培训时间的安排受培训的范围、对象、内容和方法等的影响。如专题报告一般半天到一天即可；较为复杂的培训内容，则一般要集中培训，其时间需要根据培训的具体内容划定。

（6）培训地点。培训地点一般是指学员接受培训的场所。如针对个人的岗位技能培训一般安排在工作场所或车间；其他类型的培训可以安排在工作现场，也可以安排在特定的地点，如培训中心、会议室、教室等。

（7）培训费用。培训费用即培训过程所花费的成本，它是指企业在员工培训过程中所发生的一切费用，包括培训之前的准备工作、培训的实施过程，以及培训结束之后的效果评估等各种与培训相关活动的费用总和。

（8）培训方法。培训方法是实现员工培训计划各项目标的重要保障，它所要解决的是船或桥的问题。为了更好地实现培训目的和目标，必须根据培训资源配置情况，正确地选择适用的方式方法。

（9）培训人员。这里主要指培训教师和培训服务人员。企业培训应当以员工为中心，培训的管理工作应当以教师为主导。一项培训活动应选择合适的培训教师，并提供必要的后勤服务和保障。

5.2.3 建立培训管理制度

1.培训管理的含义

培训管理有广义和狭义之分。广义的培训管理是对整个组织培训活动进行的管理，包含培训规划、需求分析、培训计划、培训实施、培训效果评估和成果转化等，以保证培训与企业需求相一致，促进企业目标的实现。狭义的培训管理是对一次培训活动的管理，即对培训实施的管理，从人力资源管理实践来讲，包括在培训开始之前、培训进行之中和培训结束之后的管理。

（1）培训前的管理。与员工沟通培训课程的内容和方案：培训的目的、使用的教材、培训时间与地点、会务组的联系方式与联系人、培训之前应做好哪些准备等；选定并聘请培训讲师；安排培训场所和设备，并加以调试，准备好备用设备；准备所有培训中使用的教材、阅读文献、视听资料、测试题等；安排好培训讲师的食宿；安排好受训员工食宿等。

（2）培训中的管理。保证培训场所及设备的便利使用；在培训讲师讲解过程中随时提供帮助；与培训讲师和受训员工保持联系，并为他们二者之间的联系提供便利（如交换电子邮件地址等）；观察受训员工的课堂表现；及时将受训员工的意见和建议反馈给培训讲师；保持培训场所的整洁卫生和安静等。

（3）培训后的管理。分发评价材料（如测试题、反应问卷、调查表等）；在受训员工的档案中记录培训的完成情况；听取培训讲师与受训员工的改进建议；培训总结；跟踪调查受训员工的工作绩效；调整培训系统。

2. 培训过程管理的内容

此处所讲的培训过程管理是指狭义的培训管理，主要是指一次培训活动的实施过程。培训实施阶段的主要工作是针对培训的需求特点，制定具体的培训方法和手段，按照设计完成的培训计划，实施具体的培训。这一阶段的主要特点是，对培训的技术要求较强，也较为具体。在实施员工培训时，培训者要完成很多具体的工作任务，如下所述。

（1）选择和准备培训场所。选择什么样的培训场地是确保培训成功的关键。

（2）课程描述。课程描述是有关培训项目的总体信息，包括培训课程名称、目标学员、课程目标、地点、时间、培训的方法、预先准备的培训设备、培训教师名单以及教材等。

（3）课程计划。详细的课程计划有助于保持培训活动的连贯性而不受培训教师发生变化的影响；有助于确保培训教师和受训者了解课程和项目目标。课程计划包括课程名称、学习目的、报告的专题、目标听众、培训时间、培训教师的活动、学员活动和其他必要的活动。

（4）选择培训教师。员工培训的成功与否与任课教师有着很大关系。企业应选择那些有教学愿望、表达能力强、有广博的理论知识、丰富的实践经验、扎实的培训技能、热情且受人尊敬的人作为培训教师。

（5）选择培训教材。培训的教材一般由培训教师确定。教材有公开出版的、企业内部的、培训公司的以及教师自编的四种。

（6）确定具体的培训时间。

（7）做好全程跟踪服务。

3. 培训管理制度的结构

培训管理制度是一家公司培训的主要支撑和依据，通常包括培训目的、培训内容、培训方法、培训组织、部门责任等内容。

资料链接

某公司培训管理制度

1. 总则

（1）为打造最优秀的企业员工团队，建立学习型企业，增强公司核心竞争力，适应公司对各类人才的需求，提高全员整体素质与工作能力，改善工作方法，提高工作效率，指导公司各部门、各单位（即所属各分公司、各分厂）深入细致、有序高效地开展岗位培训和专项培训、技术练兵工作，使公司培训工作专业化、规范化、制度化，特制定本制度。

（2）培训工作基本原则。

①全员性：培训的目的在于提高公司全体员工的综合素质与工作能力，所有人员都应充分认识培训工作的重要性，从管理层到员工层都要积极参加培训、不断学习进步。

②针对性：培训要有目的，针对实际培训需求进行。

③计划性：培训工作要根据培训需求制订培训计划，并按计划严格执行。

④全程性：培训工作要贯穿岗前、在岗、转岗、晋职的全过程。

⑤全面性：培训内容上把基础培训、素质培训、技能培训结合起来，培训方式上综合运用讲授、讨论、参观、观摩、委培等多种方式。

⑥跟踪性：培训结束后要对培训内容进行考核，考核要有结果与奖惩，要定期、及时检验、评估培训效果。

2. 培训组织体系

（1）人力资源部是公司培训工作的归口管理部门，负责对培训组织体系的领导与管理，公司培训的计划与综合、组织与协调、监督与实施、培训效果的考核与考察以及各部门培训工作的指导与管控等。

（2）为保证实现公司整体培训任务以及督促各单位内部培训工作落到实处，在公司内建立自上而下、权责明晰的培训组织体系和企业内部培训师队伍，保证公司以及各部门的培训工作都有专人负责，在培训业务上由人力资源部统一指导与管理，从而保证各项培训工作贯彻落实到位。

（3）各部门、各单位设立兼职培训管理员，各部门培训管理员一般由经理或助理兼任，各单位可由办公室主任、副主任兼任。原则上培训管理员尽量由内部培训师兼任，要求必须有能力有时间承担培训任务。兼职培训员在做好本岗位工作的前提下，业务上接受人力资源部指导，负责本单位训前需求调查、培训计划的制订与上报、组织实施及培训后跟踪评估等工作，并完成公司交办的培训任务。

（4）部门经理和各单位负责人要积极推动本部门、本单位培训工作，将培训工作列入日常工作项目长抓不懈。定期对本部门员工进行应知应会、提高工作能力与方法的培训，督促、指导培训员工完成部门培训任务。

（5）各部门、各单位培训管理员要随时收集与培训工作相关的基础信息，积极对公司培训工作提出反馈意见和合理化建议，作为培训员年度考核依据之一。

（6）每年年终，公司将根据各部门的培训工作开展落实情况实施专项奖惩，对于培训工作成绩显著的部门和培训管理员本人，分别给予奖励；反之，对于培训工作开展不力、未达到规定培训要求的部门，对该部门、培训管理员予以处罚。

3. 培训作业流程

（1）建立规范的培训作业流程，使培训工作程序化、制度化，保证公司培训工作有目的、有计划、有实效地进行。

（2）参训对象分析。培训前要对参训对象进行全面的分析，包括知识结构、学历水平、工作经历、知识掌握程度等，掌握参训对象的整体概况。通过人事基础数据收集以及与参训对象上级和代表性人物面谈，了解当时企业在该岗位所存在的现实问题和可能解决方法。

（3）培训需求调查。在参训对象分析基础上，展开对参训对象客观、准确、细致、全面的培训需求调查，明确培训要解决的问题与培训目的。

（4）编制培训计划。根据对参训对象的分析以及培训需求调查结果，由培训部门结合受训部门实际情况，制订详细具体、切实可行的培训计划，要明确参训对象、参训人数、培训目的、培训内容。要确定本次培训负责人、主持人、讲师、助教，做到分工明确、保障有力，保证培训计划的可执行性，做到形式庄重、气氛活跃、效果良好。

（5）培训计划的贯彻落实。培训计划一旦通过，负责部门要严格实施计划，不得随意更改计划内容，不得半途而废。人力资源部和各部门定期对培训计划执行情况和培训效果进行评估，及时发现问题、解决问题。

（6）培训的组织实施。培训负责人、助教人员提前15分钟到达培训地点，检视人员到场情况、场地布置、音响电器调试、教材道具等，做好培训准备工作；参训人员提前10分钟到达培训地点签到；讲师提前10分钟到达培训地点熟悉现场环境，保证培训准时按计划、按要求进行。大型培训应提前邀请公司领导或参训人员上级领导到会为典礼致辞，向学员明确培训目的、意义、纪律要求、考核奖惩等。小型临时性培训可以简化操作，人员分工可以兼任，但不能出现责任缺项，不能降低对培训工作的要求。

（7）培训效果评估。

①训中评估：对于时间较长的培训和外训项目，在培训中场休息或第一天结束后，培训负责人要随时与关键学员交谈，了解培训中存在的问题和学员的期望以及有关领导的进一步要求，并与讲师及时沟通以进行局部调整，确保达到最好的培训效果。

②讲师评估：公司级别的培训结束后，由参训人员对讲师的讲课效果进行打分测评，测评结果录入讲师档案。

③跟踪调查和回访：在培训结束后两周或一个月后安排讲师、培训负责人与参训人员及其上一级领导回访面谈，通过跟踪调查表、谈话等方式了解培训目标达成与否，参训人员行为改进、技能提高程度、新知识接受领会情况，以此作为培训工作考核和改进的依据。对于驻外单位的调查，可以委托该单位培训管理员实施并上报人力资源部。

（8）培训考核。培训结束后要有考核，以强化、检验培训效果。有关部门要保证考核的公平、公正、公开，参训人员如果对考核过程存在疑义，可随时到人力资源部反映情况，人力资源部门负责调查落实，并要在一周内将调查结果通知提议人员。

（9）培训结果。培训完毕后要检验是否达到了培训目的。考核结束后要有结果，对成绩优异者给予物质或精神奖励，对成绩不合格者给予处罚，奖励和处罚情况录入员工档案，以此作为晋升或增薪的依据之一。由培训负责人对培训过程所有的原始资料做汇总与记录，培训记录统一交人力资源部备案。

（10）培训档案。一次完整的培训，必须要有培训计划、签到表、培训记录、请假条、出差条等原始记录，各部门未按照要求保存培训原始资料的，公司不承认培训工作的有效性。一次完整培训结束后，要把一切相关的培训原始资料编号入档，人力资源部保存培训计划、培训记录与培训结果成绩单，培训相关部门保存培训调查、培训考核试卷、奖惩情况等其他一切原始资料。

（11）培训汇总。每次培训结束后，培训人员要做出专项培训总结。各部门、各单位兼职培训管理员负责按时间顺序每月整理、汇总本环节的所有培训，做出月份培训工作总结，每月25日前上报人力资源部培训负责人。人力资源部负责每月按时间顺序整理、汇总公司级的培训。各培训管理员每年12月15日前预报本环节下一年度培训需求，12月25日前总结全年培训工作开展情况，制订年度整体培训计划，并上报公司高层领导审批后执行。

4. 培训管理职责

（1）人力资源部负责公司级别培训、岗前培训、外出培训和大型专项培训的计划、组织实施工作，各部门、各单位负责做好各环节部门培训、部门内部转岗培训，由人力资源部督促指导、检查考核培训落实情况。

（2）公司培训种类包括：岗前培训、在岗培训、转岗培训、晋升培训、公司培训、部门内训、外出培训、参观考察、业余研习会等。培训方式包括：授课式、操作训练、观摩、观看录像、案例分析、讨论、自学后互相交流、外出受训、参观以及外出受训后进行再培训、技术比赛等。

（3）岗前培训与管理方法

①岗前培训即员工在上岗前由公司人力资源部统一安排培训，目的在于使新员工了解公司的基本情况与发展历程，熟悉公司组织结构，理解企业文化，学习公司规章制度与行为规范，为上岗工作奠定初步基础。

②所有新加入公司的员工，均要接受人力资源部组织的岗前培训，各用人部门和人力资源部要积极配合做好培训工作。

③对于成批员工录用（人数在50人以上），人力资源部与各用人部门沟通，在确定参训人员、人数、培训时间、培训地点、讲师后，结合用人部门意见制订岗前培训计划。人力资源部提前两天将岗前培训计划下发至相关用人单位与讲师，并做好培训保障工作（如培训场地的确定，白板、电源的保证等），保证培训工作按照培训计划顺利进行。

④生产部培训管理员负责统计生产系统未经培训而上岗的零星新招员工，人数达到

100人后,由生产部管理员负责口头向人力资源部提出岗前培训申请,人力资源部与生产部结合制订岗前培训计划,人力资源部负责组织讲师、安排培训课程、落实培训场地,生产部负责组织参训人员,按时到达培训地点参训。

⑤对于因岗位急需而零星进入公司的人员(20人以下),各部门的培训管理员负责登记本部门未经岗前培训而上岗的员工,经人力资源部与各用人部门协调,累计60人以上后统一安排岗前培训。

⑥岗前培训:公共课程,包括"企业简介与发展史""企业文化""规章制度""行为规范""保险、安全常识"等,原则上不低于16个课时。

⑦岗前培训结束后由人力资源部负责考核,考试合格到所派部门报到,考试不合格者暂时到所派部门上岗,下期培训时接受补训、补考,考试合格转为正式上岗,考试不合格予以解聘,不参加者立即解聘。考核成绩与试卷存入员工档案。

⑧岗前培训期间由人力资源部安排生产人员和特殊岗位人员体检,由公司确定体检时间,不参加体检者不允许上岗。

⑨人力资源部负责保存岗前培训计划、培训记录、受训人员签到表、培训效果评估表、考试试卷、参训人员成绩单等培训原始资料。

(4)转岗培训与管理办法

①转岗即在公司内部转变岗位的工作调动。转岗人员须接受转岗培训,培训完毕后,考核合格方可转岗。

②转岗培训目的在于使转岗人员熟悉新岗位的基本工作情况,掌握新岗位的基本工作技能与方法,为上岗后顺利工作奠定基础。

③对于部门内部之间转岗,由所在部门进行培训与考核。

④对于跨部门转岗,由人力资源部负责协调,再由接收部门进行培训与考核。

⑤培训实施部门要保存以下培训原始资料:转岗培训计划、培训记录、培训人员签到表、考试试卷、受训人员成绩单。

⑥转岗之前未参加转岗培训的员工原则上不得加薪、晋职,不得参加先进评选。

(5)公司培训

①公司培训由人力资源部安排,针对公司多个部门或公司某个层次的干部员工进行,主要目的在于不断学习新观念、新知识、新方法,逐步提高管理人员与普通员工的素质与工作技能。

②人力资源部组织普遍性、广泛性的公司级别培训,各部门培训管理员要积极配合执行。可以根据公司经营需要临时增补专项培训项目。

③人力资源部负责公司管理人员、普通职员和后备干部的日常培训,专业性较强、涉及面较小的现场专业培训由各部门培训专员负责计划、组织、执行,各部门培训由培训专员负责将培训计划、培训记录、考核成绩上交人力资源部备案。

④公司培训采取整体规划的定期培训和解决实际需要的不定期培训相结合的方式。各部门要根据本部门的实际需要,每年至少安排一期以提高部门员工素质或工作能力为目标

的定期培训，至少安排两期以提高员工业务操作能力为目的不定期培训。

⑤公司管理人员每年参加日常培训时间不得低于 80 个小时，普通职员每年参加日常培训时间不得低于 50 个小时。

（6）外出受训与管理办法

①为开拓视野，扩大干部员工的知识面，公司鼓励有针对性的外出学习培训。

②按公司统一安排外出受训。如有特殊需要时，事先纳入计划，经批准后落实。

③外出参加培训要遵守培训纪律，注意个人言谈举止，树立企业良好形象。

④外出参加培训时领取的书本、光盘等培训资料属于公司财产，培训结束后要到人力资源部办理资料交接手续和借阅手续后方可使用。

⑤外出参训回公司一周内，参训人员填写《外出受训记录表》报人力资源部，作为参加外训的证据资料保存，参训结束后有结业证或其他证明材料的，要将复印件交人力资源部存档。

⑥所有参加外出培训的人员，回公司 15 天内将受训内容向公司相关人员进行传达讲授，传达讲授时间不得低于外出受训时间的三分之一。外出参训回公司后，未按要求进行传授培训的，对相关责任人进行经济处罚。

⑦训后总结：参加外训人员回来第 30 天至 45 天内，要结合培训感受和在实际工作中的应用效果，撰写《参加外训工作改进报告》，经所在部门经理签字后报人力资源部。

（7）部门内训与管理办法

①部门内训由部门主管牵头，部门培训管理员负责制订培训计划与落实方案，并要纳入各部门年度、月度整体工作计划中，保证内训质量。

②部门内训讲师主要由部门主管担任，完成对本部门员工的培训，不断提高员工的素质与工作方法；亦可由培训管理员或培训讲师担任。

③关于培训方式，可以采取授课式、电教、操作演示、角色扮演、案例分析等多种方式，也可以会代培等，总之要保证培训按质按量进行。

④公司各部门内训每月不可少于 8 个小时，由部门培训管理员负责，每月 25 日把本部门培训工作开展情况和下月内部培训计划报人力资源部备案，以便督促检查。

（8）参观考察与管理办法

①为学习借鉴先进企业管理经验和工作方法，公司将不定期组织干部员工外出参观考察，各部门也可根据本部门实际情况，提出外出参观考察申请，交人力资源部及公司领导审核、批准后落实执行。

②公司级考察由人力资源部负责计划、组织、协调，各部门专业考察由各部门负责。

③需要外出参观考察的部门，提前一周填写《外出参观考察申请表》报人力资源部，内容包括：考察负责部门与负责人、拟考察企业或单位名称、考察目的、参加人员、考察时间、考察费用预算等。

④外出参观考察结束后，所有参与考察的人员要撰写《参观考察体会》，并结合公司具体情况提出改进意见和措施。考察组织部门负责将考察中的图片、文字资料、光盘等报

人力资源部存档备案。

⑤参观考察人员回公司10天内要将参观考察内容向本部门相关人员进行传达、讲授，将所见所闻和考察单位的先进管理方法介绍给本部门员工。

⑥外出参观考察部门与人力资源部负责对外出参观考察进行评估，从中总结经验、吸取教训。

5. 培训计划

（1）每年12月15日前，各部门、各单位根据本环节工作中存在的问题和改进需要，向人力资源部上报本部门培训需求计划。人力资源部根据公司发展需要，于每年12月25日前制订出下一年度的整体培训计划，呈报主管副总批准后执行。每季度末月份28日前制订出下季度的培训计划，每月28日前制订出下月的月度培训计划。

（2）公司级培训计划由人力资源部负责制订，各部门培训计划由各部门培训管理员负责制订。季度培训计划、月度培训计划为年度培训计划的分解与落实。

（3）各部门要于年末、季度末总结本部门的培训实施情况，连同明年或下季度的培训计划上交人力资源部。

（4）人力资源部负责监督各部门的年度、季度培训计划的落实执行情况。

（5）人力资源部根据公司的实际工作情况以及需要，及时调整公司的年度培训计划，保证公司培训工作紧张、有效地开展。

6. 培训考核机制

（1）公司内所有培训都要在培训结束后进行严格的考核、跟踪，掌握参训情况，评估培训效果，促进参训人员行为改变，提高工作绩效，并与其晋升晋级进行有机结合。

（2）建立标准试题库，主要岗位设置A、B、C三套动态试题以便考核时使用。题型分为：填空题——主要考察学员对基本内容、基本概念、基本要点的掌握程度（每空1分，共30空30分）；判断题——主要了解学员对重难点事项的理解正确与否（每题2分，共10小题20分）；选择题——适用于考察要点较多的应知应会问题（每题2分，共10小题20分）；简答题——只需能够回答要点即可，不需要个人发挥展开（每题5分，共3小题15分）；实务题——结合参训对象所在岗位特点和培训目的，设计理论联系实际的题目，考察对培训主题和岗位要求的理解掌握深度、宽度（共15分）。

（3）考核可采取笔试、口试、撰写心得体会、实际操作技能、沟通面谈等多种方式进行，培训考核部门要负责试题的保密性，禁止在考核工作中营私舞弊。

（4）考核评定工作要做到公平、公正、公开，考核成绩应在考核结束一周内张榜公布并记入员工档案。员工如果对考核的结果或过程有疑义，可到人力资源部或监察委申述，人力资源部负责调查、落实和公布调查处理结果，以保证培训考核的严肃性。

（5）对于按计划要求参加定期日常培训并经考试合格的干部员工，由公司发放《培训合格证书》。公司级培训由人力资源部负责认定、发放，部门内部培训由部门提出申请，连同培训计划、培训记录、培训试卷、考试成绩一并交人力资源部，经核实认定后领取相应级别的合格证书。对于参加培训时间未达到应参训时间80%以上的人员，视为不合格，公司不得发放培训合格证书。

（6）培训合格证书分为蓝色、红色、紫色三种级别。蓝色证书用于员工岗前培训、转岗培训、单项技能培训；红色证书用于专项技能培训以及部门级系统、定期培训；紫色证书用于公司级定期系统培训、日常培训、管理培训和其他高级专业知识培训。培训级别由人力资源部认定。

（7）对于按照要求参加内部培训课程并考核合格的员工，由公司人力资源部发放培训合格证书，在公司内与学历证书同等对待。两个紫色证书等同于中专毕业证书，四个紫色证书等同于大专毕业证书，八个紫色证书等同于本科毕业证书；两个红色证书等同于一个紫色证书；两个蓝色证书等同于一个红色证书。外出受训证书由人力资源部视具体情况认定。

（8）建立员工培训档案，采用一卡式管理。对员工进入公司后参加的所有培训项目和成绩，包括岗前培训、转岗培训、单项技能培训、专项技能培训、公司级培训、日常培训、管理培训和其他高级专业培训等填卡入档，作为员工晋职、增薪、定级、评选先进和绩效考核的重要依据。大型公司级培训和特殊专项培训，可以由人力资源部颁发专门的培训合格证书。

7. 培训师规范管理

（1）为了提高公司培训专业化水平，规范内部培训师选拔、定等、晋级和培养程序，本着"宽进严出，培养激励"的原则，由人力资源部、总裁办、行政部、监察委等相关部门组成"培训师认证管理委员会"，负责对培训师选拔、考核、定等、分级工作，推动企业内训工作专业化、规范化、职业化。

（2）培训师基本条件：①本人从事相关岗位工作至少9个月以上，知识水平、技术熟练程度、行业经验在培训对象岗位或上一级岗位处于领先地位。②对所在岗位拥有丰富的实际经验，而且要具有较高的理论水平，同时要了解本公司行业信息和所讲专业最新发展动态。③具有大专或以上学历，生产车间操作技术等特殊岗位可以为中专或正规高中学历。

（3）申报、选拔、定级管理程序。

①申报：凡公司员工均可经部门或上级同意，由个人上报申报材料，包括申报课程名称、教材大纲、讲义节选。

②初审：符合基本条件并且申报材料合格的人员，可以参加试讲。

③试讲：按照"内部培训师选拔考核定级标准"，申请人员按申报课程在规定时限内完成培训项目。由认证评委打分，满分100分。

④实习：凡是通过初审的人员，实习期1个月。必须积极配合公司培训主管人员的课程安排，按时按量完成培训任务。实习期间享受公司规定的初级讲师待遇。

⑤定等：按照培训师标准A、B、C、D共四级，参考培训学员满意度调查和培训效果评估结果、培训学时进行综合考评，确定最低级别为D级。

⑥晋级：培训师必须从最低级别D级逐级考核，一季度考核一次，符合条件者晋升一级，即升为C级。依此类推，同时享受相应的奖励待遇。

⑦认证：内部培训师经人力资源部认定后，发放培训师资格证书，取得证书的讲师方

可进行培训。

（4）培训师选拔考核标准。

①教案。

- 内容丰富，有深度，针对性强，能够理论联系实际，具有实效性。
- 主题鲜明，具有先进性、超前性。
- 文笔流畅通顺、精炼，容易理解。
- 逻辑思路清晰。
- 时间安排合理，有弹性。
- 培训目的性明确。

②讲台风格，亦称"台风"。

- 仪容仪表良好，气质好。
- 亲和力强，有感染力。
- 现场互动、反馈交流积极。
- 讲解透彻。

③效果评估。

- 训后满意度即时评估。
- 跟踪调查。
- 实际效果评估。

④培训技术。能够选择适合课程内容的培训方式，并熟练运用各种培训方法，为培训主题服务。

⑤笔试。熟悉成人培训教育规律，并能在教案准备、课程实施、训后跟踪评估等方面充分运用。

⑥前瞻性。课程方向或内容具有新颖性，可以促使公司在某些方面有突破性的进展或创新。

（5）培训师奖励机制。

①根据完成内训课程课时，给予讲师补贴：D级10元/课时；C级20元/课时；B级30元/课时；A级50元/课时。讲师补助平均每两周发放一次。

②在同等情况下，优先向各重点岗位培训师提供参加外训的机会。

③每半年或年度评选出3~5名优秀培训师，给予一定的物质和精神奖励。

④连续两次被评为优秀培训师的，并且达到B级的，可以给予带薪参加外部培训、职业培训的认证培训机会。也可根据公司实际情况，提供一定比例的培训费用补贴。

⑤在同等条件下，优先获得晋级和晋升机会。

（6）培训师纪律。

①努力提高自身业务素质，尤其是熟练掌握培训技术和岗位行业信息。

②注意成人培训的特点，尊重参训学员，热情认真完成培训任务。

③在执行培训任务时，无故拖延或借故推脱，不主动积极配合培训处工作的，第一次

提出警示，第二次降低培训师等级一级。

④不论何种原因不能完成既定的培训任务，未提前通知培训处而造成培训工作被动局面或不能如期举行的，根据情节轻重给予警示、降级、撤销资格。累计两次警告，降低等级一级。

⑤刻苦钻研业务，不断更新教材，补充生产实践中的先进经验和做法，吸收行业最新信息和技术，保证教材的科学性和先进性。

（7）公司干部员工如果具备某方面的特长与授课培训的经验，可向人力资源部申请公司讲师资格，人力资源部根据实际情况决定是否认定。认定后即具备了公司讲师资格，享受公司讲师的一切优厚待遇。

（8）只有内部讲师达不到培训要求时，才可以申请外部聘请。需要外请讲师的部门，提前15天向人力资源部写出书面申请，申请中列明培训费用、车辆需求、住宿条件等要求，经人力资源部审核批准后方可执行。如未经人力资源部批准而外聘讲师进行培训，一切费用公司不予报销。

8. 培训纪律

（1）参训人员在培训开始前15分钟到场，主管人员负责监督参训人签到，培训讲师应提前5分钟到场。

（2）参训人员要遵守培训时间的规定，不迟到、不早退，违者一律罚款10元。到达培训场所后要自觉签到，未签到且无请假条或出差条者一律以旷课论处。

（3）因故无法按规定参加培训时，提前把请假条交人力资源部，并要有本部主管人员签字，部门经理要有副总裁签字。出差在外无法按规定请假者，要由本部门人员代写请假条并要有本部门主管签字。不能参加培训而未按规定请假者，经理及以上人员每次罚款50元，其他人员罚款20元。

（4）培训开始后，培训现场要有人力资源部培训负责人员或受训部门培训管理人员在场负责，以维持纪律，协助讲师顺利完成培训任务。

（5）参训时准备好学习工具，一般要带笔、笔记本等。

（6）参训时将手机关闭，或将铃声关闭，上课期间手机铃响，一律处以10元罚款，参训人员不能因为自身原因干扰培训课的正常进行。

（7）培训期间禁止在培训场所内吸烟，一经发现，一律处以10元罚款。

（8）培训中间需要外出时，要先举手，征得讲师或培训管理人员同意后方可外出。

（9）培训中间有问题需要提问时，将问题书写在纸条上传递给讲师，或举手示意，在征得讲师同意后方可提出问题。

9. 培训资源管理

（1）培训所用一切资源，包括培训教材、教具等均属公司资产，要登记在册，任何人不得占为己有。

（2）培训中需要购置必要的教材、教具时，要写出书面申请，经人力资源部审核批准后方可购买。购买的教材、教具必须在办理报销和借用手续后方可使用。办理报销手续需持所购买的教材、教具以及正式发票到人力资源部审核，人力资源部审批后按公司统一报销程序报销。部门购置培训教材未向人力资源部申请批准的，购置费用公司一律不予报销。

（3）培训场地要合理使用。根据培训的实际情况、培训规模、参加人数，确定培训地点，避免资源浪费。

（4）珍惜公司的教材、教具，必要时请专业人士操作。如因个人操作失误或对公司财产不珍惜造成教材、教具的损坏或作废，当事人要承担一定的责任。

10. 员工继续教育管理

（1）为了提升员工综合素质，公司采取多种方式，提高员工综合素质与学历层次，鼓励有发展前途和学习潜力的干部员工继续学历教育。

（2）集团要职、核心骨干如需参加继续学历教育的，填写《继续教育申请表》，经集团批准后，一切费用由集团给予报销。

（3）公司鼓励员工参加国家职业资格认定学习。

（4）参加继续教育费用由公司报销的，在取得毕业证书或职业资格证书后，其证书暂时由公司代为保管，三年以后归由个人持有。未满三年离职的，必须扣除相应费用，否则公司有权力没收其证书。

11. 本制度自发布之日起开始执行。

资料来源：作者根据网络资料整理。

5.3　员工培训方法

选择合适的培训方法是培训实施中的关键内容，培训方法的选择要和培训内容紧密相关，不同的培训内容适用于不同的培训方法。不同的培训方法有不同的特点，在实际工作中，应根据公司的培训目的、培训内容以及培训对象，选择适当的培训方法。

5.3.1　直接传授型培训方法

直接传授型培训方法适用于知识类培训，主要包括讲座法和研讨法。

（1）讲座法。讲座法（lecture）是指培训者用语言表达其传授给受训者的内容。讲座的形式多种多样，不管何种形式的讲座，它都是一种单向沟通的方式——从培训者到听众。表 5-2 描述了不同形式的讲座方法。讲座法的成本最低、最节省时间；有利于培训者系统地讲解知识，受训者系统地接受知识，易于掌握和控制培训进度；有利于受训者更深入地理解难度大的内容；而且可同时对很多人进行教育培训。因此，它可作为其他培训方法的辅助手段，如行为模拟与技术培训。讲座可在培训前向受训者传递有关培训目的、概念模型或关键行为的信息。讲座法的不足在于受训者的参与、反馈与工作实际环境不容易联系起来。

表 5-2　不同形式的讲座方法

讲座的形式	具体采用的方式
标准讲座	培训者讲；受训者听，并汲取知识
团体讲座	两个或两个以上的培训者讲不同的专题或对同一专题的不同看法
客座讲座	客座发言人按事先约定的时间出席并介绍、讲解主要内容
座谈小组	两个或两个以上的发言人进行信息交流并提问
学生发言	各受训者小组在班上轮流发言

资料来源：诺伊.雇员培训与开发［M］.徐芳，译.北京：中国人民大学出版社，2001：133.

（2）研讨法。研讨法是指在教师的引导下，学员围绕某一个或几个主题进行交流，并相互启发的培训方法。研讨法可分为以教师或受训者为中心的研讨和以任务或过程为取向的研讨两种。

1）以教师或受训者为中心的研讨。以教师为中心的研讨从头至尾由教师组织，教师提出问题，引导受训者做出回答。教师起着活跃气氛，使讨论不断深入的作用。讨论的问题除主题本身外，有时也包括由受训者的回答引出的问题。讨论也可以采用这种形式，教师先指定阅读材料，然后围绕材料提出问题，并要求受训者回答。研讨结束后，由教师进行总结。

2）以任务或过程为取向的研讨。任务取向的研讨着眼于达到某种目标，这个目标是事先确定的。即通过讨论弄清某一个或几个问题，或者得出某个结论，组织这样的研讨需要设计能够引起讨论者兴趣、具有探索价值的题目。过程取向的研讨着眼于讨论过程中成员之间的相互影响，重点是相互启发、进行信息交换，并增进了解、加深感情。这种类型的研讨既能得出某个结论，又能达到相互影响的目的，这需要对讨论进行精心的组织。例如：先分成小组讨论，小组内进行充分的交流，意见达成一致；然后小组推举一人在全体学员的讨论会上发言。

5.3.2　实践型培训方法

实践型培训方法简称实践法，主要适用于以掌握技能为目的的培训。实践法是通过让学员在实际工作岗位或真实的工作环境中亲身操作、体验，掌握工作所需的知识和技能的培训方法。它主要包括工作轮换法和学徒制。

（1）工作轮换法。工作轮换是将员工轮换到另一个同等水平、技术要求接近的工作职位上去工作。员工长期从事同一职位的工作，特别是那些从事常规性工作的员工，时间长了会觉得工作很枯燥，缺乏变化和挑战。员工也不希望自己只掌握一种工作技能，而是希望能够掌握更多不同的工作技能以提高对环境的适应能力。因此，工作轮换也常常与培养员工多样化的工作技能结合在一起。工作轮换法也被称为交叉培训法。该方法能丰富受训者的工作经验，增加其对企业工作的了解；使受训者明确自己的长处和弱点，找到适合自己的位置；改善部门间的合作，使管理者更好地理解相互间的问题。不足之处在于该方法鼓励通才化，适合于一般直线管理人员的培训，不适合职能管理人员。

（2）学徒制。学徒制是一种既有在职培训又有课堂培训，且兼顾工作与学习的培训方法。该方法是选择一名有经验的员工对受训者进行关键行为的示范、实践、反馈和强化，以达到培训的目的。这些受训者被称为"学徒"。学徒制的有效指导原则在于：①管理者要确认受训者（学徒）具备对某一操作过程的基本知识；②培训者（有经验的人）让员工演示这一过程的每一个步骤，并强调安全事项和关键步骤；③资深员工给学徒提供执行这一过程的机会，直至每个员工认为其已能安全且准确地完成工作过程。

该方法的主要优点表现在受训者（学徒）在学习的同时能获取收入，培训结束后，受训者往往被吸纳为全职员工。其不足之处在于培训者只对受训者进行某一技艺或工作培训，员工也会因只接受某种特定的技能而不能获得新技能或难以适应工作环境的变化。

5.3.3 参与型培训方法

参与型培训方法是调动培训对象的积极性，让其在与培训者的互动中学习的方法。该方法的主要特征是每个培训对象积极参与培训活动，从亲身参与中获取知识、技能，掌握正确的行为方式，开拓思维，转变观念。常见的形式有自学、案例研究、情景模拟、敏感性训练等。

（1）自学。自学适用于知识、技能、观念、思维和心态等方面的学习。自学既适用于岗前培训，又适用于在岗培训，而且新员工和老员工都可以通过自学掌握必备知识和技能。自学的优点在于，费用低，不影响工作，学习者自主性强，可体现学习的个别差异，有利于培养员工的自学能力。不足之处在于，学习的内容受到限制，通过交流、演练和指点才能掌握的东西不适合自学，不同员工的学习效果可能存在很大差异，学习中遇到疑问和难题往往得不到及时的解答，容易使自学者感到单调乏味。

（2）案例研究。案例研究是将实际发生过或正在发生的客观存在的真实情景，用一定视听媒介，如文字、录音、录像等描述出来，让受训者进行分析思考，学会诊断、解决问题以及做出决策。该方法的优点是提供了一个系统的思考模式，在个案学习过程中，接受培训可得到一些管理方面的知识和原则，建立一些先进的思想观念，有利于受训者参与企业实际问题的解决。因此，案例研究的有效性基于受训者愿意而能够分析案例，并能坚持自己的立场以及好案例的开发和编写。

（3）情景模拟。情景模拟是一种模拟现实中真实生活情况的培训方法。该方法常被用来传授生产加工技能、管理和人际关系技能。模拟环境必须与实际的工作环境有相同的构成要素。模拟的环境可通过模拟器仿真模拟，模拟器是员工在工作中所使用的实际设备的复制品。该方法培训的有效性关键在于模拟器对受训者在实际工作中使用设备时遇到的情形的仿真程度，即模拟器应与工作环境的因素相同，其反应也要与设备在受训者给定条件下的反应完全一致。仿真模拟的优点在于，能成功地使受训者通过模拟器简单练习增强员工的信心，使其能够顺利地在自动化生产环境下工作。其不足之处在于：模拟器开发很昂贵，而且工作环境信息的变化也需要经常更新，因此，利用仿真模拟进行培训的成本较高。

（4）敏感性训练。敏感性训练也称 T 团队训练，简称 ST（sensitivity training）法。敏感性训练要求学员在团队中就参加者的个人情感、态度及行为进行坦率、公正的讨论，相互交流对各自行为的看法，并说明其引起的情绪反应。目的是通过受训者在共同学习环境中的相互影响，提高受训者对自己的感情和情绪、自己在组织中所扮演的角色、自己同别人的相互影响关系的敏感性，进而改变个人和团体的行为，达到提高工作效率和满足个人需求的目标。敏感性训练适用于：组织发展训练；晋升前的人际关系训练；中青年管理者的人格塑造训练；新进人员的集体组织训练；外派人员的异国文化训练。

5.3.4 态度型培训方法

态度型培训方法主要针对行为调整和心理训练，具体包括角色扮演和拓展训练等。

（1）角色扮演。角色扮演是设定一个最接近现状的培训环境，指定受训者扮演角色，借助角色的演练来理解角色的内容，从而提高积极地面对现实和解决问题的能力。角色扮演不同于情景模拟，主要表现为：一是角色扮演提供的情景信息十分有限，而情景模拟所提供的信息通常都很详尽；二是角色扮演注重人际关系反应，寻求更多的信息，解决冲突，而情景模拟注重于物理反应（如拉动杠杆、拨个号码）；三是情景模拟的受训者的反应结果取决于模型的仿真程度，而在角色扮演中的结果取决于其他受训者的情感与主观反应。

行为模仿是一种特殊的角色扮演，它通过向学员展示特定行为的范本，再要求他们在模拟环境中扮演角色，根据他们的表现，培训者不断地提供反馈，受训者在反馈的指导下不断重复工作直至能熟练完成任务。这种培训方法的基本思路是，受训人看到任务的执行过程，并在反馈信息下不断重复实践，直到熟练完成任务。该方法适用于中基层管理人员和一般员工培训。它能使员工的行为符合其职业要求，提高员工的行为能力，使员工能更好地处理工作环境中的人际关系。

（2）拓展训练。拓展训练是指通过模拟探险活动进行的情景式心理训练、人格训练和管理训练。它以外化型体能训练为主，学员被置于各种艰难的情景中，在面对挑战、克服困难和解决问题的过程中，使人的心理素质得到改善。它主要包括场地拓展训练和野外拓展训练两种形式。

场地拓展训练是指需要利用人工设施的训练活动，包括高空断桥、空中单杠、信任背摔、胜利墙等。场地拓展训练可以促进团队内部和谐，提高沟通的效率，提升员工的积极性，对形成从形式到内涵真正为大家所认同的企业文化起着明显的作用，也能作为企业业务培训的补充。

野外拓展训练是指在自然地域，通过模拟探险活动进行的情景体验式心理训练。用于提高人的自信心，培养把握机遇、抵御风险、积极进取的品质和训练团队精神，以提高个体和组织的环境适应与发展能力。其基本原理是通过野外探险活动中的情景设置，使参加者体验所经历的各种情绪，从而了解自身和团队在面临某一外界刺激时的心理反应及其后果，以实现提升学员能力的培训目标。

5.3.5 团队建设法

团队建设法是用以提高团队或群体成员的技能和团队有效性的培训方法。它注重团队技能的提高以保证进行有效的团队合作，这种培训包括对团队功能的感受、知觉、信念的检验与讨论，并制订计划以将培训中所学的内容应用于工作当中的团队绩效上。团队建设法包括团队培训和行动学习。

（1）团队培训。团队培训是通过协调在一起工作的不同个人的绩效从而实现共同目标的方法。团队培训方法多种多样，可以利用讲座或录像向受训者传授沟通技能，也可通过角色扮演或仿真模拟给受训者提供讲座中强调的沟通技能的实践机会。团队培训的主要内容是知识、态度和行为。团队培训的方式有交叉培训、协作培训与团队领导技能培训。交叉培训是指团队成员熟悉并实践所有人的工作，以便团队成员离开团队之后其他成员容易承担其工作。协作培训是指对团队进行如何确保信息共享和承担决策责任的培训，以实现团队绩效的最大化。团队领导技能培训是指团队管理者或辅助人员接受的培训，包括培训管理者如何解决团队内部冲突，帮助团队协调各项活动或提升其他技能。

（2）行动学习。行动学习，即给团队或工作群体一个实际工作中所面临的问题，让团队成员合作解决并制订出行动计划，再由他们负责实施该计划的培训方式。一般地，行动学习包括6～30名员工，其中包括顾客和经销商。团队构成可以不断变化。

5.3.6 现代培训技术

随着现代社会信息技术的发展，大量的信息技术被引进到培训领域。在此背景下，新兴的培训方式不断涌现，如虚拟现实技术、互联网培训和远程学习等。

（1）虚拟现实技术。虚拟现实技术是一种利用计算机为受训者提供三维学习方式的技术。受训者通过使用专用设备和观看计算机监视器上的虚拟模型，可以感受模拟的环境并与各种虚拟的要素进行沟通，同时，还可以利用技术对受训者的多重知觉进行刺激。有的设备能够把环境的有关信息转变为知觉的反应，让受训者产生身临其境的感觉。这种方法是情景模拟技术的发展。其优点是：受训者实际上是在没有危险的情况下进行带有危险性的操作；受训者可以进行连续性学习，记忆力得到增强。其缺点是，质量较差的设备达不到使受训者产生身临其境感觉的预期效果，反而会带来受训者生理上的不良反应，如眩晕、恶心或头痛等。

（2）互联网培训。互联网培训又称基于网络的培训，主要是指通过公共的（互联网）或私有的（内部局域网）计算机网络来传递，并通过浏览器来展示培训内容的一种培训方式。互联网上的培训可以为虚拟现实技术、动感画面、人际互动、员工间的沟通以及实时视听提供支持。由于在互联网上可以随时更新培训材料，因此修改教材相当简单便宜。另外，分析者认为互联网可以节省差旅和教室费用。

（3）远程学习。远程学习通常被一些在地域上较为分散的企业用来向员工提供关于新产品、企业政策或程序、技能培训以及专家讲座等方面的信息。远程学习包括电话会议、电视会议、电子文件会议以及利用个人电脑进行培训。培训课程的教材和讲解可通过互联网或者一张可读光盘分发给受训者。受训者与培训者可利用电子邮件、电子留言板或电子会议系统进行交互联系。远程学习是参与培训项目的受训者同时进行学习的一种培训方式，为分散在不同地点的员工获得专家培训机会，为企业节省一大笔差旅费。例如3M公司的研发部门进行为期8天的录像远程会议培训（培训指导人员来自欧洲和美国），培训费用只需13 000美元，而如果不用远程培训方式，则该项培训将花费100 000美元。该方法存在的不足在于：受训者与培训者之间缺乏互动，而且还需要一些现场的指导人员来回答某些问题，并对提问和回答的时间间隔做出调整。

5.4 员工培训评估

5.4.1 员工培训评估的概念

培训评估是一个系统地收集有关培训项目的描述性和评判性信息的过程，其目的是帮助单位在选择、调整各种培训活动以及判断其价值的时候做出更明智的决策。培训评估有狭义和广义之分，狭义的培训评估是指一个单位在组织培训之后，依据培训目的和要求，运用一定的评估指标和评估方法，对培训的效果加以检查和评定，是对整个培训活动实施成效的评价和总结。广义的培训评估是运用科学的理论、方法和程序对培训主体和培训过程及实际效果的系统考察。它有一个系统的规划，是从培训需求分析、培训课程开发、培训活动的组织与实施及效果等多个环节同时进行的完整的、有效的培训评估系统，其评估结果为下一个培训活动、培训需求的确定和培训项目的调整提供重要的依据。

员工培训效果评估是企业培训工作最后也是极为重要的一个阶段。一个企业完整的员工培训体系包括培训需求分析、培训规划、项目与课程设计、教材与师资开发、培训活动的组织与实施，以及培训效果评估等环节。培训评估在现代培训管理中占有非常重要的地位，贯穿于培训整个过程，起着承上启下的关键性作用。它是通过建立培训效果评估指标和标准体系，考察员工培训是否达到了预期目标，对培训计划是否有效实施等进行全面的审查、分析和评价，然后将评估结果反馈给主管部门，作为以后修订员工培训计划，以及进行培训需求分析的依据。

5.4.2 员工培训评估的基本原则

（1）客观性原则。在评估过程中，评估指标的设计、权重的确定、评估方法的使用等，都应尽量避免评估人的主观因素对评估结果的影响，要做到客观公正。

（2）综合性原则。综合性原则主要体现在培训评估的内容和方法运用上，培训评估内容既要包含培训目的的实现程度，又要注意培训过程人员的满意程度。

（3）灵活性原则。灵活性原则主要是指培训评估方法的选择要根据实际需求灵活运用，要根据评估的目标和评估对象以及评估周期确定所采用的评估方法。同时，接受评估者应享有对评估方案的话语权，评估制定者应在广泛采纳评估对象意见的前提下根据具体情况制定出科学的评估方法，并通过在实践中的运用收集反馈信息以改进评估方案。

5.5 培训成果转化

培训成果的转化主要是指企业管理者和受训员工将员工在培训中所学到的知识、技能或能力及行为运用到实际工作中的努力过程。我们特别强调培训成果的转化工作，因为它与为企业经营战略提供合格的人力资源产品紧密相关，而培训的目的就是要改善员工的工作业绩并最终提高企业的整体绩效。因此，员工在培训中所学到的内容必须运用到实际的工作中，这样培训才具有现实意义，否则培训的投资对企业来说就是一种浪费。

关于培训成果的转化，有三种主要的理论，如表 5-3 所示。

表 5-3 培训成果转化的三种理论

理论	强调重点	适用条件
同因素理论	培训环境与工作环境完全相同	工作环境的特点可预测并且稳定，例如设备使用培训
推广理论	一般原则运用于多种不同的工作环境	工作环境的特点不可预测并且变化剧烈，例如谈判技能的培训
认知转化理论	有意义的材料可增强培训内容的存储和回忆	各种类型的培训内容和环境

资料来源：诺伊.雇员培训与开发[M].徐芳，译.北京：中国人民大学出版社，2001.

成果转化没有统一的方式和途径，不同的培训对象和内容可能需要不同的成果转化方式。但一般来说，成果转化需要组织营造一个支持性的工作环境，需要员工对培训内容不断学习和真正领悟，需要员工有意识地在工作中应用新的知识和技能。

（1）营造支持性的工作环境。很多企业的培训没有产生效果，往往是缺乏可应用的工作环境，使学习的内容无法进行转移。缺乏上级和同事的支持，受训者改变工作行为的意图是不会成功的。有效的途径是由高层在企业内长期倡导和学习，将培训的责任归于一线的管理者，而不仅仅是培训部门。短期内可建立制度，将培训纳入考核中，使所有的管理者有培训下属的责任，并在自己部门中建立一对一的辅导关系，保证受训者将所学的知识应用到工作环境中。

（2）建立学习小组。无论是从学习的规律还是从转移的过程来看，重复学习都有助于受训者掌握培训中所学的知识和技能，对一些岗位要求的基本技能和关键技能则要进行过度学习，如紧急处理危险事件程序等。此外，建立学习小组也有助于学员之间的相互帮助、相互激励、相互监督。理想的状态是同一部门的同一工作组的人员参加同一培训后成立的小组，并和培训师保持联系，定期复习，这样就能改变整个部门或小组的行为模式，培训小组人员可为小组准备一些相关的复习资料。

（3）制订行动计划。在培训课程结束时可要求受训者制订行动计划，明确行动目标，确保回到工作岗位上能够不断地应用新学习的技能。为了确保行动计划的有效执行，参加者的上级应提供支持和监督。一种有效的方法是将行动计划写成合同，双方定期回顾计划的执行情况，培训人员也可参与行动计划的执行，给予一定的辅导。

小案例

某企业为快速开拓模具设计市场，决定新培养一大批掌握先进CDA/CDM技术的设计人员。企业投入大量资金新建了两间现代化的电脑培训教室，120台高配置电脑联网，高清晰度三枪投影，100套正版Pro/E、UG学习软件，从多所知名大专院校的应届毕业生中挑选了近百位机械类专业的优秀毕业生，开办了工程软件应用和模具设计培训班。经过3个月的封闭学习和训练，学员们熟练掌握了3D绘图、CNC加工、产品及模具设计的基本知识和技能。

企业以此为基础组建了颇具规模的产品及模具设计室。半年后，正当企业接到的设计订单逐渐增多，这批员工也积累了较多的设计经验，开始显出经济效益的时候，却出现了人才外流的现象。一年半以后，这批学员已经成了设计室的骨干力量，但半数以上的人员，其中不乏技术尖子，被外企业用几乎翻倍的高薪挖走，令人痛心不已。

思考题：培训如何才能避免"为别人作嫁衣裳"呢？

5.6 员工培训的发展趋势

员工培训具有一定的时代性，随着新技术的不断涌现，培训形式和方法也会随之升级改造。另外，为保证培训效果，培训的形式也应该与员工的需求相一致。近些年来，随着手机互联网的快速发展，人们的生活和学习方式也随之发生了改变。在人群中、车厢里，人们不时低头把玩着手机，浏览来自微信朋友圈的信息。遇到感人的故事或独到的观点，便可随心地转发给其他朋友。经过不断地分享，相识或不相识的人们建立起轻松、自然的联系，不经意间收获更多的知识。

反观企业培训，越来越多的公司员工趋于年轻化，"85后""90后"员工逐步成为公司的主力，他们个性独特、张扬，差异性明显增强，同时，他们也需要持续不断地学习，以求个人职业生涯的发展。但长期以来，企业对于员工的培训基本上沿袭了传统的讲座形式，在投入大量时间、精力和人力、物力后，培训不仅越来越难见成效，甚至还导致员工满腹怨言、人在神离等诸多负面影响。更糟糕的是，有些企业培训尚未开始，就被员工私下冠以"洗脑"之名。当员工们满怀戒备和抵触情绪走进培训课堂，培训效果之差也可想而知了。

年轻员工受到"微信""微博"等"微技术"的影响，正逐渐形成"碎片式"的学习习惯，这必然对传统企业培训形式提出挑战。我们认为，企业在进行内部培训时，应根据需要及培训对象思维方式的变化，与时俱进，大胆创新，在内部培训上启动"微培训"模式。

所谓"微培训",既可以理解为"微知识",也可以理解为"小故事讲大道理"等,主要体现在培训内容和方式上的小、精、专。在培训形式上,"微培训"更为自由、灵活。企业可以综合运用微信朋友圈、微博、QQ群等手段,让员工在工作之余"见缝插针"地学习,有效地解决"工学矛盾"。

常见的统一培训往往强调由上至下的培训覆盖率,却难以保证培训的最终效果。而"微培训"借助微信朋友圈或QQ群,集中了相同行业、相同技术的企业员工,以每位培训对象为核心,构建开放式的环境,向培训对象传播"微知识"和"微技能",通过学员、群体间的层层传递和放大,形成纵横交错的培训"辐射网",使员工培训内容相互交叉、多层覆盖,在更短的周期内补足员工的"短板"。这种形式,既提升了培训效果,又确保了学习的覆盖面。

相对于那些动辄数天,少则大半天的企业培训,"微培训"因其短小精练而更受企业员工欢迎,就算是要将令人头痛的专业知识熟记于心,对员工来说也较为简单容易。"供电服务方针是优质、方便、规范、真诚。"这是某供电公司以短信形式向员工发送的业务学习内容。为给员工提供生产、营销、安全、企业文化等方面的基础知识,该公司每天向员工发送一条核心业务学习短信。一条短信看似微不足道,但经过日积月累,聚沙成塔,便成为员工便携式的"口袋书"。

当然,微培训的兴起既是时代发展的必然,也是实现培训与员工需求相吻合的一种方法。由于组织者和受训者未能实现有效融合,传统培训模式一直受到很多人的诟病。一边是培训组织者在费力地安排课程,培训时间、课时长短、授课内容都是限定的,甚至就连中间休息也有这样那样的要求;另一边,员工们被动、盲目地游走在大小主题的培训会场,被"填鸭式"的培训方式所绑架,对于讲师所讲内容、关注点等毫无兴趣。"微培训"模式可以在潜移默化中让员工心甘情愿、自动自发地加入"圈子",主动参与培训的主题。

目前,已有很多企业在微培训领域进行了很好的尝试。有的企业让员工自主提报培训主题,或者建立内部培训超市,培训课题、形式多样可选,既包含专业技术、通用素质、企业管理等内容,也涵盖了个人修养、文学兴趣、音乐熏陶等;有的企业还建立起公司内部的"好友圈",将同行业里有共同爱好、共同知识需求和观点的员工吸纳进来,而企业从中只起到搭建平台的作用,并不参与任何观点讨论,这让员工们相互交流、自主学习的兴趣更浓,在无形中提高了员工的信息化能力和专业化水平,还巧妙地达到知识传递、成果分享的良好效果。

本章小结

员工培训是企业获得竞争优势的重要源泉。员工培训是指企业为开展业务及培育人才的需要,采用各种方式对员工进行有目的、有计划的培养和训练的管理活动,其目标是使员工不断地更新知识,开拓技能,改进员工的动机、态度和行为,更好地胜任现职工作或担负更高级别的职务,从而促进组织效率的提高和组织目标的实现,最终实现员工与组织的共同发展。员工开发是指为管理未来发展而开展的正规教育、在职体验、人际互动等活动,以及在学习型组织中为员工未来发展而开展的各种开发活动。培训需要遵循服务企业战略规划、目标、差异化、激励、讲究实效等原则。战略性培训是指培训目标和内容与企业经营战略目标相关联的培训活动。

培训流程包括培训需求分析、制订培训计划、培训实施、培训评估和反馈。培训需求分析过程包括三个方面:组织分析、任务分析和人员分析,可以应用观察法、访问法和问卷调查法等进行。培训计划和方案主要包括培训项目、培训对象、培训项目的负责人、培训方法、培训地点、培训形式、培训教师等。培训实施是员工培训系统的关键环节。在实施员工培训时,培训者要完成很多具体的工作任务。员工培训评估要遵循客观性、综合性、灵活性原则。

由于不同的培训方法的适用性不同,因此,企业在培训与开发的过程中需要根据本企业的实际情况选择合适的方法,从而提高培训的效果。

学习建议

在本章学习过程中,我们的学习重点应放在对基本知识的理解和掌握上,同时结合案例学习,认识培训在企业发展中的重要性。

1. 本章重点

培训需求分析的内容与方法;员工培训的方法选择;员工培训评估。

2. 本章难点

培训需求分析的内容与方法;员工培训评估。

核心概念

员工培训、员工开发、培训需求分析、组织分析、任务分析、人员分析、培训方案、培训目标、培训评估、讲座法、视听培训、学徒制、商业游戏、角色扮演、互联网培训、远程学习、探险性学习、团队培训、行动学习、微培训。

课后思考与练习

1. 如何理解培训的含义?
2. 培训的意义何在?应当遵循哪些原则?
3. 培训的步骤有哪些?
4. 如何进行培训需求分析?
5. 培训的效果如何评估?
6. 培训的方法有哪些?主要内容是什么?
7. 如何理解战略性培训?

案例分析 5-1

任正非致新员工的信

您有幸进入了华为公司。

我们也有幸获得了与您的合作。

我们将在共同信任和相互理解的基础上,度过您在公司的岁月。这种理解和信任是我们愉快奋斗的桥梁和纽带。

华为公司是一个以高技术为起点,着眼于大市场、大系统、大结构的新兴的高科技技术企业。公司要求每一位员工,要热爱自己的祖国,任何时候、任何地点都不要做对不起祖国、对不起民族的事情。

相信我们将跨入世界优秀企业的行列,会在世界通信舞台上,占据一个重要的位置。从历史使命角度,我们要求所有的员工必须坚持团结协作,走集体奋斗的道路。没有这种平台,您的聪明才智是很难发挥并有所成就的。因此,没有责任心,不善于合作,不能集体奋斗的人,等于丧失了在华为进步的机会。那样您会空耗宝贵的光阴,还不如在试用期中,重新决定您的选择。

进入华为并不等于可以立刻获得高待遇,公司是以贡献定报酬、凭责任定待遇的,新来员工因为没有记录,晋升较慢,为此,我们十分抱歉。但如果您是一个开放的,善于吸取别人经验,善于与人合作,能够借用别人提供的基础的人,那么您可能进步就会很快。如果封闭自己,总是担心淹没自己的成果,就会延误很长时间,也许到那时,您的工作成果已没有什么意义了。

机遇总是偏向于踏踏实实的工作者。您想做专家吗?一律从工人做起。进入公司一周以后,博士、硕士、学士,以及在公司取得的地位均已消失,一切凭实际才干定位,这在公司已经深入人心,为绝大多数人所接受。您需要从基层做起,在基层工作中打好基础、展示才干。公司永远不会提拔一个没有基层经验的人来做高级领导工作。遵照循环渐进的原则,每一个环节、每一级台阶对您的人生都有巨大的意义。不要蹉跎了岁月。

希望您丢掉速成的幻想,学习日本人的踏踏实实、德国人的一丝不苟的敬业精神。您想提高效益、待遇,只有把精力集中在一个有限的工作面上,才能熟能生巧,取得成功。在现代社会,科学技术迅猛发展,真正精通某一项技术就已经很难了,您什么都想会、什么都想做,就意味着什么都不精通。您要十分认真地对待现在手中的任何一项工作,努力钻进去,兴趣自然在逐渐积累您的记录。有系统、有分析地提出您的建议和观点;草率的提议,对您是不负责任,也浪费了别人的时间,特别是新来的员工,不要下车伊始就哇啦哇啦。要深入具体地分析实际情况,找出一个环节的问题,找到解决的办法,踏踏实实、一点一滴地去做,不要哗众取宠。

实践改造了人,也造就了一代华为人,它充分地检验了您的才干和知识水平。只有不足之处不断暴露出来,您才会有进步。实践再实践,对青年学生尤其重要。唯有实践后善于用理论去归纳总结,我们才会有飞跃、有提高,才能造就一批业精于勤,行成于思,有真正动手能力、管理能力的干部。有一句名言:没有记录的公司,迟早要垮掉的,就个人而言，何尝不是如此？

公司采取以各部门总经理为首的首长负责制，它隶属于各个以民主集中制建立起来的专业协调委员会。各专业委员会的委员来自相关的部门，按照少数服从多数、民主集中制的原则，集中了集体智慧，避免了一长制中的片面性，这也是公司多年来没有摔大跟头的原因之一。大民主、大集中的管理，还需要长期探索、不断完善，希望您成为其中一员。

您有时可能会感到公司没有真正的公平与公正。绝对的公平是没有的，您不能对这方面期望值太高。但在努力者的面前，机会总是均等的，只要您努力，您的主管会了解您的。要承受得起做好事反受委屈的考验。按受命运的挑战，不屈不挠地前进。没有一定的承受能力，不经几番磨难，何以成为栋梁之材。一个人的命运，毕竟掌握在自己手上。生活的评价，会有误差，但不至于黑白颠倒，差之千里。您有可能会因为不理解公司而暂时地离开，我们欢迎您回来，只是您更要增加心理承受能力，连续工龄没有了，与同期伙伴的位置差距拉大了。我们相信您会加步赶上，但时间对任何人都是一样长的。

在公司的进步主要取决于您的工作业绩，也与您的技术水平紧密相连。一个高科技产业，没有高素质的员工是不可想象的。公司会有计划地开展各项教育与培训活动，希望能对您的自我提高、自我完善有所帮助。业余时间可安排一些休闲活动，但还是要有计划地读书学习。不要搞不正当的娱乐活动，绝对禁止打麻将之类的消磨意志的活动。公司为您提供了一些基本的生活服务，可能还不够细致，达不到您的要求，对此我们表示歉意。同时还希望您能珍惜资源，养成节约的良好习惯。为了您成为一个高尚的人、受人尊重的人，望您自律。

发展是生存的永恒主题。我们将在公司持之以恒地反对高中层干部的廉价腐化，反对工作人员的懈怠。不消除这些弊端，您在公司难以得到充分的发展；不消除这些问题，公司发展也将会停滞。

公司在飞速地发展，迫切需要干部，希望您加快吸收国内外先进技术和卓越的管理经验，加速磨炼，与我们一同去托起明天的太阳。

资料来源：作者收集于网络，略做改编。

思考题：
1. 你是否认可任正非在信中的观点？请说明理由。
2. 你认为新员工如何才能更好地融入企业？

案例分析 5-2

像迎娶恋人一样培训新员工

婚姻为什么需要一场得体、庄重而浪漫的婚礼？如果这个问题想明白了，你也就能够理解为什么要把入职也办成一场婚礼。

婚礼绝不仅仅为了虚荣（或许有），它意味着一生厮守的开始。同样，当一个职员入职一家公司，也绝不仅仅意味着一纸合同。合同背后是员工青春年华的投入，是公司兴衰成败的肇因，是权力与责任的对等——入职培训，万不可小视。

但是我们也听过不同的声音："不就是报到上班嘛！慢慢来，员工自然会熟悉一切、适应一切的！"据有关方面统计，国内企业有70%以上在没有对新进员工进行有效培训的情况下，就让其立即到岗位上去正式工作了。就算做了培训的企业，很多也不太重视，往往把它当作一个形式，草草而过，不细致、欠规范。

且看以下几个企业所谓的新员工培训。

四川乐山某医药公司的入职培训"有点特别"：让新员工互相从别人的胯下钻过去。公司的董事长称自己是在用亲身经历教育员工，"受得屈中屈，方为人上人"。

某生产类企业，上至厂长，下至普通职工，无不认为入职培训是"有形式作用的废话"。该厂为期一天的培训，上午安排体检，不过走个过场；下午开大会，厂长宣讲相关思想与本厂生产状况；当晚组织全体新职工聚餐。

某IC卡生产企业对新聘技术员培训时，发了一大沓安全生产的资料，随后就要求每人在安全生产保证书上签字，入职培训就算完了。当记者问及在生产线上工作数月的李小姐"是否知道硅烷泄漏的危险性"时，她一脸茫然。

……

我们说新员工入职培训要像婚礼一样庄重，是因为通过培训能实现三大目的：一是让员工充分认识并认同公司的企业文化，找到归属感；二是让员工明确自己该做什么、怎么做，迅速找到自己的位置不断学习成长；三是让员工明晰自己的发展路径，围绕公司发展战略树立职业发展目标。在明确这些目的的前提下，就要思考培训的内容、培训的方式。

明确培训内容

培训内容因企业、行业不同而有很大差异，但是有些通用的内容还是需要给予重视的。

第一项，向新员工讲述企业的使命、愿景及核心价值观。国内很多专家看重入职培训的功用价值，而我更看重入职培训给员工带来的尊重、自豪、心心相印并由此奠定此后与公司日久天长的合作。通过系列活动让员工感受到企业文化，理解、支持并参与创造企业文化。因为唯有企业文化，才能维持员工持久的热情和积极性。

第二项，要在新员工培训中详细地介绍企业工作流程，特别是涉及员工日常工作过程中需要知道的流程。要让其了解企业概况、企业组织架构、企业的规章制度、部门概要及所从事的岗位职责。

第三项，公司福利。福利作为企业薪酬（工资、福利、培训机会、晋升机会、奖励）中的主要项目，也是员工特别关心的部分，因此应在培训过程中讲清楚。

第四项，安全生产教育。这对于制造企业来说相当重要，当然安全教育的内容比较多，应根据企业的实际情况编制培训重点，重点强调违章作业的危害及安全防范和发生事故后如何应急处理（包括逃生、报警、呼救等）以减少事故损失等。

第五项，员工礼仪及职业道德的培养。一家志存高远的企业，会格外重视这些因素，比如：早上同事之间一句贴心问候；着装与化妆（公司可对员工着装、化妆方面提出要求，以体现公司风貌）；电话礼仪（包括接听电话的应答方式，及电话交谈的基本礼仪等）；指示、命令的接受方式（在接受指示时，一定要记录备忘；若有不明之处，一定要确认明白为止；接受命令之后，要重述以确认）；报告、联络与协商（包括如何向上级做报告、通过何种方式与其他部门进行联络、如何与同事协商工作等）；员工职业生涯规划等方面的培训。

合理选择培训方式

设计新员工培训的内容不难，但是真正让培训落地并实现价值则远非想象的那么简单。这里面需要公司领导的支持，需要必备的经费保证，而且如果没有有效的培训形式和方法，培训效果就会大打折扣。套用一句老话：培训不是请客吃饭，不是做文章，不是绘画绣花。但是培训确实要做到雅致，做到从容不迫和文质彬彬，毕竟这是一场"恋情"的开始。

在安排培训之前，人力资源部应该找到各职能部门进行充分沟通，把"通识"和"专业"紧密结合起来，如果资源支持能做到因人而训则更好。培训过程中要把知识讲解和现场互动结合起来，让新员工积极参与到入职培训中来，释放其热情并借此发现优势。培训结束后则要进一步沟通反馈，针对员工关心的问题及培训没有解决的问题，做到查漏补缺。这里重点强调的是在培训过程中要针对内容选择形式，如下所述。

（1）针对企业文化、产品认知、公司制度、行为规范的培训最好是通过大课进行宣讲，因为企业文化的培训需要一种氛围，它本身就是一种影响力。有的公司则是录制光盘组织大家来看，然后进行讨论，这种做法也是可以的。

（2）针对基本常识（包括入职流程、日常工作服务、信息平台管理、办公环境维护等），由于其内容的琐碎性和实效性，一般穿插在日常工作的过程中实施，例如入职流程须知和日常工作服务手册的内容由人事专员在入职过程中介绍；信息平台的管理和办公环境的维护可以采用宣传指导、自学和即时指导相结合的方式进行。

（3）针对岗位职责、工作流程、工作技能的培训，在入职的基础培训过程中可以采用人事讲解、教材自学和即时训练相结合的方式实施。当然有些工作需要动手实践，这种情况下传统的"传帮带"方法就能有效发挥作用（对付出"传帮带"劳动的老员工，要给予物质和精神上的奖励）。

只要功夫深，铁杵磨成针。培训的内容与形式匹配是科学也是艺术，运用之妙在乎一心，关键是相关领导与培训负责人是否做到了"认真"二字。

重视入职第一天

一个企业好不好，员工在入职第一天就能感受到。让新员工对就职的第一天留下深刻的好印象，就意味着入职培训和员工融入新环境成功了一半；同时，也对后续同事之间沟通合作做好了准备。我在网上看到有专家罗列了一些方法供参考，我认为是很有价值的。

（1）举办一个简单但热烈的欢迎招待会，可以准备些咖啡和茶点，邀请公司员工来和新同事见面认识。

（2）帮助新员工安排好工作的准备，包括：办公座位、办公用品、姓名牌、名片、出入卡、内部通讯录、紧急联络表、电话设置、电脑设置（包括邮箱的申请开通）。

（3）告知最基本和即刻需要用到的信息，如：办公区的布局，最常用的电话和邮箱的使用指南，复印、传真、打印等办公设备的使用方法，茶水间、餐厅、洗手间的使用等。

组织的温暖与关怀不是体现在一些口号中，而是体现在日常细节里。但是扪心自问：对于这些细致的工作，你的公司做到了吗？我可以毫不客气地说，有的企业员工职业精神存在问题的主要原因在于企业忽视了自身的培育责任，尤其是对新入职员工的培养。

当企业家陶醉于自己的高瞻远瞩时，当企业家迷失于自己的高谈阔论时，他可曾想到那个入职第一天就互钻胯下的员工正在策划一场阴谋与背叛？入职培训之大，岂可不察？

资料来源：世界经理人网站。

思考题：

1. 透过案例内容，你认为应怎样对待新员工？
2. 根据所学和案例陈述，你认为应如何确定新员工培训内容和形式？

实训应用 5-1

实训项目

新员工培训。

实训目的

通过实训使学生掌握新员工培训的一般内容和流程，掌握新员工培训的组织技能。

实训内容

中国重型汽车集团有限公司（简称"中国重汽"）的前身是济南汽车制造总厂，始建于 1956 年，是我国重型汽车工业的摇篮，现为山东省济南市人民政府国有资产监督管理委员会直接监管的重要骨干企业之一。中国重汽曾在 1960 年生产制造了中国第一辆重型汽车——黄河牌 JN150 八吨载货汽车；1983 年成功引进了奥地利斯太尔重型汽车项目，是国内第一家全面引进国外重型汽车整车制造技术的企业；2007 年中国重汽在香港主板上市，初步搭建起了国际化平台；2009 年成功实现与德国曼公司战略合作，曼公司参股中国重汽（香港）有限公司 25%+1 股，中国重汽引进曼公司 D20、D26、D08 三种型号的发动机、中卡、重卡车桥及相应整车技术，为企业长远发展奠定了坚实的基础。目前，中国重汽已成为我国最大的重型汽车生产基地，2016 年 8 月，中国重汽在"2022 中国企业 500 强"中排名第 158 位。由于公司发展需要，2022 年公司面向应届毕业生招聘了 150 名新员工，分别为机械制造专业 25 名，汽车工程专业 35 名，凝聚态物理专业 5 名，市场营销专业 10 名，人力资源管理专业 4 名，财务人员 21 名，储备人才 50 名。请以人力资源部的身份编制一套新员工培训方案，要求方案具有可执行性。

实训应用 5-2

实训项目

员工培训计划的制订。

实训目的

通过实训，了解培训的基本原则、培训需求分析的重要性、员工培训的基本程序，掌握培训需求分析的方法，能够制订较为完善的员工培训计划。

实训指导

指导教师主要给予实训对象两个方面的指导：一是员工培训方面的基本知识、基本技能的指导，包括培训的基本概念、培训的实施及培训方法的选择。二是指导实训对象深入企业进行培训方面的调查，获得第一手资料。

实训组织

实训开始前，要求实训对象掌握相关知识体系，并获得企业培训方面的资料。

实训开始后，进行分组讨论，每组4～6人，每人充分发表个人意见和观点。每组制订的计划接受其他小组的提问和质疑，实训对象选择某家企业，编撰该企业的培训计划，指导教师在每组展示培训计划后进行点评。

本实训需要4～5学时完成。

实训考核

实训结束后，每位学生须编撰并完成实训报告，实训指导教师可给予点评。实训报告要求语言流畅、文字简练、条理清晰。实训报告内容主要包括实训报告封面（实训日期、实训人姓名、专业、班级等信息）、实训项目名称、实训目的、实训内容、实训资料（实训所依据的原始资料和使用的工具、材料等）、实训过程（实训采用的方法、步骤等）、实训结果或结论、收获与体会、实训指导教师评价意见等。

实训对象编制的培训计划大致需要包括：培训需求分析、工作岗位说明、工作任务分析、培训内容排序、描述培训目标、设计培训内容、设计培训方法、设计评估标准、试验验证。

实训成绩按优秀、良好、中等、及格和不及格五级计分法评定。

相关链接

中国人力资源开发网：http://www.chinahrd.net

中华培训网：http://www.china-training.com

企业大学网：http://www.study365.cn

中国培训师大联盟：http://www.china-trainers.com/

人力资源开发管理网：http://www.hrdm.net

中国人力资源网：http://www.hr.com.cn

亚太人力资源网：http://www.aphr.org

人力资源管理协会网站：http://www.shrm.org

HR管理世界：http://www.hroot.com

中华人力总监网：http://www.chinacho.com

Chapter 6

第6章

绩效管理

学习目标

- 理解绩效与绩效管理的基本含义。
- 理解和掌握绩效考核的流程。
- 掌握绩效考核的模式。
- 掌握绩效考核的方法。
- 掌握生态文明绩效考核的概念、要求。
- 理解绩效管理和提升生态文明素质的关系。
- 通过对于绩效、绩效管理概念的学习,增强学生工作的责任感。
- 通过对于绩效考核方法的学习,增强学生的竞争意识,提高竞争能力、沟通能力。

引例

D 公司的绩效考核

D 公司创建于 2001 年,专注于煤炭购销等领域的经营。随着企业的不断发展,企业的规模在不断扩大,同时企业的经营范围也在逐渐增加。D 公司在发展的过程中始终坚持客户的主导地位,并且非常注重企业信誉的维护,得到了一大批客户的认可,一直保持着比较迅猛的发展态势。D 公司在发展过程中,充分认识到科学的绩效考核方式对于企业的健康持久发展的重要性。

D 公司确立了绩效考核中应该贯彻实事求是、公平合理、民主参与的原则。该公司成立专门的绩效考核领导小组,由公司总经理担任负责人,各部门经理和人力资源部员工担任组成人员。对于不同种类的人员采取不同的考核方式。

机关部室考核。部室负责人根据部室的工作情况向领导小组汇报,然后通过综合评分确定最终考核结果,其中总经理评分占 40%,部门经理评分占 30%,基层员工代表评分占 30%。

中层管理人员考核。中层管理者要根据工作目标达成状况、工作态度、工作能力等方面进行考核。向领导小组进行口头述职和书面述职，由领导小组进行打分。考核得分＝部室考核×50%+述职考核×50%。

部室一般基层员工考核。考核内容包括工作目标达成状况、工作能力、纪律性等。需要基层员工提交述职报告，领导小组的考核人员根据基层员工的具体工作状况进行评分。考核得分＝部室考核×40%+述职考核×60%。

考核结束后，考核结果向被考核者反馈，并听取被考核者的意见。根据考核结果计算相应的绩效工资。由于公司对于绩效考核的重视，公司业绩不断提升，职工满意度也不断上升。

资料来源：作者根据调研的资料整理。

6.1 绩效的含义

绩效就是根据企业的业务性质、战略取向、战略目标和工作性质等，对员工的行为、所应完成的工作任务或工作结果所做出的符合一定标准的规定和要求。绩效概念包括三个方面的含义：一是工作产出或结果；二是工作行为；三是与工作相关的员工个性特征或特质。绩效具有以下特点。

（1）行为导向作用。这是指根据企业的期望而设立的绩效指标和绩效标准，能够引导员工的行为取向。它主要体现在两个方面：一是绩效指标的设计，能够反映企业所关注的重要方面，使员工明确努力方向；二是绩效标准的设定，让员工明确应努力的程度。

（2）专属性特征。从企业层次来看，绩效与特定企业的文化、价值观、业务性质及战略相联系，不同企业对绩效的定义也不同。

（3）动态性特征。这是指绩效的定义和评定标准随企业的发展阶段、战略目标和人力资源管理任务的变化而变化。

绩效可以从组织绩效、部门（团队）绩效和员工绩效三个层次来考虑，但无论是组织层次还是部门层次，绩效的根基都来源于员工的绩效。员工的绩效水平受诸多因素影响。它不仅取决于员工的个人技能水平、行为和表现，还受到企业有关政策、激励、领导和管理水平、工作条件等多种因素的影响。

6.2 绩效管理概述

6.2.1 绩效管理的概念

绩效管理是有效管理员工以确保员工的工作行为和产出与组织目标保持一致，进而促进个人与组织共同发展的持续过程。具体可以从以下几点来理解。

绩效管理是一个持续的管理过程。它不仅是一套表格、一年一度的评价以及奖励计划，更是融入员工的日常行动和行为之中，以期改进和提高绩效的持续管理过程。

绩效管理是建立共识的过程，即组织和员工都明确要实现的目标以及实现目标的途径。组织首先应把自身的目标与关键的成功因素具体化为绩效指标，然后，通过沟通让员工理解工作绩效标准或成功标准是什么，通过什么途径、方式或努力能达到这种标准。

绩效管理是有效管理员工的方法。绩效管理的焦点是对人的行为的管理，是引导个人或团队怎样共同努力、互相支持以达到公共目的。

绩效管理的最终目的是最大可能地取得个人和组织的成功。企业领导者通过持续的管理过程，为员工建立清晰的目标，提供支持，不断反馈和沟通，并承认或认可员工的努力，促进个人绩效不断改进和提高，从而确保实现组织业绩。

6.2.2 绩效管理的实施过程

绩效管理的实施过程包括绩效计划、绩效实施、绩效考核和绩效改进四个阶段。这四个阶段构成了一个封闭的循环，促使企业绩效管理水平不断提高，如图6-1所示。

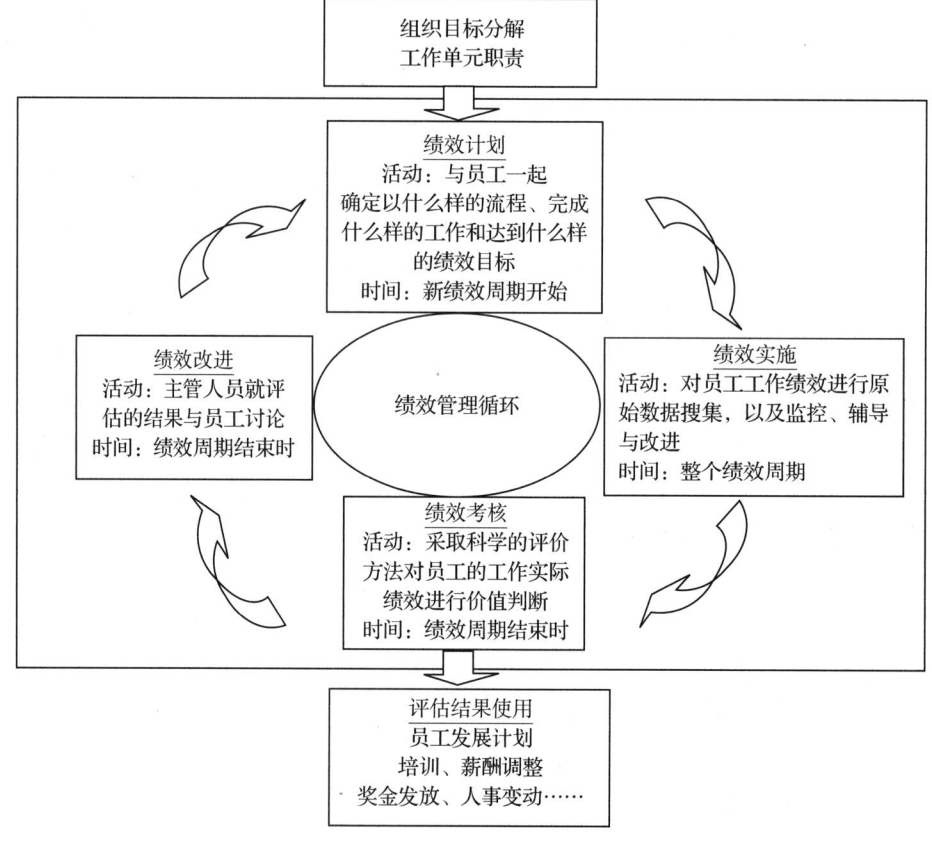

图 6-1 绩效管理的实施过程

资料来源：作者根据资料整理而成。

绩效计划是绩效管理系统的基础性环节，它开始于新绩效周期。绩效计划是指管理者与员工共同讨论，就实现目标的时间、责任、方法和过程进行沟通，以确定员工以什么样的流程，完成什么样的工作和达到什么样的绩效目标的一个管理过程。绩效计划主要包括三个部分：绩效管理实施的具体计划、绩效目标的确定和编制绩效评估指标。表 6-1 为某公司绩效计划样表。

表 6-1 某公司绩效计划样表

受约人：		职位：	直接主管：	绩效期间：	
工作目标		主要产出	完成期限	衡量标准	评估来源
完善××管理制度		修订后的《××管理规范》	2012 年 8 月	《××管理规范》中责任明确，流程清晰，反映了客户需要	主管评估
完成对×客户的销售目标		销售额回款率	2013 年 1 月底	销售额达到 500 万元，回款率不低于 80%	销售记录
建立客户数据库		客户数据	2012 年 12 月底	信息能够及时准确地反映到数据库中；能够与整个公司管理信息系统接轨；使用便捷	主管评估
受约人签字：			主管人员签字：		时间：

资料来源：作者根据资料整理。

绩效实施贯穿整个绩效周期，是按照绩效计划对员工工作绩效进行原始数据搜集，并对员工绩效进行监控、辅导与改进的过程。绩效实施阶段是整个绩效管理的关键阶段。因为所实施的效果将直接关系到所得出的绩效评估结果的公正性，进而关系到依据评估结果所制订的人力资源管理政策的正确性和可操作性。

绩效考核是在绩效周期结束后，采取科学的评价方法对员工的工作实际绩效进行价值判断的过程。第一，要对所搜集到的绩效原始数据进行汇总与检验；第二，如果确认搜集的评价数据充分、全面和准确，可以根据这些对员工的绩效完成情况进行评价；第三，在最终的绩效评价结果生效之前，管理人员还必须与员工就考核结果进行面谈沟通，也就是绩效评估结果的反馈沟通阶段。

绩效改进阶段发生在绩效周期结束时，主管人员就评估的结果与员工讨论。它包括两个小阶段，分别是绩效结果应用阶段和绩效改进阶段。绩效结果应用阶段主要是企业将绩效评价结果依据绩效计划书的责任约定及时进行奖惩兑现；绩效改进阶段则是企业依据上一轮评价周期的绩效考核情况，对员工新一轮的绩效目标和评价标准进行修正。

6.3 绩效考核

6.3.1 绩效考核概述

绩效考核起源于西方国家文官（公务员）制度。最早的考核起源于英国，在英国实行文官制度初期，文官晋级主要凭资历，于是造成工作不分优劣、所有人一起晋级加薪的局面，结果是冗员充斥，效率低下。1854—1870 年，英国文官制度改革，注重表现、看重才能的考核制度开始建立。根据这种考核制度,文官实行按年度逐人逐项进行考核的方法,根据考核的结果,实施奖励与升降。英国文官考核制度的成功实行为其他国家提供了经验和榜样。美国于1887年也正式建立了考核制度。强调文官的任用、加薪和晋级,均以工作考核为依据,论功行赏,又称为功绩制。此后,其他国家纷纷借鉴与效仿,形成各种各样的文官考核制度。这种制度有一个共同的特征,即把工作实绩作为考核的最重要内容,同时对德、能、勤、绩进行全面考察,并根据工作实绩的优劣决定公务员的奖惩和晋升。

文官制度的成功实施,使得有些企业开始借鉴这种做法,在企业内部实行绩效考核。绩效考核通常也称为业绩考核、绩效考评,是针对企业中每个员工所承担的工作,应用各种科学的定性和定量的方法,对员工行为的实际效果及其对企业的贡献或价值进行考核和评价。有效的绩效考核,不仅能确定每位员工对组织的贡献程度,而且能够增强员工的公平感和满意度,更可以从整体上对人力资源的管理提供决定性的评估资料,从而改善组织的反馈机能,激励员工的士气,提高员工的工作绩效,也可作为公平合理地奖惩、培训、辞退、提升员工的基础和依据。

随着经济社会的发展,对于绩效考核的范围也逐渐有了新的认识。从原来的针对一个组织、针对组织的员工的考核,扩展到对于社会层面的考核。考核的内容也从原来主要考核经济方面的绩效扩大到考核生态方面的绩效。

《中华人民共和国国民经济和社会发展第十四个五年规划和2035年远景目标纲要》专门对于生态文明建设的绩效提出明确要求。"十四五"时期,我国国土空间开发保护格局得到优化,生产生活方式绿色转型成效显著,能源资源配置更加合理、利用效率大幅提高,单位国内生产总值能源消耗和二氧化碳排放分别降低13.5%、18%,主要污染物排放总量持续减少,森林覆盖率提高到24.1%,生态环境持续改善,生态安全屏障更加牢固,城乡人居环境明显改善。

2021年10月,中共中央、国务院印发《国家标准化发展纲要》(以下简称《纲要》)。《纲要》明确,到2025年,实现标准供给由政府主导向政府与市场并重转变,标准运用由产业与贸易为主向经济社会全域转变,标准化工作由国内驱动向国内国际相互促进转变,标准化发展由数量规模型向质量效益型转变。标准化更加有效推动国家综合竞争力提升,促进经济社会高质量发展,在构建新发展格局中发挥更大作用。

到2035年,结构优化、先进合理、国际兼容的标准体系更加健全,具有中国特色的标准化管理体制更加完善,市场驱动、政府引导、企业为主、社会参与、开放融合的标准化工作格局全面形成。

在完善绿色发展标准化保障方面,《纲要》明确,建立健全碳达峰、碳中和标准。加快节能标准更新升级,抓紧修订一批能耗限额、产品设备能效强制性国家标准,提升重点产品能耗限额要求,扩大能耗限额标准覆盖范围,完善能源核算、检测认证、评估、审计等配套标准。

随着各个行业碳达峰和碳中和标准的逐步确立,我国社会层面关于生态文明的绩效考核将有据可依,其考核质量将得到进一步提升。

6.3.2 绩效考核的流程

考核是根据确定的目标来核准考核对象的属性，并将这种属性变为客观定量计值或主观效用的行为。按照绩效考核工作的先后顺序，绩效考核通常包括确定考核目标、选择考核对象、构建考核指标体系、设置考核标准、衡量实际绩效、考核结果反馈、考核结果用于人力资源决策以及制订绩效改进计划。这八个步骤共同形成一个完整的绩效考核流程。其中，考核目标是整个绩效考核体系的中枢。不同的考核目标决定了不同考核对象、考核指标和考核标准的选择，相应地，制订的绩效改进计划也不同。

（1）确定考核目标。考核目标是进行绩效考核的理由，是整个绩效考核体系的中枢。只有明确了考核目标，考核活动才能具有针对性。绩效考核目标主要取决于考核主体的信息需求。考核主体是考核活动的组织者和实施者，如企业的股东、债权人或企业的高层管理者都可以作为某次考核活动的主体。不同的考核主体出于不同的动机，有着不同的考核目标。即使同一考核主体，企业在发展的不同阶段或在不同的内外部环境条件下，考核主体需要掌握的信息也不同，相应地，绩效考核的侧重点或目标也会发生变化。

（2）选择考核对象。考核对象是考核活动的接受者，主要有两类：①企业中的某个部门、业务单位或整个企业；②企业雇员，包括一线员工、部门主管、中层管理者和高层管理者等。考核对象是一个变化的范畴，由考核机构根据考核目标而定。选择恰当的考核对象对整个考核活动至关重要。一方面，考核对象的选择会直接影响考核活动能否最终实现既定的考核目标；另一方面，绩效考核的结果也会对考核对象的职业生涯产生影响，甚至关系到考核对象今后的命运。譬如，股东对企业的考核会影响到企业的未来发展战略，比如应该扩张、重组、收缩还是转向，对管理者的考核关系到其薪酬变化和职位升降。

（3）构建考核指标体系。在选定考核对象后，接下来就该回答：需要对考核对象的哪些方面进行考核，即如何构建一个科学的绩效考核指标体系。绩效考核指标体系是基于考核目标，按照系统方法论构建的一系列反映考核对象某些侧面相关因素的指标集合而成的系统结构。它所包含的每一项指标都应与考核目标紧密相关。实际上，考核指标体系界定了针对考核对象扩展考核活动的领域与焦点。表 6-2 为某公司财务部绩效考核指标体系。

表 6-2　某公司财务部绩效考核指标体系

指标大类	指标名称	权重系数	计算方法	考核频度	数据来源	处理部门	目标值
财务表现	资金闲置成本	20%	当期闲置资金 × 当期利率	月末计算上报，季末、年末考核	期末财务报表	稽核室	7.5 亿元
	公司预算执行率	15%	（公司实际发生费用 − 预算费用）/ 预算费用 × 100%	月末计算上报，季末、年末考核	期末财务报表、年初预算数据	稽核室	10%
	实际发生费用与预算的差异率	15%	（实际费用 − 预算费用）/ 预算费用 × 100%	月末计算上报，季末、年末考核	期末财务报表、年初预算数据	稽核室	10%

（续）

指标大类	指标名称	权重系数	计算方法	考核频度	数据来源	处理部门	目标值
客户满意	内部客户满意度	5%	内部客户满意度调查问卷	年末考核	相关部门	人力资源部	60%
内部管理	完成财务报表的准时率	15%	准时完成的财务报表数量/需提交的财务报表总数	年末考核	财务部	稽核室	95%
内部管理	审计调整分录的数量	15%	审计师对会计分录的调整数量	年末考核	稽核室	稽核室	80笔
内部管理	治安、消防、信息安全	5%	治安、消防、信息安全工作考核	年末考核	稽核室	人力资源部	80%
员工培养	获得专业资格的员工数	5%	本部门获得相关专业资格的员工数量	年末考核	财务部	人力资源部	通过率80%
员工培养	员工满意度	5%	员工满意度调查问卷	年末考核	该部门员工	人力资源部	75%

资料来源：作者根据资料整理。

考核指标是指从哪些方面对工作绩效进行衡量或评估，即"评估什么"。考核指标通常分为客观性指标和主观性指标两类。客观性指标是指可以客观衡量员工绩效的一些定量化的工作指标，如员工每月应该完成的产品数量、商店营业员每天的营业额等。客观性指标又可以进一步细分为两类：人事考核指标（如产品的合格率、事故的发生率及员工的出勤率等）和生产任务性指标（如员工在一定时期内所完成的生产量）。主观性指标是指考核主体对一些无法用客观量化的指标考核的内容进行定性说明的指标，如给出"非常好、较好、一般、较差、非常差"5个等级。客观性指标和主观性指标都具有各自的利弊，在实际考核的过程中，应根据考核目标来选取适宜的指标。

从绩效考核的内容来看，一个科学的绩效考核指标体系应该包括以下三个方面：①业绩考核，主要考核员工的工作业绩；②态度考核，主要考核员工在完成工作过程中的态度和努力程度；③能力考核，主要考核员工在何种程度上达到了组织所预期的职能水平。

考核指标体系可以由单一指标构成，也可以包含多项指标。构建指标体系主要涉及三个问题：第一，考核指标的选取和指标库的建立。绩效评价指标的选取要考虑：①绩效评价的目的，目的不一样决定了评价内容的不一样，进而决定指标的不同。例如，评价目的是决定晋升，则以能力、业绩、工作态度、适应能力、人品为指标；如是调配，则应以能力、适应能力为指标；若是提薪，则可以能力、业绩、工作态度构建指标体系。②被评价人员所承担的工作内容和绩效标准。③取得评价所需信息的便利程度。第二，针对不同岗位的特点选择不同的绩效评价指标。第三，为各个指标赋予权重。指标权重是指每项指标在指标体系中所占的比重。对考核指标分配的权重体现了考核指标体系中各要素的重要性及其对绩效考核结果的影响程度。一般情况下要根据评价的目的、被评价者的职位特征和企业文化等来决定。确定指标权重的方法有专家意见法、管理者经验法、德尔菲法、逐对比较法、层次分析法等。

（4）设置考核标准。在构建了考核指标体系后，还需对指标体系中的每项指标的评价标准进行明确界定，并就这些标准与员工进行沟通，这是绩效考核工作中为避免主观随意性而必不可少的前提条件。绩效考核标准必须以职务分析中制定的职务说明与职务规范为依据，并立足企业的长远发展目标，以便在实际操作过程中既起到衡量基准的作用，又发挥应有的行为引导功能。考核标准的合理性直接决定着绩效考核结果的有效性。如果没有较为客观的考核标准，考核者就无法客观地对考核对象做出正确的评价；如果制定的考核标准不合理，考核结果与员工的实际情况之间就会存在偏差，从而影响考核的公正性与公平性。一般来讲，考核标准包括业绩标准、行为标准及任职资格标准等方面。

（5）衡量实际绩效。衡量实际绩效的主要内容就是收集有关考核对象的信息，确定指标体系中各项指标的实际值。在衡量考核对象的实际绩效之前，考核者应该对有关考核对象信息的内容、来源、收集方法以及由谁收集即考核方式等做出合理安排。

这一阶段是绩效考核的具体实施阶段。考核者以考核标准为依据，对员工各个方面的表现进行评价，得出评价意见。这一阶段的工作往往是一个从定性到定量的过程，具体包括对每一个考核指标评定等级并对其进行量化；在此基础上，对照员工的实际表现为每一个考核指标评分；最后，对各项指标的分数进行汇总分析，得出考核结果。

（6）考核结果反馈。绩效考核结束后，上级应当通过一定的方式及时将考核结果反馈给被考核者。这种反馈一般有两种形式：一是绩效考核意见认可，即考核者以书面的形式将考核意见反馈给被考核者，若被考核者认可，则签名盖章；若被考核者有异议，可以提出，并要求直接上司或人力资源管理部门予以裁定。二是绩效考核面谈，即考核者就考核结果与员工进行面对面的沟通，将考核结果反馈给被考核者，了解其反应和看法，而绩效考核面谈记录和绩效考核意见也需要被考核者签字认可。

为了保证考核结果反馈的效果，在反馈时应当注意几个问题：①考核结果的反馈应当及时；②明确具体，言之有据；③反馈应当对事不对人；④把握反馈的技巧。

考核结果反馈的实际过程，通常以反馈面谈的形式进行。一般由直接上司与被考核的员工进行面谈，他们一般会在回顾考核结果的基础上探讨员工个人今后的职业发展规划，以让其发扬优点、改正不足。反馈面谈通常有三种类型，每种类型的面谈都自有其特殊的目的，如表6-3所示。

表6-3 反馈面谈的三种类型

反馈面谈的类型	反馈面谈的目的
考核结果令人满意：被考核者可以得到提升	制订开发计划
考核结果令人满意：被考核者不能得到提升	维持现有绩效
考核结果令人不满意：被考核者的绩效可以改善	绩效改进计划
考核结果令人不满意：被考核者的绩效无法改善	解聘或放任自流（无须再面谈）

资料来源：德斯勒. 人力资源管理：第6版［M］. 刘昕，吴雯芳，译. 北京：中国人民大学出版社，1999：357.

员工对反馈面谈会有担心，他们认为这是私人化的，而且对个人的未来发展非常重要，同时他们还想知道上司对他们工作业绩的评价。因此，为了保证反馈面谈的效果，考核者应当注意面谈的技巧。在面谈时，首先，应消除员工的紧张情绪，建立起融洽的谈话气氛；其次，在反馈过程中，语气应尽量平和，不能引起员工的反感；再次，面谈是双向沟通的过程，不是"教导"下属的时机，要给员工发言及说明的机会，允许他们解释，面谈过程中要注意倾听；最后，面谈应以鼓励为主，积极肯定员工的优点，同时指出员工目前和未来的不足之处，客观地提供建设性的改进方法，与员工共同制订职业发展规划。

总而言之，反馈面谈的技巧非常重要，甚至会影响反馈的效果。与被考核者缺乏沟通或面谈效果不好时，反馈会导致被考核者的消极行为，这样不仅不能使考核效果得到有效利用，而且会导致被考核者以后绩效的下降，这无论对组织还是对员工个人的发展都是不利的。

（7）考核结果用于人力资源决策。绩效考核的结果可以作为工资等级晋升和绩效工资发放的直接依据，与薪酬制度接轨；记入人事档案，作为确定职位晋升、职位调配和教育培训等人事待遇的参考依据；作为调整工作岗位、脱岗培训、免职、降职、解除或终止劳动合同关系等人事安排的依据。

通过绩效考核，组织可以挖掘出绩效突出、素质好、有创新能力的优秀员工。对于这部分员工，应当通过岗位轮换、特殊培训等方式，从素质和能力方面进行综合全面的培养；对于绩效考核成绩不太理想的员工，应找出被考核者素质与任职岗位的差距，按照组织的经营方针与长远发展战略对员工的要求，设计并实施有针对性的培养计划，提高员工的能力和水平；对那些绩效考核成绩达不到要求、能力改进并不明显的员工应考虑是否有其他合适的岗位比原有岗位更能发挥其作用，对其进行工作调换。绩效考核就是要通过对员工职业发展的考虑，使员工的工作绩效、工作能力或行为方式与员工的职业前景相匹配，从而强化员工提高绩效和能力的意识，促使所有员工努力提高工作能力，以完成组织的绩效目标。

（8）制订绩效改进计划。通过对员工绩效考核结果的分析，根据员工有待提高的方面所制订的在一定时期内完成的系统计划就是绩效改进计划，这一计划的内容是关于员工工作绩效和工作能力的改进和提高的。考核者应根据绩效反馈达成的共识，制订员工的绩效改进目标、个人发展目标和相应的行动计划，并将其落实在下一阶段的绩效目标中，从而进入下一轮的绩效考核循环。绩效改进计划通常是在管理者与员工进行充分沟通后由员工自己制订的，其内容一般包括绩效改进项目、改进原因、当前水平和预期水平、改进方式及达标期限等。

6.3.3　绩效考核模式

归纳起来，常用的绩效考核模式主要有以下几种。

（1）关键绩效指标（key performance indicator，KPI）考核。KPI 考核是通过对工作基础特征的分析，提炼出的最能代表绩效的若干关键指标体系，并以此为基础进行绩效考核的模式。KPI 必须是衡量企业战略实施效果的关键指标，其目的是建立一种机制，将企业战略转化为企业的内部过程和活动，以不断增强企业的核心竞争力和持续地获取高效益。

（2）目标管理（management by objective，MBO）。目标管理是由管理大师彼得·德鲁克在《管理的实践》一书中首先提出的概念。他认为企业的目的和任务都必须转化为目标，而企业目标只有通过分解变成每个更小单位的目标之后才能够实现。目标管理的最大优点在于：以目标给人带来的自我控制力取代来自他人的支配式的管理控制方式，从而激发人的最大潜力，把事情办好。

（3）平衡计分卡（balance score-card，BSC）。平衡计分卡是20世纪90年代初哈佛商学院的罗伯特·卡普兰（Robert Kaplan）教授和诺朗诺顿研究所的首席执行官戴维·诺顿（David Norton）共同开发的一种组织绩效考核方法。平衡计分卡从财务、顾客、内部业务过程、学习与成长四个视角来衡量绩效，如图6-2所示。一方面考核企业的产出（上期的结果），另一方面考核企业未来成长的潜力（下期的预测）；再从顾客视角和内部业务过程视角考核企业的运营状况参数，充分把公司的长期战略与公司的短期行动联系起来，把远景目标转化为一套系统的绩效考核指标。

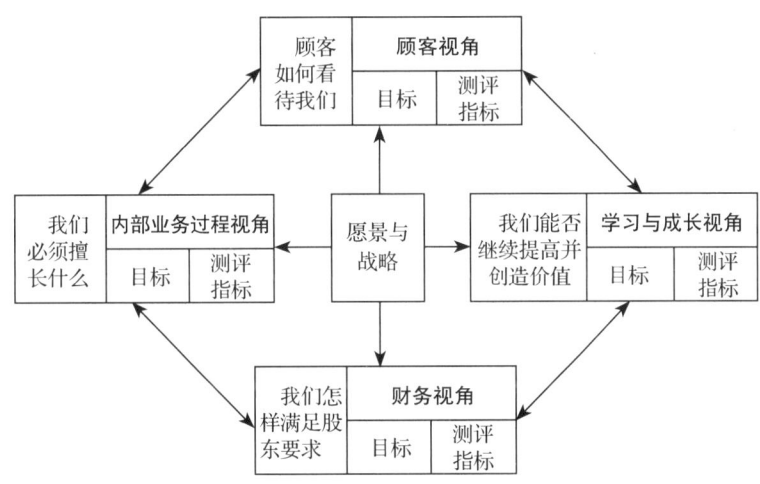

图6-2　平衡计分卡的基本框架

资料来源：林忠，金延平.人力资源管理[M].大连：东北财经大学出版社，2006：205.
　　　　　杨顺勇，王学敏.人力资源管理[M].3版.上海：复旦大学出版社，2008：142.

（4）360°绩效反馈（360° feedback）。360°绩效反馈最早由英特尔公司提出并加以实施，它是一种较为全面的绩效考核方法。360°反馈也称全视角反馈，是被考核者的上级、同级、下级和服务的客户对其进行评价，通过评论各方面的意见，清楚自己的长处和短处，来达到提高自己绩效的目的。

6.3.4　绩效考核主体

绩效考核是绩效考核主体对客体员工及其绩效的考核和评价。绩效考核主体如下。

（1）直接上司。由员工的直接上司对员工的工作绩效进行考核是大多数绩效考核制度的核心所在。由于员工的直接上司往往直接分派工作给员工，员工的大部分工作也向其反馈，因此，员工的直接上司能够处于最佳的位置来观察员工的工作绩效，因而能够对员工的各方面情况有较为充分的了解，从而可以较好地掌握考核的事实依据。但这种考核方式的弊端是，直接上司的个人偏见等情感因素容易影响考核结果，从而难以保证考核结果的客观公正，容易给上下级之间的关系带来负面影响。

（2）直接下属。这种考核方式常用于下属对管理者进行考核，这种过程通常称为自下而上的反馈。由于下属经常与上司打交道，对上司的工作比较熟悉，并且站在一个比较独特的视角观察上司很多与工作有关的行为，如领导能力、沟通能力、授权能力、对下属的关注程度等，因此，下属的考核过程有助于组织的管理者对组织的管理风格进行诊断，识别组织中存在的潜在问题。如果这种考核的目的是开发管理者的技能而不仅仅是对其工作绩效进行考核，这种方式将更为有效。

这种考核方式有利也有弊。优势有三点：其一，如果组织中的管理者与员工之间的关系占重要地位，那么此方式可以确定管理者能否胜任其职位；其二，此方式有助于培养管理者对员工的责任心；其三，直接下属考核可以是管理者进行职业发展培训时的依据。弊端在于上司被下属考核后的一些负面反应。正规的上下级关系有可能被打乱。同时，员工可能害怕报复从而无法给出正确评价。此外，员工也不愿意考核上司，因为他们认为这并非他们的本职工作。

（3）同级。同级考核也称同事考核。一般情况下，上司只能观察到员工工作绩效的一部分，在很多情况下，员工的同事更能全面地了解员工的日常工作情况。尤其在现代企业中，员工之间的团队合作越来越普遍，团队成员之间的合作程度是工作成功的关键所在。由于朝夕相处，同事很容易观察到员工的工作行为、态度及努力程度，可为考核提供更为真实的信息，因此，同事的考核具有较高的参考价值。有研究表明，在预测员工是否会被提升时，同事考核具有较高的准确性，并且对于员工晋升后的绩效，同事考核也具有较好的预测性。

（4）自我。自我考核又称自评。员工自评是指员工在正式的上司考核之前对自己的工作进行回顾，对自己的业绩、能力等方面做出初步的评价。自评具有诸多好处：员工直接参加考核，加深了员工对考核的投入程度；自评一般是鼓励员工回顾自己在考核周期所做的工作，而不是使其被动接受上级的评价，所以可以降低员工对考核的抵制心理。此外，自评还可以鼓励员工考虑自己未来的职业发展规划。但员工自评也存在不足之处。大多数研究表明，员工对他们自己的工作绩效所做出的评价一般要高于其直接上司或同事所做出的评价。因此，对员工自评的结果应妥善运用。通常要将自评结果与上司、下属及其他考核方式的考核结果相结合。

（5）其他考核主体。除以上四类考核主体外，一些企业还通过外部人员对本企业的员工进行考核，如采用顾客考核或供应商考核等。另外，一些组织还可能成立专门的绩效考核委员会来对员工的工作业绩进行考核。这些委员会通常由员工的直接主管和三四位其他部门的主管人员共同组成。

6.3.5 绩效考核方法

绩效考核方法多种多样。任何一种考核方法都有其自身的优势与劣势，并且有其特定的适用范围。常用的绩效考核方法如下。

（1）排序法。排序法是根据被评价者的工作绩效进行打分排序，从而确定相对绩效水平的评价方法。排序法可分为简单排序法和交替排序法。简单排序法是指评价者根据总体工作情况将员工从最好到最差进行排序。交替排序法则是评价者在所有要评价的员工中首先挑选出最好的员工和最差的员工，将他们列为第一名和最后一名；再从余下的员工中选出最好的员工作为第二名，最差的作为倒数第二名；依此类推，直到将所有员工排列完为止。排序法简便易行，速度快，但是由于标准单一，评估的结果存在较大偏差。

（2）强制分布法。强制分布法（forced distribution method）也称强制正态分布法。这种方法基于这样一种假设：企业的所有部门都同样具有优秀、一般、较差的员工。因此，在运用强制分布法进行绩效考核时，要求考核者依据正态分布规律，即俗称"中间大、两头小"的分布规律，预先确定评价等级以及各等级在总数中所占的百分比，然后按照被考核者绩效的优劣程度将其列入其中某一等级，表6-4就是一个预设的强制分布示例。

表6-4 强制分布示例

等　　级	对应绩效状况	比例分布（%）
A	绩效最高的	15
B	绩效较高的	20
C	绩效一般的	30
D	绩效低于要求水平的	20
E	绩效很低的	15

资料来源：杨顺勇，王学敏.人力资源管理［M］.3版.上海：复旦大学出版社，2008：151.

强制分布法适用于被考核人员数量较多的情况，操作起来比较简单。由于遵从正态分布规律，这种考核方法可以在一定程度上减少由于考核者的主观性所导致的偏差。此外，该方法也有利于管理控制，尤其是在引入员工淘汰机制的企业中，它能明确地筛选出被淘汰对象，由于员工担心多次落入绩效最低区而遭淘汰，因而具有强制激励和鞭策功能。然而，该方法的核心是事先按正态分布规律确定各等级的比例，而在现实情况中，并非每个部门的员工业绩情况都符合正态分布规律。有可能存在这样的情况，即某个部门的所有员工的绩效都很高，而另一个部门的所有员工的工作业绩都很差。在这种情况下，使用正态分布法进行绩效考核所得到的结果就难以令人信服。

（3）图解评定量表法。图解评定量表法（graphic rating scales）是最常用的一种绩效评价方法。图解评定量表法的设计程序是：①选择绩效因素。选择与绩效相关的个人特性，如工作知识、沟通技能、人际技能、创造力等。②确定评价尺度。通常采用5点法，即优秀、很好、好、正常、差，分别用5、4、3、2、1或100～91（优秀）、90～81（很好）、80～71（好）、70～61（正常）、60及以下（差）来表示各种绩效水平。此外，评价表上要留有一定空间，以便写简短评语。表6-5为图解评定量表法的示例。

表6-5　图解评定量表法的示例

维度	评分				
	优秀（5）	很好（4）	好（3）	正常（2）	差（1）
工作知识					
沟通技能					
人际技能					
创造力					

资料来源：作者根据资料整理。

图解评定量表法的优点是使用范围广，大部分工作都可采用，使用和开发成本小，考核内容全面，打分档次还可以设置多一些。缺点是评价准确性不够，得出的评价结果不能指导行为。

（4）书面法。书面法是以报告的形式描述被评价的员工的一种评价方法。书面法通常要求评价者记录员工的优点和缺点，并对员工的发展提出建议。该方法通常与其他方法结合使用，因为它能提供其他方法不能提供的描述性信息；它有机会指出被评价者独有的特征，当需要指明员工在才能、技能和优缺点方面的特殊之处时，该方法具有优势。书面法的缺点是评价质量受评价者写作水平、技巧和表达风格的影响；太费时；过于主观，描述重点可能偏离与绩效评价相关的方面。

（5）关键事件法。关键事件法（critical incident method）由美国学者弗拉赖根和伯恩斯共同创立。所谓关键事件是指员工在工作过程中做出的对其所在部门或企业有重大影响的行为。这种影响包括正面影响和负面影响。使用关键事件法对员工进行考核要求管理者将员工日常工作中非同寻常的好行为或非同寻常的不良行为（或事故）记录下来，然后每隔一段时间，主管人员与下属见一次面，根据所做的记录来讨论员工的工作绩效。

例如，有效行为：（家用电器修理员）一位顾客打来电话，说冰箱不制冷并且每隔几分钟就发出"噼啪"的噪声；这位技师初步判断可能的故障原因，然后检查工具箱中是否有必要的配件；若没有，就去零配件库提取。这样去一次即可解决问题，让顾客立刻感到满意。无效行为：办事员没有把加急邮件立即寄出，而是将其与普通邮件放在一起2小时后寄出。

关键事件法通常可作为其他绩效考核方法的一种很好的补充，因为它具有以下几个优点：对关键事件的记录为考核者向被考核者解释绩效考核结果提供了一些确切的实施依据；确保在对员工进行考核时所依据的是员工在整个考核周期内的工作表现，而不是员工的近期表现，也就是说可以减小近因效应所带来的考核偏差；通过对关键事件的记录可以使管理者获得一份关于员工通过何种途径消除不良绩效的实际记录。但是，该方法在实施时也存在一定的不足，即管理者可能漏记某些关键事件。

（6）行为锚评价法。行为锚评价法（behaviorally anchored rating scale，BARS）就是

将关于特别优异或特别劣等绩效的叙述等级性量化,从而将关键事件法与图解评定量表法的优点结合起来。这种方法通过开发代表不同绩效水平的行为锚来界定绩效维度(被评价的内容)。该方法的具体实施:第一,收集大量代表有效和无效工作行为的关键事件;第二,对关键事件进行分类,归为不同的绩效维度;第三,用关键事件作为行为锚来描述该维度上的绩效水平。评价时,评价人把员工绩效与行为锚对照,确定其相应分数,该分数即这个绩效方面的评价结果。图 6-3 为行为锚评价法的示例。

```
例:行为锚评价法——消防员的工作知识。
评价指标:工作知识——有关火灾特征的知识。
指标定义:消防员使用所掌握的有关火灾特征的知识制订救火方案的能力。

高    7 ——在其他人做不到时找到火源
      6 ——找到救火的最佳入口
      5 ——根据烟的类型判断火灾的种类
中    4 ——掌握基本的水力学知识
      3 ——根据火焰颜色不能判断火的种类
      2 ——不能确定火源
低    1 ——尽管有改进方法,也不会改变救火方案
```

图 6-3 行为锚评价法的示例

资料来源:作者根据资料整理。

行为锚评价法的优点:提供准确的评价;标准比较清晰,能反映绩效层次;易于反馈;易于引导和监控行为。缺点:设计和实施成本高;灵活性差(一种评价表只适合一种工作;不易调整);容易产生近因错误。

(7)行为观察评价法。行为观察评价法也是基于关键事件的评价法,它主要是通过观察行为发生的频率进行评价。行为观察评价法与行为锚评价法有两个主要区别:第一,行为观察评价法评价的是能反映绩效的所有必要的具体行为,而行为锚评价法对于每个绩效维度只用一种行为评价绩效水平;第二,行为观察评价法要求评价员工在评价期内行为的频率,而行为锚评价法只评价最具代表性的某种行为。

在进行绩效考核时,企业可以根据事先确定的考核目标和考核对象,灵活选取合适的考核方法。如果条件许可,实施绩效考核时可以综合运用多种绩效考核方法取长补短,这样可以从不同视角去考核被考核员工的各个方面,从而更加客观有效地考核员工的工作绩效。

6.4 生态文明绩效考核

6.4.1 生态文明绩效考核的概念

生态文明绩效考核,是指一个组织通过科学有效的方式方法,衡量本组织生态文

明建设水平的考核过程。随着生态文明建设势在必行成为越来越多人的共识，以及国家"十四五"规划对"十四五"期间生态文明建设指标的进一步明确，生态文明绩效考核也应该被提上议事日程。长期以来，对于企业来说，绩效考核主要考核经济方面的指标，对于企业生产生活过程中对生态文明做出的贡献和造成的损失方面的考核比较少。但是在全球气候变暖趋势越来越明显，全球气候变暖带来的负面效应对人们生产生活的影响越来越严重的情况下，社会应该更加重视生态文明绩效考核。企业作为财富创造的主体，不仅生产创造了大量物质财富，同时也产生了大量的二氧化碳等废弃物，是降低生态文明质量的重要推手。所以企业的绩效考核中应该加入生态文明绩效考核。

6.4.2　生态文明绩效考核的要求

各个地方经济发展水平不同，因此各地生态文明指标也不应该相同。各个企业所处的行业以及生产过程中产生的废弃物数量、质量都不一样，所以各个企业的生态文明指标也不一样。但是，每个企业生态文明建设水平的考核可以遵循一些共性的原则，采用一些共性的方法。

6.5　新发展阶段的绩效考核

6.5.1　绩效管理与生态文明建设的关系

绩效考核可以起到风向标的作用。现在各地政府根据国家"十四五"规划的要求，结合地方实际，制定了符合地方特色需要的地方性"十四五"规划。在各个地方性"十四五"规划中，生态文明建设占了非常重要的位置。各个地方政府对于本地生态文明建设指标进行了分解，列出了具体考核办法。很显然，这些考核办法对于地方政府生态文明绩效考核起到了一个风向标的作用，促进地方政府按照生态文明指标的要求进行工作。在企业的绩效考核中，也应该增加对生态文明指标的考核。按照国家"十四五"时期实现碳达峰、碳中和的思路和要求，应该在企业的绩效考核中列入相应的考核指标，不仅要重视经济效益，还要重视对生态效益的考核。企业制定科学的生态文明绩效指标，可以提升整个社会生态文明建设水平，提升公众的生态文明素养。

6.5.2　新发展阶段对于绩效管理的要求

当前，我国已经进入了新发展阶段。这个阶段的最大特点是追求在资源能源节约的基础上的高质量发展。在新发展阶段，社会对于绩效也应该有新的理解和认识。作为创造财富的主体，企业在关注经济效益，重点考核经济效益的同时，也应该更加关注社会效益和生态效益的考核。整个社会也应该更加重视生态文明绩效的考核。这应该成为全社会的共识。

小练习

请上网搜索能够设计、提供、销售绩效考核系统软件的企业名目和具体售价等信息，比较它们各自软件的功能及特征。

本章小结

绩效就是根据企业的业务性质、战略取向、战略目标和工作性质等，对员工的行为、所应完成的工作任务或工作结果所做出的符合一定标准的规定和要求。绩效管理一般是指一个组织的上级管理者对其下属员工在规定的时间里所完成的工作绩效进行目标设置、指导、考核及结果反馈，并据此制定相应的人事决策与措施，从而激励员工对组织做出更大贡献的一个过程。绩效管理的根本目的是持续改善组织和个人的绩效，从而实现企业的战略目标。为改善企业绩效而进行的管理活动都可以纳入绩效管理的范畴之中。绩效管理是一个完整的系统，包括绩效计划、绩效实施、绩效考核和绩效改进，其中绩效考核是绩效管理系统中最核心的环节。

绩效考核是针对企业中每个员工所承担的工作，应用各种科学的定性和定量的方法，对员工行为的实际效果及其对企业的贡献或价值进行考核和评价，是有目的、有组织地对日常工作中的人进行观察、记录、分析和评价。按照绩效考核工作的先后顺序，绩效考核通常包括确定考核目标、选择考核对象、构建考核指标体系、设置考核标准、衡量实际绩效、考核结果反馈、考核结果用于人力资源决策以及制订绩效改进计划八个步骤。这八个步骤共同形成一个完整的绩效考核流程。

绩效考核的主体有：直接上司、直接下属、同级和自我。根据考核对象和考核目标，可以灵活采用绩效考核方法。不同的考核方法考核的侧重点不同。任何一种考核方法都有其自身的优势与劣势，并且有其特定的适用范围。在条件许可的情况下，实施绩效考核时可以综合运用多种绩效考核方法取长补短。

学习建议

在学习本章的过程中，读者应该把重心放在基本知识点和基本能力点的理解与把握上。

1. 本章重点

绩效管理的概念和流程；绩效考核的流程；绩效考核主体；绩效考核方法。

2. 本章难点

绩效考核流程的把握；制定和形成绩效考核的指标体系。

核心概念

绩效、绩效管理、绩效考核、考核目标、考核指标、考核标准、反馈面谈、考核主体、绩效考核方法。

课后思考与练习

1. 绩效的含义是什么？
2. 绩效管理的含义是什么？
3. 绩效考核的内容有哪些？
4. 绩效考核指标可以分为几类？各自的含义是什么？
5. 如何进行反馈面谈？
6. 实施绩效考核的流程是什么？
7. 绩效考核主体有哪些？试简述各自优缺点。
8. 绩效考核有哪些方法？
9. 绩效考核模式有哪些？
10. 选择绩效考核方法应注意什么？
11. 绩效管理流程包括哪几个环节？

案例分析

A公司绩效考核

A公司是专门从事服装生产和销售的企业。目前，服装行业的竞争日趋激烈，A公司始终坚持产品导向，创新研发，面向国际国内市场，实现出口、进口、内贸的协同发展。在10余年的经营过程中，A公司始终坚持"负责、诚信、精进"的企业文化，始终围绕"时尚、尊贵、品位"的企业经营理念，以优质的产品、优质的服务，赢得广大客户的信任，树立了企业的品牌形象。

A公司主要设有8个部门，分别是人资行政中心、研发中心、生产中心、财务中心、品质管理中心、资材中心、产销中心和总经办。A公司现有的绩效考核体系共包括四个部分：明确员工绩效考核主体，设计员工的绩效考核指标，确定考核周期，明确绩效考核的结果应用。

绩效考核主体。在A公司的绩效考核过程中，受试者的上级是公司的主要考核负责人，而公司的业绩评价对象是公司的全体职工。按照员工的工作内容，公司将员工划分为管理者和基层员工。其中，管理者由各个部门的主管和经理组成，而基层的工作人员由各个部门的一般工作人员组成。通过对现有的业绩评价制度的描述可以发现，当前，公司业绩评价的主体比较单一。不管是管理层，还是下级，都要经过自上而下的审核。

绩效考核指标。在A公司的员工业绩评价中，没有考虑到各个岗位的工作内容与指标差异，而是全公司采用一套考核办法，并采用一套标准。公司绩效考核指标分为工作业绩、工作态度和工作能力。由于A公司是一个服装加工公司加衣服出口贸易公司，所以该公司将重点放在业务人员即销售人员上面，绩效考核体系的设计与安排也更多地关注销售人员。表6-6是销售管理人员关键绩效指标，表6-7是基层人员绩效考核指标。

表 6-6 销售管理人员关键绩效指标

指标类别	指标选择
工作业绩指标	销售目标完成率 销售增长率 销售回款完成率 客户投诉解决率 客户满意度
工作能力指标	专业技术 协调能力 信息收集能力 领导能力
工作态度指标	责任心 自律意识 团队精神

表 6-7 基层人员绩效考核指标

指标类别	指标选择
工作业绩指标	销售目标完成率 销售增长率 客户投诉解决率 客户满意度
工作能力指标	专业技术 协调能力 信息收集能力
工作态度指标	责任心 自律意识 团队精神

由表 6-6 和表 6-7 可以看出，管理人员和基层人员的绩效考核指标并没有明显差异，所以在考核时可能会挫伤员工的积极性。

绩效考核周期。A 公司各岗位经理采用每月、季度、年度的考评方式，而基层员工采用日、月、季度、年度的考评方式。日评于每日下午工作结束之前完成；每月的月度评估是在每月的末尾进行的；季度评估应于每季的季末前完成；每年的年度评估于年末进行。

绩效考核的结果应用。A 公司将员工分为优秀、良好、需要改进三种类型，优秀员工将会得到物质和精神上的奖励，而需要改进的员工，则会被扣除相应的罚款。公司仅在每季结束时公布优秀员工的工作表现，其余人员将不对外公布。到了月底，大多数员工都不知道绩效评分的情况，而且缺少反馈机制。在员工培训上，A 公司只对销售人员进行常规的技术培训，而对其他岗位的员工只进行不定时的思想教育，并没有按照绩效评估的结果，对不同层次的员工进行培训。另外，公司并无职位变动管理制度，员工晋升、降职与业绩评估结果之间并无直接关系。

请指出 A 公司的绩效考核存在哪些方面的不足。

资料来源：作者根据搜集的资料进行整理。

实训应用

实训项目

如何进行绩效考核反馈面谈。

实训目的

通过实训，了解和掌握进行绩效考核反馈面谈的技巧。

实训指导

指导教师主要给予实训对象两个方面的指导：一是有关绩效考核反馈面谈的基础知识要点的指导；二是指导实训对象深入企业人力资源管理部门，获取第一手资料。

实训组织

实训开始前，要求实训对象已经阅读相关书籍，并已获得绩效考核反馈面谈的真实资料。

实训开始后，进行分组讨论，每组3～5人，每人充分发表个人意见和观点。指导教师进行点评。实训对象选择某家企业，编撰进行绩效考核反馈面谈的方案。

本实训项目实训时间以2小时为宜。

实训案例资料

经理：小王，你有时间吗？

小王：什么事情，领导？

经理：年终考核时间到了，我想和你谈谈，关于你年终绩效的事情。

小王：请问需要多长时间？我现在手头还有很多事要做呢。

经理：没多长时间，我等会还有个重要的会议。年终大家都很忙，我也不想浪费你的时间，这是HR部门要求的。

小王：那么就开始吧。

经理：好的，我是很重视效率的。

于是小王就在经理办公桌的对面，不知所措地坐下来。

经理：小王，总体上看，今年你的业绩还过得去，但和其他同事比起来还有很大差距。作为你的直接领导，我还是很了解你的，所以我考虑给你的综合评价是3分，你觉得怎么样？

小王：领导，我认为我自己今年还是不错的，不仅完成自己的本职工作，完成年初布置的任务，还帮助其他同事做了很多工作。

经理：我知道，你是完成了年初的任务，但是今年我们公司发展很快，半年前，我们部门接到了新的任务，我当时也对大家宣布过，但是到年底新任务还有一大半没有完成，我压力很大啊！

小王：可是新任务下来后你没有调整大家的目标啊！按照年初的目标我完成得很好。

这时候，秘书直接走进来说："经理，大家都在会议室里等你呢！"

经理：好了就这样吧，小王，写目标计划都按照HR部门要求进行，他们不懂公司的业务，只是要求你的表格填得完整、好看，而且，每个部门指标也是他们分配的。说实话，大家都不容易，再说了，你收入还是不错的，你看小李，他的收入比你还要低，但是他工作做得比你好，想想小李，我看你心里应该平衡了。明年你要是做得好，我相信我会让你满意的。好了，我要去开会了，下次我们再聊。

小王：领导，去年年底评估时你也是这样说的啊！

经理跟随秘书急匆匆去参加会议，丢下了一脸茫然的小王。

实训考核

实训结束后，每位学生必须当场编撰并完成实训报告，实训指导教师可给予点评。实训报告要求语言流畅、文字简练、条理清晰。实训报告内容主要包括实训报告封面（实训日期、实训人姓名、专业、班级等信息）、实训项目名称、实训目的、实训内容、实训资料（实训所依据的原始资料和使用的工具、材料等）、实训过程（实训采用的方法、步骤等）、实训结果或结论、收获与体会、实训指导教师评价意见等。

实训成绩按优秀、良好、中等、及格和不及格五级计分法评定。

阅读材料

某公司绩效考评方案

1. 考评目的

（1）衡量员工和公司的工作成果，改善员工工作表现，提高员工、部门及公司的工作质量，提升员工绩效和公司绩效，合理配置岗位和人员，促进经营目标的完成。

（2）为确定员工工资、奖惩、岗位变动、升降、教育培训、解聘，为完善部门人员配置调整等重要的人力资源管理工作提供公正、客观的依据。

2. 考评的客体

截至2021年12月31日所有转正员工。

3. 考评主体

公司成立"绩效考评领导小组"，由该小组全面组织本次绩效考评工作，小组成员由各个部门抽调人员组成，其中：××同志担任组长；××同志担任副组长。

参与考核的主体：根据与被考核人员的关系，考核主体如下。

（1）考核部门领导时，考核主体为：本部门员工；公司领导班子成员；其他部门领导成员（每个部门1名）；其他部门员工代表1名（绩效考评小组指定）。

（2）考核部门员工时，考核主体：员工个人；个人直接主管；部门领导。

4. 考评内容与方式

（1）对于部门领导，考核内容侧重团队协作性、工作作风、工作能力、创新能力和工作业绩等方面情况，考核方式采用平衡计分卡和KPI绩效考核。

（2）部门员工考核方法主要采取目标管理法和360度考核法，考核指标主要包括以下七个部分：出勤率、工作完成量与团队占比、工作完成度、工作能力、工作态度、创新能力、团队合作。其中出勤率通过公司每日线上打卡系统进行数据统计，而其他六项考核指标由员工本人和他人进行打分评价。

（3）打分办法与考评等级评定。被考核员工的岗位职责和所承担的关键工作任务是打分的基础。按照考核项目的重要程度及参与考核群体对被考核人的了解程度，对测评表和测评结果分别赋予不同的分值和权重，并对考核结果进行统计及评定等级。具体如下。

①考评项目与赋分原则。根据某个工作项目的重要性程度，对每个层级的员工赋予不同的权重与分值，各项内容之和的最高分值为100分。

②计分办法。对于填写完整的打分表，由考核小组按照参与考核的不同群体分别进行综合统计，计算出每一群体的平均分数，再将每一群体的平均分数按照不同的权重计入总分表。不同群体的权重划分如下：在考核各部门领导时，公司领导班子平均测评分数占总分数的50%，其他部门领导占30%，本部门员工和其他部门员工代表占20%；在部门领导绩效中，部门贡献权重占70%，部门领导贡献权重占30%。考核部门领导以下员工时，部门领导和直接主管占总分数的80%，本部门员工和其他部门员工代表占20%。

③等级评定。由考评领导小组按照考核赋分原则和权重划分原则对绩效考评表进行综合统计打分，分优秀、良好、中等、合格、不合格五个等级。各等级的基本分数：优秀，100～90分；良好，89～80分；中等，79～70分；合格，69～60分；不合格，59分及以下。

④对打分结果与本人实际表现有较大出入的等其他特殊情况，由绩效考核小组全体人员在结合被考核人述职情况后对被考核人进行无记名投票，根据得票情况确定考核等级。

5. 结果运用

（1）对于评分等级为优秀者，颁发"优秀员工"证书，全额发放考核年度薪资，包括基本工资和绩效工资，给予一定现金奖励，并根据具体情况于下一年度酌情加薪或晋升。

（2）对于评分等级为良好者，全额发放考核年度薪资，包括基本工资和绩效工资，给予一定现金奖励。

（3）对于评分等级为中等者，全额发放考核年度薪资，包括基本工资和绩效工资。

（4）对于评分等级为合格者，全额发放考核年度薪资，包括基本工资和绩效工资，酌情考虑下一年度降薪和职务调整。

（5）对于评分等级为不合格者，全额发放考核年度基本工资，绩效工资发放50%，并终止与该员工劳动合同关系。

6. 考评程序与时间安排

为确保考评工作顺利而有序开展，本次员工绩效考评工作按以下几个阶段进行。

（1）计划阶段：由公司组成绩效考评小组，制订相应绩效考评计划，召开绩效考评动员大会，使得公司全体员工了解、掌握绩效考评方案内容，就实施绩效考评的意义形成共识。

（2）实施与反馈整理阶段：按照方案要求，进行绩效考核的具体实施工作，针对工作中出现的问题，及时提出相关措施，确保绩效考核顺利进行；由绩效考评领导小组负责将最终考评结果反馈给被考评员工；将考评相关资料进行整理存档。

（3）全面总结与运用阶段：由绩效考评领导小组负责对本次考评向公司提出总结报告。根据绩效考评结果，对于相应人员进行培训、岗位调整等。

考评时间：2022 年 1 月 15—31 日。

资料来源：作者根据收集的资料进行整理。

相关链接

中国人力资源开发网：http://www.chinahrd.net

中国人力资源网：http://www.hr.com.cn

现代人力资源管理网：http://www.ehrdm.com

新人资：http://sinohrm.hrdm.net

HR 管理世界：http://www.hroot.com

中华人力总监网：http://www.chinacho.com

Chapter 7

第7章 薪酬管理

学习目标

- 了解薪酬的构成。
- 掌握薪酬体系设计的流程和方法。
- 理解不同职位的员工或同一职位员工薪酬差异的含义。
- 理解战略性薪酬与企业战略的关系。

引例 7-1

薪酬战略管理

薪酬战略管理即针对特定组织的内外部环境和总体战略目标，将战略性激励理念贯彻到组织薪酬规划、设计和管理的具体行动中，搭建起富有竞争力的薪酬战略管理框架。薪酬战略管理框架有三个基本支点：薪酬政策目标锚定，薪酬体系整合设计，薪酬体制模式选择。薪酬战略管理具体表现在以下几个方面：日益重视外在间接薪酬乃至内在薪酬的战略性激励意义；从短期以劳资谈判为主的事务性干预变为注重长期股权激励乃至精神激励；薪酬管理与绩效管理双剑合璧，绩效薪酬设计和操作系统成为整个组织战略性激励管理的基础平台或支撑点；工作重心向团队性、战略性、规范性和制度性的规划设计调控转移；除了企业组织之外，非营利性事业单位和政府公共部门的薪酬管理也成为薪酬战略管理的焦点之一。

资料来源：李宝元. 现代组织薪酬管理演化的历史脉络及前沿走势：基于历史与逻辑相统一的文献梳理及理论透视 [J]. 财经问题研究，2012（7）：7。

引例 7-2

爱立信的员工薪酬

爱立信中国公司的员工薪酬与其职务高低成正比。年龄、工龄、学历等因素也有一定的影响，但不起主要作用。对于同一职务，如果由不同学历的人担任，他们之间的薪酬差异可能仅仅在几百元之间。部分员工有股份。另外，爱立信在计算员工的工龄时，把他在来爱立信之前的工作经历也算在内。

爱立信中国公司员工的薪酬一般由四个部分组成：基本工资、奖金、补贴和福利。奖金分为两类：一般人员奖金和销售人员奖金。有一些关键人员还会得到一定的期权、股权，期权、股权的受益者一般为"对公司起关键性作用的人员"，而不一定是高职务者。工资围着市场转，奖金与业务目标接轨。在爱立信，公司业绩与员工业绩成一定比例，但并非成正比。奖金一般可达到员工工资的60%，对于成绩显著的员工，还有其他的补偿办法。员工在爱立信得到提薪的机会一般有以下几个：职务提升、考核优秀或有突出贡献。被评为公司最佳员工者和有突出贡献者都有相应奖金作为激励，突出贡献奖、最佳员工奖、突出改进奖的奖金额一般不超过其年薪的20%。

爱立信对每个职务的薪酬都设立了一个最低标准，即下限。当然，规定下限并非为了限制上限，而是为了保证该职务在劳动力市场上具有一定的竞争力。一般职务的薪酬上下限差异为80%左右，比较特殊职务的薪酬上下限差异可能达到100%，而比较容易招聘职务的薪酬上下限差异可能只有40%。

7.1 薪酬与薪酬体系

7.1.1 基本概念

有人认为，薪酬与工资的含义相同，区别在于前者是舶来品，后者是习惯用语。事实上，我们的确是先知道"工资"而后知道"薪酬"的，薪酬管理的前身就是工资管理。要弄清楚薪酬的含义，我们先来看看几个相关概念的含义。

报酬（compensation/rewards）是指员工为企业付出劳动所获得的回报与酬劳，包括物质报酬和非物质报酬（见图7-1）。

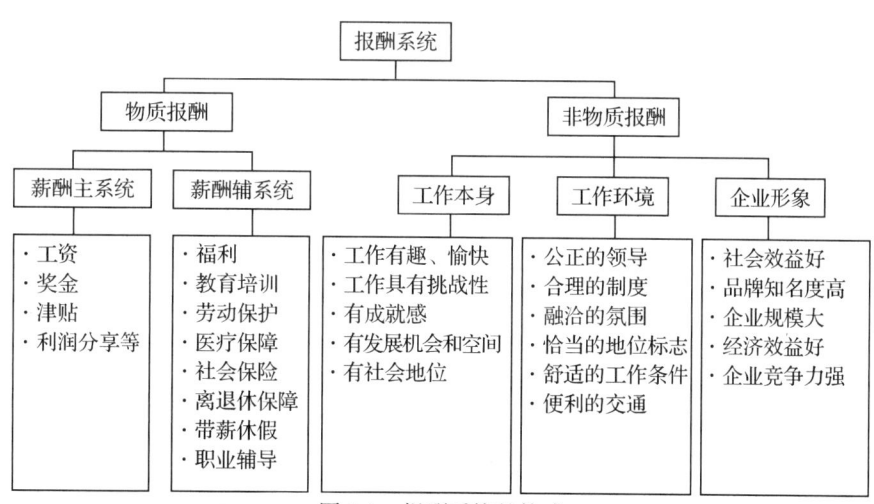

图7-1 报酬系统的构成

资料来源：廖泉文.人力资源管理［M］.北京：高等教育出版社，2003.

物质报酬又称为薪酬（pay），即广义的工资。它是因员工为企业所做的贡献（实现的绩效、付出的努力、时间、技能、经验等）而获得的直接或间接的货币收入，如工资、奖金、津贴、福利。狭义的工资是指组织向员工定期且以现金形式支付的工作收入，不含奖金、福利、津贴。薪酬强调雇主角度支付的"薪酬"，而薪水（salary）表明雇员的每月或每周所得"薪酬"。

奖金（bonus/prize）是对员工有效超额劳动的报酬。它具有灵活性、及时性、荣誉性的特点。

津贴（allowance）是对员工在特殊环境中劳动的补偿。

福利（welfare）是企业为所有员工提供的有助于员工工作和生活的软硬条件，与个体劳动量或群体劳动量无关。如免费午餐、健身房、游泳池等体育以及休闲设施。

利润分享（profit sharing）是指根据公司绩效的改善，包括生产力增加、顾客满意度上升、成本降低或安全纪录改善等，给团队中员工支付奖金。

7.1.2 工资、奖金与福利

1. 工资的常见类型

不同的组织有不同的工资类型，每一种工资类型都有自身的优点和缺点。常见的工资类型及其特征对比如表 7-1 所示。

表 7-1 不同工资类型的优点和缺点比较

工资类型	分配原则和特点	优点	缺点
绩效工资	根据员工近期绩效确定，随绩效而变动	激励效果明显	易于助长员工的短期行为，不利于提高员工的技能和素质，不适合团队成员
技能工资	根据工作能力确定，因人而异，随技术水平而变动	鼓励员工学习技术，有利于人力资源开发	与绩效和责任无关，易导致复杂性工作没人做
年功工资	根据年龄、工龄和经历确定，随工龄而变动	稳定员工队伍，增强员工的安全感和忠诚度	论资排辈，不利于调动员工的积极性
职务工资	根据职务相关因素（如责任、工作难度等）确定，随职务而变动	鼓励员工承担责任	对较低级别职务的激励效果不明显
结构工资	根据年资、能力、职务、绩效等因素综合确定，由多种薪酬模块构成	综合反映员工对企业的贡献，比较公平	设计和实施比较复杂

资料来源：作者根据相关文献整理。

2. 奖金的特点

奖金的实施是为了更好地调动员工的积极性，因此，管理者必须根据奖金的特点设置和实施奖金方案，以使奖金达到预期的激励效果。一般来说，奖金有三个方面的特点：一是灵活性，奖金的数量和形式是由员工超额劳动的数量和质量决定的，所以奖金是变化的；二是及时性，奖励的对象、数额等直接反映员工的超额劳动，效果更明显；三是荣誉性，奖金意味着褒扬先进，肯定员工的贡献和成绩。

3. 福利

福利是指企业增加组织设施、建立各类补贴制度、举办文化体育活动、为员工提供生活方便、减轻员工生活负担、丰富员工生活等一系列措施的总称。福利是根据整个社会的生活和消费水平，有条件、有限度地解决和满足员工的物质文化生活需要。福利的形式和内容非常多，国内组织的常见福利如下。

（1）社会福利，包括养老保险、医疗保险和公积金。

（2）企业福利，包括福利设施和各种工作生活服务。福利设施是指组织为所有员工提供的方便设施，如食堂、幼儿园、浴室、卫生室、图书馆、体育场。工作生活服务包括教育培训、带薪休假和医疗保障。教育培训是指企业对员工在职或短期脱产的培训、进修等报销一定的经济费用。带薪休假是指除国家法定节假日外，员工在本单位工作一定时期后享有相应的带薪休假的权利。医疗保障包括免费定期体检、免疫注射、药费报销、医疗保险等。

（3）补贴，也称个人福利。补贴是指根据国家的有关政策和规定，按照企业的性质和员工福利水平，发给员工一定数量的金钱，如交通补贴、住房补贴、伙食补贴、独生子女补贴、生活困难补贴等。

小知识

国外流行的雇员援助计划（employees assistance plan，EAP）是一种企业福利，这种模式强调组织应对雇员心理健康问题的重要性。伯兰德等人认为，雇员援助计划是企业通过为雇员提供诊断、辅导、咨询等服务，解决雇员在社会、心理、经济与健康等方面的问题，消除雇员各方面的困扰，最终达到预防问题产生、提高雇员工作生活质量的目的。刘易斯将雇员援助计划的内容分为以下八个方面。①个体咨询：工作、个人及家庭问题。②团体咨询：以团体为对象，目的在于解决团体面临的问题。③咨询服务：提供各种咨询、社会资源及中介服务。④教育培训：为雇员提供援助服务培训、再培训，及各种咨询培训。⑤职业生涯规划：为个人或组织提供职业生涯规划方面的咨询。⑥特别服务：酗酒计划、健康促进计划或雇员福利计划。⑦研究工作：为雇员援助计划的研究及推广提供支持。⑧紧急服务：为各种紧急、重大事项提供服务。

7.1.3 薪酬体系的影响因素

1. 企业外部因素

影响企业薪酬的外部因素有人力资源市场、行业特点等多个方面。人力资源市场包括目前正在运行的劳动力市场、人才市场和正在兴起的企业家市场等，或者细分为各级各类人才市场，如财会人才市场、财务总监市场等。

（1）人力资源市场的供求关系。薪酬的高低，是企业吸引和争夺人才的一个关键性因素。如果企业所需类型的员工在人力资源市场上供不应求，企业就会面临提高工资待遇的压力，否则无法吸引员工导致优秀员工跳槽。本地区、本行业、本国乃至全世界的其他企业，尤其是竞争对手的薪酬政策与水平，对确定企业员工的薪酬水平影响很大。

（2）地区和行业的特点与惯例。行业性质、特点及地区的道德观和价值观等，直接或间接地影响企业薪酬政策。例如，沿海企业与内地企业，国有企业与民营企业，制造业与IT业等的薪酬有很大的差异。

（3）当地生活水平和物价指数。一方面，员工对生活水平的期望无形中会给企业的薪酬政策造成影响。另一方面，由于物价指数上涨，为了保证员工的实际购买力不至于下降，企业必须考虑适当调整员工的工资。

（4）国家的相关法律和法规。从立法的角度看，有关劳动与就业的法律要规定企业的最低工资、最长工作时间、加班津贴标准、福利计划要求、工作安全与卫生条款、童工雇用限制等。此外，政府的税收政策对员工的收入也有重要影响。

2. 企业内部因素

（1）本企业的业务性质与内容。对于劳动密集型的企业，员工主要从事简单的体力劳动，因而劳动力成本在总成本中占较大比重；对于资本密集型企业，先进的技术设备在总成本中占较大比重。由此可见，由于企业的业务性质不同，企业的薪酬体系相应地存在较大差异。

（2）企业的经营状况以及实际支付能力。一般来说，企业在不同的生命周期或者随着其经济实力的不断变化，薪酬的结构和水平会有相应变化。

（3）企业文化。企业的核心价值观即企业高层管理者对员工的态度，决定了企业薪酬设计的基本导向。认为员工是"经济人"的领导，倾向于通过经济刺激来激励员工；认为员工是"社会人"的领导，则更关注员工的人际关系和发展机会。

7.1.4 薪酬的功能

薪酬是一个涉及多方利益关系的管理范畴，不同主体（如政府、企业和个人）对薪酬职能的认识和理解不同，从而导致薪酬的功能也不同。政府关注薪酬总额的社会效益，企业关注自身的经济效益和社会效益，员工关注个体收益。

对政府而言，薪酬具有四个方面的功能：①薪酬是劳动力市场的价格信号；②薪酬是宏观经济运行的参考因素；③薪酬是衡量社会公平的标准之一；④薪酬是财政支出的重要组成部分。

对企业而言，薪酬也具有四个方面的功能：①薪酬是对人力资本的投资；②薪酬是绩效激励的杠杆；③薪酬是企业战略的导向器；④薪酬是企业的成本要素。

对员工个人而言，薪酬也具有四个方面的功能：①薪酬是员工及其家庭的基本生活保障；②薪酬是劳动力价值的价格体现；③薪酬是员工人力资本投资的收益；④薪酬体现了员工的需求满足层次。

7.2 薪酬管理概述

7.2.1 薪酬管理的含义

薪酬管理是指企业管理者对员工薪酬的支付标准、发放水平、要素结构进行确定、分配和调整的过程，即对工资、奖金、津贴和利润等薪酬要素进行确定与调整并进行管理的过程。企业薪酬管理的定位主要有两个方面：企业管理者和一般雇员。前者要求综合管理者的意图、组织战略、企业文化等因素对薪酬体系进行设计和管理实施；后者则要求提高员工的薪酬满意度，避免和减少因薪酬管理而产生冲突与争议。二者在短期内可能是相互矛盾的，但是，它们的长期利益是一致的。

有效薪酬管理体系的特点：①确定科学的薪酬政策和薪酬制度；②执行相关的国家法律，接受政府的宏观调控；③了解雇员的多方需求，协调利益相关者在报酬方面的各种利益关系；④以提高企业综合和长期效益为宗旨进行薪酬体系的设计、管理和实施。

7.2.2 薪酬管理的目标

薪酬管理的目标可以被理解为企业薪酬管理行为的意义、宗旨和使命。薪酬目标根据宗旨和使命可以分解为效率、公平与合法三个方面；根据意义的指向性不同分为外部目标和内部目标。

（1）效率目标。薪酬管理的效率可以分为外部效率和内部效率。外部效率主要是指社会宏观经济运行的效率。内部效率则体现为，通过薪酬管理提升员工、团队和企业的绩效，推动全面质量管理，吸引消费者，有效控制人工成本等方面。

（2）公平目标。薪酬管理的公平可以分为外部公平和内部公平两个方面。外部公平是指薪酬的社会公平性。内部公平则包括政策公平、程序公平和结果公平。公平不是绝对的，薪酬管理的公平强调员工对公平的感知，主要是通过员工与自我、他人或团队之间的比较形成的主观认知。

（3）合法目标。法律和法规是企业薪酬管理的底线和边界。企业面临外部和内部两个劳动力市场，薪酬管理受到两个劳动力市场供求关系的影响，而且直接受国家相关法律（如劳动法、经济法等）和地区法规（如最低工资规定等）的制约。

7.2.3 薪酬管理的主要内容

在当今变革激烈的经营环境中，薪酬管理的作用和影响已经超越了人力资源管理和企业管理框架的局限，直接影响到企业的经营战略。因此，从战略管理的角度而言，企业薪酬管理不仅是一个过程，更是一个系统。薪酬管理的整体框架如图 7-2 所示。

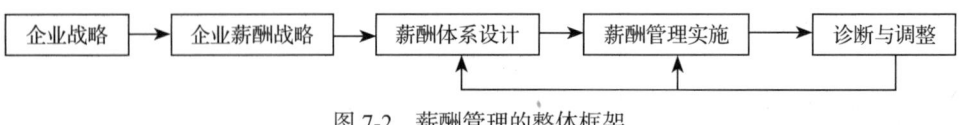

图 7-2　薪酬管理的整体框架

资料来源：作者根据资料整理而成。

（1）企业薪酬战略的制定。企业经营战略是企业薪酬战略的依据。薪酬战略是指具有战略性的薪酬决策，其目的是通过薪酬管理来提高组织绩效。在制定薪酬战略时，首先要确定薪酬管理对企业竞争优势的作用体现在哪些方面，进而确定薪酬目标；然后，根据薪酬目标确定薪酬管理的内容。薪酬战略包括三个方面的内容：①薪酬战略目标，即通过薪酬管理要解决哪些企业问题。例如，某企业的薪酬目标概括为"培养一支适应性强、不断学习新知识的员工队伍"。这个目标表明企业在战略执行中如何运用薪酬工具解决人力资源问题。②薪酬战略要素，即哪些薪酬决策是战略性的。薪酬战略要素是指能够增强企业竞争优势的薪酬决策，包括内部一致性、外部竞争力、员工贡献、行政管理等。③薪酬政策。薪酬政策是薪酬战略的具体化，是薪酬战略要素遵循的纲领和法则，一般根据企业人力资源的特点确定。薪酬政策可以细分为薪酬水平政策、薪酬结构政策、薪酬组合政策、薪酬管理政策等，它们的衡量标准为外部竞争性、内部一致性、承认员工的贡献和管理可行性。

（2）薪酬体系的框架。薪酬体系是指在薪酬战略引导下，由薪酬水平、薪酬结构、薪酬组合和支付方法构成的薪酬分配和管理系统。下面主要介绍前三项。

1）薪酬水平，是指企业支付不同职位的平均薪酬，它体现了企业薪酬的外部公平性。外部公平的实现依赖于市场定位、薪酬调查、相关法律规定以及协调内部薪酬结构的关系等。薪酬水平与薪酬管理的两个具体目标有关：控制人力成本，吸引和挽留员工。

2）薪酬结构，一般是指与职位或能力等薪酬要素相匹配的薪酬等级结构。薪酬等级结构反映了员工在组织结构中的位置，也反映了组织对员工贡献程度的价值认可或预期，具体表现为组织中各种工作或岗位之间薪酬水平的比例关系，如不同类型工作岗位之间报酬差异的相对比值、不同层次工作之间报酬差异的绝对比值。

3）薪酬组合，是指员工各种薪酬支付要素的组成形式。薪酬形式在总薪酬中所占的比例不同，导致薪酬结构的类型也不同。一般薪酬结构类型有以保障为主的薪酬结构、以短期奖励为主的薪酬结构、以效益为主的薪酬结构等。多样性的薪酬组合能够整合不同薪酬形式的功能，体现薪酬公平和管理效能。

（3）薪酬制度。薪酬制度是以规则和规章的形式表现的组织的薪酬决策、薪酬分配标准和管理方式等。例如：岗位工资制是对基本工资标准设计的制度确认；员工参与薪酬决策和建立民主反馈机制等是对薪酬管理方式的制度确认；保密工资制是对薪酬信息公开程度的制度确认；等等。

（4）薪酬技术。薪酬技术是指在薪酬体系设计和实施中所使用的工具与方法，如薪点法、宽带薪酬法等。

传统薪酬结构（如岗位薪酬、职级薪酬）已经不能适应新时代的要求，宽带薪酬应运而生。宽带薪酬是指对多个薪酬等级以及薪酬变动范围进行重新组合，变成只有少数几个薪酬等级和较宽薪酬变动范围的薪酬结构。宽带薪酬具有以下优点：支持扁平化组织；引导员工注重能力提高；薪酬以市场为导向；有利于职位轮换；一定程度上缓解了员工晋升压力；简化了工作评价。实施宽带薪酬的前提是企业有健全的人力资源管理体系，如规范灵活的用工制度和市场化程度较高的薪酬制度。宽带薪酬如果应用不当，也可能出现以下问题：由于培训成本上升和薪酬灵活性增加，不利于成本控制；不易获取市场薪酬数据，外部公平性缺乏保障；职业经理人对薪酬的影响力上升，个人的薪酬期望不同，薪酬差异性管理存在困难。

（5）薪酬支付与管理方法。薪酬支付包括计量和支付报酬的方式与方法。例如：小时工资、月薪、年薪等；支付时间、程序和管理规则；奖金的发放标准；福利项目的类型和标准等。薪酬管理是指薪酬体系的实施过程，具体包括薪酬决策、职能分工、薪酬预算、薪酬控制、薪酬调查、薪酬诊断、薪酬调整与管理沟通。

7.3 薪酬管理的理论基础

7.3.1 经济学视角

经济学视角的薪酬是组织的成本支出，也是员工人力资本投资的收益。与薪酬有关的经济学理论主要是边际生产率理论、投资理论、代理理论等。

（1）边际生产率理论。该理论基于以下假设提出了就业、工资和生产率之间的管理：雇主为使利润最大化而努力；雇主对生产要素进行最优组合；边际收益递减规律对生产的不同要素起作用；员工都是同质的，故每单位劳动的工资等于边际成本或边际收益；员工对劳动力市场非常了解；劳动力市场是完全竞争的；资本和劳动被充分利用；工资的吸引力以每小时工资水平来衡量。事实上，组织管理很难满足上述假设，但商业企业的共同目标是盈利。

（2）投资理论。该理论是基特曼（Gitelman）于20世纪中期提出的，强调雇用交换的投入。员工的生产力或价值是企业的技术和员工个人属性的函数。员工的个人属性主要是通过员工在教育、培训和经验上的投资获得的能力。单个员工的具体价值是员工对自己的人力资本进行投资的数额。该理论主张通过工作评价来制订工资方案，工资应该体现人力资本投资的差异。

（3）代理理论。该理论关注所有者和员工的关系，并假设所有者（委托人）和员工（代理人，包括各类管理者和普通员工）的利益与目标是不一致的。所有者希望利润最大化，代理人则希望报酬最大化。当委托人无力管理自己的企业，或者代理人可能增加企业的利润时，委托人倾向于雇用代理人。但是，为了使代理人更好地履行他们的义务，委托人必须有良好的约束和激励体系。

7.3.2 行为科学视角

激励理论是行为科学家对员工的工作动机的系统解释的总称。与薪酬管理有关的激励理论主要有需要理论（以马斯洛的需求层次理论最为著名）、期望理论、强化理论、公平理论等。

（1）马斯洛的需求层次理论。马斯洛认为，人类的需求分为五个层次，从下到上依次为：生理需求、安全需求、社交需求、尊重需求和自我实现需求，当低级别的需求满足后才会产生高级别的需求，没有满足的需求比已经满足的需求对人的激励作用更强。生理需求主要是指人的衣食住行方面的物质要求；安全需求强调生理需求满足后，人们对生理和心理安全的渴望与追求，如远离危险和伤害；社交需求反映了社会交往和群体归属的倾向；尊重需求则包含人们对社会地位和形象以及自我意识与信念的追求；自我实现需求则强调个体自我完善和发展的巨大潜能。

（2）期望理论。该理论认为，行为动机取决于期望值、手段和效价三个变量。行为动机 = 期望值 × 手段 × 效价。其中，期望值是指预期某行为将产生成功的可能性；手段是指成功后给自己带来收益的可能性；效价则是收益对个人的价值大小。该理论主张组织尽可能制订详细的、体现不同需要的薪酬计划，以保证期望值、手段和效价最大化。

（3）强化理论。强化理论的提出者是行为主义心理学家斯金纳（B. F. Skinner）。强化模型是：刺激—反应—强化。刺激是指环境中能够鼓舞个人做出某种反应的因素，反应是指个人对于刺激做出的回应，强化是个人选择一个具体反应的结果。一般将强化分为四种不同形式：正强化、负强化、废除和惩罚。正强化是指运用一个积极因素（如发奖金、表扬等）增加某种可能性，保证预期的行为在相似的情况下重复出现；负强化是指通过减少负面效果（如停止批评或扣款等）来增加某种可能性；废除是指停止正强化而终止不希望发生的行为；惩罚则是指通过增加负面效果使不希望的行为不再重复发生。由此可见，报酬的发放、增减以及不同报酬项目的调整都与强化理论相关。

（4）公平理论。该理论认为，公平是一种主观感受，当个人的投入和回报的比率等于他人的投入和回报的比率时个体体验到公平，否则就会产生不公平感；相对报酬比绝对报酬对个人的工作积极性影响更大。当个体遭遇到不公平感时，至少会采取以下行动：改变投入（如减少时间或劳动）；改变产出（如要求加薪或消极怠工）；劝说别人改变投入（如让同事更勤奋或者偷懒）；改变参照个体；辞职或换岗。该理论强调薪酬的组织内部公平，即个人、部门和组织的薪酬公平，此外还有外部公平，即劳动力市场的薪酬公平。

公平是心理变量，是个体认知的结果。李爱梅等（2009）的研究表明：改变薪酬的预期参照点，可以改变人们对同一结果的认知评价，从而达到不同的激励效果；人们在规避惩罚时更易激发出高水平的努力；低金额奖酬时人们倾向于选择物品，而高金额奖酬时人们倾向于选择现金。

（5）前景理论。前景理论是心理学家卡尼曼和特沃斯基共同提出的用来描述人们在面临风险决策时的行为规律的理论。人们在面对得失时风险偏好不一致，面对"得"时倾向于风险规避，面对"失"时倾向于风险寻求；心理参照点影响个体的得失评价；人们主观上对损失比收益更加敏感（即"损失厌恶"）。

◎ 延伸阅读

心理账户理论是国内外近期兴起的用来解释人们非理性消费和储蓄行为的理论之一。心理账户（mental accounting）是由美国心理学家萨勒教授于1985年提出的，他认为：小到个体、家庭，大到企业集团，都有或明确或潜在的心理账户系统。在做经济决策时，这种心理账户系统常常遵循一种与经济学的运算规律相矛盾的潜在心理运算规则，其心理记账方式与经济学或数学的运算方式都不相同，因此经常以非预期的方式影响着决策，使个体的决策违背最简单的理性经济法则。因此，概括起来，所谓心理账户就是人们在心里无意识地把财富划归不同的账户进行管理，不同的心理账户有不同的记账方式和心理运算规则。

薪酬管理的五大误区：①薪酬项目仅仅作为工资发放名目而忽视了其心理价值差异；②宽带薪酬中宽带数目设计缺乏理论依据；③激励性薪酬和约束性薪酬的组合方式和发放方式不恰当；④薪酬计量方式忽视了员工的心理敏感性；⑤集体加薪或减薪中忽视了心理价值的边际递减规律。⊖

7.4 薪酬体系的设计

7.4.1 原则和流程

（1）薪酬体系设计的原则。根据薪酬管理的目标和理论基础，薪酬体系设计应遵守以下原则：公平性原则、竞争性原则、激励性原则、经济性原则和合法性原则。

公平性原则意味着薪酬体系无论在组织外部（如竞争对手同类职位）、组织内部（如相同贡献）、个人（如相同业绩）还是团队（如不同任务小组）看来，薪酬都体现了公平性。

竞争性原则是指企业的薪酬标准在人力资源市场上有一定吸引力。

激励性原则要求不同职务的薪酬标准具有一定差距，体现按劳分配的原则。

经济性原则是指企业薪酬制度受到企业成本核算和经济实力的限制。

合法性原则要求企业的薪酬制度要符合法律和法规的要求。

（2）薪酬体系设计的流程。薪酬体系的设计和实施是整个人力资源管理中最复杂的工作。薪酬体系设计主要包括外部环境评估、工作评价、薪酬水平确定、薪酬结构确定、薪酬制度化、薪酬调整等。乔治·米克维奇和杰瑞·纽曼提出了一个薪酬决定模型（见表7-2）。该模型表明，基本的薪酬体系设计应考虑四个方面的因素：外部竞争力、内部一

⊖ 祖伟，龙立荣，刘德明.基于前景理论的薪酬管理五大误区分析［J］.华东经济管理，2010，24（12）：106-108.

致性、员工贡献和管理工作。

表 7-2 薪酬决定模型

薪酬政策	内容	薪酬政策的目标
外部竞争力	市场定位　市场调查　政策界限　薪酬结构	有效性（绩效驱动、全面质量、客户导向、成本控制）
内部一致性	工作分析　工作描述　工作评价　工作结构	
员工贡献	资历基础　绩效基础　提薪指导　激励计划	公平
管理工作	计划　预算　沟通　评价	合法

资料来源：MILKOVICH G T, NEWMAN J M. Compensation [M]. 4th ed. Homewood, IL.: Richard D Irwin, Inc., 1993: 9.

7.4.2　工作评价

内部一致性实现的前提是明确组织中各种工作的相似性或者差异性以及这些工作对组织的整体目标实现的相对贡献的大小，这些相似性和差异性就构成了组织中工作关系的内部结构。在企业的薪酬设计过程中，可以以某一方面的依据为标准来设计公司内部的薪酬结构。这些依据可以是工作本身、工作所需技能或者市场薪酬水平。在以工作为依据设计薪酬结构时，首先要进行工作评价。

工作评价，是指根据各种工作中所包括的技能要求、努力程度要求、岗位职责和工作环境等因素来决定各种工作之间的相对价值。工作评价的目的是通过对工作进行系统的和理性的评价，帮助确定工作结构，然后由工作结构决定薪酬结构，从而使企业薪酬制度符合内部一致性的要求。

1. 工作评价与薪酬结构

工作评价的内容包括评价工作的任务和责任、完成工作所需的技能以及各种工作对组织整体目标实现的相对贡献大小，因此工作评价与工作分析之间有密切的联系，工作分析所得到的信息是对工作进行评价的重要基础。工作分析形成的工作描述提供了工作的复杂性、难度、责任和价值大小，有助于确定工作之间的相对价值和识别对各种工作应该给予补偿的数量。从这个意义上讲，工作分析是工作评价的起点。

尽管不同的组织在进行工作评价时的标准不同，但最终都是要得到一个工作结构。人力资源管理中的工作结构实际上是指由一个系列的工作中的不同级别构成的体系。如果把薪酬标准的各种水平与工作结构的各种水平结合在一起，就得到了公司的薪酬结构。换句话说，薪酬结构是一个组织中各种工作之间的报酬水平的比例关系。该比例关系包括两层含义：不同层次的工作之间报酬差异的相对比值，以及不同层次的工作之间报酬差异的绝对水平。

内部一致性高的薪酬体系具有三个特点。第一，完成某种工作所需要的知识和技能越多，得到的报酬也越多。第二，从事某种工作时所处的环境越恶劣，工作的报酬也越高。第三，一种工作对实现组织整体目标的贡献越大，得到的报酬也越多。

在实际工作中，工作评价一般是在外部顾问的指导下，由熟悉本公司各种工作的员工组成工作评价委员会来实施。

2. 工作评价的常用方法

工作评价的最终目标都是根据各种工作对于组织的相对价值将其分等排序，以便为每种工作确定公平合理的工资率。主要的工作评价方法有工作排序法、工作分类法、因素比较法、点数法和海氏系统法。

（1）工作排序法。工作排序法是根据各种工作的相对价值或它们各自对组织的相对贡献从高到低进行排列。工作排序法有三种形式：直接排序法、交替排序法、配对排序法。

直接排序法，是指根据职位的相对价值大小，直接从高到低（或从低到高）对职位进行总体上的排序。

交替排序法，是指首先选出价值最高和最低的工作，然后在剩余的工作中再选出次高和次低，如此往复，直到将所有的工作都排序完毕。

配对排序法，是指将每个职位与其他职位按照重要程度或价值大小进行比较，从而确定职位等级序列。该方法通常用于多个评价者对同一部门的不同职位进行评价。例如，某部门有6个职位，称为A、B、C、D、E和F，采用配对排序法进行等级排序的步骤如下。

第一步，画一张二维表，首行和首列分别列出六项工作。

第二步，将每一项工作分别与其他五项工作进行比较，做出"不难""难"和"相同难度"的判断。"不难"计为0，"相同难度"计为1，"难"计为2（见表7-3）。

表 7-3 职位难度测评

职位	A	B	C	D	E	F	合计
A	—	2	1	2	2	2	9
B	0	—	0	0	1	0	1
C	1	2	—	0	0	1	4
D	0	2	2	—	1	2	7
E	0	1	2	1	—	2	6
F	0	2	1	0	0	—	3

资料来源：康士勇，林玥玥.工资理论与管理实务[M].北京：中国经济出版社，2003：273.

第三步，计算合计一栏中的加总难度得分，根据得分排列出工作难度等级（见表7-4）。

表 7-4 职位难度等级排序

难度判断得分	职位名称	职位等级	难度判断得分	职位名称	职位等级
9	A	6	4	C	3
7	D	5	3	F	2
6	E	4	1	B	1

资料来源：康士勇，林玥玥.工资理论与管理实务[M].北京：中国经济出版社，2003：273.

第四步，将所有测评人员的意见进行加总后，得出一个平均值，根据平均值确定职位的等级序列（见表7-5）。

表 7-5 职位等级综合排序

职位	A	B	C	D	E	F
评委甲	9	1	4	7	6	3
评委乙	8	2	5	6	—	4
评委丙	7	3	5	6	5	4
数值和	24	6	14	19	11	10
评委数	3	3	3	3	2	3
平均值	8	2	4.67	6.33	5.5	3.33
等级排序	1	6	4	2	3	5

资料来源：康士勇，林玳玳. 工资理论与管理实务［M］. 北京：中国经济出版社，2003：274.

排序法的优点是：简单易行，适用于职位少、管理程序简单的工作，如办公室和行政科室的工作。其缺点是：主观判断性强，测评人员的价值判断差异大，缺乏客观的衡量标准，而且不适宜在规模大和员工多的企业使用。

（2）工作分类法。工作分类法起源于20世纪20年代的美国，常用于公共部门或行政事业单位。工作分类法的原理是，在一个等级中包括多个职位，各职位由于因素的评定结果相同，所以被归为一个薪酬等级，因此，在一个企业内有若干个工作类别下的工作等级序列。工作分类法的操作程序如下。

第一，根据工作性质和工作说明书区分职位的类别，如管理类、市场类、技术类和操作类。

第二，在分出的职位类别中进行细分，如专业职位分为机械工程部、文事工程部；技术支持职位分为会计处理人员和电子部。

第三，确定企业的职业等级数量。根据企业的组织结构和职位设置情况，设计相应的职位等级。层次设置一般考虑两个因素：一是与组织结构的关系，传统的层级组织等级多，扁平组织等级少；二是注意不同职位和工作系列中层级设置的协调（见表7-5）。

第四，选择共同的级别评价指标，并对职位等级进行定义。一般根据该职位所需的知识技能、监督控制、决策职责、工作复杂性等对职位分级进行明确定义。

第五，根据职位说明书匹配相应的职位等级，组成职位级别序列。

第六，将同一等级的职位对应相同的薪酬标准，组成职位薪酬等级序列（见表7-6）。

表 7-6 职位薪酬等级序列

等级	专业职位		技术支持职位	
	机械工程部	文事工程部	会计处理人员	电子部
1	C			
2	C			
3	C	C		
4	C	C		
5	C	C		
6	C	C		C

(续)

等级	专业职位		技术支持职位	
	机械工程部	文事工程部	会计处理人员	电子部
7			C	C
8			C	C
9			C	
10			C	

注：每个 C 代表一个职位等级；等级 1 是所有等级里价值最高的职位等级，其他依此类推。
资料来源：BERGER L A, BERGER D R. The compensation handbook: a state-of-the-art guide to compensation strategy and design [M]. 4th ed. New York: McGraw Hill, 2000.

工作分类法同样具有简单明了的特点，此外还有较强的灵活性，在一定程度上减少了评价人员的主观性，比较适合大公司对管理和业务系统的工作评价。其主要缺点是在等级评价因素的选择时，因为强调职位之间的通用性，难以对职位等级做出准确的界定和描述。

（3）因素比较法。因素比较法综合了工作排序法和工作分类法的优点，比较适用于工作职位种类较多的大型企业。它的主要特点是通过评定基准职位的薪酬因素的相对价值，推算企业其他职位的薪酬等级和薪酬标准。因素比较法的实施步骤如下。

第一，选择评价因素。一般是选择职位之间的共同因素作为企业付薪的基础，凭借这些因素可以分辨出不同性质的工作或职位的重要性。这些共同因素包括智力要求、体力要求、技能要求、责任要求和工作条件等方面。选择出共同因素后，要对其内涵进行界定。例如：将智力要求的内涵界定为胜任本职位工作所具有或需要的认识、判断、推理、表达和想象能力等；责任要求是指为完成本职位工作所要求承担的管理、决策、监督、协调和指导责任等，以及需要承担因不恰当的工作和管理方式所导致的失败与损失的责任。

第二，选择基准工作。一般地，工作评价委员会选出若干标杆工作作为评价的参照系。标杆工作要求具有代表性和通用性，工作内容稳定，工作描述和说明书规范、准确，在行业和企业内具有可比性。

第三，对标杆工作进行因素比较和排序。评估人员参照工作说明书等标准，比较薪酬因素的相对价值大小，然后将标杆工作排序。例如，评价委员会最后对五个因素在焊工、起重工、冲压工和保安人员四种工作中的排序如表 7-7 所示。对不同的工种而言，薪酬因素的权重不同。

表 7-7 不同职位薪酬要素相对价值排序

工作种类	智力要求	体力要求	技能要求	责任要求	工作条件
焊工	1	4	1	1	2
起重工	3	1	3	4	4
冲压工	2	3	2	2	3
保安人员	4	2	4	3	1

注：1 为最高，4 为最低。
资料来源：DESSLER G. Human resource management [M]. Upper Saddle River, NJ: Prentice Hall, 1997.

第四，按照因素分配工资率。根据现行市场工资率，确定各标杆职位的薪酬因素的工资率（单位时间的报酬额）。例如，某一特定市场中焊工的市场工资率是每小时9.80美元，按照评价的相对重要性，各因素分配的工资率分别如下。智力要求：4.00美元；体力要求：0.40美元；技能要求：3.00美元；责任要求：2.00美元；工作条件：0.40美元。

其他职位可按照同样的方法进行工资率分配（见表7-8）。

表7-8 标杆职位工资率的因素分配

工作种类	工资率	智力要求	体力要求	技能要求	责任要求	工作条件
焊工	9.80	4.00（1）	0.40（4）	3.00（1）	2.00（1）	0.40（2）
起重工	5.60	1.40（3）	2.00（1）	1.80（3）	0.20（4）	0.20（4）
冲压工	6.00	1.60（2）	1.30（3）	2.00（2）	0.80（2）	0.30（3）
保安人员	4.00	1.20（4）	1.40（2）	0.40（4）	0.40（3）	0.60（1）

注：括号中数字代表因素级别，1为最高，4为最低。
资料来源：DESSLER G. Human resource management［M］. Upper Saddle River, NJ: Prentice Hall, 1997.

第五，建立职位比较量表。计算出每一薪酬因素在标杆职位工资率中所占的比例之后，按照薪酬因素和工资率将各项非标杆职位的工作填入表内，把非标杆职位按因素分项与评定体系进行比较，确定其相应的数值和工资额，加总各因素数值和工资量，得出各职位的相对数值或工资额，最后形成一张薪酬因素级别对应表（见表7-9）。

表7-9 薪酬因素级别对应表

小时工资率（美元）	智力要求	体力要求	技能要求	责任要求	工作条件
0.20				起重工	起重工
0.30					冲压工
0.40		焊工	保安人员	保安人员	焊工
0.60					保安人员
0.80				冲压工	
1.00					
1.20	保安人员				
1.30		冲压工			
1.40	起重工	保安人员			
1.60	冲压工				
1.80			起重工		
2.00		起重工	冲压工	焊工	
2.20					
2.40					
2.60					
2.80					
3.00			焊工		

(续)

小时工资率（美元）	智力要求	体力要求	技能要求	责任要求	工作条件
3.20					
3.40					
3.60					
3.80					
4.00	焊工				
4.20					
4.40					
4.60					
4.80					
5.00					

资料来源：DESSLER G. Human resource management [M]. Upper Saddle River, NJ: Prentice Hall, 1997.

（4）点数法。它被称为工作评价的第一量化方法。点数法的基本原理是：基于工作的相对价值对每一个特定的工作或职位进行比较；对于工作性质不同而无法直接比较的工作或职位，就要寻找不同质的工作中的同质因素进行比较；将一些具有代表性的同质因素从工作簇中选择出来，并将这些因素分为次因素和程度等级，通过计点的方式衡量因素的价值，构建职位和薪酬等级结构。点数法的操作包括以下10个步骤。

1）进行工作分析，选择基准工作。基准工作要求有代表性，且有详细的工作描述和工作规范。

2）选择、定义薪酬因素。一般将薪酬因素归纳为四类：工作责任、努力程度、知识结构、工作环境。这些因素成为一级薪酬因素。

3）分解薪酬因素。将一级薪酬因素分解为二级薪酬因素，如知识结构分为学历水平、工作经验、工作能力。

4）划分、定义薪酬因素等级。将最末一级子因素按照标准差异分成相应等级，一般为4～6个等级，并对每个等级的内涵进行定义。每个薪酬因素等级数量取决于组织内部所有被评价职位在该薪酬因素上的差异程度，差异越大，薪酬因素的等级数量越多；反之，薪酬因素的等级数量越少。

5）确定薪酬因素的权重。薪酬因素在总体薪酬因素体系中的权重是以百分比表示的，它代表了不同薪酬因素对企业价值的贡献程度。首先，确定一级薪酬因素的权重，然后确定二级薪酬因素的权重，依此类推。常用的权重分配方法有主观经验法、专家访谈法、层次分析法等。

6）确定薪酬因素总点数与各薪酬因素点数。确定薪酬因素总点数的原则是，区分足够的评价因素，将组织内的不同工作价值区分开来。总点数通常有1 000点、600点或500点三种形式。一般来说，企业的职位越多，总点数越多。在总点数确定的基础上确定各级薪酬因素的点数，再根据各因素的权重将点数分配到每个因素上。

7）为各薪酬因素的等级赋值。一旦确定了总点数、因素与子因素的点数，就可以给因素中的等级赋值，如表7-10所示。

表7-10 一个典型的点数法计划

薪酬因素	第一级	第二级	第三级	第四级	第五级
知识结构					
1. 教育	14	28	42	56	70
2. 经验	22	44	66	88	110
3. 知识	14	28	42	56	70
努力程度					
4. 体力要求	10	20	30	40	50
5. 心理要求	5	10	15	20	25
工作责任					
6. 设备/程序	5	10	15	20	25
7. 材料/产品	5	10	15	20	25
8. 他人安全	5	10	15	20	25
9. 他人工作	5	10	15	20	25
工作环境					
10. 工作条件	10	20	30	40	50
11. 危险	5	10	15	20	25

注：第一级代表级别最低，第五级代表级别最高。

资料来源：DESSLER G. Human resource management [M]. Upper Saddle River, NJ: Prentice Hall, 1997.

8）运用工作评价方案评价每一个职位。

9）编制工作评价手册。

10）根据评价的点数建立职位等级结构。

（5）海氏系统法。该方法是由美国薪酬设计专家爱德华·海（Edward N. Hay）和戴尔·珀维斯（Dale Purves）于1951年提出的工作评价系统，又称"指导图表–形状构成法"。海氏系统法适用于经理、主管以及专业技术等职位的工作评价。它结合了因素比较法和点数法的优点，具有两个特征：标准化和用户化。标准化是指在海氏指导图表中，每一个维度、每一个相邻步骤的进行都适用相同的价值变化量值（每一相邻数值之间的变化程度为15%）。用户化是指海氏指导图表在每一个图表纵、横轴的因素分析中给出了相当宽的范围，用户可以根据自己的特点和规模选择全部运用或部分运用图表中的数据。

实际上，海氏系统法也是一种点数法，它与一般点数法的区别是，海氏系统法的薪酬因素是固定的，即诀窍（know-how）、解决问题的能力（problem solving）和岗位责任（accountability）对公司成败的影响大小。诀窍是指工作达到规定标准所需要的，无论通过什么方式所能获得的各种技术、技巧的综合。它包括三个子因素：科学知识、专门技术和实践经验；管理技巧要求；人际关系技巧要求。诀窍的衡量包括广度（多样性）和深度（透彻性）两个方面。海氏三因素的内涵如表7-11所示。此外，海氏系统还有专门的点数分配表。

表 7-11 海氏评价系统薪酬因素的内涵

因　素	因素定义	子　因　素	子因素定义
诀窍	各种技能的总和，即已经获得和必需的使工作绩效达到可接受水平的专门知识和相应的实际运作技能的总和	科学知识、专门技术和实践经验	对本职务所要求领域的理论、方法和专业知识的理解。分为8个等级，从基本的1级到权威专业的8级
		管理技巧要求	为达到极小水平而具备的计划、组织、执行、控制、评价的能力与技巧。分为5个等级
		人际关系技巧要求	该职务所需要的沟通、协调、激励、培训、关系处理等方面的技巧。分为3个等级
解决问题的能力	包括在工作中发现、分析、诊断问题的能力，提出、权衡与评价对策的能力，做出决策的能力	思考环境	特定环境对任职者思维的限制程度。分为8个等级，从高度常规的1级到抽象规定的8级
		思考的挑战程度	解决问题时对当事人创造性思维的要求。分为5个等级，从重复性的1级到无先例的5级
岗位责任	是指任职者的行动对工作最终结果可能造成的影响及所应承担的责任	行动自由度	在工作中进行个人指导与控制的程度。分为9个等级，从限定的1级到无指导的9级
		工作效果对最终结构的影响程度	分为4个等级。1级为相关度小，2级为具有贡献作用，3级为具有共享作用，4级为具有主要作用（本人发挥主要作用）
		数量级	主要是指经济性责任。分为4个等级。一般有相应的金额下限，具体金额视企业而定

资料来源：HENDERSON R I. Compensation management in a knowledge-based world [M]. Upper Saddle River, NJ: Prentice Hall, 2000.

在根据海氏系统对各种工作进行评价时，工作评价委员会的任务就是借助工作分析和海氏系统的点数分配表确定每种工作的各个薪酬因素所应该得到的分数，然后把三个海氏薪酬因素的分数加总，就得到每种工作的总点数。

7.4.3 薪酬调查

企业薪酬制度应该同时兼顾内部公平和外部公平。工作评价能够保证组织内部各种工作之间合理的报酬比例关系，即实现薪酬的内部公平。外部公平则要求为企业的各种工作确定一个与市场水平一致的报酬标准。市场薪酬调查是实现薪酬外部公平的必要前提。

1. 薪酬调查的目标

薪酬调查是了解其他企业薪酬支付和管理情况的过程。薪酬调查的目的包括调整薪酬水平、优化薪酬结构、了解薪酬趋势和促进薪酬审计。通过对生活物价指数变动、竞争对手薪酬水平和结构以及支付方式的调查，可以适当调整本企业的薪酬水平，优化薪酬结构，还可以发现薪酬管理的发展趋势，借鉴其他企业薪酬管理的经验，寻找降低人力成本的途径。

2. 薪酬调查的步骤

第一步：确定薪酬战略，也就是确定本企业薪酬水平要达到的战略目标与薪酬水平的政策类型。

第二步：确定薪酬调查的范围，即确定劳动力市场、产品市场以及被调查的组织。选择薪酬调查对象可以依据下列原则：①同行业中同一类型的企业；②其他行业中有相似工作的企业；③聘用同类工人的竞争对手企业；④工作环境、经营政策、薪酬和信誉符合一般标准的企业；⑤根据本企业的人力、物力和财务状况，确定调查企业的数目。

第三步：开展薪酬调查，涉及调查对象、调查方法和方式的确定。首先，确定薪酬调查的内容，如薪酬的结构、基本工资水平、奖金、补贴，以及福利制度、工作时间安排等。其次，选择调查方式。收集薪酬资料的方式有很多，一般可以采用邮寄调查表、访谈、网络调查或外包给专门的公司来收集。再次，资料的整理和分析，包括各个企业的现有员工数量、各企业的薪酬内容和薪酬范围、由平均数计算的平均基本薪酬、调查职位的薪酬总表、各企业薪酬总额统计。最后，将本企业的薪酬水平与当地市场平均薪酬水平比较，根据自己的薪酬政策调整薪酬水平。

3. 薪酬水平策略

一个企业可以使本企业的员工薪酬水平高于、相当于或低于竞争对手的薪酬水平。把薪酬标准设定在比较高的水平是为了吸引和保持高质量的员工，降低员工对补偿的不满足感和提高生产率。而把薪酬标准设定在比较低的水平上主要是为了控制人力成本。这些结论看上去是成立的，但事实上并非如此。乔治·米考维奇和杰里·纽曼（1993）的研究证明了这一点（见表7-12）。

表 7-12　薪酬策略的效果

薪酬政策	薪酬政策目标				
	吸引力	保持力	控制人力成本	降低对报酬的不满	提高生产率
高于市场	好	好	不明确	好	不明确
等于市场	中	中	中	中	不明确
低于市场	差	不明确	好	差	不明确

资料来源：MILKOVICH G T, NEWMAN J M. Compensation [M]. 4th ed. Homewood, IL.: Richard D. Irwin, Inc., 1993.

由此可见，无论采用哪种薪酬政策，对提高生产率而言，都是不能完全保证实现目标的。采用低于市场的薪酬政策不一定会损害企业对员工的保持力，采用高于市场的薪酬政策也不一定会增加企业的人力成本。

4. 薪酬结构的确定

狭义的薪酬结构是指同一企业内部不同职位或不同技能之间的薪酬水平的排列方式，主要是一种纵向的等级关系，包括薪酬等级的数目、薪酬级差、等级区间以及级差标准。广义的薪酬结构还包括不同薪酬形式间的比例关系，如基本薪酬、可变薪酬与福利薪酬的比例关系，这种关系又称"薪酬组合"。薪酬结构类型分为三类：与组织结构匹配的薪酬结构、与职位体系匹配的薪酬结构和与薪酬支付标准匹配的薪酬结构。

（1）与组织结构匹配的薪酬结构。这种结构又分为三种类型：平等式结构、等级式结构和网络式结构。平等式结构的特征为，薪酬等级数目少，相邻等级之间以及最高与最低薪酬之间的差距较小。等级式结构的特征为，薪酬等级数目较多，相邻等级之间以及最高与最低薪酬之间的差距较大。网络式结构的特征为，薪酬等级结构和薪酬等级标准多以市场变动为依据，比较关注跨组织之间的人员和能力组合。表 7-13 是不同组织结构下薪酬结构选择示例。

表 7-13 组织结构与薪酬结构匹配

组织结构类型	薪酬结构
平等式结构	职位等级少，重视市场薪酬水平，参考个人技术和竞争潜能。薪酬浮动额度在 200% 左右，互相重叠少
等级式结构	多种职位等级，经常相互重叠。设定薪酬额度，上下波动范围一般为 35%～50%
网格式结构	薪酬水平由市场决定。个人能力、贡献与业绩是重要的参考指标

资料来源：BERGER L A, BERGER D R. The compensation handbook: a state-of-the-art guide to compensation strategy and design [M]. 4 th ed. New York: McGraw Hill, 2000.

（2）与职位体系匹配的薪酬结构。这种薪酬结构类型的选择有几个依据：一是流动性大与相对较稳定的员工的划分，二是工作簇的划分，三是地理区间的划分，四是分支机构的划分。企业一般根据上述四个方面的差异设计薪酬结构体系。

（3）与薪酬支付标准匹配的薪酬结构。薪酬支付标准是指确定员工间薪酬差异的依据。根据薪酬支付标准可以将薪酬结构分为以职位为基础的薪酬结构和以技能为基础的薪酬结构。前者根据职位价值或在企业中的地位来确定不同职位的薪酬等级标准，后者则将员工的技能、资历或能力作为薪酬等级的划分标准。

时下流行的宽带薪酬也称为薪酬宽带或宽带薪酬设计。美国薪酬管理学会将宽带薪酬定义为：宽带薪酬结构是指对多个薪酬等级以及薪酬变动范围进行重新组合，从而变成只有相对较少的薪酬等级以及相应的较宽薪酬变动范围。宽带中的"带"是指工资级别，宽带则是指工资浮动范围较大，其实质是注重绩效，减少职级，多个岗位被归到同一职级中，将宽带拉大，使员工薪酬具有更加灵活的升降幅度。它是在组织内用少数跨度较大的工资范围来代替原有数量较多的工资级别的跨度范围。

5. 薪酬预算与调整

当薪酬政策确定以后，管理者应该对薪酬进行预测，预测结果用来指导薪酬设计；此外，管理者还要监控薪酬制度的实施，并随着组织内外环境的变化及时对薪酬体系进行调整。

7.4.4 员工福利设计

1. 员工福利的含义

福利有广义和狭义之分。广义的福利是指为国家公民提供的一种社会救助性、保险性和保障性待遇（welfare）；狭义的福利是指企业等各类社会组织为其成员提供的外在性间接薪酬项目，即员工福利（benefits）。一般来说，福利的享用与员工工作绩效不直接挂钩或根本无关，员工是作为某种组织成员身份而间接享受有关福利待遇的，因此，员工福利具有低差异、高刚性的特点。

员工福利计划是指组织为员工提供的一揽子福利项目系列的总称。员工福利项目、员工福利计划和员工福利制度可以看作相互联系、层级递进的三个概念。员工福利项目是员工福利体系中具有相对独立性的基本单元；进行员工福利项目设计和实施的主题以及一系列运作模式、操作程序和手段，就构成了"员工福利计划"；进一步将各种员工福利计划制度化和规范化，以法律条文、规章制度等正规文本形式确定下来，就形成了一整套的"员工福利制度体系"。

员工福利制度的主要目标是为员工提供稳定和谐、安全保障的工作环境和条件，吸引、保留和凝聚员工，从而间接提高组织整体绩效水平，推动组织的可持续发展。福利是指组织薪酬框架中一个不可或缺的组成部分，体现了组织对成员的一种长期承诺，是员工分享企事业单位发展成就的重要形式，在现在组织薪酬战略中具有举足轻重的地位和作用。一方面，员工福利计划具有重要的保障功能和长期的间接激励作用。另一方面，员工福利计划也是有效控制运营成本、提高市场竞争力和美誉度的重要工具。

员工福利计划包括法定和非法定两大块。法定福利计划是指根据国家法律规定必须强制实施的福利项目系列，除法定休假（包括公休假日、法定假日、带薪休假和病假）和住房公积金类福利项目外，主要是指法定的养老、医疗、工商和事业等社会保险项目。非法定福利是指用人单位根据实际需要自行设置一系列补充福利项目，如以企业年金、团体养老保险为主要内容的员工老年保障计划，以生活服务、心理辅导和家庭援助为主要内容的员工帮助计划，以住房补助为主要内容的员工基金补助计划，以带薪休假为主要内容的休闲娱乐福利计划，以教育培训为主要内容的员工职业发展计划等。

部分组织为员工提供个人服务、工作相关服务、教育津贴以及高管福利等。

（1）个人服务包括法律服务、咨询服务、员工帮助计划、度假设施、文化津贴、午餐计划等。其中咨询服务是指组织向员工提供各种咨询服务，如财务咨询、家庭咨询、职业生涯发展咨询、再就业咨询、退休咨询以及通过法律保险计划提供的法律咨询。员工帮助计划是针对酗酒、赌博或压力等问题向员工提供的咨询或治疗服务。有些企业雇用专业人员为员工提供这种服务；有些企业与专门公司签订合同，购买专业服务；还有一种联合模式，即多家企业合作制订一个员工帮助计划方案并实施。此外，还有一些各具特色的员工福利：有些企业拥有员工度假区，低价向员工出租度假场地和用具；有些企业承担员工参加文化活动的部分费用，如看电影、看芭蕾舞表演、参观博物馆等；有些企业鼓励员工午餐时间参与各种主题讨论，如压力管理、体重控制、计算机编程、时尚、旅游等。

（2）工作相关服务包括幼儿看护服务（日托中心、哺乳室、幼儿园等）、老人看护服务（看护交流中心、老人托管等）、通勤服务（交通工具、交通补贴）等。

（3）教育津贴是指组织承担员工教育技能培训的部分或全部费用。

（4）高管福利是指组织为高层管理人员提供的专门福利，如豪华办公设备、汽车、专用设施等。

2. 员工福利设计原则

（1）公正合法性原则。员工福利计划在内容和形式上必须符合国家有关法律法规政策，必须按照合法程序拟定和实施，要保证所有员工平等享有相应的福利待遇。

（2）战略针对性原则。员工福利计划要与组织发展战略，特别是人力资源战略和薪酬战略保持一致，对员工尤其是高素质核心员工给予长期承诺，以提高员工的组织归属感、凝聚力和竞争力。

（3）均衡协调性原则。员工福利计划在内容构成上要有均衡协调性，既要考虑内部一致性又要考虑外部竞争性，既要关注核心员工又要顾及一般员工，既要有货币基金性福利又要关照服务性福利，既要注意短期利益又要照顾长期利益，福利水平要拉开档次又不能差别过大。

（4）适度可行性原则。员工福利计划者在设计福利项目和水平时，要考虑组织的实际经济实力，福利方案要有可行性，每项福利开支都要进行成本预算和控制。

（5）动态持续性原则。员工福利计划要有相对稳定性，不能频繁变动。但是，由于内外部环境总是不断变化的，所以员工福利计划要有一定的弹性空间，体现福利计划灵活性的一面。

3. 弹性福利项目设计

弹性福利计划是相对于"一刀切"式传统福利计划而言的，又叫"一揽子酬金"（澳大利亚）、"自助餐厅菜单法"（美国）、"福利自选体系"（英国）。弹性福利计划主张最大限度满足员工个性化、多样化需要，是一种针对不同员工群体或个人的福利偏好和需求而特别设计的福利计划。

最简单的弹性福利计划是在传统福利计划之外，附加一些可供员工自主选择的福利项目，即将那些具有普适性的项目设定为"核心项目"，所有员工都可享有，将其他具有特殊性的项目设定为"可选项目"，供特殊群体或个人自行选择。

最典型的弹性福利计划是"完全福利自助套餐"模式。首先，按照组织福利计划总盘子，确定每个员工应享受的福利水平（如 1 000 元、950 元、800 元不等）；接下来，对各种不同的福利项目以其成本费用高低标价，给出一系列福利项目价格一览表，获奖价目以积点方式给出；最后，由员工在总额福利水平约束的限度内，以自己期望的任何形式，自主选择各自的福利项目组合，活用所分配的点数去购买自己需要的福利，直到把自己的点数用完为止。这种"自助餐"式福利计划的优势是，在既定的福利预算下，可以给员工提供最大灵活性、最大效用的福利项目。但是，这种福利实施条件高（如沟通渠道畅通无阻）、管理难度大、成本高。若自选福利项目定价及构成设置不当，有可能引发"逆向选择"问题，如有离职意愿的员工多选与离职补助或在职消费有关的项目，导致福利管理与人力资源整合脱节。

延伸阅读

1995—2004年，IBM实施了"全面薪酬体系"，大大提升了核心信息技术的竞争力。全面报酬体系由"薪酬""福利"和"工作体验"构成，前面两种具有基础性保健功能，后者发挥激励杠杆作用。"工作体验"被看作其中的一个关键要素。管理层认识到，薪酬和福利能吸引并留住人才，但并不一定能激励员工；工作体验，包括认可（各种奖励）、文化（员工参与管理）、发展（知识管理、职业规划）和环境（工作挑战性、舒适的办公环境与和谐的工作氛围），以及工作与生活的平衡（自选"工作-生活项目"），则是全面报酬体系中一种战略主导性激励因素。总之，IBM的"全面报酬体系"注重外部市场驱动，强调按贡献付酬，注重员工个人职业生涯发展，注意将纪律性和灵活性相结合，福利选择具有合理分担弹性。

本章小结

薪酬有广义和狭义之分，广义薪酬是指因员工为企业所做的贡献而获得的直接或间接的货币收入，如基本工资、奖金、津贴、福利；狭义的工资是指组织向员工定期且以现金形式支付的工作收入。

薪酬管理对企业和个人均有重要意义。薪酬管理是以经济理论和行为理论为基础构建的一个管理系统，包括薪酬战略、薪酬体系、薪酬制度等部分。薪酬体系设计是薪酬管理的核心部分，主要包括工作评价、薪酬调查、薪酬水平确定和薪酬结构设计等步骤。

学习建议

学习本章内容时，应注重理论学习与实践调查相结合，一方面使学生对薪酬管理的理论形成感性认识，另一方面可以增强学生的实际操作能力。

1. 本章重点

薪酬的含义；薪酬体系设计流程；工作评价；薪酬调查；薪酬激励。

2. 本章难点

工作评价；薪酬调查；薪酬结构确定。

核心概念

薪酬、薪酬管理、薪酬制度、薪酬水平、薪酬结构、薪酬调查、工作排序法、工作分类法、因素比较法、点数法、海氏系统法、薪酬设计。

课后思考与练习

1. 薪酬的含义是什么？它有什么功能？
2. 什么是薪酬管理？它的目标是什么？
3. 薪酬体系设计包括哪些步骤？
4. 工作评价有哪些常用方法？它们各有什么优缺点？
5. 调查某一企业的薪酬制度，就工资、奖金、福利等任何一个方面进行分析和评价。
6. 了解某一地区某一行业或某一职业类别的薪酬水平并分析其特点。

案例分析

医院的弹性薪酬制度设计思路

医院现行薪酬制度的主要问题

医院员工的薪酬满意度出现两极分化态势，内部薪酬水平差距大是主要原因。医院收入模式主要以检查检验收入为主，而非根据工作量、服务质量确定薪酬，医务人员劳动性收入体现不明显；管理后勤岗、医疗辅助岗的贡献尚未得到充分的量化体现；整体薪酬水平略高于社会平均工资，但薪酬总额远远低于发达国家和国际医务人员平均薪酬水平。此外，编外人员薪酬无法根据编内标准确立，收入差距较大。具体表现如下。

升职加薪渠道单一。目前医院主要有两种升职渠道：职称级别升职；行政职务升职。薪酬分级方式根据职称、职务区别设置。不管是从职称层面还是职务层面上看均彰显出渠道的单一，且基础性工资按学龄、工龄划分，如 9 年以下、9～19 年、20 年及以上。

薪酬与付出不匹配。医院对医务人员具有高于其他行业的学历要求，加上专业特殊性，其受教育年限较长（5 年制本科或研究生学历），还有一些规范化的专业培训。目前医务人员无法保障周末双休，平均每个工作日时间超过 10 个小时。医务人员的薪酬与职业风险、工作强度、文化程度等相比严重不对等。

岗位价值设置不合理。在医院薪酬体系中，根据岗位制定薪酬水平、等级，岗位工资与职称直接挂钩，难以体现岗位的相对价值。中级职员工作量大，但职级不够，无法提高对应的薪级工资。这主要源于医院未实施岗位价值评估，实际的岗位价值并不突出，各岗位职员的工作差异性、平衡性未被充分考虑。

薪酬制度吸引人才力度不足。就目前医院人力资源结构而言，高层次人才匮乏问题突出。薪酬设计作为人力管理的核心，对吸引优秀人才、发挥人才价值、保持医院竞争优势具有重要作用，但目前医院薪酬制度对高层次专业技术人才缺乏吸引力。

关于弹性薪酬制度

"弹性薪酬"（宽带薪酬的一种形式）是将原有绩效等级压缩，以少数跨度大的绩效范围替代以往多个绩效级别的范围，同时拉大每个级别对应的薪酬，形成新的弹性、灵活性绩效管理体系。其突出优势为增加薪酬弹性与激励性，打破传统等级观念，减少等级差别，利于促进组织结构适应市场，保持灵活性；同时员工可根据自身特点，重视个人能力提升，薪酬幅度变大。在弹性薪酬体系下，在同一个绩效级别内，医院提供的薪酬变动范围将比原来多个等级中的薪酬幅度要大，这有助于增强激励性，促使医院职员注重个人业绩与技能提升，培育医院核心竞争力，提高医院整体绩效。

医院的弹性薪酬设计

1. 弹性薪酬设计的目标

按照通货膨胀率确定变动幅度，同时以行业薪酬水平为参考，确保外部公平；医务人员投入与报酬匹配，实现内部公平。

2. 弹性薪酬设计的原则

提升竞争力，医院竞争以"人才竞争"作为关键，薪酬的设计应在一定程度上确保拥有对所需人才的长期性竞争能力，需确立长效机制，留住人才。

增强激励性，通过激励机制调动职员积极性，达到总效益、总成本间的平衡。

重视经济性，医院具有自负盈亏的经济属性，应保证医院收入扣除基础消耗后，可正常支付薪酬。

3. 弹性薪酬的设计

岗位评价与层级设计。目前医院岗位主要分为医疗岗位、护理岗位、医技岗位、药事岗位、管理岗位。岗位评价的付酬要素分为劳动强度、风险系数、劳动条件、知识技能要求（见表7-14）。将各岗位薪酬因素得分进行统计、汇总，确定岗位得分区间。①根据岗位评价得分，结合岗位分布情况，将岗位分8个等级。②确定薪酬档。这里主要是指横向对应的薪酬分级，着重彰显职员基于同一价值等级上的个体化能力差异，从而拉开薪酬弹性，结合国内外薪酬管理设计经验，将薪酬档设定为5档。③确定中位数。中位数即位于每级薪酬横向分级的中位区域薪酬数值，薪酬等级越高，等级差越大。8个等级的薪酬基数设计为2 000元、2 300元、2 800元、3 300元、4 100元、5 000元、9 200元、11 500元，各级水平是薪酬基数的0.8倍、0.9倍、1.1倍、1.2倍，由此设计出医院弹性薪酬等级。这种薪酬分配具有延展性、弹性、灵活性，可缩小薪酬差距。

表7-14　医院的岗位付酬要素

要素	最高分	合计	占比（%）
劳动强度			
工作压力	40		
体力要求	20		
工作负荷	40	200	20
工作均衡性	20		
创新开拓精神	40		
工作紧张度	40		
风险系数			

(续)

要素	最高分	合计	占比（%）
风险控制	30	300	30
内部协调	30		
成本把控	30		
指导监督	40		
组织管理	40		
发展培养	40		
营收	50		
决策	40		
劳动条件		100	10
工作危害性	40		
工作环境	30		
工作时间特性	30		
知识技能要求		400	40
知识多样性	50		
学历	40		
熟练度	50		
工作灵活性	30		
工作经验	40		
工作复杂度	30		
西医知识	50		
中医知识	50		
综合技能	60		

弹性薪酬的绩效评价。绩效是薪酬体系的重要组成部分，确保绩效管理运行合理、有效、公正是解决绩效考核与分配关联性低的有效举措。根据薪酬等级分布，可指定薪酬弹性浮动比率（基本工资、绩效的薪酬比率），1～3等的浮动比率为50%、45%，4～6等的浮动比率为45%、50%，7～8等的浮动比率为45%、60%。

另外，将高弹性模式针对性实施于高技术岗、核心岗，确保达到付出与薪酬之间的平衡性、匹配化。弹性薪酬绩效标准判断依据主要源自岗位评价指标，而该指标参照工作量选择。①工作量指标选择。医院可以根据工作量贡献、科室特色、发展重心进行筛选。工作量指标可分为基本工作量（住院床日数、门诊人次）、具有科室特色工作量（检查项目、手术台次等）。如外科绩效指标可依据手术量、住院量、门诊次等，同时可结合实际情况纳入护理、检查等项目指标，以提高职员主观能动性。门诊量细化可参考职称系列设置系数；手术量细化主要涉及手术时间、难度、价值等。②工作量指标权重的确立。鼓励各科室结合科室特色发展相关学科，如医院外科，鼓励发展疑难技术、新兴技术，构建绩效奖金测算平台，测算不同权重下奖金的分配情况，确定工作量指标的合理整合计划与方案。③价值点数（奖金×权重/指标值）。参考同类医院标准，根据医院科室横向水平与可分配奖金，默认和基数年工作量同等基础情况下，测算奖金能否达到相应增长幅度为

3%～6%，确保方案可行。④价值点的价格。它以通货膨胀率、社会平均工资为相应调整参数，制定年变化幅度。考虑"科室均衡""科室差异化发展""特异指标"，价值点的价格可相对满足政策需求。

4. 弹性薪酬制度实施的保障措施

建立健全培训体制。在弹性薪酬制度实施前开动员培训会，确保每位职员了解前因后果，明白该薪酬方案实施的优势，从心里接受弹性薪酬方案。

鼓励提高自身价值。鼓励医务人员进修，加强技能培训、医疗交流，营造自主学习氛围，促进医务人员不断提升专业技术水平。

建立健全薪酬福利制度。弹性薪酬仅是薪酬体系的一部分，医院还应考虑除此之外的其他福利津贴，如健康体检、公积金、社保、技能培训等。

完善人力资源管理体系。增加个人单项奖，完善奖惩制度；调整晋升制度；保证薪酬福利连续性。

成立委员会。委员会对会议内容保密，确保薪酬方案实施过程平稳、可控，针对实际问题制定解决措施，拥有最终解释权，确保薪酬方案顺利实施。

资料来源：陆毅.弹性薪酬制度在医院薪酬设计中的应用[J].中国医院，2021（8）：65-66.

思考题：
1. 薪酬制度设计如何体现行业与组织特色？
2. 医院实行弹性薪酬有什么优势？可能存在什么问题？
3. 如何发挥弹性薪酬的积极作用？

实训应用

实训项目

制订奖励计划。

实训目的

通过实训，了解和掌握企业奖励计划的制订原则、方法以及薪酬激励的注意事项，使学生得到一次制订奖励计划的实际体验。

实训指导

指导教师一方面要提供实训案例情境，并尽可能让每个同学熟悉情境内容和任务要求；另一方面要对各小组同学的讨论进行引导，解答同学提出的问题并在讨论后进行总结。

实训组织

实训开始前，要求实训对象已经阅读过相关书籍，并已获得企业人力资源管理真实资料。

实训开始后，按以下步骤实施：第一步，提供案例资料；第二步，明确实训任务要求；第三步，组建团队，一般5～6名学生一组；第四步，开始制订奖励计划；第五步，全班讨论，教师评价。

本实训项目实训时间以2.5小时为宜。

实训案例资料

YT 公司是一家大型的小轿车经销商，该公司一共有 600 名雇员，销售 22 个品牌的轿车，最近该公司得到了一份令人沮丧的调查结果。公司的客户满意度数字已经连续第 9 个季度出现了下滑。客户的抱怨主要集中在以下几个方面：他们很难通过电话从维修人员那里获得快速的反馈；销售人员经常不给他们回电话；公司的财务人员似乎"热心过头"（即经常催缴款项等）；新汽车常常不能得到恰当的清洁或者有一些小部件在刚刚购买时就需要进行维修或者调整；常常需要将汽车开回来对已经完成的维修工作进行返工。

YT 公司当前的薪酬体系如表 7-15 所示。

表 7-15 YT 公司当前的薪酬体系

团　队	职　责	当前薪酬方法
销售人员	说服客户购买小轿车	很少的基本薪资（最低工资）加上年佣金。每个月的销售量每增加 20 辆，则佣金比率随之上升
财务人员	帮助完成销售过程；说服客户采用公司制订的财务计划	基本薪资再加上为公司完成 1 万美元的资金借贷任务而提供的奖金
细节检查员	检查从工厂中接收过来的轿车，并对车辆进行清洁、进行细微的调整	根据每天检查的车辆数量而支付计件工资
维修人员	提供工厂所承诺的服务，维护和修理小轿车	较低的小时工资率，加上两方面因素支付的奖金：一是每天完成维修的车辆数；二是完成每辆汽车所用的时间比标准维修时间少用的时间
接待人员	充当客户和销售员、财务人员以及维修人员之间的主要联络人	最低工资

思考题：

1. 你们小组的薪酬计划可能会以何种方式对公司的客户服务问题做出自己的贡献？

2. 你会建议公司在每个团队内部采用一种团队奖励计划吗？你会建议公司采用以 YT 汽车公司的总体客户服务水平为基础的奖励计划吗？如果是，你将如何构建这两种计划？

3. 为了使该公司的薪酬系统有利于改善公司的客户满意度，你会提出什么样的薪酬改善建议？

实训考核

实训结束后，每位学生必须提交书面收获与体会，每个小组提交一份实训报告。实训报告要求语言流畅、文字简练、条理清晰；报告内容主要包括实训报告封面（包含实训日期、小组成员姓名、专业、班级等信息）、实训项目名称、实训目的、实训内容、实训资料（实训所依据的原始资料和使用的工具、材料等）、实训过程（实训采用的方法、步骤等）、实训结果或结论、实训指导教师评价意见等。

各小组成绩的考核指标分为两个方面，分别为：奖励计划的合理性和可行性；理由陈述的条理性和完备性。

个人成绩的考核指标为个人表现（60%）和小组表现（40%）。个人表现如，发言的主动性、条理性和内容的可行性，讨论中的组织能力、合作能力和相关知识的掌握程度。

个人实训成绩按优秀、良好、中等、及格和不及格五级计分法评定。

相关链接

人力资源开发管理网：http://www.hrdm.net
中国人力资源开发网：http://www.chinahrd.net
行天人力资源管理网：http://www.sintere.com.cn
中华人力资源网：http://www.sino-hr.cn
中国人力资源网：http://www.hr.com.cn
亚太人力资源网：http://www.aphr.org
现代人力资源管理网：http://www.ehrdm.com
新人资：http://sinohrm.hrdm.net
HR 管理世界：http://www.hroot.com
中华人力总监网：http://www.chinacho.com
薪酬战略：http://www.us.kpmg.com
薪酬调查：http://acaonline.org
总报酬战略：http://haygroup.com

Chapter 8

第8章

职业生涯管理

⏱ 学习目标

- ◆ 理解职业生涯、职业生涯规划和职业生涯管理的概念。
- ◆ 掌握职业生涯管理的基本理论。
- ◆ 了解员工及组织职业生涯管理的概念。
- ◆ 了解员工及组织职业生涯规划流程。

❀ 引例 8-1

陆步轩的"屠夫生涯"

陆步轩 1966 年出生于西安市长安区。他 1984 年考上了西安师专但选择了复读，1985 年以当地文科第一的身份进入北京大学中文系学习。1989 年，陆步轩从北京大学毕业。陆步轩最初被分配至长安区教育局，有机会到某中学当老师，但他不想教书。几经辗转，陆步轩在长安区计划经济委员会找到一个临时职位（没编制），最后被柴油机厂借调去当临时工。由于工资待遇低而且福利差，陆步轩选择下海经商。

陆步轩先后从事了多种职业（房屋装修、开小店、卖猪肉），最后以"眼镜肉店"老板的身份闻名。他坚持自己的原则，不卖死猪肉、不卖注水肉、不短斤少两，赢得了消费者的信赖。

2003 年 7 月某天，陆步轩接受了西安电视台记者的采访，国内许多媒体相继以《北京大学毕业生长安卖肉》为题报道了陆步轩的现状。"陆步轩现象"引起了人们对就业观念、人才标准、社会分配等众多问题的深刻反思。2004 年，陆步轩调入长安区档案局工作，负责撰写地方志。陆步轩自述人生的 20 万字纪实文学《屠夫看世界》已于 2005 年由北京十月文艺出版社出版。

陆步轩曾对记者说："我的肉店本来可以多开几家，但我就不想发财，我对商业不排斥，但也不是很感兴趣。我现在的工作和生活就挺好，平平淡淡，人生最大的成功就是不成功。"

2008 年 5 月，陆步轩在广州认识了同为北京大学校友（经济学专业）、同是"卖肉佬"

的陈生（陈生被称为湛江的"海鲜大王"，也是"壹号土猪"的品牌创始人）。2009年8月，陈生邀陆步轩赴广州，提出合伙开办"屠夫学校"的建议。两个"卖肉佬"一拍即合。

2010年"屠夫学校"开始招生。2011年12月，继"北大才子"、卖肉佬、公务员等身份之后，陆步轩带着自己花4个月时间写成的《猪肉营销学》教材，走进"屠夫学校"当老师（兼任名誉校长）。陆步轩说，培养职业化屠夫"是一种公益，也是一种义务。他（陈生）想办屠夫学校，请我为他写教材，而这正是我熟悉的领域"。促进食品安全是陆步轩做公益的初衷。

2013年4月11日，陆步轩受北京大学（职业素养大讲堂）邀请为即将毕业的学弟学妹做分享。他哽咽着说："我只是一个小人物，一个受过高等教育而又为生活所迫，在西安街头摆摊卖肉的小贩。在此，我只能作为反面教材，给学弟学妹们未来的职业生涯提供借鉴。"他自认反面教材的话，再次在网上掀起热议。

陆步轩对北京大学的学生如何做好职业生涯规划提出了三个忠告。第一，要干事业就要去大地方，那儿的人来自五湖四海，人际关系比较简单，机会大；混生活就去小地方，交通方便，房价不高，生活节奏慢。第二，要创业就要选择自己熟悉的行当，哪怕自己不熟悉，那也可以先进去学习、打工；每个行业都有或明或暗的规则，不熟悉就贸然介入是很难的；30岁以前不要介入传统行业，比如杀猪、餐饮，可以先做高新技术。第三，对北京大学的学生来说，考上北京大学只能证明学习好，这只是一个方面，不能说明什么，还要努力地在社会上学习。现在有一种现象，有些从小学习好、被人宠着的学生长大后却发展不好，反而是那些调皮捣蛋的学生长大后发展好。可能前者是在一片溢美之声中成长，脸皮比较薄，受不了挫折。

2016年，陆步轩辞去档案局工作，决定与陈生一起做"壹号土猪"。从土猪养殖到猪肉销售，从连锁店到电商，"壹号土猪"成为知名猪肉生产商和销售商。2016年4月19日上午，北京老国展4号馆的农展会上，陆步轩把新书《北大"屠夫"》的签赠活动设在了"壹号土猪"的展台里。一边是黑猪肉农产品，一边是陆步轩的新书，这样的"奇观"吸引了不少人。

2018年，"壹号土猪"销售网络覆盖全国30多个主要城市，年产值高达18亿元。

陆步轩自创业以来共向北京大学捐款9亿元。他终于摆脱了"北大才子"这个精神枷锁，从被动"卖肉"到主动"卖肉"，开始享受屠夫生涯的成就感。他说："现在我想明白了，读书不一定改变命运，但是读书能改变思维。"

思考题：陆步轩的职业生涯给你什么启示？

资料来源：编者根据《鲁豫有约》的"北大屠夫陆步轩成名后的生活"、柴静《看见》相关内容以及陆步轩的《屠夫看世界》整理而成。

引例8-2

新时代就业形态的新趋势

自20世纪90年代以来，新就业形态在世界范围内兴起。新就业形态与新经济、新技术和新劳动关系分不开。根据劳动关系的"新"和劳动方式的"新",新就业形态可划分为三大基本类型:以"去雇主化"为典型特征的新就业形态(Ⅰ型)、以"多雇主化"为典型特征的新就业形态(Ⅱ型)、以标准劳动关系下劳动方式的新型化为特征的新就业形态(Ⅲ型)。

Ⅰ型新就业形态最大的特点是劳动关系有别于传统的标准化劳动,即不存在明确的雇主与雇员的对应关系(平台经济中相当一部分从业者与平台企业之间只是一种协作关系,而非雇佣关系)。从劳动关系的角度来看,Ⅰ型新就业形态与国际劳工组织界定的非典型就业(non-standard employment)或我国所谓灵活就业具有类似特征。该就业形态主要集中在电子商务、共享经济、平台经济、众包经济、零工经济等领域,最常见的案例是随平台经济、零工经济而兴起的各种"网约工"和"众包工作"(crowd work),如"网约车""骑手""快递""网络直播",以及远程技术服务、远程文案、远程视频/音频处理、远程数据处理、"网络写手"等与数字劳动相关的工作,甚至包括部分违法或处于法律灰色地带的,如"刷单员""发帖员/跟帖员"等在线工作。

Ⅱ型新就业形态以"共享用工"为典型代表。"共享用工"可以分为两种类型。第一种类型可称之为临时性共享用工。譬如一家用工单位受种种因素的影响(如受订单或季节变化的影响)在一定的时间内无法为自己的员工提供充足的工作,因此将员工临时性地提供给其他用工单位使用(与劳务派遣用工不同的是,这类用人单位不是专门的人力资源公司,而是因特殊原因在一定时期内无法为自己的员工提供工作)。第二种类型的共享用工叫策略性共享用工(strategic employee sharing),是指两家或多家相关联的用工单位建立用工联盟,共同雇用员工。这种类型的共享用工比较适合那些在用工上具有时间互补性的企业。

Ⅲ型新就业形态最大的特征是劳动方式的新型化。近年来,随着新技术和新经济的发展,逐渐兴起的新职业、新岗位,如人工智能工程师、电子竞技运营师、轰趴师、线上装修师等带来的相当一部分就业形式属于Ⅲ型新就业形态。一个值得注意的现象是,在疫情期间,在线工作、远程办公等借助互联网和通信技术手段的新的工作方式在全球范围内得到了快速发展,这种新发展也必将在一定程度上改变人们的工作方式。从劳动关系的角度来看,与Ⅰ型新就业形态不同的是,Ⅲ型新就业形态中的劳动关系是明确的,即存在明确的雇员与雇主之间的对应关系。同样是"网约工""电子竞技员"或"人工智能工程师",当其与关联企业(如平台企业)之间建立了劳动合同关系时,他们的就业形态就属于Ⅲ型新就业形态,而当他们没有明确的劳动从属关系时,则属于Ⅰ型新就业形态。

思考题: 新就业形态对个体职业生涯规划有何影响?

资料来源:方长春.新就业形态的类型特征与发展趋势[J].人民论坛,2020(26):56-59.

8.1 职业生涯管理概述

8.1.1 职业

(1)职业的概念与特点。职业是人类文明进步、经济发展和社会劳动分工的产物。职业是一个从多维度来进行认识的概念，对于这一点，人们的认识已经越来越一致。从经济学角度看，职业是指人们参与社会分工，在一个较长的期限内，利用专门的知识和技能，为社会提供服务或创造（物质的或精神的）财富，获取合理的报酬，满足其物质和精神需求的稳定性工作。该定义强调职业的专门性、稳定性、价值的创造性和取得收入的目的性。从社会学意义上讲，职业的概念偏重于职业的社会性，认为职业是人们在社会中所处的地位和角色，强调的是人的归属性。因此也可以说，职业是一个人社会角色的集中体现。

从职业的概念可以看出，个人是职业的主体，但个人的职业活动又必须在一定的社会组织中进行。组织的目标靠员工通过职业活动来实现，员工则通过职业活动实现个人存在的意义和价值。对于组织来说，把合适的人放在合适的位置上，是组织人力资源管理的重要职责。

（2）职业分类。社会分工是职业分类的依据。职业分类以工作性质的同一性为基本原则，对社会职业进行的系统划分与归类。工作性质是一种职业区别于另一种职业的根本属性，一般通过职业活动的对象、劳动工具、劳动支出的形式以及从业方式等不同予以体现。职业分类的目的是要将社会上纷繁复杂、数以万计的现行工作类型，划分成类系有别、规范统一、井然有序的层次或类别。世界各国由于历史、政治、经济、文化等方面的不同，其划分职业的标准有所区别。限于篇幅，本书不再赘述具体的职业分类。

（3）职业期望。职业期望又称职业意向，是指人的职业向往，希望自己从事某项职业的态度倾向，直接反映了一个人的职业价值观。美国著名职业生涯规划大师唐纳德·萨柏（Donald E. Super）曾将职业价值观或职业取向概括为15种类型：助人、美学、创造、智力刺激、独立、成就、声望、管理、经济报酬、安全、环境优美、与上级的关系、社交、多样化以及生活方式。

8.1.2 职业生涯

1. 职业生涯的概念

"生涯"一词，在英文中用career表达，有人生经历、历程、生活道路的含义。"生涯"一词有诸多解释。美国专家萨柏认为，生涯是个人终其一生所扮演角色的整个过程，由以下三个层面构成。①时间：个人的年龄或生命的时程，又可细分为成长、试探、建立、维持、衰退等时期。②广度或范围：每个人一生所扮演的各种不同的角色。③深度：个人投入的程度。格林豪斯（Greenhaus，2000）从强调事业的重要性的角度给出了职业生涯的定义。他认为，职业生涯是"贯穿于个人整个生命周期的、与工作相关的经历的组合"。他强调职业生涯的定义既包括客观部分，例如工作职位、工作职责、工作活动以及与工作相关的决策等；也包括对工作相关事件的主观知觉，例如个人的态度、需要、价值观和期望等。

沙因（E. Schein）将职业生涯分为内职业生涯和外职业生涯。内职业生涯是指由接受教育开始，经工作直至退休这个过程中通过提升自身素质和职业技能而获取的个人综合能力、社会地位及荣誉的总和。内职业生涯各项要素的取得主要取决于个体的努力追求和实践，它是别人无法替代和窃取的人生财富。外职业生涯是指个人在职业生涯过程中所经历的职业角色（职位）及获取的物质财富的总和，它是依赖于内职业生涯的发展而增长的。

每个人都会有自己的职业生涯，一个人选择一种职业后也许会坚持一生，也许会变换多种职业，但不管怎样，一旦开始进入职业角色，他的职业生涯就开始了。从一种发展的视角来看，职业生涯的含义是指个人对选择工作路线的一种反映，是一个人一生之中的工作任职经历或历程，是与工作相关的态度、活动、行为、价值观和期望等的综合。

2. 职业生涯的特点

①独立性。每个人都有区别于他人的知识、技能、职业意向、职业条件、职业选择，以及为实现职业理想所做的努力，从而有着自己独特的职业生涯旅途。②动态性。每个人的职业生涯随着自身知识、技能、意向和外部环境的变化，处于一种不断发展、演进的动态过程。③整合性。职业生涯不仅表示职业工作时间的长短，而且内含着职业发展、变更的经历和过程，包括从事何种职业工作、职业发展的阶段、由一种职业向另一种职业的转换等具体内容。④互动性。职业生涯是个人在一定的社会历史、政治、经济、文化环境中，根据自己对周围及社会环境的感知，个人与他人、个人与环境、个人与社会互动的结果。

8.1.3 职业生涯管理

职业生涯管理是一种专门化的管理，是指组织和员工对企业和员工个人的职业生涯围绕组织的目标和员工个人的职业发展所进行的一系列计划、组织、领导和控制等管理活动，以实现组织目标和个人发展的有机结合。

按主体的不同，职业生涯管理可划分为员工职业生涯管理和组织职业生涯管理。员工职业生涯管理研究早于组织职业生涯管理研究。最早出现的员工职业生涯管理模型被称为"自我职业生涯管理模型"。其特点是基于员工个人的主观意识，强调自主性和主动性，并且更多地由员工个人为实现自己的职业生涯目标而开展。员工职业生涯管理是指员工个人对自己所要从事的职业、拟加盟的组织，在职业发展上要达到的高度等做出规划和设计，并为实现自己的职业生涯目标而积累知识和开发技能的过程，它一般通过员工选择职业、组织和工作岗位，在工作中提升技能或职位升迁等来实现。组织职业生涯管理是指组织对员工所从事的职业所进行的一系列计划、组织、领导和控制等管理活动，以实现组织目标和员工发展的有机结合。

员工职业生涯管理与组织职业生涯管理之间存在相互依存、相互配合的关系。组织是员工职业生涯得以存在和发展的载体，员工职业生涯设计得再好，若不进入特定的组织，其个人目标就难以实现；同样，组织的存在和发展离不开员工的职业工作和职业发展，如果员工能够积极参与由组织系统规划的职业生涯，二者密切配合，其共同目标则容易实现。职业生涯发展体系如图8-1所示。

```
┌─────────────────────────┐  ┌──────┐  ┌─────────────────────────┐
│      组织需求           │  │ 议题 │  │  员工个人职业生涯需求   │
│ 未来2～3年，公司主要的  │  │个人与│  │ 我如何发现在组织中的职  │
│ 战略性议题是什么        │  │公司是│  │ 业机会                  │
│ • 公司未来2～3年最重要的│  │否能  │  │ • 发挥我的特长          │
│   需求和最大的挑战是什么│  │联系起│  │ • 满足我发展的需求      │
│ • 公司需要哪些关键技能、│  │来    │  │ • 提供挑战              │
│   知识和经验才能迎接这些│  │      │  │ • 符合我的兴趣          │
│   挑战                  │  │      │  │ • 符合我的价值观        │
└─────────────────────────┘  └──────┘  └─────────────────────────┘
```

图 8-1　职业生涯发展体系：组织需求与员工个人职业生涯需求的结合

资料来源：GUTTERIDGE T G, LEIBOWITZ Z B, SHORE J E. Organizational career development [M]. Sam Francisco: Jossey-Bass, 1993.

8.1.4　职业生涯规划

职业生涯规划是指企业与员工共同制定，对决定员工职业生涯的个人因素、组织因素和社会因素等进行分析，把员工个人发展与组织发展相结合，制定有关员工个人一生中在事业发展上的战略设想和计划安排。员工职业生涯规划是一个计划过程，通过这个过程，员工个人能够意识到自身所具备的知识、技能、兴趣和其他特征，获得各种信息并做出选择，以便确定职业生涯发展的各种目标，同时确定行动计划来实现这些目标。

员工职业生涯的发展常常伴随着年龄的增长而变化，尽管每个人从事的具体职业各不相同，但在相同的年龄阶段往往表现出大致相同的职业特征、职业需求和职业发展任务。按照时间的长短来分类，员工职业生涯规划可分为人生规划、长期规划、中期规划与短期规划四种类型，如表8-1所示。

表8-1　职业生涯规划的类型

类　　型	定义及任务
人生规划	整个职业生涯的规划，时间可达40年左右，设定整个人生的发展目标。如规划成为一个拥有许多子公司和数亿元资产集团公司的董事长
长期规划	主要设定较长期的目标。一般是5～10年的规划。如规划30岁时成为一家中型公司的部门经理，40岁时成为一家大型公司副总经理等
中期规划	一般是3～5年内的目标与任务。如规划从大型公司部门经理到小公司做总经理等
短期规划	一般为3年内的规划，主要是确定近期目标，规划近期完成的任务。如对专业知识的学习，争取获得MBA学位等

资料来源：作者根据有关资料整理。

员工职业生涯规划的内容主要包括职业选择、职业生涯目标（人生目标、长期目标、短期目标）的确立、职业生涯路径的设计，还包括与人生目标及长期目标相配套的职业生涯发展战略、与短期目标相配套的职业生涯发展策略。影响员工职业生涯规划的因素包括政治、经济、文化等社会环境，教育背景、家庭影响、个人的需求和心理动机等。

员工的职业选择和职业生涯目标，既是个人的需要，也是企业的需要。因而，通过职业生涯规划可以把员工个人利益和企业组织利益有机地结合起来。员工职业生涯规划设计的基本步骤是：确立志向、准确评估、选择职业、确定职业生涯路线、设定职业生涯目标、制订行动计划与措施、评估与回馈。

8.1.5 职业生涯规划中的角色

如表 8-2 中总结的，个人、管理者、组织在员工的职业生涯规划、指导、开发中都扮演着一定的角色。

表 8-2 职业生涯开发中的角色

个人	
● 接受自己职业生涯的责任	● 评估自己的兴趣、技能和价值观
● 寻求职业生涯信息和资源	● 建立目标和职业生涯计划
● 使用开发机会	● 和经理面谈自己的职业生涯
● 跟踪实际的职业生涯计划	
管理者	
● 提供及时的绩效反馈	● 提供开发任务和支持
● 参与职业生涯开发讨论	● 支持员工开发计划
组织	
● 交流使命、政策和程序	● 提供培训机会和开发机会
● 提供职业生涯信息和职业生涯项目	● 提供一系列的职业生涯选择

资料来源：OTTE F L, HUTCHESON P G, Helping employees manage careers [M]. Upper Saddle River, NJ: Prentice Hall, 1992: 10.
www.ge.com.cn/careers/career-management html;and www_03.ibm.com/. employment.us.cd_career_dev. shtml,accessed May 18,2007.

8.2 职业生涯管理理论

职业生涯管理理论起源于美国，最早是以"职业指导"形式出现的。职业指导是指由专门的机构帮助择业者确定职业方向、进行职业选择并谋求职业发展的咨询指导过程。职业生涯管理理论主要有职业选择理论、职业生涯阶段理论、"职业锚"理论和职业发展主动建构理论。职业生涯管理的理论基础主要涉及心理学、管理学和经济学等理论学科。心理学是职业生涯管理最核心的理论依据。职业生涯管理中职业选择理论"人职匹配理论"和"理论"的确定主要是以心理学的"人格理论"为前提的；职业生涯阶段（发展）理论和职业发展主动建构理论主要涉及心理学的"社会学习发展、自我效能理论"等。管理学给予职业生涯管理以重要的理论支持。经济学中的人力资本理论也是职业生涯管理理论的依据之一。

8.2.1 帕森斯的人职匹配理论

人职匹配理论是指通过了解个人自身的个性特质以及不同职业的需求和类型特征，依照自己的职业期望和兴趣选择个人的职业。

美国波士顿大学教授帕森斯于1909年在其著作《选择职业》一书中阐述了这一理论，也称特质因素理论。他认为，每个人都有自己独特的人格模式，每种人格模式都有其相适应的职业类型，人人都有职业选择的机会，而职业选择的焦点就是人与职业相匹配，寻找与自己特性相一致的职业。他认为，一个人的职业选择要考察三个方面的因素：第一，了解自己的能力倾向、兴趣爱好、气质、性格特点、价值观、身体状况、资源、限制条件等个人特征；第二，分析不同行业工作性质、要求、工作条件、薪酬水平、发展前景和机会，以获得有关的职业信息；第三，上述两个因素的协调和匹配，即在了解个人特征和职业要求的基础上，选择一种适合个人特点又可获得的职业。因此，注重个人差异与职业信息的收集与利用是该理论的基本特点，实现人职匹配是该理论的核心。从此帕森斯的人职匹配理论深刻地影响着职业指导和职业选择的理论与实践活动，成为职业指导中永远不变的核心理念，被广泛应用于人们的职业选择。

8.2.2 霍兰德的职业性向理论

美国约翰斯·霍普金斯大学心理学教授、著名的职业咨询师约翰·霍兰德（John Holland）于1959年提出了具有广泛社会影响的职业性向（career orientation）理论。他认为，职业性向（包括价值观、动机和需要等）是决定一个人选择何种职业的一个重要因素。霍兰德经测试研究发现人大致可以划分为六种基本的人格性向，相应地也将职业划分为六种对应的基本类型，即实际型、研究型、艺术型、社会型、企业型、常规型。他认为，职业选择取决于人格与职业的相互结合，即做到"人格-职业匹配"。

（1）实际型。这种性向的人具有真诚、持久、稳定、顺从、害羞、实际、坦率等特点，愿意使用工具从事操作性工作，动手能力较强。他们适应的职业类型通常是各类工程技术工作，这类工作通常需要一定的体力，需要运用一些工具和操作机器并运用一定的技巧来完成。比如机械师、钻井操作工、装配线工人等。

（2）研究型。这种性向的人具有良好的分析、创造、推理能力，具有独立性和好奇心，愿意选择以较多认知活动为主要内容的职业。比如生物学家、人类学家、经济学家、数学家、新闻记者、各类研究人员等。

（3）艺术型。这种性向的人富有想象力、无序、杂乱、理想化、情绪化、不实际，喜欢需要创造性表达的模糊且无规则可循的活动和创作来表现自己的才能，实现自身价值。这种类型的人往往愿意从事各种类型的艺术创作工作，比如雕刻、音乐、舞蹈、绘画等。

（4）社会型。这种性向的人喜欢交际、友善、合群、善解人意，愿意从事为他人服务的工作，喜欢参与解决人们共同关心的社会问题，渴望发挥自己的社会作用。比如社会工作者、教师、咨询人员、临床心理学家等。

（5）企业型。这种性向的人大多喜欢冒险、精力充沛、乐观、自信、进取、善于交流并具有领导才能，喜欢权力、地位和物质财富等，愿意从事说服别人、影响别人的工作。比如企业家、房地产经纪人、法官、律师、政治家、各级政府官员等。

（6）常规型。这种性向的人大多谨慎、顺从、高效、实际、遵守秩序、缺乏想象力、缺乏灵活性，习惯接受他人的领导，不喜欢充当领导角色，不喜欢冒风险和竞争，喜欢按部就班、规范、有序、清楚明确的活动。比如会计、统计员、行政管理助理、档案管理员等。

职业性向理论实际上说明了员工的职业选择取决于人格与职业的相互结合，即做到人格–职业匹配。但是在现实中，上述人格类型与职业类型的关系也并非绝对相对应。霍兰德通过试验发现，尽管大多数的人格类型可以主要地划归为某一类型，但个人又有着广泛的适应能力，其人格类型在某种程度上相近于另外两种类型，也能适应另外两种职业类型的工作。也就是说，某几种类型之间存在着较多的相关性，同时每一种人格类型又有一种极为相斥的职业类型。霍兰德用六边形图简明地描述了六种职业能力类型之间的关系，如图 8-2 所示。霍兰德认为，最为理想的职业选择就是某一类型的员工只有在与其性向相适应的职业岗位上才能最大限度地发挥其能动性和潜力。如果某一类型的员工不能找到与其性向相适应的工作岗位，则可以寻找与其人格相接近的职业岗位，例如实际型与常规型和研究型相接近，社会型与企业型和艺术型相接近。在与自己的人格类型相接近的职业环境中，个人经过努力也完全能够适应。但如果个人选择和自己人格类型相斥的职业，则既不可能感到乐趣，也很难适应。

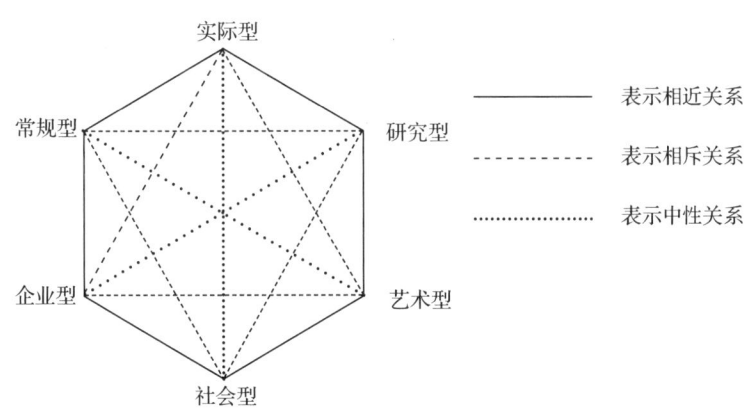

图 8-2 霍兰德职业人格六边形模型

资料来源：孙则厚，罗帆.人力资源管理：理论与实务[M].武汉：武汉理工大学出版社，2002.

霍兰德的职业性向理论与帕森斯的人职匹配理论具有一脉相承的内在联系，运用这一理论的关键在于对个人人格类型的分析与评定，它主要是通过人格类型与职业类型的匹配来说明个人职业选择和职业适应问题。但是，需要说明的是人格特征是职业选择和职业生涯成功的重要因素，但不是唯一的因素。除此之外，个人在进行职业生涯规划时还应将更为广泛的社会政治、经济、文化背景和组织发展目标综合起来考察分析。

8.2.3 沙因的职业锚理论

美国教授埃德加·沙因（Edgar H. Schein）首先提出了职业锚（career anchor）的概念。1961—1963 年麻省理工学院斯隆研究院 44 名毕业生自愿组成了一个专门小组，配合和接受沙因教授开展的关于个人职业发展和组织职业管理的研究与调查。经过多年的追踪和调查，沙因逐渐形成了关于职业定位的看法。沙因认为，随着一个人职业生涯的演进，以自己的职业性向为基础的关于职业态度和价值观、职业动机和需要、职业特长与技能等与职业有关的自我判断会越来越清楚，这样就会最终形成自己的职业生涯主线和主导价值取向，这就是所谓的职业锚。换句话说，职业锚是指一个人进行职业选择时，始终不会放弃的东西或价值观。职业锚是人们选择和发展自己的职业时所围绕的核心。

职业锚虽然是引导人们做出职业选择的核心，但许多人并不是在一开始选择工作时就明确自己的职业锚。一个人的职业锚是在一个持续不断的探索过程中产生的动态结果。职业锚实际上只能由事后观察总结才能形成，职业锚其实是根据一个人所有职业性向、工作经历、兴趣爱好、关键事件等信息汇集而成的一种带有规律性的职业生涯模式，以此告诉人们哪些是其职业生涯中最重要的东西，以作为今后职业发展的参照。

沙因根据自己对麻省理工学院毕业生的案例调查研究，提出了他认为能涵盖所有职业类型的五种基本职业锚：技术或功能型职业锚、管理型职业锚、创造型职业锚、自主与独立性职业锚和安全型职业锚。1996 年，沙因教授对职业锚进行了重新界定，增至为八种类型：技术或功能型职业锚、管理型职业锚、创造型职业锚、自主与独立型职业锚、安全型职业锚、生活型职业锚、服务型职业锚、挑战型职业锚（见表 8-3）。

表 8-3 沙因职业锚理论

职 业 锚	具 体 表 现
技术或功能型	不喜欢一般性管理活动，所有的心思都用在了自己技术或职能方面的发展、成长上，非常重视自己技术或职能的应用，希望能促进和保证自己在既定的技术和功能领域中不断发展
管理型	具有较强的分析能力、人际沟通能力和心理承受能力等，表现出希望成为管理者的强烈动机，其职业目标是追求更高的管理工作岗位
创造型	有强烈的创造需求和欲望，意志坚定、勇于冒险，喜欢建立或创造属于自己的东西
自主与独立型	讨厌来自组织、制度或上级的限制，渴望能够按照自己的方式来安排学习、工作和生活
安全型	职业的安全与稳定性高于一切，以对组织的忠诚来回报这种稳定性，对组织具有依赖性
生活型	希望将生活的各个主要方面整合为一个整体，不会放弃自己整体生活质量的提高，希望能够平衡学习、工作和生活的各个方面，从而达到整体和谐
服务型	所追求的核心价值是服务，对他们来说，能够从事帮助他人、保护人们的安全、提高人们生活水平、对他人有益的活动，才是真正有价值的事情
挑战型	喜欢挑战，追求成功，喜欢解决看上去无法解决的问题，战胜强硬的对手，克服无法克服的困难障碍，等等

资料来源：作者根据有关资料整理。

8.2.4 职业生涯阶段理论

对人的生命周期和职业生涯进行分析的一种常见方法是将职业生涯进行阶段划分，即每个人的职业生涯都要经历许多阶段,划分的基本依据是心理学和生理学对生命周期的划分。进行这种划分的假设是人们相信在这些相同的阶段,人们会有大致相同的经历,他们会面临相同的任务和挑战。因此,学者根据人的生命周期,将人的职业生涯划分为不同的阶段。比较有影响的理论主要有萨柏(1953)和格林豪斯(1987)的五阶段理论、沙因(1978)的九阶段理论以及金斯柏格(Ginzberg,1951)的三阶段理论。这些理论虽然有差异,但本质上具有相似性。下面主要介绍萨柏和格林豪斯的职业生涯发展理论。

1. 萨柏的职业生涯阶段理论

萨柏是美国一位具有代表性的职业管理学家。他以美国白人作为研究对象,把人的职业生涯规划分为五个主要阶段。①成长阶段(0~14岁):这一阶段属于认知阶段,个人通过和家庭成员、朋友、老师之间的交流和认同,经历了对职业从好奇、幻想、兴趣到有意识地培养职业能力的过程,最终逐步建立起自我的概念并逐步成长。②探索阶段(15~24岁):这一阶段属于学习打基础阶段,个人通过学校学习进行自我考察、角色鉴定和职业探索完成择业和初步就业。③确立阶段(25~44岁):这一阶段属于选择、安置阶段,这个阶段对大多数人来说是职业生涯中的重要组成部分,个人通常能够找到适合自己的职业并谋求发展。④维持阶段(45~64岁):这个阶段人们往往已经为自己确定了职业目标,是奋斗精力最旺盛的一段时间,开发新的技能,维护已经获得的成就和社会地位,维持家庭和工作两者之间的各种关系。⑤衰退阶段(65岁以上):这个阶段属于退休阶段,个人的健康状况和工作能力减退,逐步退出职业和结束职业生涯,开发更为广泛的社会角色,减少权利和责任,调整自己的心态,学会接受新的角色,适应退休后的生活。

2. 格林豪斯的职业生涯发展理论

格林豪斯按照人生不同年龄阶段的职业发展的主要任务,将职业生涯分为五个阶段:①职业准备期(0~18岁):主要任务是发展职业想象力,对职业进行评价与选择,接受必需的职业教育。②进入组织期(18~25岁):主要任务是在一个理想的组织中获得一份工作,并选择合适的、较为满意的职业。③职业生涯初期(25~40岁):主要任务是学习职业技术,提高工作能力;了解和学习组织纪律与规范,逐步适应职业工作,适应和融入组织,为未来的职业成功做好准备。④职业生涯中期(40~55岁):对早期的职业生涯进行重新评估,强化或改变自己的职业理想;选定职业,争取有所成就。⑤职业生涯后期(55岁以后直至退休):继续保持已有的职业成就,维护自尊,准备退休。

尽管从理论上可以把个人的职业发展周期分为不同的阶段,但并不是每个人的职业发展周期都是一样的,每个人都会有自己的特点。

8.2.5 约翰·克朗伯兹的职业发展主动构建理论

美国斯坦福大学教育和心理学教授约翰·克朗伯兹(John Krumboltz)于1996年从自我效能的角度提出了职业生涯规划的主动构建理论。职业生涯的自我效能是指我们相信自己能够成功地完成生涯决策活动。克朗伯兹认为，职业生涯发展是一个了解我们自身并做出各种可能性选择的过程。过去的学习、经验以多种方式影响我们的生涯决策。个人信念与期望是职业生涯发展的一个重要组成部分。因此，职业生涯的发展不是被动而是一个主动构建的过程。我们可以主动地寻找生活中的角色榜样和良师益友，并以此学习有关职业和生涯规划过程的知识。

上述传统的职业生涯管理理论的逻辑演进，从职业选择理论（1909）到职业发展主动建构理论（1996），表明该理论的发展由静态转向了动态，人们在职业生涯管理的实践中由被动转向了主动。职业生涯管理理论对指导人们的职业生涯规划与实践，以及对企业的人力资源管理水平的提高均做出了重要贡献。一是该理论具有广泛的适用性和实用价值，能为组织合理有效地利用和开发人力资源，尤其是在企业组织中化解和协调员工和组织之间的矛盾，促进企业的可持续发展提供理论指导；二是在个体职业管理实践层面，由理论而形成的各种具体的职业性向测评、职业规划、开发工具和各种操作模式能帮助人们避免职业生涯发展的盲目性，特别是"职业锚"理论和职业发展主动建构理论为人们实现自我价值、追求职业成功提供有力的帮助。但是，随着组织环境的不断变化和以知识和信息为主导的新经济时代的到来，特别是无边界职业生涯的兴起，传统的职业生涯管理理论将面临新的挑战，如何找到适应社会发展和变迁的新理论成为职业生涯管理理论研究的前瞻性问题。

8.2.6 无边界职业生涯与易变性职业生涯

自20世纪80年代末以来，职业生涯背景发生了诸多变化：首先，组织赖以发展的市场环境变得难以预测，众多管理者和商业人士承认对"未来看不远"；其次，传统的长期稳定的雇佣关系逐步瓦解，高度灵活、短期化的雇佣关系日渐流行（Bird，1994；Feldman and Ng，2007）；最后，员工和组织之间的心理契约由"关系型"转换成"交易型"，员工必须通过提高技能来追求可雇用性（employability）。DeFillippi和Athur（1994）首次提出了"无边界职业生涯"以回应上述变化。

无边界职业生涯是指一种不限于单一雇用范围的一系列就业机会的职业路径。这种雇用范围不仅是指当前的组织，还包含不同的岗位、专业、职能、角色，甚至国别、文化等。无边界职业生涯具有以下特征：①跨越不同雇主的边界，雇员为追求自己的利益最大化而改变组织；②得到现任雇主和市场的认可，即员工有能力在当前组织外的组织中工作；③受外部关系网络或信息的支撑，这类雇员一般都通过广泛的人际关系网络来发展自己的职业生涯；④打破了组织中传统的关于职位等级和晋升等的假设，认为员工追求心理上的职业成功，即使是平级调动也可能是一种成功；⑤个体因个人或家庭原因，拒绝当前的工作机会，如员工期望花更多的时间陪伴家人，他可能就会选择能满足其要求的职位；⑥个体对职业生涯的选择依赖于自身的理解，他并不认为无边界职业生涯会限制自己发展，因而愿意展开这种生涯模式。

Briscoe 和 Hall（2006）提出了易变职业生涯定向（protean career orientation，PCO）来描述人们在当今职业环境中所表现的自主职业选择倾向。易变性职业生涯具有自我导向（self-directed）和价值观驱动（values driven）双重属性（Briscoe and Hall，2006）。自我导向是指个体通过自主地探索职业选择并做出职业决策，从而对职业发展进行自我管理而不是等待他人或组织提供信息、反馈、目标和计划的个人倾向；价值观驱动是指个体会主动地追求对自己有意义的目标，而不是被动地接受组织和社会强加于个人的价值观（Briscoe and Hall，2006；Cabrera，2009）。

无边界职业生涯和易变性职业生涯均是相对于传统职业生涯模式而言的。三者的联系与区别如表8-4所示。

表8-4 传统职业生涯与无边界职业生涯、易变性职业生涯的比较

维　度	传统职业生涯	无边界职业生涯	易变性职业生涯
雇佣关系	以忠诚换取工作安全	以绩效/灵活性换取可雇用性	遵从内心意愿
心理契约	关系型	交易型	交易型
职业生涯边界	一个或两个组织边界	多个组织边界	一个或多个组织边界
工作技能	与组织相关	可迁移性	可迁移性、更新性
培训与学习	正式培训	在职培训	在职培训、持续学习
职业发展阶段	与年龄相关	与学习能力相关	自主选择
职业生涯目标	加薪、晋升等	可雇用性提升	心理成就感
职业成功标准	薪水、地位、晋升	心理意义上的成功	心理意义上的成功
职业生涯模式	线性等级结构	跨边界的、短暂的	跨边界的、多样化的
职业生涯责任	组织	个体	个体

注：引用自"王忠军，温琳，龙立荣.无边界职业生涯研究：二十年回顾与展望[J].心理科学，2015，38（1）：243-248"。

8.3 员工职业生涯管理

员工职业生涯管理研究早于组织职业生涯管理研究。最早出现的职业生涯管理模型被称为自我职业生涯管理模型，其特点是基于员工个人的主观意识，强调自主性和主动性，并且更多地由员工个人为实现自己的职业生涯目标而开展。

人的职业生命是有限的，如果不进行有效的职业生涯管理，势必造成生命和时间的浪费。员工在主管人员和组织的帮助下，通过对自身价值观、个性、能力、发展取向等主观方面以及个体所处的社会环境和组织环境等客观方面进行全面系统的分析，选择适合员工个人特点的职业和具体的工作岗位。也可以说，员工的职业生涯管理是指员工个人对自己的职业目标、职业发展道路进行设计的过程。

员工职业生涯的发展常常伴随着年龄的增长而变化，尽管每个人从事的具体职业各不相同，但在相同的年龄阶段往往表现出大致相同的职业特征、职业需求和职业发展任务。

8.3.1 员工职业生涯规划流程

员工的职业生涯规划是在企业中完成的，它不仅与员工个人有关，而且也与企业有着紧密的内在联系。第一，员工职业生涯规划管理是一个系统的管理工程，它与企业的战略目标紧密地结合起来，企业根据战略目标制定相应的人才发展规划，所有员工的职业生涯规划和管理应以企业人才发展规划为指导。第二，企业的高层管理者应支持并参与员工的职业生涯规划与设计，这样将有助于克服在执行这套职业生涯规划体系时所可能遇到的抵制。第三，员工根据公司的人才发展规划，结合自身的特质与技能而制定个人职业生涯发展规划。员工职业生涯规划流程如图8-3所示。

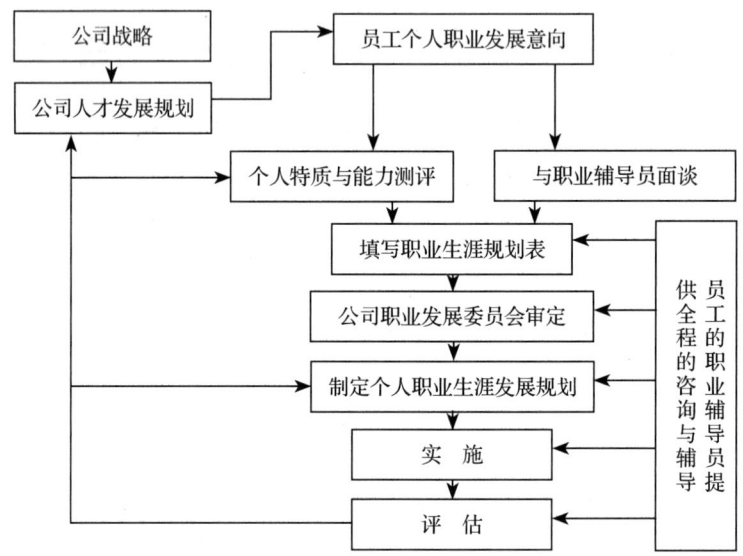

图8-3 员工职业生涯规划流程

资料来源：黄培论，马丹.组织职业生涯管理研究概述［J］.商场现代化，2006（2）：254.

8.3.2 员工职业生涯目标的设计与实施

员工职业生涯目标的设计是在了解组织和社会环境以及了解自我的基础上确定适合自己的职业方向、目标，并制订相应的计划，以避免就业的盲目性，降低就业失败的可能性，为个人的职业成功提供最有效率的路径。职业生涯设计基本上可分为环境分析、自我认知、职业认知、确定目标、制订行动方案、职业生涯评估与反馈六个步骤。

（1）环境分析。人必须在一定的环境中生活。环境分析包括社会环境和组织环境两个方面。社会环境包括社会政治环境、经济环境、文化环境、法律环境、社会价值观等；组织环境包括组织的特征、组织发展战略、组织管理制度、组织文化、组织人才发展规划、领导者素质和价值观等。对社会环境和组织环境进行分析的目的是确定自己是否适应社会环境或者组织环境的变化，以及怎样来调整自己以适应社会和组织的需要。短期规划比较注重组织环境的分析，长期规划更多地注重社会环境的分析。

（2）自我认知。自我认知是指员工在制定职业生涯规划时必须了解自己的各种特点，如基本的能力、素质、需求、兴趣、价值观、个性特征、优势与劣势等，目的是对自己有一个客观、深入的分析与评估，以确定自己具备哪些能力以及什么样的职业比较适合自己。对自己认知程度越深刻，职业生涯的目标和方向才越明确。对于自己的认知，可以通过专家协助（做测试题、专家访谈、职业辅导员面谈等），也可以不断反思下列问题：①自己喜欢什么样的工作；②自己的专长是什么；③自己想往哪个方面发展；④自己能往哪个方面发展；⑤自己可以往哪个方面发展；⑥自己的职业选择能否帮助实现人生的最终目标；⑦是否有一种途径可以让现有的职业与人生的基本目标相一致。

（3）职业认知。职业认知是指了解职业分类、职业性质、组织情况。职业分类是以工作性质的同一性为基本原则，对社会职业进行的系统划分与归类。职业分类包括职系、职级等。许多国家都有职业分类词典。职业性质，即一种职业区别于另一种职业的根本属性，一般通过职业活动的对象、从业方式等的不同予以体现。职业性质需要人们进行深入的了解，因为人们认识一种职业往往只看到一些表面的东西。另外，在到一家公司工作之前，研究该公司的组织结构和企业文化等是十分必要的。

（4）确定目标。确定职业生涯目标，可以使员工确定努力方向，合理地利用自己的有限时间和资源，促成职业目标的实现。员工可以根据自己的职业性向、技能、特点、心理特征、价值观、现实条件以及社会的发展趋势，确立自己的职业生涯目标（短期目标、中期目标、长期目标和人生目标）。而要实现自己的职业生涯目标，就应该制定合理的职业生涯规划。合理的职业生涯规划应该符合 SMART 原则，即特定（specific）、可衡量（measurable）、可接受（acceptable）、现实（realistic）和规定时间表（time-bounded）。职业生涯目标的确定是职业生涯设计的核心。

（5）制订行动方案。职业生涯目标确定后，详细分解目标，转化为具体的方案和措施，主要有职业生涯发展的路线选择、职业的选择和相应的教育与培训计划的制订等。职业发展路线的选择一般包括两条路径：管理路径和技术路径。职业道路的选择通常有四种：纵向、横向、网状和双重。

（6）职业生涯评估与反馈。由于社会环境和组织环境的不断变化，要使职业生涯规划行之有效，就必须根据个人需要和现实的变化，不断对职业生涯目标与计划进行动态评估和适当的调整。员工职业生涯评估一般一年一次，被称为员工职业生涯年度评审。员工职业生涯年度评审主要对员工的职业目标达成情况、职业业绩、职业素质、职业技能等进行评价，使员工发现自己的缺点，并促使其改正。在员工职业生涯进行评估后，有时也会对员工职业生涯发展规划进行调整。调整有时是全盘调整，有时是局部调整，应视具体情况而定。调整的内容包括：职业的重新选择、职业生涯路径的重新选择、人生目标的修正、实施措施与计划的变更。

随着人工智能、大数据、物联网、云计算等相关数字技术的飞速发展，我国经济产业正在向数字化进行转型和升级，加深和加快了企业的组织变革。在不确定的组织环境下，员工如何选择不同的职业发展策略？当职业声望高时，组织变革会导致员工的组织外工作流动准备（组织外职业发展策略）的增加；当职业声望低时，组织变革会导致员工的组织内网络建构（组织内职业发展策略）的增加；而在高职业声望、高职业群体实体性的条件下，组织变革与组织外工作流动准备变化的正向关系最强。（王海江等，2021）

经典案例

一个女职业经理人的忠告

1. 成功跳槽：从零售业跳槽到制造业

薇薇安于2000年进入零售行业，这是她进入HR职业生涯的第一份工作，一年以后因为表现出色，薇薇安晋升到主任的职位。渐渐对HR工作驾轻就熟的她，感觉担任HR只在一个行业发展不能积累足够的经验，"如果仅在零售行业做十几年，将来也只能做零售行业。我希望对不同的行业有更多了解，为将来的职业规划提供更多选择"。薇薇安自认为是一个事业心比较强的人，希望在事业上有更大发展，于是将目光投向其他行业寻求发展机会。2003年，她成功地跳槽进入了一家知名的制造业外企担任人力资源主管，在更大的平台上她开始了新的职业发展之路。

对于这个新东家，薇薇安感觉自己的跳槽选择是正确的。"在不同的平台，能运用的资源和发挥的潜力大不相同。以前虽然是主任，但是手下没有人，大家所做的事情都差不多。而进入这家制造业外企，才找到管理者的感觉，我在这里学会了培训下属，我进入之后我们HR部门从四五个人发展到了16个人，这一点我感受很深。"薇薇安在新东家面临了许多新挑战："这家知名制造企业规模很大，用人需求也多，不仅有机会做专场招聘，还做电视广告，并且学习和运用了许多先进的HR工具，几年来我负责招聘的人数超过了1 000人。"随着公司规模的扩张，薇薇安开始专职做招聘。"这家公司的要求比较高，不是头痛医头、脚痛医脚，而是根据人力资源规划培养大量的后备人选，建立人才库，等到缺人的时候马上能够找到后备人选，以往都是需要人的时候抓到人就行！"

2. 失败跳槽：从制造业重回零售业

2008年，在事业上发展得顺风顺水的薇薇安做出了一个选择，从这家知名的外企跳槽到了一家小的民营企业，职位升到人力资源经理。这次的选择是为了家庭。"五年前我想都没想，为了事业发展去了珠三角的公司总部。但是现在我生小孩之后，更想平衡家庭和事业，希望能在广州发展，多一点时间照顾小孩。因此当猎头找到我的时候，我就选择了到这家民营企业工作。"

与第一次跳槽相比，薇薇安认为这次跳槽比较失败，她感到不适应。"外企做事讲究效率，非常系统。而民企讲究人际关系，要看老板眼色行事，往往不是能力的问题，而是能不能受气的问题。"薇薇安解释说："虽然我被提升为经理，然而有时处理事情感觉不像是经理，处处要迎合老板的喜好，亲力亲为处理一些琐碎的小事情。如果吩咐手下的人去做，老板会不高兴。老板认为人力资源部门是后勤部门，而非战略伙伴，希望按照自己的方式来处理事情。总之，老板没有长远的眼光进行人才培养和留用，意识停留在短浅的招用员工上,我感到非常不适应。"

薇薇安将现在的处境形容为"骑驴找马",一开始只想回到广州,先找一家干着,去其他公司面试也方便。她希望能到一家稳定的大企业,长期地做下去。

资料来源:作者收集于互联网。

8.4 组织职业生涯管理

随着终身就业的传统雇佣关系被打破,越来越多的人认为员工个人应当在职业生涯管理方面发挥主导作用。但是,我们并不能因此而否定组织在员工职业生涯发展中所发挥的关键作用。组织是个人职业生涯得以存在和发展的载体。组织职业生涯管理是在实践的基础上对某些管理措施进行总结和制度化并加以适当的创新之后形成的。在过去的管理实践中,一些组织的管理人员意识到具有不同职业性向的员工应有不同的职业选择、不同的发展目标和不同的发展路径。因此,他们就会提醒这些员工应根据自己的知识、技能、性格特点和组织的战略发展目标,正确地选择职业并确立职业生涯发展目标和发展道路,但如果这些管理人员的观点得不到组织的配合与支持,员工的职业生涯发展目标往往很难实现。之后,一些组织开始有意识地让个别管理者帮助员工进行职业选择、确立发展目标的做法系统化和制度化,由此形成了作为人力资源管理重要内容之一的组织职业生涯管理。

8.4.1 组织职业生涯管理的原则

组织职业生涯管理中遵循的原则如下。

(1)共赢原则。共赢原则是员工个人发展、组织发展和社会发展相结合的原则。员工职业生涯管理是企业发展计划和员工个人生涯发展计划相结合的产物。组织是员工个人职业生涯得以存在和发展的载体。通过组织对员工职业生涯的有效管理,达到组织人力资源需求与员工职业生涯需求之间的平衡;通过帮助员工的职业发展,实现组织的发展目标。通过企业目标服从于社会需要,员工的职业发展服从于组织发展的需要,三者相互影响达到共赢。

(2)差异性原则。由于员工在性别、年龄、个性、专业知识、技能、岗位、职业性向等方面存在不同程度的差异,因此,职业生涯管理应考虑其差异性。

(3)动态性原则。职业生涯是伴随员工一生的一个长期的、不断变化的、动态的发展过程。组织应针对员工职业的不同阶段进行研究,根据组织发展战略、组织结构的变化与员工不同时期的发展需求进行相应调整。

(4)长期性与阶段性原则。由于组织所处的发展阶段与个体所处的发展阶段可能不同,因此不能急功近利。职业生涯发展规划要贯穿组织员工职业生涯的始终,并应该长期坚持才能取得良好的效果。

(5)引导性与功利性原则。组织帮助员工完成自我定位,克服实现工作目标过程中遇到的困难与挫折,鼓励员工将职业目标同组织发展目标紧密相连,尽可能多地给予员工发展机会。职业管理带有一定的引导性和功利性。

（6）系统性原则。职业生涯管理是一项系统工程，职业生涯管理体系的各个组成部分必须按照统一的条件和前提联系起来，将员工的职业发展与企业的战略系统相结合。

（7）互动与发展原则。员工的职业生涯发展过程是一种催化剂，它改变了组织被动参与员工个人职业生涯规划的状况，组织的管理者与员工共同参与员工职业生涯开发战略的制定和实施过程，为员工职业生涯发展疏通道路，把岗位实践与有效的教育、培训结合起来，使员工更加关注组织的发展，两者相互依存、共同发展。

（8）公开、公平、公正性原则。组织应公开、公平、公正地开展职业生涯开发活动，给员工均等的机会。组织提供信息、教育培训机会、任职机会时都应该公开其条件与标准，保持高度的透明度。

8.4.2 组织职业生涯管理的内容

组织职业生涯管理是指从组织的角度对员工的职业生涯进行管理，集中表现在从员工个人的职业发展需求出发，将员工个人的职业生涯发展规划与组织的人力资源发展战略规划相协调，帮助员工制定职业生涯规划，建立各种适合员工发展的职业通道，针对员工职业发展的需求进行适时的培训，为员工提供各种资源、信息和职业指导，最大限度地调动员工的工作积极性，促使员工职业生涯获得成功。其具体内容如下。

（1）将员工个人的职业生涯发展规划与组织的人力资源发展战略规划相协调。由于组织是员工个人职业生涯得以存在和发展的载体，因此，员工个人的职业生涯发展规划应与组织的发展战略，尤其是组织的人力资源发展战略规划紧密地结合起来。组织根据发展战略制定相应的人力资源战略规划，所有的员工职业生涯规划都应以企业人力资源战略规划为宏观指导。由于招聘工作的质量决定了组织职业生涯管理工作的难易程度以及人力资源开发的水平，为适应组织职业生涯管理的需要，从职业发展导向的招聘过程就开始重视对应聘者价值观、职业性向和潜力的选择，这样才能使员工的职业发展与组织的发展相协调。

（2）帮助员工进行职业生涯规划。组织可以通过适当的方式向员工宣传职业生涯规划的意义和作用，借助一些必要的测评和分析工具，帮助员工正确分析自身的个性特征、智力水平、职业倾向、气质、管理能力等，让员工了解自身的长处和不足，帮助员工制定职业生涯发展目标，并帮助其找到达到目标的手段和途径。

（3）针对员工职业发展的需求进行适时的培训。建立与职业生涯管理配套的培训体系，制定完整、有序的职业生涯培训管理的制度和方法。培训的方式有很多：一是提供组织文化、经营理念、管理制度的培训，让员工了解组织经营理念和相关制度；二是提供各种短期的培训，主要是针对工作急需的知识或技能进行培训；三是提供员工工作轮换的机会，以丰富工作经验，提高综合能力；四是让员工参加一些必要的学术研讨会和报告会，让员工能够始终站在科技经济和社会发展的前沿。通过培训让员工把握职业生涯发展所需的工作知识和工作技能；通过各种职业培训，为员工的职业提供不断成长和发展的机会。

（4）建立各种适合员工发展的职业通道。组织可以根据其业务、人员的实际情况，建立适合员工职业发展的若干通道（职系），包括管理、技术或营销等，使具有不同技能、个性、不同职业兴趣的员工都可以找到适合自己的上升途径，避免所有员工都挤在管理这个跑道上。组织应明确不同职系的晋升、评估、薪酬等管理办法，建立多元化的职业生涯通道，给予员工不断上升的机会，以便使员工的职业生涯通道更为顺畅，并实现其职业生涯目标。

（5）为员工提供各种资源、信息和职业指导。组织应为员工职业生涯设计提供便利的条件，如提供职业、职位信息等，让员工了解组织内部职业发展的路径。通过一系列有关职业生涯规划的说明、介绍和分析，可由管理人员或外聘专家对员工的职业生涯规划进行指导，告知员工组织职业生涯管理系统运作的方式、目标的设置以及员工在整个职业生涯管理中的地位和角色等，以便员工制定适合组织及自身发展需要的职业生涯规划。

（6）建立员工工作–家庭平衡计划。建立员工工作–家庭平衡计划的目的是组织帮助员工认识和正确对待家庭与工作之间的关系、调和职业和家庭之间的矛盾与冲突，缓解由于工作–家庭关系失衡而给员工造成的压力。为此，组织必须了解员工职业生涯各阶段的特点以及家庭各阶段的重要任务，然后给予员工适当的帮助，可以采取设立夫妻假、弹性工作制、事假制度，向员工提供家庭问题和压力排解咨询服务等。

（7）员工退休计划。为员工提供一个良好的退休计划和相关措施，如给予退休或即将退休的员工一些关于健康、心理、社会保障福利、住房等退休生活方面的信息，或者提供一些允许退休人员继续从事的兼职工作，以使退休员工顺利地完成从工作状态到非工作状态的转变，帮助退休员工平稳地度过这个阶段。良好的退休计划对组织现有的员工能够起到一定的激励作用，使他们安心工作，没有后顾之忧。

8.4.3 组织职业生涯规划的设计与实施

1. 组织职业生涯开发模型

组织职业生涯管理是协调员工职业发展需要和企业人力资源发展的桥梁，也是满足员工与组织双方需要的最佳方式。组织职业生涯开发应将员工个人的需要与组织的需要结合起来，以达到二者动态的均衡与协调。职业生涯开发中个人需要与组织需要的整合模型如图8-4所示。

2. 组织职业生涯管理流程

组织职业生涯管理的主要目的是结合组织和员工个人的需要，帮助员工制定职业生涯规划，建立各种适合员工发展的职业通道，针对员工职业发展的需求进行适时的培训，给予员工必要的职业指导，为员工提供各种资源、信息和职业指导，最大限度地调动员工的工作积极性，促使员工职业生涯获得成功。组织职业生涯管理的流程如图8-5所示。

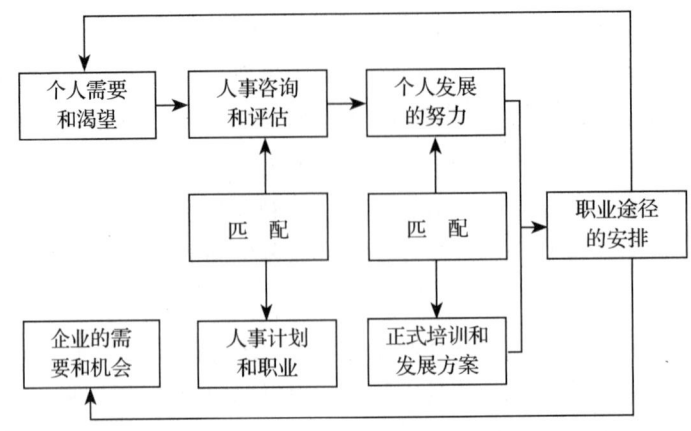

图 8-4 职业生涯开发中个人需要与组织需要的整合模型

资料来源：Based on John C. Alpin and Darlene K. Gerster (March-April 1978), "Career Development: An Integaration of Individual and Organizational Needs", Personnel, p.25.

图 8-5 组织职业生涯管理流程

资料来源：作者整理而成。

（1）工作分析。工作分析是人力资源管理的基本工具，也是组织进行职业生涯管理的前提，它是指对某个特定岗位的工作内容和职务规范（任职资格）进行描述和研究分析的过程。

（2）员工素质测评。员工素质测评主要是通过对员工的个性特点、智力水平、职业倾向、气质、管理能力等方面的测评，了解员工的基本素质和技能情况，可以较全面地分析员工的长处与不足，便于安排适合的工作。主要的测评方法有卡特尔 16 种人格因素测验、智力测验、霍兰德职业性向测验、气质测验、管理能力测验和一般能力测验等。

（3）员工培训与开发。在对员工素质进行测评后，组织对员工的基本职业素质有了较为全面的了解，可以针对员工的性格特点、职业性向以及在工作中出现的问题，有针对性地拟定培训与开发方案，以适应本职工作和今后职业发展的需要。通过培训，进一步发现员工的潜在能力与特长，为其职业生涯的规划打下良好的基础。

（4）职业通道设计。职业通道又被称为职业阶梯、职业路径，是组织中职业晋升的路线，是员工实现职业理想和获得满意工作、达到职业生涯目标的路径。职业阶梯是组织为员工设计的自我认知、成长和晋升的管理方案，它指明了员工可能的发展空间及发展机会，帮助员工胜任工作，确立组织内晋升的不同条件和程序，对员工施加影响，使员工的职业目标和计划有利于满足组织需要。

组织中的职业发展通道往往是多重的，而不是单一的，以便不同类型的员工都能寻找适合自己的职业发展路径。一般来说，职业通道设计的路径有：纵向的、横向的、网状的和多阶梯发展四种类型。纵向的职业路径是传统职业阶梯，即员工的职业发展主要是由低层级的职位逐渐向较高的管理层升迁。其最大优点是清晰明确、直线向前，员工知道自己向前发展的特定工作职位序列。由于现代企业中组织结构的扁平化以及等级层次减少，因而这种传统的职业路径方式已经难以满足员工的现实发展需要。横向的职业路径是指组织通过采用跨职能、跨部门的横向调动和工作轮换的方式，使员工的工作富有多样性，从而增加员工职业工作的趣味，满足丰富自我、完善自我的内在需求。网状的职业路径是指包括横向、纵向的一系列工作职务的综合发展，它较之传统的职业路径更能为员工提供在组织内发展的机会，减少了职业通道堵塞的可能性。多阶梯发展职业路径是为了解决受过技术培训且并不期望在组织中通过正常晋升程序调到管理岗位的员工而开发的一种职业生涯发展方法。

（5）职业生涯规划及实施。第一，组织在员工经过素质测评、培训和明确职业通道的基础上，帮助员工制定出适合自身发展的职业生涯规划。职业生涯规划包括：员工个人职业素质测评结果（自我认知）、职业选择、职业通道选择、职业生涯目标以及完成目标所采取的相应措施等几项关键内容。第二，员工的职业生涯规划制定后，便进入了职业生涯规划的实施阶段。组织应建立与职业生涯管理相配套的员工培训与开发体系，有针对性地提高各类员工的知识和技能，完善其职业发展需要的能力体系。另外，要制定完整、有序的职业生涯管理制度与方法，让员工了解组织的文化、经营理念、管理制度，并及时向员工反馈信息。常用的方法有：一是继任计划，又称"接班人计划"，即组织为保障其重要岗位有一批优秀的人才能够继任，而采取的相应的开发培训、晋升与管理等方面的制度措施；二是导师计划，即由组织中富有经验的、生产效率高的资深员工担任导师，辅导、指导、传授年轻的员工，达到角色示范、心理辅导、接纳承认和形成友谊的目的；三是在职业生涯规划实施过程中，需要不断地评估与反馈，并根据具体情况做出相应的调整，既要使得员工的职业目标选择和职业生涯目标的确定对其有着长期、有效的激励作用，又要适合组织发展的需要。在建立上述制度与方法时，还应建立科学、有效的绩效管理体系和薪酬管理体系。

本章小结

职业生涯是一个人一生之中的工作任职经历或历程，是与工作相关的态度、活动、行为、价值观和期望等的综合。职业生涯具有独立性、动态性、整合性和互动性的特点。

职业生涯规划是指企业与员工共同制定，对决定员工职业生涯的个人因素、组织因素和社会因素等进行分析，把员工个人发展与组织发展相结合，制定有关员工个人一生在事业发展上的战略设想和计划安排。职业生涯规划，按照时间的长短来分类，可分为人生规划、长期规划、中期规划与短期规划四种类型。

职业生涯管理是指企业通过帮助员工制定职业生涯规划并促进其职业生涯发展的一系列活动。职业生涯管理按主体可划分为员工职业生涯管理和组织职业生涯管理两个方面。职业生涯管理的基本理论主要有：帕森斯的人职匹配理论、霍兰德的职业性向理论、沙因的职业锚理论、职业生涯阶段理论、约翰·克朗伯兹的职业发展主动构建理论。

学习建议

本章学习过程中，我们应该把重心放在对基本知识点和基本能力点的理解与把握上。

1. 本章重点

员工职业生涯目标的设计与实施；组织职业生涯管理的原则与内容。

2. 本章难点

职业生涯的基本理论；组织职业生涯规划的设计与实施。

核心概念

职业、职业生涯、职业生涯规划、职业生涯管理、职业通道、职业期望。

课后思考与练习

1. 职业生涯、职业生涯规划和职业生涯管理的含义是什么？
2. 职业生涯管理的基本理论有哪些？
3. 阐述员工职业生涯目标的设计与实施流程。
4. 简述组织职业生涯规划的设计与实施。

案例分析

阿莫科的职业生涯通道管理

阿莫科（Amoco）是一家美国石油公司，总部设在芝加哥。阿莫科的高级管理人员认识到保持通道完整的重要性。这些天来，公司高级管理人员像关心石油管道那样关注人才通道。阿莫科已经经历了战略、结构和技术上的变革，要求员工必须迅速地适应新的技能要求。为了确保成功，员工需要在个体能力和业务需求间达成细致的平衡。

为了使公司恢复活力，董事会主席劳勒伦斯提出了一个计划。作为计划的一部分，集合了一个任务团队来设计职业生涯系统。任务团队由高层次的管理人员组成（人力资源职能部门对他们提供支持）；另外，每个任务团队成员都要与一些员工举行"咨询面谈"。这使得超过500名来自阿莫科各个层次的员工参与了职业生涯系统的设计。

阿莫科的职业生涯管理系统（Amoco's Career Management System，ACM）历时两年半开发完成，包括四个关键部分：①教育；②评估；③开发；④结果。教育，由每个业务单元的高级管理团队利用午餐会议举行，所有员工都参加。接下来，开展一个半天的自愿参加的名为"探索ACM"的项目。评估，通过随后的培训会议来完成，会议中员工分析他们拥有的与公司目标相关的技能。员工可以选择参加两个专题研究小组，一个聚焦当前技能，另一个关注未来的职业生涯规划和工作丰富化，后者被称为最优化职业生涯选择。在每个专题研究小组中，管理者和员工共同识别出关于他们职业目标的强项和弱势。

开发是ACM的第三个组成部分。员工和他们的管理者持续地进行职业生涯讨论。在会议中，员工提出完整的职业生涯计划，管理者提出一个清晰明朗的团队开发计划。通过这种方式，管理者和员工对职业生涯讨论做出了同等的贡献。

最后，ACM要与结果测量联系到一起。因为ACM的目标是要使员工的能力和组织目标相一致，结果就应该根据对团队和业务单元做出的贡献来测量，而不是将快速晋升作为衡量依据。

阿莫科不断地从ACM系统中获取学习经验。到目前为止，高级管理人员认为主要教训包括：为了获得高层管理者的支持，开发必须与业务战略相联系；不要试图使用"一刀切"方法，允许个体使用定制项目；应将沟通看成至少与设计和执行一样重要；职业生涯管理必须要与其他人力资源实践建立联系，例如招聘和培训，从而产生协同效应，注重组织和个体的目标；项目应聚焦系统的最终目标——让人们思考如何使自己在市场中具有长远的竞争力，而不是仅仅在短期内得到更快晋升。

通过ACM，公司形成了一种关注职业生涯管理的文化。阿莫科的员工开始为自己的职业生涯负责，公司也建立了一个人才通道，能保证在正确的时间、正确的职务中获取具有正确技能的人才。

资料来源：Barbara Baumann, John Duncan, Stephen E Forrer, and Zandy Leibowitz, "Amoco Primes the Talent Pump", Personnel February 1966, 79-84.

思考题：

1. 阿莫科的职业生涯通道清晰吗？
2. 阿莫科的职业生涯系统看起来完整吗？你会考虑做些什么补充？
3. 你认为还有其他人力资源实践应该与职业生涯开发联系起来吗？

实训应用

实训项目

根据职业生涯管理有关理论，为自己设计一份职业生涯规划书。

实训目的

培养初步运用职业生涯管理理论解决问题的能力。

实训内容与要求

根据所学知识，做大学毕业后的十年规划，主要包括：①进行社会环境和职业分析；②自我认知和角色定位；③职业目标分解与组合；④制订行动方案。

本实训项目实训时间以 1 小时为宜。

成果与检测

每个人提交一份职业生涯规划书。

阅读材料

向诸葛亮学习"职业规划"

东汉三国时期，群雄逐鹿，人杰辈出！与绝大多数怀才不遇者的思维定式相反：长期隐居南阳草庐的诸葛亮一出山就投靠了当时最为势单力薄的刘备集团并终年为其奔走效力。在为刘备集团做出杰出贡献的基础上，诸葛亮实现了个人事业的成功——这归根结底取决于诸葛亮近乎圆满的职业选择策划！

首先，诸葛亮的个人职业发展定位非常清晰。诸葛亮自幼胸怀大志，始终以春秋战国时期两位著名的最高参谋管仲、乐毅为个人楷模，立誓要成为他所处时代杰出的"谋略大师"，为光复汉室贡献力量；同时，诸葛亮也非常清楚：他自己长期积累的才干已具备了实现职业目标的可能！

其次，从应聘对象选择上看，诸葛亮也独具慧眼：曹操已经统一了半个中国，实力雄厚，最有资格挑战全国统治权；孙权只求偏安自保；而势力最为弱小的刘备集团具备快速成长，与曹操、孙权三足鼎立乃至在此基础上一统天下的可能性。原因在于：第一，刘备始终坚持光复汉室的理想，并在全国赢得了相当一批支持者——这与诸葛亮的个人价值观吻合；第二，刘备品性坚忍顽强，敢于与任何强大的敌人对抗；第三，刘备待人宽厚谦和，团队凝聚力超强；第四，刘备是汉朝皇族后裔，具备名正言顺继承"大统"的资格——以上条件恰恰是刘备增值潜力最大的资源且其他诸侯很难模仿、替代。此外，还有一个非常重要的原因：到赤壁之战前夕时，曹操和孙权两大集团都已人才济济、颇具规模，诸葛亮若去投奔，最多也只能成为一名"中层管理人员"；而刘备集团当时主要由一些武将构成，高级参谋人才奇缺，诸葛亮完全有可能被破格提拔进入最高领导层！

最后，在应聘准备和应聘实施方面，诸葛亮更是做得登峰造极！

在个人推销方面，诸葛亮通过躬耕陇亩给外界留下踏实肯干的印象；同时，他还写作了一篇《梁父吟》，含蓄地表明心志；此外，诸葛亮在与外人言谈中每每自比管仲、乐毅，一方面宣传了个人的卓越才华，另一方面也表明了他对"和谐双赢"的君臣关系的向往——诸葛亮个人才能和求职意向等重要信息最终通过各种渠道传递到了刘备那里。

在应聘临场发挥方面，诸葛亮在完全私密的"隆中对"时，通过逻辑严谨的精彩表述充分展现了个人对国内军事、政治形势以及刘备集团未来发展战略的全面深入思考，令刘备对这个 27 岁的年轻人大为叹服！此后，刘备始终待诸葛亮为上宾，全部重大决策都要与其共同协商探讨，甚至在临终之时还有托孤让位之举；诸葛亮也始终对刘备忠诚一心，鞠躬尽瘁。深厚的君臣情谊是刘备集团后来事业蓬勃发展并最终与曹操、孙权三足鼎立的重要因素，这也传为千古佳话！

诸葛亮是昔日乱世中的一个孤儿，若非正确的职业选择助力，很可能就淹没在历史的尘埃之中，永不为人所知！但积极进取且颇有心计的诸葛亮通过在职业选择上的完美谋划，彻底改变了自己的命运。

资料来源：作者收集于互联网。

相关链接

中国职业生涯管理网：http://www.zhichang123.2008red.com

七色花生涯管理网：http://www.52qsh.com

Chapter 9

第9章

劳动关系管理

⏱ 学习目标

- ◆ 理解劳动关系和劳动关系管理的含义。
- ◆ 了解劳动关系管理的原则、目的和意义。
- ◆ 熟悉劳动合同的概念、特征与内容。
- ◆ 掌握劳动合同的订立、履行、变更、解除与终止、违反劳动合同的责任。
- ◆ 掌握集体合同的概念、内容及集体合同的签订与争议的处理。
- ◆ 掌握劳动保护的含义和具体内容。
- ◆ 掌握劳动争议的概念、特征及劳动争议处理的原则与程序。
- ◆ 了解与劳动关系有关的主要法律法规。
- ◆ 确立知法、守法、用法的理念,维护个人的合法利益和社会公平。

❀ 引例 9-1

用人单位以承揽协议否认劳动关系

一、案情介绍

2018年8月1日,蒋某某与某垃圾清运公司签订书面《劳动合同》,约定劳动合同期限为一年。蒋某某到该公司从事驾驶员(工种)工作。该《劳动合同》第十条约定,该公司的规章制度及垃圾清运承揽协议书作为本劳动合同的附件,与劳动合同具有同等法律地位。同日,蒋某某与该公司签订《垃圾清运承揽协议》,协议第十三条约定:为了确保本协议的履行,蒋某某应向该公司缴纳风险保证金20 000元;风险金在承揽期限届满后,若蒋某某无违规行为,公司应如数退还。2019年1月2日,该公司向蒋某某出具收条,载明收到蒋某某风险保证金20 000元。蒋某某在职期间,驾驶该公司提供的清运车从事清运工作,该公司为蒋某某发放工资并缴纳社保。

2019年7月22日,蒋某某向绵阳市劳动人事争议仲裁委员会提起仲裁,仲裁请求确认蒋某某与该垃圾清运公司自2018年8月1日至裁决生效时止存在劳动关系，后该垃圾清运公司对仲裁裁决书不服，遂向法院提起诉讼。

二、法院判决结果

天府新区法院认为，该垃圾清运公司与蒋某某签订《劳动合同》，蒋某某为该公司提供劳动，该公司为蒋某某发放工资并购买社保，故该垃圾清运公司与蒋某某之间为劳动合同关系。尽管该公司以双方签订了《垃圾清运承揽协议》来抗辩双方系承揽关系而非劳动关系，但双方签订《垃圾清运承揽协议》的实质是为了履行主合同即劳动合同，该公司与蒋某某之间应以其主合同即劳动合同来确定法律关系，即双方为劳动合同关系，而并非承揽合同关系。

三、现实意义

实践中，一些用人单位在与劳动者签订《劳动合同》之后再签订附属协议，附属协议常常表述为"承揽协议"或者"承揽合同"。产生纠纷时，用人单位常常以双方为"承揽关系"而非劳动关系为由进行抗辩，在判断附属协议的法律关系时，应当以双方签订的主合同即《劳动合同》为主，附属协议应理解为《劳动合同》的组成部分，劳动者按照附属协议完成工作系履行劳动合同的体现，进而认定用人单位主张双方系承揽关系不成立。

资料来源：成都市中级人民法院，作者成小法。

思考题：从此案例中你获得了什么启示？

引例 9-2

劳动者应严格遵守用人单位疫情防控规定

一、案情介绍

某人力公司派遣郝某至某大学服务中心从事水工工作。2020年，某大学根据国家、省、市相关规定，制定、出台防疫文件及措施并予以公示。2020年5月6日，某大学查实郝某在开学前日离开南京，返宁后未告知单位，未按照要求进行居家隔离；开学后往返于南京与无锡，未申请报备，事后也未告知单位，未进行隔离。故某大学以郝某严重违反学校卫生防疫措施，对校内其他师生员工的健康安全带来极大隐患，在学校里造成严重不良影响为由，将郝某退回某人力公司。人力公司经征求工会意见后解除与郝某的劳动合同。郝某不服，申请劳动仲裁，请求裁令人力公司支付违法解除劳动合同的赔偿金。仲裁委未在法定期限内做出受理决定，郝某诉至法院。

二、法院判决结果

法院认为，郝某的行为不仅严重违反了某大学的规章制度，也是对他人生命健康权的不负责任。某大学将其退工，某人力公司据此解除劳动合同，具有事实和法律依据，解除程序合法，遂判决驳回郝某的诉讼请求。

三、现实意义

本案是一起劳务派遣员工违反疫情防控规定被解除劳动关系是否属于违法解除的争议。根据《中华人民共和国劳动合同法》第六十五条第二款规定，被派遣劳动者有本法第三十九条和第四十条第一项、第二项规定情形的，用工单位可以将劳动者退回劳务派遣单位，劳务派遣单位依照本法有关规定，可以与劳动者解除劳动合同。

本案中劳动者的行为严重违反了用工单位的疫情防控规定，埋下疫情防控的重大隐患。用工单位可以以《中华人民共和国劳动合同法》第三十九条规定的"严重违反用人单位的规章制度"为事由，对劳动者做退工处理。劳务派遣公司则基于劳动者在疫情防控特殊时期在用工单位的严重违章行为，与其解除劳动合同，于法有据，属于合法解除。此案的裁判，对疫情防控等紧急突发的公共卫生案件审理，有指引价值。同时，对劳动者严格遵守用人单位规章制度包括相关疫情防控规定也有重要的警示意义。

资料来源：江苏省高级人民法院。

9.1 劳动关系管理概述

劳动是一切财富的源泉。一般从两个方面来考察劳动：一是劳动的物质规定性，它强调的是劳动者和自然界的关系，是指人们在物质生产过程中，使用劳动力，运用劳动资料，改变劳动对象，创造使用价值以满足人们需要的有意识、有目的的活动；二是劳动的社会规定性，它是指人们在创造物质财富的过程中会结成一定的社会关系，它强调的是人与人之间的关系，突出劳动的社会性质。正是由于劳动所具有的社会规定性才决定了劳动关系的存在与内涵。

9.1.1 劳动关系概述

1. 劳动关系的含义

劳动关系（labor relations），通常是指生产关系中直接与劳动有关的那部分社会关系，或者说是指整个社会关系系统中与劳动过程直接相关的社会关系系统。具体地说，劳动关系是指在实现劳动的过程中劳动者与劳动力使用者以及相关组织所构成的社会经济关系（常凯，1995）。从微观上看，劳动关系贯穿于企业生产、经营、分配的各个环节；从宏观上看，它是现代社会中最主要的一种社会经济关系。

劳动关系不仅是人力资源管理中的一个概念，也是一个法律概念，具有明确的法律内涵。在我国，直接调整劳动关系的两部重要法律是《中华人民共和国劳动法》（以下简称《劳动法》）和《中华人民共和国劳动合同法》（以下简称《劳动合同法》）。它们调整劳动关系以及与劳动关系密切联系的其他法律关系，其作用是从法律角度确立和规范劳动关系。上述两部法律中都没有给出劳动关系的明确定义。但是综合《关于贯彻执行〈中华人民共和国劳动法〉若干问题的意见》，本书认为劳动关系是指劳动者与用人单位（包括各类企业、个体工商户和事业单位等）在实现劳动过程中建立的社会经济关系。

2. 劳动关系的不同称谓

由于历史传统和制度文化背景等不同，因此不同国家在关于劳动关系的使用术语上存在一些差异。现代劳动关系又被称为劳资关系（labor-capital relations）、雇佣关系（employer relations）、劳工关系（labor relations）、劳使关系（labor-user relations）、产业关系（industrial relations）等。这些不同的称谓，是从不同的角度对特定劳动关系性质和特点的把握与表述，在某种程度上也反映了不同国家或不同体制下的劳动关系的性质和特点。

劳资关系又被称为雇佣关系，是一种最传统的称谓。它一般是指私有制企业中的劳动关系，它是相对于资本与劳动之间的关系而言的，所体现的是雇用工人（劳动者）与雇主（企业主）为实现生产过程所结成的相互之间的权利义务关系。这是在市场经济下最为广泛使用的一个概念，其特点是突出劳资的区别，主体明确，关系清晰，但往往具有某种对抗的意义。

劳工关系这一概念体现在突出劳动关系是以劳工为重点和核心的关系，强调劳工的地位，特别是劳工团体，更注重集体的劳动关系，也比较强调工会与雇主之间的互动过程，尤其是集体协商的过程。我国台湾地区和海外华人学者，更多使用这一概念。

劳使关系是日本人创造的一个名词，意为劳动者和劳动力使用者的关系。在日本的劳动法学著作的具体行文中，劳使关系在更多的情况下是指集体的或团体的劳动关系。

产业关系，又译为工业关系，原意为区别于前资本主义劳动关系的以社会化大生产为基本特征的工业生产过程中的劳动关系。产业关系有狭义和广义两种含义：狭义上它等同于劳资关系，主要是指劳动者及工会与雇主之间的关系；广义则是指产业及社区中管理者与受雇者之间的所有关系，包括雇佣关系的所有层面，以及相关的机构和社会、经济环境。就主体而言，这一关系不仅包括劳资双方，而且还包括政府一方，是所谓三方关系。对于产业关系这一概念，一般使用其广义的含义。

相对于上述各有倾向和侧重的相关概念而言，劳动关系则是一个最为宽泛和适应性最强的概念。这一概念实际上包容了上述不同表述的概念和内涵。它不仅可以避免所有制的不同所引起的概念差别，而且可以避免从某种政治立场或经济利益出发而引起的概念差异。这一概念具有概括性和客观性的特点，更能反映这一社会关系所具有的一般特征。

3. 劳动关系的主体与客体

劳动关系的主体是指劳动法律关系的参加者。从狭义上讲，劳动关系的主体包括两方：一方是劳动者及劳动者的组织（工会）；另一方是用人单位（管理方）以及雇主协会组织。二者构成了劳动关系的主体。从广义上讲，劳动关系的主体还包括政府。在劳动关系的发展过程中，政府通过立法介入和影响劳动关系，发挥其调整、监督和干预作用，因而政府也是广义的劳动关系的主体。

劳动关系的客体是指主体的劳动权利和劳动义务共同指向的事务，如劳动时间、劳动报酬、安全卫生、劳动纪律、福利保险、教育培训、劳动环境等。

4. 劳动关系的内容

劳动关系的内容是指劳动关系主体双方依法享有的权利和承担的义务。依据《劳动法》及其他法律、法规的有关规定，按照劳动关系的劳动者和用人单位主体分类，劳动关系的内容包括以下两个方面。

（1）劳动者依法享有的权利有：劳动的权利、民主管理的权利、平等就业和选择职业的权利、取得劳动报酬的权利、休息休假的权利、获得劳动安全和卫生保护的权利、接受职业技能培训的权利、享受社会保险和福利的权利、提请劳动争议处理的权利、法律规定的其他劳动权利。其主要承担的义务有：完成劳动任务；提高业务技能；执行劳动安全卫生规程；遵守劳动纪律；遵守职业道德；保守国家机密和企业商业秘密等。

（2）用人单位的主要权利有：依法录用、调动和辞退员工；决定组织结构设置；任免组织的管理人员；制订工资、报酬和福利方案；依法奖惩员工；等等。其承担的主要义务有：依法录用、分配、安置职工的工作；保障工会和职代会行使其职权；按照职工的劳动质量和数量支付劳动报酬；加强对职工思想、文化和业务的教育培训；改善劳动条件，做好劳动保护和环境保护；等等。

5. 劳动关系的性质

劳动关系作为一种社会关系，既是经济关系、契约关系，也是一种文化关系。建立协调稳定的劳动关系，不仅要完善经济手段、法律手段，更要达到文化上的认同。劳动关系的运行是一种市场行为，也是一种企业行为。

9.1.2 劳动关系管理

1. 劳动关系管理的含义

劳动关系管理（labor relations management）是指以促进组织经营活动的正常开展为前提，以缓和、协调组织劳动关系的冲突为基础，通过规范化、制度化的管理，使劳动关系双方（企业与员工）的行为得到规范，权益得到保障，维护稳定和谐的劳动关系，促使企业经营稳定运行。

劳动关系管理的基础领域主要有两个方面：一是促进劳动关系的合作；二是缓和、解决劳动关系的冲突。具体来说，劳动关系管理的对象主要包括五个方面：员工的怠工、罢工和抵制等，因用人单位处分、排斥或侵犯员工的权利而引发的劳动争议、仲裁、诉讼等劳动关系问题，员工参与管理问题，双方协商制度，集体谈判制度。其基本框架如图9-1所示。

2. 劳动关系管理的基本原则和目的

劳动关系管理的基本原则主要有：①兼顾各方利益原则；②协商解决争议原则；③以法律为准绳的原则；④劳动争议以预防为主的原则。

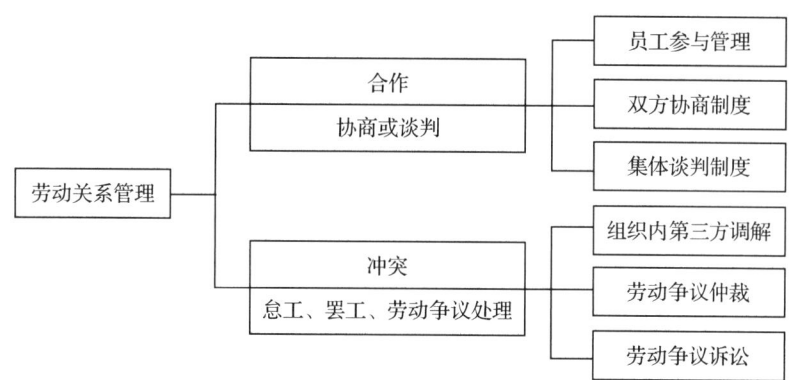

图 9-1 劳动关系管理的基本框架

资料来源：作者自己整理而成。

劳动关系管理的目的是缓和、调解、消除企业劳动关系的矛盾和冲突，在劳动者和用人单位之间建立起合作的关系，保证企业经营活动的正常进行，保障劳动者的基本权益，实现双方的共赢。

9.2 劳动合同管理

经典案例

特殊人士确认劳动关系

案情介绍

2019 年 3 月，某环境工程公司与孙某签订《劳动合同》，合同主要约定：劳动合同期限为 2019 年 3 月 31 日至 2020 年 3 月 31 日；孙某在试用期经考核不符合录用条件的或采用伪造隐瞒的手段取得工作资格的，某环境工程公司可以解除劳动合同并不承担赔偿责任等。同日，孙某在《新员工入职须知》上签字。入职须知主要载明，提供由本人签字的承诺书（不予录用：有传染疾病或精神疾病或其他不可治愈的疾病，有肢体残缺或者器官残缺者）。入职后，某环境工程公司安排孙某从事保洁工作。

2019 年 4 月 29 日，孙某不慎摔倒受伤，后被送往四川省骨科医院住院治疗。西医诊断：右肱骨中段骨折……智力障碍。

2019 年 10 月 30 日，孙某向成都市青羊区劳动人事争议仲裁委员会申请仲裁，要求：确认孙某与某环境工程公司自 2019 年 3 月 23 日起存在劳动关系。该委做出仲裁裁决书，裁决：孙某与某环境工程公司从 2019 年 3 月 31 日起建立劳动关系。某环境工程公司不服，遂起诉至法院要求确认某环境工程公司与孙某于 2019 年 3 月 31 日签订的《劳动合同》无效，双方不存在劳动关系。

裁判结果

成都市青羊区法院审理认为，《中华人民共和国劳动合同法》第二十六条规定："下列劳动合同无效或者部分无效：（一）以欺诈、胁迫的手段或者乘人之危，使对方在违背真实意思的情况下订立或者变更劳动合同的；（二）用人单位免除自己的法定责任、排除劳动者权利的；（三）违反法律、行政法规强制性规定的。对劳动合同的无效或者部分无效有争议的，由劳动争议仲裁机构或者人民法院确认。"根据《新员工入职须知》载明的内容，某环境工程公司在与孙某签订劳动合同时，对劳动者身体健康要求的真实意思为：对传染疾病或精神疾病或其他不可治愈的疾病，有肢体残缺或者器官残缺者不予录用。孙某入职后虽经医院诊断存在智力障碍，但智力障碍不属于前述不予录用的情形，即某环境工程公司在与孙某订立劳动合同时，并未因孙某的不告知而陷于错误的认识，且孙某存在的智力障碍并不影响其入职后所从事的保洁工作。该《劳动合同》的签订系双方真实意思的表示，应当认为合法有效，双方劳动关系自 2019 年 3 月 31 日起建立。

现实意义

相较于普通人群，特殊人士（存在智力缺陷或者肢体残疾的人群）的劳动权利也应得到保障。《残疾人就业条例》第四条规定："国家鼓励社会组织和个人通过多种渠道、多种形式，帮助、支持残疾人就业，鼓励残疾人通过应聘等多种形式就业。禁止在就业中歧视残疾人。"因此，特殊人士可以根据自身身体状况选择合适的工种和岗位就业，其在实际工作中的工作能力是否有所欠缺，即能否胜任工作应根据其所从事的岗位进行个案衡量。若劳动者的特殊情况并不影响所从事岗位的工作开展，则其在就业中不应受到歧视，特殊人士的劳动权利也应得到平等保护。

<small>资料来源：成都市中级人民法院，作者成小法。</small>

劳动合同制度是市场经济条件下确认和形成劳动关系的基本制度。在市场经济条件下，劳动关系是通过双向选择签订劳动合同得以确定和形成的，劳动合同是劳动关系的核心，也是企业人力资源管理的重要手段和工具。熟悉劳动合同的订立、执行、变更与解除的基本程序，了解相关的法律法规，正确处理劳动合同的有关事宜，是做好人力资源管理工作的关键。

9.2.1 劳动合同的概念与特征

1. 劳动合同的概念

在西方一些国家，劳动合同又称为雇用合同或雇用协议等。在我国，劳动合同也称劳动协议或劳动契约，是指企业、个体经济组织、事业组织、国家机关、社会团体，同劳动者之间建立劳动关系，明确劳动双方权利和义务的协议。依法订立的劳动合同受国家法律的保护，对订立合同的双方当事人产生约束力。劳动合同是处理劳动争议的法律依据。

2. 劳动合同的特征

劳动合同是合同的一种，它除具有合同的一般特征之外，还有其自身的基本特征：①劳动合同的主体是特定的。必须一方是用人单位，另一方是劳动者，都具有法律的特定性。用人单位是依法具有使用劳动力的权利能力和行为能力的企业、事业组织、国家机关、个体经济组织、社会团体等。劳动者是依法具有劳动权利能力和劳动行为能力的自然人。②劳动合同是确立劳动关系的法律凭证，具有较强的法定性。劳动合同一经订立，就成为规范双方当事人劳动权利和义务的法律依据。任何一方违反劳动合同，都有可能受到法律的约束和制裁。③劳动合同主体意志具有一定的限制性。劳动合同的建立除需经双方当事人平等、自愿、协商达成一致意见外，还受国家干预的影响，包括劳动合同的内容、形式、期限和订立、履行、变更、终止、解除的原则和程序等多个方面。国家通过其干预对用人单位施加限制，对劳动者及其供养的直系亲属予以救济，使"劳动合同具有以国家意志为主导、当事人意志为主体的特征"。④劳动合同的内容主要以劳动法律、法规为依据。劳动权利和义务具有统一性和对应性。任何一方行使权力都必须以履行义务为前提，且双方的权利义务必须是对等的。

9.2.2 劳动合同的内容

根据《中华人民共和国劳动合同法》规定，劳动合同的条款分为必备条款和可备条款两类。

1. 必备条款

（1）用人单位的名称、住所和法定代表人或者主要负责人。

（2）劳动者的姓名、住址和居民身份证或者其他有效身份证件号码。

（3）劳动合同期限。劳动合同期限主要分为有固定期限、无固定期限和以完成一定的工作为期限三种。

（4）工作内容和工作地点。工作内容是劳动法律关系所指向的对象，即劳动者具体从事什么种类或什么内容的劳动。工作地点是指劳动合同的履行地，是劳动者从事劳动合同中所规定的工作内容的地点。劳动合同的工作内容和工作地点条款一般要求规定得明确、具体，便于遵照执行。

（5）工作时间和休息休假。工作时间又称劳动时间，是指劳动者在用人单位中，必须用来完成其所负担的工作任务的时间。工作时间一般包括工作时间的长短、工作时间方式的确定。休息休假时间，是指劳动者按规定不需要进行工作，而自行支配的时间。

（6）劳动报酬。劳动报酬是用人单位根据劳动者劳动的数量和质量，而获得的报酬。劳动报酬一般包括计件工资、计时工资、效益工资等形式。但是在劳动合同中，必须遵守法律的有关规定。

（7）社会保险。社会保险是国家通过立法建立的一种社会保障制度，目的是使劳动者在市场经济条件下，因年老、患病、工伤、失业、生育等原因，丧失劳动能力或中断就业，本人和家属失去工资收入时，能够从社会（国家）获得物质帮助。我国的社会保险目前包括医疗保险、养老保险、工伤保险和生育保险。

（8）劳动保护、劳动条件和职业危害防护。劳动保护是指用人单位为了防止劳动过程中的事故，减少职业危害，保障劳动者的生命安全和健康而采取的各种措施。劳动条件是指用人单位为保障劳动者履行劳动义务、完成工作任务，而提供的必要物质和技术条件。职业危害防护是指用人单位应当为劳动者创造符合国家职业卫生标准和卫生要求的工作环境与条件，并采取措施保障劳动者获得职业卫生保护。

（9）法律、法规规定应当纳入劳动合同的其他事项。

2. 可备条款

除上述9项必备条款以外，劳动合同还可以有可备条款（约定条款），它是指法律不作强制性规定，由当事人自己在合同中任意约定的条款。可备条款的缺少一般不影响劳动合同的成立。可备条款一般包括下列条款。

（1）试用期条款。试用期是劳动合同当事人为了相互了解对方的情况而在劳动合同中约定的特定期限。用人单位与劳动者可以在劳动合同中就试用期的期限和试用期间的工资等事项做出约定。但试用期最长不得超过6个月；同一用人单位与同一劳动者只能约定一次试用期；以完成一定工作任务为期限的劳动合同或者劳动合同期限不满3个月的，不得约定试用期；劳动者在试用期的工资不得低于本单位相同岗位最低档工资或者劳动合同约定工资的80%，并不得低于用人单位所在地的最低工资标准。

（2）培训条款。培训是按照职业或工作岗位对劳动者提出的要求，以开发和提高劳动者的职业技能为目的的教育和训练过程。《劳动合同法》第二十二条规定，用人单位为劳动者提供专项培训费用，对其进行专业技术培训的，可以与该劳动者订立协议，约定服务期。劳动者违反服务期约定的，应当按照约定向用人单位支付违约金。违约金的数额不得超过用人单位提供的培训费用。用人单位要求劳动者支付的违约金不得超过服务期尚未履行部分所应分摊的培训费用。

（3）保守商业秘密条款。商业秘密是不为公众所知悉，能为权利人带来经济利益，具有实用性并经权利人采取保密措施的技术信息和经营信息。用人单位与劳动者可以在劳动合同中约定保守用人单位的商业秘密保密事项。

（4）竞业禁止条款。用人单位可以根据企业自身的性质，在劳动合同或者保密协议中与劳动者约定竞业限制条款，并约定在解除或者终止劳动合同后一定期限内（不超过2年），不能到与用人单位生产同类产品或经营同类业务且有竞争关系的其他单位任职，也不得自己生产、经营同类产品或业务，但用人单位应当给予劳动者经济补偿。劳动者违反竞业限制约定的，应当按照约定向用人单位支付违约金。

（5）补充保险和福利待遇条款。补充保险是指除了国家基本保险以外，用人单位根据自己的实际情况为劳动者建立的一种保险，它用来满足劳动者高于基本社会保险需求的愿望。国家对此不做强制性的统一规定，用人单位可根据自身的经济承受能力，自愿选择参加。福利待遇一般包括交通补贴、住房补贴、医疗补贴、通信补贴，以及用人单位提供解决职工生活需要的各种福利设施等。

9.2.3 劳动合同的订立、履行、变更、解除与终止

1. 劳动合同的订立

根据我国劳动法律法规，劳动合同的订立是指劳动者和用人单位双方就各自的权利义务协商一致而签订的对双方具有约束力的，并以书面形式明确双方责任、义务以及权利的法律行为。

（1）劳动合同订立的原则。劳动合同的订立应当遵循三项基本原则：①平等自愿原则。平等是指在订立劳动合同时，劳动者和用人单位双方在法律地位上的平等。自愿是指合同的订立完全是出于双方的意愿，任何一方都不得以欺诈、威胁和乘人之危等手段将自己的意愿强加于对方。②协商一致原则。协商一致是指劳动者和用人单位就合同的所有条款进行充分协商，达成一致意见。③合法原则。合法是指劳动合同的订立不得违反国家法律法规的规定，包括主体合法、内容合法、程序合法。主体合法是指主体符合法律规定的条件，如劳动者必须具备法定年龄和其他条件。内容合法是指当事人不得订立内容违法或对社会公共利益有害的劳动合同。程序合法是指当事人订立劳动合同应遵循一定的程序。

（2）劳动合同的订立程序。劳动合同的订立一般包括以下程序：①起草劳动合同草案。一般由用人单位提供劳动合同草案。内容必须符合国家相关法律的规定。劳动者有权知悉劳动合同的条款，并提出修改的意见。②协商劳动合同内容。双方就劳动合同内容进行充分的讨论、协商，最后就合同所有条款达成一致意见。③签订劳动合同。在确认合同内容准确无误的基础上，双方当事人签字、盖章。合同若不需要签证，则具有法律效力。④合同证。这个环节是按照国家法律规定或当事人的要求，用人单位将合同文本送交合同签订地或履行地的合同签证机构或劳动行政主管部门，要求对合同依法审查、鉴定合同的合法性。

2. 劳动合同的履行

劳动合同的履行是指劳动合同订立后，劳动者和用人单位双方按照合同条款的要求，共同实现劳动过程和相互履行权利和义务的行为过程。劳动合同的履行，必须遵守以下原则。

①实际履行的原则。实际履行是指合同双方当事人要按照合同规定的标的履行自己的义务和实现自己的权利，不得以其他标的或方式来代替。②亲自履行的原则。亲自履行是指双方当事人要以自己的行为履行合同规定的义务和实现合同规定的权利，不得由他人代为履行。③正确履行的原则。正确履行是指当事人要按照合同规定的内容，原原本本地全面履行，不得打折扣，不得改变合同的任何内容和条款。④协作履行的原则。协作履行是指双方当事人在合同的履行过程中要发扬协作精神，要互相帮助，共同完成合同规定的义

务，共同实现合同规定的权利。

3. 劳动合同的变更

劳动合同的变更是指劳动关系双方当事人就已订立的劳动合同的部分条款达成修改、补充或者废止协定的法律行为。从这个简单的定义中，我们应该认识到：劳动合同的变更是对原合同内容的修改、补充或者废止，而不是签订新的劳动合同。另外，劳动部《关于贯彻执行〈中华人民共和国劳动法〉若干问题的意见》规定，用人单位发生分立或合并后，分立或合并后的用人单位可依据其实际情况与原用人单位的劳动者变更、解除或重新签订劳动合同，在此情况下重新签订的劳动合同视为原劳动合同的变更。同订立劳动合同一样，变更劳动合同也应当遵循平等自愿、协商一致的原则。不得违反法律、行政法规的规定，而且经双方协商同意依法变更后的劳动合同继续有效，对双方当事人都有约束力。但这一"自愿一致"原则有绝对自愿一致和相对自愿一致之分。绝对自愿一致是指在一般情况下，如果任何一方拒绝变更劳动合同，那么就要继续履行原劳动合同；而相对自愿一致是针对一些特殊情况而言的，如用人单位发生分立或合并，或是企业实施股份制或股份合作之后用人单位发生了改变，或是发生了不可抗力或出现致使劳动合同全部或部分条款无法履行的其他情况，如企业迁移等，那么即使有一方拒绝变更劳动合同，也不能再履行原劳动合同了。此外，我们要特别注意两种情况的区别：如果用人单位根据工作需要调整劳动者的工作岗位，可以与劳动者协商一致，变更劳动合同的相关内容；如果因劳动者不能胜任工作而变更、调整工作岗位，则属于用人单位的自主权，用人单位若需要变更劳动合同，劳动者应服从用人单位的变更或调整。

4. 劳动合同的解除

劳动合同的解除是指劳动合同签订后，尚未履行完毕之前，劳动合同一方或双方当事人依法提前终止劳动合同的履行，解除双方劳动权利和劳动义务关系的法律行为。与劳动合同的订立、变更不同，劳动合同的解除可以是双方的，也可以是单方的法律行为。劳动合同的解除分为法定解除和协商解除两种。法定解除是指出现国家法律、法规或合同约定的可以解除劳动合同的情况时，不需要当事人双方一致同意，合同效力都可以自然或单方提出提前终止。协商解除是指当事人双方因某种原因，在完全自愿的情况下，通过协商，一致同意提前终止劳动合同关系的法律行为，协商解除的最大特点是双方完全自愿。用人单位解除与劳动者的劳动合同应具备法律规定的条件，若违反法律的规定将承担相应的法律责任。法律规定的解除劳动合同的条件，因解除的原因不同而有所不同。

（1）双方协商解除。《劳动合同法》第三十六条规定："用人单位与劳动者协商一致，可以解除劳动合同。"劳动合同作为双方的"合意"的行为，既可以通过合意来订立、变更，也可以通过合意而提前终止。

（2）用人单位单方解除劳动合同。

1）过失性解除。《劳动合同法》第三十九条规定，劳动者有下列情形之一的，用人单位可以解除劳动合同：①在试用期间被证明不符合录用条件的；②严重违反用人单位的规章制度的；③严重失职，营私舞弊，给用人单位造成重大损害的；④劳动者同时与其他用人单位建立劳动关系，对完成本单位的工作任务造成严重影响，或者经用人单位提出，拒不改正的；⑤以欺诈、胁迫的手段或者乘人之危，使对方在违背真实意思的情况下订立或者变更劳动合同，致使劳动合同无效的；⑥被依法追究刑事责任的。

这六种情况是由于劳动者自身的原因造成的，劳动者主观上有严重过失，因而用人单位有权随时解除合同。过失性解除不受提前通知的限制，不受用人单位不得解除劳动合同的法律限制，且不给予经济补偿。

2）非过失性解除。《劳动合同法》第四十条规定，有下列情形之一的，用人单位提前三十日以书面形式通知劳动者本人或者额外支付劳动者一个月工资后，可以解除劳动合同：①劳动者患病或者非因工负伤，在规定的医疗期满后不能从事原工作，也不能从事由用人单位另行安排的工作的；②劳动者不能胜任工作，经过培训或者调整工作岗位，仍不能胜任工作的；③劳动合同订立时所依据的客观情况发生重大变化，致使劳动合同无法履行，经用人单位与劳动者协商，未能就变更劳动合同内容达成协议的。

以上情形，劳动者主观上并无重大过错，主要是客观情况发生重大变化、劳动者身体不好或能力较差，致使劳动合同无法履行。用人单位可以解除劳动合同，但要提前三十日以书面形式通知劳动者本人，并受用人单位不得解除劳动合同的限制，且要依法给予劳动者经济补偿。支付经济补偿的标准根据劳动者在企业工作年限，每满一年发给一个月工资作为经济补偿金；第二种情形最多不超过十二个月；第一种情形还要视病情和劳动能力状况，发给一定的医疗补助费。

3）经济性裁员。《劳动合同法》第四十一条规定，有下列情形之一，需要裁减人员二十人以上或者裁减不足二十人但占企业职工总数百分之十以上的，用人单位提前三十日向工会或者全体职工说明情况，听取工会或者职工的意见后，裁减人员方案经向劳动行政部门报告，可以裁减人员：①依照企业破产法规定进行重整的；②生产经营发生严重困难的；③企业转产、重大技术革新或者经营方式调整，经变更劳动合同后，仍需裁减人员的；④其他因劳动合同订立时所依据的客观经济情况发生重大变化，致使劳动合同无法履行的。裁减人员时，应当优先留用下列人员：与本单位订立较长期限的固定期限劳动合同的；与本单位订立无固定期限劳动合同的；家庭无其他就业人员，有需要扶养的老人或者未成年人的。经济性裁员，要提前书面通知，且受用人单位不得解除合同的限制，并向劳动者支付经济补偿。

4）用人单位不得解除合同。为了保护劳动者的合法权益，防止不公正解雇，《劳动合同法》除规定用人单位可以解除劳动合同的情形外，还规定了用人单位不得解除劳动合同的情形。根据《劳动合同法》第四十二条的规定，劳动者有下列情形之一的，用人单位不得进行无过失解除合同和经济性裁员：①从事接触职业病危害作业的劳动者未进行离岗前职业健康检查，或者疑似职业病病人在诊断或者医学观察期间的；②在本单位患职业病或者因工负伤并被确认丧失或者部分丧失劳动能力的；③患病或者非因工负伤，在规定的医疗期内的；④女职工在孕期、产期、哺乳期的；⑤在本单位连续工作满十五年，且距法定退休年龄不足五年的；⑥法律、行政法规规定的其他情形。

（3）劳动者单方解除劳动合同的情形。

1）劳动者在试用期内提前三日通知用人单位，可以解除劳动合同，并且无须说明理由或者承担赔偿责任。

2）用人单位以暴力、威胁或者非法限制人身自由的手段强迫劳动者劳动的，或者用人单位违章指挥、强令冒险作业危及劳动者人身安全的，劳动者可以立即解除劳动合同，不用事先告知用人单位。

3）劳动者提前三十日以书面形式通知用人单位，可以解除劳动合同。用人单位有下列情形之一的，劳动者可以解除劳动合同：①未按照劳动合同约定提供劳动保护或者劳动条件的；②未及时足额支付劳动报酬的；③未依法为劳动者缴纳社会保险费的；④用人单位的规章制度违反法律、法规的规定，损害劳动者权益的；⑤因为以欺诈、胁迫的手段或者乘人之危，使对方在违背真实意思的情况下订立或者变更劳动合同致使劳动合同无效的。

解除劳动合同时，用人单位提前三十天以书面形式通知劳动者本人，是为了给劳动者一个准备的时间，以便其寻找新的工作部门，防止突然中断工作给生活带来困难。

4）第三方招用未与原用人单位解除劳动合同的劳动者给原用人单位造成损失的，除该劳动者承担直接赔偿责任外，该用人单位承担连带赔偿责任。

5. 劳动合同的终止

劳动合同终止，是指劳动合同期限届满或双方当事人约定的终止条件出现，合同规定的权利、义务即行消灭的制度。

《劳动合同法》第四十四条规定，有下列情形之一的，劳动合同终止：①劳动合同期满的；②劳动者开始依法享受基本养老保险待遇的；③劳动者死亡，或者被人民法院宣告死亡或者宣告失踪的；④用人单位被依法宣告破产的；⑤用人单位被吊销营业执照、责令关闭、撤销或者用人单位决定提前解散的；⑥法律、行政法规规定的其他情形。

劳动合同终止，意味着劳动合同当事人协商确定的劳动权利和义务关系已经结束。但是需要特别注意的是，劳动合同约定的终止条件已经出现，但是有下列情形之一，劳动者提出延缓终止劳动合同的，劳动合同不能立即终止，应当续延至相应的情形消失时才能终止：①从事接触职业病危害作业的劳动者未进行离岗前职业健康检查，或者疑似职业病病人在诊断或者医学观察期间的；②在本单位患职业病或者因工负伤并被确认丧失或者部分丧失劳动能力的；③患病或者非因工负伤，在规定的医疗期内的；④女职工在孕期、产期、哺乳期的；⑤在本单位连续工作满十五年，且距法定退休年龄不足五年的；⑥法律、行政法规规定的其他情形。需要说明的是，按照《劳动合同法》第四十五条的规定，丧失或者部分丧失劳动能力劳动者的劳动合同的终止，按照国家有关工伤保险的规定执行。

9.2.4 违反劳动合同的责任

违反劳动合同的责任是指用人单位或劳动者本身的过错造成不履行或不适当履行合同

的责任。

1. 用人单位违反劳动合同的责任

（1）用人单位有下列情形之一，对劳动者造成损害的，应当承担法律责任。

1）用人单位如果在规定时间内没有与劳动者签订书面劳动合同，按照《劳动合同法》第八十二条第一款的规定，用人单位自用工之日起超过一个月不满一年未与劳动者订立书面劳动合同的，应当向劳动者每月支付二倍的工资。

2）用人单位提供的劳动合同文本未载明《劳动合同法》规定的劳动合同必备条款的，由劳动行政部门责令改正；对劳动者造成损害的，应当承担赔偿责任。

3）由于用人单位的原因订立无效劳动合同，或订立部分无效劳动合同，给劳动者造成损害的，用人单位应当依法承担赔偿责任。

4）用人单位违反有关规定或劳动合同的约定侵害女职工或未成年工合法权益的，应当依法承担赔偿责任。

5）用人单位违反《劳动合同法》的规定，应当签订而不签订无固定期限劳动合同，自应当订立无固定期限劳动合同之日起向劳动者每月支付二倍的工资。如果违反《劳动合同法》的规定，解除或者终止劳动合同的，在解除或者终止劳动合同时，根据《劳动合同法》第八十七条的规定，用人单位应当依照第四十七条规定的经济补偿标准的二倍向劳动者支付赔偿金。

6）用人单位以暴力、威胁或者非法限制人身自由的手段强迫劳动的，用人单位应当依法承担赔偿责任。

7）用人单位招用与其他用人单位尚未解除或者终止劳动合同的劳动者，给其他用人单位造成损失的，应当承担赔偿责任。

（2）有下列情形之一的，用人单位应当向劳动者支付经济补偿金。

1）按照《劳动合同法》第三十八条规定，当用人单位存在某些违法情形时，劳动者可以立即解除劳动合同，不需事先告知用人单位。在这些情况下，虽然是劳动者提出解除劳动合同，用人单位应向劳动者支付经济补偿金。

2）《劳动合同法》第三十六条规定，用人单位与劳动者协商一致，可以解除劳动合同。如果解除劳动合同动议是由用人单位向劳动者提出，用人单位应当向劳动者支付经济补偿金。

3）用人单位依照《劳动合同法》第四十条规定，非过失性解除劳动合同的，应当向劳动者支付经济补偿金。

4）用人单位依照《劳动合同法》第四十一条第一款规定裁员而解除劳动合同的，应当向劳动者支付经济补偿金。

5）除用人单位维持或者提高劳动合同约定条件续订劳动合同，劳动者不同意续订的情形外，依照《劳动合同法》第四十四条第一款规定终止固定期限劳动合同的，应当向劳动者支付经济补偿金。

6）用人单位依法宣告破产、吊销营业执照、责令关闭、撤销或者提前解散的，劳动合同依法终止，用人单位应当向劳动者支付经济补偿金。

7）法律、行政法规规定的其他情形。

经济补偿按劳动者在本单位工作的年限，以每满一年支付一个月工资的标准向劳动者支付。六个月以上不满一年的，按一年计算；不满六个月的，向劳动者支付半个月工资的经济补偿。

劳动者月工资高于用人单位所在直辖市、设区的市级人民政府公布的本地区上年度职工月平均工资三倍的，向其支付经济补偿的标准按职工月平均工资三倍的数额支付，向其支付经济补偿的年限最高不超过十二年。月工资是指劳动者在劳动合同解除或者终止前十二个月的平均工资。

经典案例

涉平台工商户注册确认劳动关系案

案情介绍

邓某经朋友介绍自2020年2月24日起至2020年4月21日期间一直在某中铁公司的分拨中心从事货物装卸工作。邓某进入某中铁公司分拨中心工作时，在该公司人事工作人员引导下在手机上通过"登记注册身份信息"软件和"薪孵化"软件在线完成了个体工商户注册申请信息提交，并与某优活公司在线签订了《承揽服务协议》，约定某优活公司将其装卸业务外包给邓某注册的个体工商户（某产业园区咨询服务部）。某中铁公司对分拨中心的所有装卸工人进行了分组，每天由某中铁公司的管理人员对邓某等装卸工人进行安全培训、考勤及完成装卸任务情况进行记录，某中铁公司依据工作量计算报酬并以表格形式上传到"薪发放"app进行公示。某优活公司依据"薪发放"app的表格数据向装卸工人发放劳动报酬，转款信息备注载明：发放人：某优活公司，业务类型：承揽费。2020年4月21日，邓某在装卸货物时从货车上摔下受伤并被送往医院治疗，直至2020年5月18日出院。

此后，邓某向成都市新都区劳动仲裁委员会申请劳动仲裁，请求确认邓某与某中铁公司存在劳动关系。新都区劳动仲裁委员会于2020年8月26日开具逾期未受理证明。邓某据此向法院提起诉讼。

判决结果

成都市新都区法院审理认为，本案中，邓某虽然注册了个体工商户并与某优活公司签订了《承揽服务协议》，但是邓某一直是在某中铁公司从事货物装卸工作，其日常工作由某中铁公司管理人员直接安排，并由某中铁公司管理人员对其出勤情况进行记录，每天对其进行安全教育培训，并统计、公示其装卸工作完成情况以及对应薪酬情况，由此说明邓某在工作中实际是直接受某中铁公司的劳动管理和安排，并接受某中铁公司规章制度约束，双方据此形成管理与被管理关系。根据《关于确立劳动关系有关事项的通知》（劳社部发〔2005〕12号）第一条规定，邓某与某中铁公司之间存在事实上的劳动关系。

现实意义

随着互联网平台迅猛发展，许多新型用工模式逐渐涌现。许多用人单位开始采取让劳动者注册"个体工商户"等市场主体再与本单位或者合作单位签订承揽协议的形式掩盖其作为用人单位的实质用工身份，为人民法院认定劳动关系的司法实践带来了新挑战。但是不管用工模式如何变化，劳动关系的实质特征在于劳动关系中劳动者对用人单位具有依附性、隶属性。认定劳动关系，仍应将"劳动者在人格上、经济上和组织上对用人单位的依附程度"作为判定劳动关系的重要标准，应当重点审查用人单位是否将劳动者纳入员工管理的范围，并参照《关于确立劳动关系有关事项的通知》（劳社部发〔2005〕12号）第一条的规定进行认定。

资料来源：成都市中级人民法院，作者成小法。

2. 劳动者违反劳动合同的责任

（1）违反法律规定和合同约定的责任。劳动者违反规定或劳动合同的约定解除劳动合同，给用人单位造成损失的，应当赔偿下列损失。

1）用人单位为录用劳动者直接支付的费用。

2）用人单位为劳动者支付的培训费用。

3）对生产经营和工作造成的直接经济损失。

4）因劳动者严重违反劳动纪律或者用人单位规章制度，严重失职、营私舞弊，对用人单位利益造成重大损害，被解除合同的，应当承担赔偿责任。

5）劳动合同约定的其他赔偿费用。

（2）违反保密条款的责任。劳动者违反劳动合同中约定的保密事项或者竞业限制条款，对用人单位造成经济损失的，应当承担赔偿责任。

9.2.5 集体合同

集体合同在不同国家或不同时期的文献中的称谓和表述不尽一致，如集体协议（协约）、集体劳动合同、团体协议（协约）、联合工作合同等，是个人劳动合同的对称。

集体合同制度是市场经济条件下调整劳动关系的重要形式，世界各国基本上都采用了这一制度。它是充分发挥工会在协商劳动关系中地位和作用的有效形式，有利于弥补劳动法律法规的不足，有利于从整体上维护劳动者的合法权益，有利于促进企业管理，有利于调动职工的生产积极性，巩固发展和谐稳定的劳动关系。

1. 集体合同与劳动合同的区别

集体合同与劳动合同是两种不同的合同。在我国，集体合同是指经过集体协商，由双方代表根据法律、法规的规定，就劳动报酬、工作时间、休息休假、劳动安全卫生、保险福利等事项在平等协商一致的基础上签订的书面协议。劳动合同是指企业、个体经济组织、事业组织、国家机关、社会团体，同劳动者之间建立劳动关系、明确劳动双方权利和义务的协议。归纳起来，集体合同与劳动合同的主要区别如下。

（1）主体不同。集体合同的主体，一方是用人单位，另一方是以工会为代表的全体职工。劳动合同的主体，一方也是用人单位，而另一方则是职工个人。

（2）内容不同。集体合同内容复杂，从全体职工利益出发，以整体利益为标准，涉及改进劳动组织、改善劳动条件和提高职工福利待遇等方面，反映的是共性问题。劳动合同则以个人为标准，内容比较单一，仅涉及职工个人利益，属于个性问题。

（3）目的不同。集体合同的订立，主要是为了协调劳动关系，减少纠纷，改善企业经营管理，调动职工积极性，提高劳动生产效率。劳动合同的订立，是为了明确劳动者个人与用人单位的权利义务关系，维护双方合法权益。

（4）产生的方式不同。集体合同的内容要代表大多数职工的意见，签订集体合同前需要先拟定合同草案，合同草案要经过职工代表大会（没有建立职工代表大会的中小企业要经过全体职工）讨论，大多数代表（或者大多数职工）同意，才能签订。劳动合同由职工个人同企业协商一致后就形成了。集体合同的订立是双方的合意，是任意性而不是强制性的规范，双方可以订立集体合同，也可以不签订集体合同，不签订集体合同并不违法。

（5）生效时间不同。集体合同不是双方签字就生效，而是经过政府认可才生效。订立后，应当报送劳动和社会保障局，劳动和社会保障局自收到集体合同文本之日起十五日内未提出异议的，该集体合同才产生法律效力。劳动合同一经依法签订，即产生法律效力。

（6）效力不同。依法订立的集体合同对用人单位和劳动者具有约束力。行业性、区域性集体合同对当地本行业、本区域的用人单位和劳动者具有约束力。劳动合同只对劳动者个人和用人单位有效。

（7）期限不同。集体合同为固定期限合同，一般为一年，最长不超过三年。劳动合同的期限分为有固定期限、无固定期限和以完成一定工作为期限三种。

由于集体合同与劳动合同有上述区别，因此，二者不能互相代替。

2. 集体合同的内容

集体合同的内容是指在集体合同中需要明确规定的双方当事人的权利义务条款及必须明确的其他问题。集体合同的内容一般包括以下四个部分。

（1）标准性条款。它是规定劳动标准的条款，这是集体合同的核心内容，它制约着劳动合同的劳动标准。标准性条款主要包括劳动报酬、工作时间、休息休假、劳动安全卫生、保险福利、职业培训、女职工和未成年工劳动保护等方面的标准。

（2）目标性条款。它是在集体合同有限期限内应当达到的具体目标和实现该目标的措施。

（3）运行性条款。它是指确定集体合同的运行程序规则的条款，包括集体合同的订立、生效、履行、变更、解除、终止以及续订的协商程序等事项。

（4）保障性条款。它是指保障性标准条款和目标性条款所确定的义务能够顺利实现的条款，包括集体合同的监督检查、集体合同的解释、集体合同争议处理、违约责任等。

需要注意的是，集体合同中的标准性条款具有特殊的效力，它们对劳动合同具有约束力，劳动合同中约定的个人劳动标准不得低于集体合同中的标准性条款所确定的标准，否则无效。

3.集体合同的协商与签订

（1）集体合同的协商。集体合同的签订是建立在平等协商基础上的，平等协商是指用人单位指定的协商代表与工会选派的协商代表（没有建立工会的，由职工推选协商代表）为签订集体合同进行商议的行为。双方平等协商订立集体合同应当遵循以下六条原则：①合法原则；②平等合作原则；③协商一致原则；④权利与义务相结合的原则；⑤兼顾国家、企业和职工利益原则；⑥维护正常的生产、工作秩序原则。

（2）集体合同的签订。集体合同的签订程序是集体合同当事人双方将约定的集体合同内容用书面形式表达出来的具体程序。集体合同由工会代表企业职工一方与用人单位订立，尚未建立工会的用人单位，由上级工会指导劳动者推举的代表与用人单位订立。签订集体合同应经过以下五个程序：①协商。协商也称谈判，这是签订集体合同的必经程序。由用人单位代表与工会代表（或劳动者推举的代表）进行协商谈判，双方代表就拟定的集体合同草案进行平等协商。关于谈判代表，根据我国集体合同的有关规定，双方代表人数应对等，每方至少三人，各确定一名首席代表。企业方代表由企业法定代表人担任或指派；职工方代表由工会代表，未建立工会的企业，由职工民主选举产生并须得到半数职工通过。②审议。用人单位应当将经双方代表协商一致的集体合同草案或专项集体合同草案提交职工代表大会或者全体职工讨论，并做出审议决议。③签约。集体合同草案经职工代表大会或全体职工审议通过后，由双方的首席代表签字后即告成立。签字后的集体合同不得因双方代表的变更而解除。签字是集体合同订立过程中的一个必要手续，也是集体合同的形式要件。④审核。集体合同签字后，应当在十日内将集体合同文本及其附件一式三份报送劳动行政部门登记备案。劳动行政部门自收到集体合同文本之日起十五日内未提出异议的，集体合同即行生效。⑤公示。生效的集体合同或专项集体合同，应当自其生效之日起由协商代表及时以适当的形式向本方全体人员公布。

4.集体合同的变更、解除与终止

（1）集体合同的变更。引起集体合同变更的情形主要有两种：一是协商一致引起的变更；二是由法定原因引起的变更。其中，引起法定变更的原因主要有：集体合同主体出现变化；因不可抗力等原因导致集体合同无法履行或部分无法履行；集体合同中的变更条件出现。

（2）集体合同的解除。集体合同的解除是指在集体合同有效期内，由于签订集体合同的主客观情况发生变化而导致集体合同不能或不必要继续履行，集体合同当事人依法解除双方权利义务关系。

（3）集体合同的终止。集体合同的终止包括广义上的终止和狭义上的终止。广义上的终止集体合同是指基于一定条件的出现而解除集体合同双方当事人之间的法律关系。狭义上的终止集体合同专指集体合同自然到期的终止，包括两种情况：集体合同的有效期届满和集体合同规定的特定任务的完成。

5. 集体合同争议的处理

集体合同争议，又称集体合同纠纷，是指集体合同当事人因签订或履行集体合同而发生的争议。集体合同争议是劳动争议的一种表现形式。

（1）集体合同签订过程中的争议处理。因签订集体合同所发生的争议，一般表现为集体合同当事人双方进行集体协商过程中，对于如何确定集体合同的劳动标准、工作条件等条款，因双方的认识不一致而产生的意见分歧。

根据《劳动法》第八十四条、《劳动合同法》第五十六条和《中华人民共和国工会法》第五十三条的规定，因签订集体合同发生争议，当事人协商解决不成的，当地人民政府劳动行政部门可以组织有关各方协调处理。

县级以上人民政府劳动行政部门的劳动争议协调处理机构是受理和协调处理因签订集体合同而发生争议的日常工作机构。

（2）集体合同履行过程中的争议处理。因履行集体合同而发生争议，是指集体合同生效后在其有效期内，双方当事人因不履行、不完全履行或不适当履行集体合同，以及对集体合同的变更、解除、终止等问题有争议时发生的争议。

因履行集体合同发生的争议，当事人双方首先应当谋求协商解决。协商解决不仅是处理集体合同争议的最佳方式，而且还是处理集体合同争议的必经程序。经协商解决不成的，当事人可以向劳动争议仲裁委员会申请仲裁。仲裁委员会应当自收到集体合同争议申诉书之日起三日内做出受理或不受理的决定。仲裁庭处理因履行集体合同发生的争议，应当自组成仲裁庭之日起十五日内结束，案情复杂需要延期的，经报仲裁委员会批准，可以适当延期，但是延长的期限不得超过十五日。当事人对仲裁裁决不服的，可以自收到仲裁裁决书之日起十五日内向人民法院提起诉讼，由受理该集体合同争议案件的人民法院依法进行审理。

9.3　劳动保护

针对劳动过程中的不安全和不卫生因素，劳动法规定了劳动者有获得劳动安全卫生保护的权利，以保障劳动者在劳动过程中的安全和健康。国际劳工公约和建议书中涉及劳动安全卫生内容的约占一半。我国《劳动法》和《劳动合同法》对劳动安全卫生也做了专门规定并有一系列与之相配套的劳动安全卫生法规和安全卫生的国家标准。此外，根据女职工和未成年工的身体、生理特点和各自的特殊需要，建立特殊保护的法律制度。它保障这些特殊群体除了与普通劳动者拥有相同劳动安全健康保护外，还受到法律专门规定的特别保护制度的保护。

9.3.1 劳动安全与卫生保障制度

1. 劳动安全卫生管理法规

为保障劳动者在劳动过程中的安全和健康,用人单位应根据国家有关规定,结合本单位实际制定有关安全卫生管理的制度。《劳动法》第五十二条规定:"用人单位必须建立、健全劳动安全卫生制度,严格执行国家劳动安全卫生规程和标准,对劳动者进行劳动安全卫生教育,防止劳动过程中的事故,减少职业危害。"《中华人民共和国安全生产法》(以下简称《安全生产法》)第四条规定:"生产经营单位必须遵守本法和其他有关安全生产的法律、法规,加强安全生产管理,建立健全全员安全生产责任制和安全生产规章制度,加大对安全生产资金、物资、技术、人员的投入保障力度,改善安全生产条件,加强安全生产标准化、信息化建设,构建安全风险分级管控和隐患排查治理双重预防机制,健全风险防范化解机制,提高安全生产水平,确保安全生产。"相关法规的内容如下。

(1)企业管理者、职能部门、技术人员和职工的安全生产责任制,如规定单位主要负责人对安全生产工作全面负责,应当建立健全本单位安全生产责任制;组织制定本单位安全生产规章制度和操作规程;保证安全生产投入的有效实施;督促、检查安全生产工作,及时消除生产安全事故隐患;组织制定并实施生产安全事故应急救援预案;及时、如实报告生产安全事故;等等。

(2)安全技术措施计划制度,如规定用人单位应当保证安全生产条件所必需的资金投入,对由于安全生产所必需的资金投入不足导致的后果承担责任;建设项目安全设施的设计人、设计单位应当对安全设施设计负责。

(3)安全生产教育制度,如规定用人单位应当对从业人员进行安全生产教育和培训,保证从业人员具备必要的安全生产知识,熟悉有关的安全生产规章制度和安全操作规程,掌握本岗位的安全操作技能;未经安全生产教育和培训合格的从业人员,不得上岗作业;特种作业人员必须按照国家有关规定经专门的安全作业培训,取得特种作业操作资格证书,方可上岗作业。

(4)安全生产检查制度,如规定工会对用人单位违反安全生产法律法规,侵犯从业人员合法权益的行为,有权要求纠正;发现单位违章指挥、强令冒险作业或者发现事故隐患时,有权提出解决的建议;发现危及从业人员生命安全的情况时,有权向单位建议组织从业人员撤离危险场所等。

(5)安全卫生监察制度,如工会有权对建设项目的安全设施与主体工程同时设计、同时施工、同时投入生产和使用进行监督,提出意见。

(6)伤亡事故报告和处理制度。

2. 劳动安全技术规程

劳动安全技术规程,是防止和消除生产过程中的伤亡事故,保障劳动者生命安全和减轻繁重体力劳动强度,维护生产设备安全运行的法律规范。《劳动法》第五十三条规定,劳动安全卫生设施必须符合国家规定的标准。《安全生产法》第三十一条规定,生产经营单位新建、改建、扩建工程项目的安全设施，必须与主体工程同时设计、同时施工、同时投入生产和使用。安全设施投资应当纳入建设项目概算。劳动安全技术规程的内容主要包括以下两个方面。

（1）技术措施，如机器设备、电气设备、动力锅炉的装置，厂房、矿山和道路建筑的安全技术措施。

（2）组织措施，即安全技术管理机构的设置、人员的配置和训练，以及工作计划和制度。

3. 劳动卫生规程

劳动卫生规程，是防止有毒有害物质的危害和防止职业病发生所采取的各种防护措施的规章制度，包括各种行业生产卫生、医疗预防、健康检查等技术和组织管理措施的规定。职业危害主要有：（1）生产过程中的危害，如高温、噪声、粉尘、不正常的气压等；（2）生产管理中的危害，如过长的工作时间和过强的体力劳动等；（3）生产场所的危害，如通风、取暖和照明等。

4. 伤亡事故报告和处理制度

伤亡事故报告和处理制度是对劳动者在劳动过程中发生的伤亡事故进行统计、报告、调查、分析和处理的制度。《劳动法》第五十七条规定："国家建立伤亡事故和职业病统计报告和处理制度。县级以上各级人民政府劳动行政部门、有关部门和用人单位应当依法对劳动者在劳动过程中发生的伤亡事故和劳动者的职业病状况，进行统计、报告和处理。"1991年国务院颁布的《企业职工伤亡事故报告和处理规定》具体规定如下。

（1）伤亡事故的种类。伤亡事故是指职工在劳动过程中发生的人身伤害、急性中毒事故。伤亡事故按伤亡程度和伤亡人数的不同，可分为轻伤、重伤、死亡事故、重大死亡事故。

（2）伤亡事故的报告和调查。伤亡事故发生后，负伤者或事故现场有关人员应当立即直接或者逐级报告企业负责人。企业负责人接到重伤、死亡、重大伤亡事故报告后，应当立即报告企业主管部门和企业所在地劳动部门、公安部门、人民检察院、工会。企业主管部门和劳动部门接到死亡、重大死亡事故报告后，应当立即按系统逐级上报；死亡事故报至省、自治区、直辖市企业主管部门和劳动部门；重大死亡事故报至国务院有关主管部门、劳动部门。针对不同事故，由不同主体组成事故调查组，进行调查。事故调查组的职责：查明事故发生原因、过程和人员伤亡、经济损失情况；确定事故责任者；提出事故处理意见和防范措施的建议；写出事故调查报告。

（3）伤亡事故的处理。《安全生产法》第十六条规定："国家实行生产安全事故责任追究制度，依照本法和有关法律、法规的规定，追究生产安全事故责任单位和责任人员的法律责任。"因忽视安全生产、违章指挥、违章作业、玩忽职守或者发现事故隐患、危害情况而不采取有效措施以致造成伤亡事故的，由企业主管部门或者企业按照国家有关规定，对企业负责人和直接责任人员给予行政处分；构成犯罪的，由司法机关依法追究刑事责任。在伤亡事故发生后隐瞒不报、谎报、故意延迟不报、故意破坏事故现场，或者无正常理由，拒绝接受调查以及拒绝提供有关情况和资料的，由有关部门按照国家有关规定，对有关单位负责人和直接责任人员给予行政处分；构成犯罪的，由司法机关依法追究刑事责任。在调查、处理伤亡事故中玩忽职守，徇私舞弊或者打击报复的，由其所在单位按照国家有关规定给予行政处分；构成犯罪的，由司法机关追究刑事责任。伤亡事故处理工作应当在九十日内结案，特殊情况不得超过一百八十日。伤亡事故处理结案后，应当公开宣布处理结果。

9.3.2 女职工保护制度

1. 女职工就业权利的保障

我国劳动法律规定，妇女享有同男子平等的劳动权利。《中华人民共和国就业促进法》第二十七条规定，用人单位招用人员，除国家规定的不适合妇女的工种或者岗位外，不得以性别为由拒绝录用妇女或者提高对妇女的录用标准。用人单位录用女职工，不得在劳动合同中规定限制女职工结婚、生育的内容。法律的主要规定有：①凡适合妇女从事劳动的工作，不得以性别为由拒绝录用妇女或者提高对妇女的录用标准；②不得以结婚、怀孕、生育、哺乳等为由辞退女职工或者单方面解除劳动合同；③男女同工同酬，同等劳动应领取同等报酬，不得因女工怀孕、生育、哺乳而降低其基本工资。女职工生育期间，享受法律规定的产假和医疗待遇，产假期间应由所在单位按法律规定支付工资。

2. 女职工禁忌、限制从事的劳动

禁止女职工从事不利于身体健康的工作。《劳动法》第五十九条规定："禁止安排女职工从事矿山井下、国家规定的第四级体力劳动强度的劳动和其他禁忌从事的劳动。"《女职工劳动保护特别规定》明确了女职工禁忌从事的劳动范围：①矿山井下作业；②体力劳动强度分级标准中规定的第四级体力劳动强度的作业；③每小时负重 6 次以上、每次负重超过 20 公斤的作业，或者间断负重、每次负重超过 25 公斤的作业。

3. 女职工"四期"保护

针对女职工生理机能的变化，《女职工劳动保护特别规定》对女职工经期、孕期、产期和哺乳期规定了特殊保护：①经期劳动保护。不得安排女职工在经期从事国家相关作业分级标准中规定的对应级别的高处、低温、冷水作业以及体力劳动强度分级标准中规定的第三级、第四级体力劳动强度的作业。②孕期劳动保护。除了满足①的要求外，还不得安排孕期女职工在有毒有害环境下从事劳动。对怀孕 7 个月以上的女职工，用人单位不得延长劳动时间或者安排夜班劳动。③产期权利保护。女职工生育享受 98 天产假。难产的，增加产假 15 天。生育多胞胎的，每多生育 1 个婴儿，增加产假 15 天。女职工怀孕流产的，也应给予一定时间的产假。符合法律、法规规定生育子女的夫妻，可以获得延长生育假的奖励或者其他福利待遇。④哺乳期劳动和权利保护。不得安排女职工在哺乳未满一周岁的婴儿期间从事国家规定的第三级体力劳动强度的劳动和哺乳期禁忌从事的其他劳动，不得安排其延长工作时间和夜班劳动。用人单位应当在每天的劳动时间内为哺乳期女职工安排 1 小时哺乳时间；女职工生育多胞胎的，每多哺乳 1 个婴儿每天增加 1 小时哺乳时间。

4. 为女职工提供便利设施和保健措施

国家鼓励企业根据女性生理和职业特点，为女职工提供便利设施和以预防为主的保健措施。如女职工比较多的用人单位应当根据女职工的需要，建立女职工卫生室、孕妇休息室、哺乳室等设施。女职工保健的内容包括月经期保健、婚前保健、孕前保健、孕期保健、产后保健、哺乳期保健、更年期保健等。

9.3.3 未成年工保护制度

未成年工，是指年满十六周岁未满十八周岁的劳动者。对未成年工，国际劳工公约最早是根据不同行业的就业年龄分别制定不同标准，涉及的公约有近 20 个。1984 年，我国政府批准了国际劳工组织《确定准许使用儿童于工业工作的最低年龄公约》。我国劳动法律对未成年工的特殊保护做了专门规定，主要内容包括：①最低就业年龄的规定。禁止用人单位招用未满十六周岁的未成年人，文艺、体育部门需招收未满十六周岁的未成年人的，必须严格依据法律规定办理。禁止任何单位使用童工或为未满十六周岁少年、儿童介绍职业。②禁止未成年工从事有害健康的工作。不得安排未成年工从事矿山井下、有毒有害、国家规定的第四级体力劳动强度的劳动和其他禁忌从事的劳动。③定期体检。用人单位应当对未成年工定期进行健康检查。④实行登记制度。用人单位招收使用未成年工，除符合一般用工要求外，还须向所在地的县级以上劳动行政部门办理登记。

9.4 劳动争议管理

在劳动关系的发展中，劳动关系各方出现矛盾是不可避免的。劳动争议管理成为企业劳动关系管理的重要内容。研究企业劳动争议管理，正确处理劳动争议，对于建立有效的劳动争议处理机制，协调和稳定企业劳动关系，发挥人力资源潜能，保护双方主体的合法权益，具有十分重要的意义。

9.4.1 劳动争议的含义与内容

1. 劳动争议的含义

劳动争议（labor disputes），又称劳动纠纷，或劳资争议和劳资纠纷，是指企业劳动关系的双方（用人单位和劳动者）主体之间在实现劳动权利和履行劳动义务等方面产生的争议或纠纷。劳动争议具有以下特征。

（1）劳动争议的主体是特定的。劳动争议的主体是彼此存在劳动关系的用人单位和劳动者。用人单位是指聘用或雇用劳动者并与劳动者订立劳动合同的企业、事业单位、国家机关或者其他社会组织。劳动争议正是以他们为当事人所产生的有关劳动权利义务的争议。因此，如果争议不是发生在有劳动关系的当事人之间，而是发生在职工与职工之间、企业与企业之间、企业与国家机关之间，即使劳动争议的内容涉及劳动问题，也不能构成劳动争议。

（2）劳动争议的范围是限定的。劳动争议以劳动法律关系为前提，只有在当事人之间建立劳动关系的基础上，才能产生劳动争议。劳动争议的范围限定在法律规定的范围之内。只要属于法律规定的范围内的劳动争议，当事人均可向当地的劳动争议仲裁委员会申诉。

（3）不同的劳动争议适用不同的程序。劳动争议处理的一般程序包括协商、调解、仲裁和诉讼。我国法律规定，劳动争议发生后，当事人应当协商解决；不愿协商或协商不成的，可以向本企业劳动争议仲裁委员会申请调解；调解不成的，可以向劳动争议仲裁委员会申请仲裁。当事人也可以直接向劳动争议仲裁委员会申请仲裁。对仲裁裁决不服的，可以向人民法院起诉。我国现行劳动争议处理制度的基本体制是自愿选择企业调解，仲裁是劳动争议诉讼的前置程序，发生劳动争议的职工一方在3人以上，并有共同理由的，应当推选代表参加调解或者仲裁活动。

2. 劳动争议的内容

企业劳动争议的内容是多方面的，根据《中华人民共和国劳动争议调解仲裁法》的有关规定，劳动争议主要包括以下几种：因确认劳动关系发生的争议；因订立、履行、变更、解除和终止劳动合同发生的争议；因除名、辞退和辞职、离职发生的争议；因工作时间、休息休假、社会保险、福利、培训以及劳动保护发生的争议；因劳动报酬、工伤医疗费、经济补偿或者赔偿金等发生的争议；法律、法规规定的其他劳动争议。

9.4.2 劳动争议的处理

1. 处理劳动争议应遵循的原则

《劳动法》规定，调解原则适用于仲裁和诉讼程序，解决劳动争议，应当根据合法、公正、及时处理的原则，依法维护劳动争议当事人的合法权益。具体来说，主要如下。

（1）合法原则。在处理劳动争议时，要求调解委员会、仲裁委员会及人民法院都必须对争议的事实进行深入、细致、客观的调查、分析，查明事实真相，依法进行调解、仲裁和审判。处理争议的程序要依法，处理的结果要合法。

（2）公正原则。公正原则体现为劳动争议双方当事人在适用法律上一律平等。这一原则要求，调解委员会、仲裁委员会、人民法院在处理劳动争议案件时，对劳动争议的任何一方当事人都应同等对待，其法律地位完全平等，法律赋予当事人的权利义务双方当事人平等地享有和承担，不应因身份、地位的不同而采取不同的标准对待。

（3）调解原则。调解贯穿于劳动争议处理的全过程，是解决劳动争议的基本手段。调解在仲裁程序上表现为，仲裁委员会受理争议案件后可以先进行调解，在调解不成的情况下应尽快进行裁决，而在裁决做出前的任何阶段都可以进行调解。仲裁程序上的调解与裁决具有同等的法律效力。调解在诉讼程序上表现为，人民法院在不同的审判阶段可以先进行调解，在调解不成的情况下，应尽快做出判决。人民法院主持下达成的调解协议，与判决具有同等的法律效力。调解的原则并不意味着强制调解，而是要求在自愿的前提下，尽量调解解决劳动争议。调解协议的内容还必须符合有关法律、法规的规定，否则自愿达成的协议也无效。

（4）及时处理原则。及时处理原则要求劳动争议当事人、劳动争议调解委员会、劳动争议仲裁委员会及人民法院在劳动争议案件处理过程中，必须按照法律规定及时行使权利、履行职责，具体包括：①当事人应及时申请调解或仲裁，超过法定时间将不予受理；②企业调解委员会对案件调解不成，应在规定的时间内及时结案，避免当事人丧失申请仲裁的权利；③劳动争议仲裁委员会对案件先行调解不成，应及时裁决；④法院在调解不成时，应及时判决。我国《劳动法》规定，提出仲裁要求的一方应当自劳动争议发生之日起六十日内向劳动争议仲裁委员会提出书面申请。仲裁裁决一般应在收到仲裁申请的六十日内作出。

2. 劳动争议处理的程序

近年来，我国政府在总结历史经验和借鉴国外劳动立法的基础上，立足本国的国情，颁布了一系列的劳动法律法规，这些规范性文件主要有全国人大常委会1994年7月5日颁布的《中华人民共和国劳动法》、国务院1993年6月11日颁布的《中华人民共和国企业劳动争议处理条例》、劳动部1993年11月5日发布的《企业劳动争议调解委员会组织及工作规则》、全国人大常委会2007年6月29日通过的《中华人民共和国劳动合同法》、全国人大常委会2007年12月29日通过的《中华人民共和国劳动争议调解仲裁法》、人力资源和社会保障部2008年12月17日颁布的《劳动人事争议仲裁办案规则》等，这些法律、法规的出台使我国逐步健全了一套合理的、有效的劳动争议处理制度。

（1）处理劳动争议的组织和机构。根据国家的有关规定，有权负责受理劳动争议案件的专门调解组织有：①企业劳动争议调解委员会。②依法设立的基层人民调解组织。③在乡镇、街道设立的具有劳动争议调解职能的组织。

有权负责受理劳动争议案件的专门机构有：①地方各级劳动争议仲裁委员会。劳动争议仲裁委员会下设办事机构，负责办理劳动争议仲裁委员会的日常工作。②同级人民法院。

（2）处理劳动争议的途径与程序。根据我国劳动法律法规的有关规定，劳动争议发生后，当事人应当协商解决；不愿意协商或协商不成的，当事人可以向本单位劳动争议调解委员会申请调解；调解不成，当事人一方要求仲裁的，可以向劳动争议仲裁委员会申请仲裁；当事人一方也可以直接向劳动争议仲裁委员会申请仲裁；对仲裁裁决不服的，可以向人民法院提起诉讼。这表明，劳动争议当事人可以有四条途径解决其争议。

第一，协商解决。协商是劳动争议双方当事人采取自治的方法解决纠纷。双方在自愿的基础上进行协商，达成协议，解决纷争。这是最佳的解决劳动争议的途径，当事人双方都可以很方便快捷地解决争议，既节约时间成本，又有利于双方之间的团结，不至于将关系搞得太僵。

第二，调解解决。调解是以第三方介入的方式解决纠纷。当劳动争议双方当事人不愿自行协商或达不成协议的，可自愿向第三方——企业劳动争议调解委员会，基层人民调解组织，乡镇、街道设立的具有劳动争议调解职能的组织申请调解。当事人申请劳动争议调解可以书面申请，也可以口头申请。口头申请的，调解组织应当当场记录申请人基本情况，申请调解的争议事项、理由和时间。企业劳动争议调解委员会由职工代表和企业代表组成。职工代表由工会成员担任或者由全体职工推举产生，企业代表由企业负责人指定。企业劳动争议调解委员会主任由工会成员或者双方推举的人员担任。劳动争议调解组织的调解员应当由公道正派、联系群众、热心调解工作，并具有一定法律知识、政策水平和文化水平的成年公民担任。

企业调解委员会或其他调解组织所做的调解活动主要是在接受争议双方当事人的调解申请后，首先应当充分听取双方当事人对事实和理由的陈述，查明事实、明确责任，在此基础上，根据有关法律法规和集体合同或劳动合同的规定，通过自己的说服、耐心疏导，最终促使双方当事人在相互让步的前提下自愿达成解决劳动争议的协议，并制作调解协议书。调解协议书由双方当事人签名或者盖章，经调解员签名并加盖调解组织印章后生效，对双方当事人具有约束力，当事人应当履行。

以调解的方式解决劳动争议，具有程序简易、费用低廉、有利于促进当事人之间的团结和维护正常生产秩序等优点。而且，由于调解协议完全出于双方自愿，一般都能严格执行。但是，并非所有的劳动争议都能够达成调解协议，有时即使争议双方达成了调解协议，由于调解完全依靠当事人自愿，所以也难以保证所有劳动争议都得到解决。因此，除了这种方式之外，还必须有更加具有权威的解决途径——仲裁与诉讼。

如果劳动争议调解组织收到调解申请之日起十五日内未达成调解协议，当事人可以依法申请仲裁；如果达成调解协议后，一方当事人在协议约定期限内不履行调解协议的，另一方当事人也可以依法申请仲裁；因支付拖欠劳动报酬、工伤医疗费、经济补偿或者赔偿金事项达成调解协议，用人单位在协议约定期限内不履行的，劳动者可以持调解协议书依法向人民法院申请支付令。人民法院应当依法发出支付令。

第三，仲裁解决。劳动争议仲裁是指劳动争议仲裁委员会对用人单位与劳动者之间发生的劳动争议，在查明事实、明确是非、分清责任的基础上，依法做出裁决的活动。劳动争议仲裁委员会由劳动行政部门代表、工会代表和企业方面代表组成。劳动争议仲裁委员会组成人员应当是单数。

申请人申请仲裁应当提交书面仲裁申请，并按照被申请人人数提交副本。劳动争议仲裁委员会收到仲裁申请之日起五日内，认为符合受理条件的，应当受理，并通知申请人；

认为不符合受理条件的，应当书面通知申请人不予受理，并说明理由。对劳动争议仲裁委员会不予受理或者逾期未做出决定的，申请人可以就该劳动争议事项向人民法院提起诉讼。

当事人申请劳动争议仲裁后，可以自行和解。达成和解协议的，可以撤回仲裁申请。仲裁庭在做出裁决前，应当先行调解。调解达成协议的，仲裁庭应当制作调解书。调解书应当写明仲裁请求和当事人协议的结果。调解书由仲裁员签名，加盖劳动争议仲裁委员会印章，送达双方当事人。调解书经双方当事人签收后，发生法律效力。调解不成或者调解书送达前，一方当事人反悔的，仲裁庭应当及时做出裁决。

仲裁庭裁决劳动争议案件，应当自劳动争议仲裁委员会受理仲裁申请之日起四十五日内结束。案情复杂需要延期的，经劳动争议仲裁委员会主任批准，可以延期并书面通知当事人，但是延长期限不得超过十五日。逾期未做出仲裁裁决的，当事人可以就该劳动争议事项向人民法院提起诉讼。仲裁庭裁决劳动争议案件时，其中一部分事实已经清楚，可以就该部分先行裁决。

劳动争议申请仲裁的时效期间为一年。仲裁时效期间从当事人知道或者应当知道其权利被侵害之日起计算。

劳动争议仲裁具有较强的专业性，是准司法性的裁决。其程序与司法程序相比，较为简便、及时。仲裁委员会的裁决书具有法律上的强制约束力。在我国，仲裁是处理劳动争议的必经中间环节，也是劳动争议诉讼的前置程序。

第四，诉讼解决。诉讼解决是指劳动争议当事人不服劳动争议仲裁委员会的裁决，在规定的期限内向人民法院起诉，人民法院依照民事诉讼程序，依法对劳动争议案件进行审理的活动。劳动争议法律诉讼一般由起诉与受理、调查取证、调解、开庭审理和判决执行五个阶段组成。

当事人对仲裁裁决不服的，可以自收到仲裁裁决书之日起十五日内向有管辖权的人民法院提起诉讼。人民法院根据《中华人民共和国民事诉讼法》的有关规定，受理和审理劳动争议案件。人民法院审理案件遵循权利同等原则，以事实为根据、以法律为准绳原则，独立行使审批权原则，调解原则和回避原则。人民法院适用普通程序审理的案件，应当在立案之日起六个月内审结。有特殊情况需要延长的，由本院院长批准，可以延长六个月；还需要延长的，报请上级人民法院批准。人民法院适用简易程序审理案件，应当在立案之日起三个月内审结。人民法院实行两审终审制。当事人对人民法院一审判决不服的，可以依法提起上诉，二审法院应当在第二审立案之日起三个月内审结。二审判决是生效判决，当事人必须执行。

此外，劳动争议的诉讼，还包括当事人一方不履行劳动争议仲裁委员会已发生法律效力的裁决书或调解书，另一方当事人申请人民法院强制执行的活动。劳动争议诉讼是处理劳动争议的最终程序，它通过司法程序保证了劳动争议的最终彻底解决。

由人民法院参与处理劳动争议，从根本上将劳动争议处理工作纳入了法制轨道，有利于保障当事人的诉讼权，有助于监督仲裁委员会的裁决，有利于生效的调解协议、仲裁裁决和法院判决的执行。

9.5 与劳动关系有关的主要法律法规

目前，我国调整劳动关系的法律法规和行政规章较多，不同的法律法规和行政规章从不同的角度来维护劳动者和用人单位双方的权利。

9.5.1 《劳动法》是调整劳动关系的综合性法律

《劳动法》是 1994 年 7 月 5 日第八届全国人民代表大会常务委员会第八次会议通过的，2018 年 12 月 29 日第二次修正，自 1995 年 1 月 1 日起施行。《劳动法》共分十三章一百零七条，包括总则、促进就业、劳动合同和集体合同、工作时间和休息休假、工资、劳动安全卫生、女职工和未成年工特殊保护、职业培训、社会保险和福利、劳动争议、监督检查、法律责任、附则。

《劳动法》是关于劳动关系调整的综合性法律，也是劳动关系法律法规的核心。其立法宗旨是保护劳动者的合法权益，调整劳动关系，建立和维护适应社会主义市场经济的劳动制度，促进经济发展和社会进步，它是根据宪法制订的。

《劳动法》是通过平衡劳动者和用人单位双方之间的权利和义务关系达到调整劳动关系的目的，通过规定劳动者和用人单位双方的权利和义务关系，将其行为纳入法制的轨道。《劳动法》第三条规定，劳动者享有平等就业和选择职业的权利、取得劳动报酬的权利、休息休假的权利、获得劳动安全卫生保护的权利、接受职业技能培训的权利、享受社会保险和福利的权利、提请劳动争议处理的权利以及法律规定的其他劳动权利。劳动者应当完成劳动任务，提高职业技能，执行劳动安全卫生规程，遵守劳动纪律和职业道德。

权利与义务是一致的、相对应的。劳动者的权利，就是用人单位的义务；反之，劳动者的义务，就是用人单位的权利。为了强调用人单位的义务，《劳动法》第四条特别规定："用人单位应当依法建立和完善规章制度，保障劳动者享有劳动权利和履行劳动义务。"

9.5.2 《劳动合同法》是调整劳动者和用人单位之间劳动关系的专门法律

《劳动合同法》于 2007 年 6 月 29 日由第十届全国人民代表大会常务委员会第二十八次会议通过，2012 年 12 月 28 日修正，自 2008 年 1 月 1 日起施行。《劳动合同法》共分八章九十八条，包括总则、劳动合同的订立、劳动合同的履行和变更、劳动合同的解除和终止、特别规定（集体合同、劳务派遣、非全日制用工）、监督检查、法律责任、附则。

《劳动合同法》在中国特色社会主义法律体系中属于社会法。其立法宗旨是完善劳动合同制度，明确劳动合同双方当事人的权利和义务，保护劳动者的合法权益，构建和发展和谐稳定的劳动关系。

《劳动合同法》扩大了法律适用的范围，使更多游离在《劳动法》之外的劳动者受到了劳动法律的保护，同时也对用人单位的用工管理提出挑战。在用人范围上，《劳动合同法》规定中华人民共和国境内的企业、个体经济组织、民办非企业单位等组织属于用人单位。国家机关、事业单位、社会团体和与其建立劳动关系的劳动者，订立、履行、变更、解除或者终止劳动合同，依照本法执行。

9.5.3 《劳动争议调解仲裁法》是解决劳动争议的重要法律之一

《中华人民共和国劳动争议调解仲裁法》(简称《劳动争议调解仲裁法》)于2007年12月29日由第十届全国人民代表大会常务委员会第三十一次会议通过，自2008年5月1日起施行。《劳动争议调解仲裁法》共分四章五十四条，包括总则、调解、仲裁（一般规定、申请和受理、开庭和裁决）、附则。

《劳动争议调解仲裁法》的立法宗旨是公正及时解决劳动争议，保护当事人合法权益，促进劳动关系和谐稳定。它调整的法律关系的范围主要包括：因确认劳动关系发生的争议；因订立、履行、变更、解除和终止劳动合同发生的争议；因除名、辞退和辞职、离职发生的争议；因工作时间、休息休假、社会保险、福利、培训以及劳动保护发生的争议；因劳动报酬、工伤医疗费、经济补偿或者赔偿金等发生的争议；法律、法规规定的其他劳动争议。该法规着重强调在解决劳动争议时，应当根据事实，遵循合法、公正、及时、着重调解的原则，依法保护当事人的合法权益。

9.5.4 《公司法》对劳动关系有关的内容进行了一般性的规定

《中华人民共和国公司法》(以下简称《公司法》)于1993年12月29日第八届全国人民代表大会常务委员会第五次会议通过，1999年、2004年、2005年、2013年多次修正，现行版本由全国人民代表大会常务委员会于2018年10月26日发布。

《公司法》是建立社会主义市场经济体制的一部重要法律，它为建立新型企业组织提供了法律依据。《公司法》第十七条规定："公司必须保护职工的合法权益，依法与职工签订劳动合同，参加社会保险，加强劳动保护，实现安全生产。公司应当采用多种形式，加强公司职工的职业教育和岗位培训，提高职工素质。"第十八条规定："公司职工依照《中华人民共和国工会法》组织工会，开展工会活动，维护职工合法权益。公司应当为本公司工会提供必要的活动条件。公司工会代表职工就职工的劳动报酬、工作时间、福利、保险和劳动安全卫生等事项依法与公司签订集体合同。公司依照宪法和有关法律的规定，通过职工代表大会或者其他形式，实行民主管理。公司研究决定改制以及经营方面的重大问题、制定重要的规章制度时，应当听取公司工会的意见，并通过职工代表大会或者其他形式听取职工的意见和建议。"

9.5.5 其他专门的法律对劳动关系中的具体内容做了规定

由于劳动关系涉及的内容非常广泛，所以其他专门的法律分别对劳动关系的内容进行了专门规定。例如《中华人民共和国工会法》(1992年4月3日第七届全国人民代表大会第五次会议通过，第十三届全国人民代表大会常务委员会第三十二次会议于 2021 年 12 月 24 日第三次修正）、《中华人民共和国残疾人保障法》（1990 年 12 月 28 日第七届全国人民代表大会常务委员会第十七次会议通过，2008 年 4 月 24 日第十一届全国人民代表大会常务委员会第二次会议修订，2018 年 10 月 26 日第十三届全国人民代表大会常务委员会第六次会议修正）等法律，分别对工会活动、残疾人保障等问题进行了具体规定。

9.5.6　许多专门的法规和行政规章对劳动关系中的具体内容做了规定

除了调整劳动关系的法律之外，近年来国务院制订和发布了一些以条例、规定、办法命名的有关劳动方面的规范性文件，国务院各部委也发布了一些部门规章。这些法规和规章是依据宪法、法律制订的，是劳动法律的具体化，对于规范劳动关系具有十分重要的现实意义。这些法规和行政规章主要有《女职工劳动保护特别规定》《禁止使用童工规定》《工伤保险条例》《劳动人事争议仲裁办案规则》《中华人民共和国企业劳动争议处理条例》《外国人在中国就业管理规定》《工资集体协商试行办法》《最低工资规定》《国务院关于职工工作时间的规定》等。

本章小结

劳动关系是指在实现劳动的过程中劳动者与劳动力使用者以及相关组织所构成的社会经济关系。劳动关系的主体，是指劳动法律关系的参加者。劳动关系的客体，是指主体的劳动权利和劳动义务共同指向的事务。劳动关系的内容，是指劳动关系主体双方依法享有的权利和承担的义务。劳动关系作为一种社会关系，它既是经济关系、契约关系，也是一种文化关系。

劳动关系管理是指以促进组织经营活动的正常开展为前提，以缓和、协调组织劳动关系的冲突为基础，通过规范化、制度化的管理，使劳动关系双方（企业与员工）的行为得到规范，权益得到保障，维护稳定和谐的劳动关系，促使企业经营稳定运行。劳动关系管理的基本原则：兼顾各方利益原则、协商解决争议原则、以法律为准绳的原则、劳动争议以预防为主的原则。

劳动合同也称劳动协议或劳动契约，是指企业、个体经济组织、事业组织、国家机关、社会团体，同劳动者之间建立劳动关系，明确劳动双方权利和义务的协议。劳动合同的订立应当遵循三项基本原则：平等自愿、协商一致、合法。劳动合同的履行必须遵守以下原则：实际履行、亲自履行、正确履行、协作履行。

集体合同是指经过集体协商，由双方代表根据法律、法规的规定，就劳动报酬、工作时间、休息休假、劳动安全卫生、保险福利等事项在平等协商一致的基础上签订的书面协议。

劳动争议，又称劳动纠纷，或劳资争议和劳资纠纷，是指企业劳动关系的双方（用人单位和劳动者）主体之间在实现劳动权利和履行劳动义务等方面产生的争议或纠纷。劳动争议的特征：劳动争议的主体是特定的、范围是限定的、不同的劳动争议适用不同的程序。处理劳动争议应遵循的原则：合法、公正、及时处理。劳动争议发生后，当事人可以采取协商、调解、仲裁、诉讼四条途径解决其争议。

我国调整劳动关系的法律法规和行政规章较多，不同的法律法规和行政规章从不同的角度来维护劳动者和用人单位双方的权利。

学习建议

本章学习过程中，大家应该把重心放在劳动合同管理、劳动争议管理等基本知识点和基本能力点的理解和把握上。

1. 本章重点

劳动合同管理的有关内容；劳动争议管理的内容及程序。

2. 本章难点

劳动合同的签订、履行、变更、解除与终止；集体合同的签订与争议的处理。

核心概念

劳动关系、劳动合同、劳动争议协商、集体合同、集体谈判、劳动保护、劳动争议调解、劳动争议仲裁、劳动争议诉讼。

课后思考与练习

1. 什么是劳动关系？什么是劳动关系管理？劳动关系管理的意义是什么？
2. 简述劳动合同的概念。
3. 劳动合同的内容包括哪几个方面？简述劳动合同解除的方式。
4. 简述用人单位违反劳动合同的责任。
5. 什么是集体合同？集体合同与劳动合同有何区别？
6. 论述劳动争议的概念、特征及劳动争议处理的原则与程序。
7. 走访当地一些企业了解当前劳动关系争议的特点及其应对措施。

案例分析 9-1

"四期"女职工的权利保护案

案情介绍

2018 年，卢某某与某食材供应公司签订《劳动合同》，约定合同期限 3 年，自 2018 年 6 月 6 日至 2021 年 12 月 6 日。卢某某从事市场推广主管工作，工作地点为深圳。2019 年 5 月，在卢某某怀孕期间，某食材供应公司暂停了深圳办事处的相关业务。2019 年 9

月,某食材供应公司向卢某某发出《解除劳动关系通知书》,载明因客观情况发生重大变化致使双方合同无法履行,卢某某拒绝接受某食材供应公司的调解方案,某食材供应公司决定与卢某某解除劳动关系。2019年12月12日,卢某某顺产一婴儿。2019年10月,卢某某申请劳动仲裁,请求恢复劳动关系,继续履行劳动合同。

资料来源:成都市中级人民法院2020年劳动争议十大典型案例,作者成小法。

思考题:
1. 你如何仲裁?为什么?
2. 卢某某是否有权要求恢复劳动关系继续履行合同?

案例分析 9-2

保险从业人员的劳动关系确认案

案情介绍

汪某于2016年12月起在某保险代理公司担任简阳营业部负责人,双方未签订劳动合同。2016年12月至2020年5月,某保险代理公司每月向汪某支付报酬,汪某每月领取的报酬起伏较大,低的月份只有178元,高的月份有6万多元,个别月份还出现负数的情况。

另从中国银保监会保险中介监管信息系统查询到汪某从2016年6月8日至2017年2月28日期间在某泛联保险公司从业;2017年3月24日至2020年5月13日期间在某保险代理公司从业,其业务范围为代理销售保险产品,执业类型为保险销售从业人员。

某保险代理公司提交的员工名册与社保缴费清单中均无汪某。2020年5月6日,某保险代理公司做出《关于对某营业部负责人汪某同志的处理意见通知》,免去汪某营业部负责人职务,并责令其做解约处理。同日,汪某按某保险代理公司要求离开公司。随后,汪某提起仲裁申请,请求确认其与某保险代理公司之间存在劳动关系。

资料来源:成都市中级人民法院2020年劳动争议十大典型案例,作者成小法。

思考题:
1. 汪某与某保险代理公司之间存在劳动关系吗?为什么?
2. 如何判断劳动关系是否成立?

实训应用

实训项目

拟订一份有固定期限的劳动合同书。

实训目的

通过实训,了解和掌握我国《劳动合同法》有关内容,如劳动合同的订立、履行、变更、解除和终止,掌握劳动合同订立的基本原则、劳动合同的必备条款和可备条款,能够拟订合法规范的劳动合同书。

实训指导

　　指导教师主要给予实训对象两个方面的指导：一是《劳动合同法》相关基础知识要点的指导，主要包括劳动合同订立的基本原则、劳动合同的必备条款（如用人单位的名称、住所，法定代表人或者主要负责人，劳动者的姓名、住址和居民身份证或者其他有效身份证件号码，劳动合同期限，工作内容和工作地点，工作时间和休息休假，劳动报酬，社会保险，劳动保护，等等）和可备条款（如试用期、培训、保守秘密和福利待遇等）的有关规定，违约责任的承担等。二是指导实训对象深入一些企事业单位的人力资源部门了解劳动合同签订和实施情况，获取第一手资料。

实训组织

　　实训开始前，要求实训对象已经了解过《劳动合同法》《劳动法》相关法律知识，并已获得企业人力资源管理真实资料。

　　实训开始后，进行分组讨论，每组3～5人，每人充分发表个人意见和观点。指导教师进行点评。实训对象选择某家企业，拟定该企业劳动合同书。

　　本实训项目实训时间以2小时为宜。

实训考核

　　实训结束后，每位学生必须当场编撰并完成实训报告，实训指导教师可给予点评。实训报告要求语言流畅、文字简练、条理清晰。实训报告内容主要包括实训报告封面（实训日期、实训人姓名、专业、班级等信息）、实训项目名称、实训目的、实训内容、实训资料、实训过程（实训采用的方法、步骤等）、实训结果或结论、收获与体会、实训指导教师评价意见等。

成果与检测

　　每个人写出一份有固定期限的劳动合同书。

　　实训成绩按优秀、良好、中等、及格和不及格五级计分法评定。

相关链接

　　中国劳动人事网：http://www.cn12333.com

　　劳动法世界：http://www.laboroot.com

　　劳动合同法网：http://www.ldht.org

　　劳动合同法资料网：http://www.laodonghetong.org

Chapter 10

第10章

组织文化

学习目标

- 理解组织文化的概念与特性。
- 了解组织文化的要素与结构。
- 掌握组织文化的功能与机制。
- 理解组织文化的生成与演化。
- 了解组织文化的冲突与整合。
- 掌握组织文化的提升与影响。

引例

W 公司的企业文化

W 公司成立于 2006 年 9 月，该公司专业从事汽车减振器活塞杆的生产、开发和销售，同时也生产其他杆、轴类产品。该公司全面贯彻 ISO/TS 16949 质量管理体系，产品质量达到国际先进水平。该公司现有在册员工总数 500 多人，其中管理人员 40 人、专业技术人员 12 人、操纵服务人员 400 多人。公司管理主要采用 3 定 5S 的管理模式，3 定是指公司里做事要做到定时，定点，定人。5S 就是整理（seiri）、整顿（seiton）、清扫（seiso）、清洁（seiketsu）、素养（shitsuke）五个方面。

该公司自成立以来，比较重视企业文化建设。特别是经过近年来的探索和多方面工作，该公司企业文化建设取得较大进展，干部职工的认识在升华，领导者的意识和主动性、自觉性以及职工群众的积极性、创造性在不断增强。体现企业价值观念的企业精神经长期积淀已经形成，一些企业标识等经过上下多次反复征集、酝酿、修改也已确立。但是目前来看，该公司的企业文化建设还面临着一系列问题：一是企业文化建设还没有得到全体员工的认同；二是企业文化的凝练还没有最终完成；三是企业文化还没有发挥充分的导向和引领作用。

资料来源：作者根据调研资料整理。

10.1 组织文化的概念与特性

10.1.1 组织文化的概念

关于组织文化的概念，国内外学者有许多不同的认识和表达。美国加州大学管理学教授威廉·大内认为，组织文化是由其传统和风气所构成，同时，文化意味着一个公司的价值观，诸如进取、守势或是灵活，这些价值观构成公司职工活力、意见和行为规范。美国学者特雷斯·E.迪尔和阿伦·A.肯尼迪认为，组织文化是"价值观、英雄人物、习俗仪式、文化网络、企业环境"。埃德加·沙因（1984）认为，组织文化是一个特定组织在处理外部适应和内部融合等问题的过程中创造出、发掘出并将其进一步发展的一套基本假设的定式，这套定式因其行之有效而具有价值，并且被视为用来教化该群体的新成员如何感知、思考和体验以上类似问题的正确方式。

综上所述，组织文化是指组织在长期的经营活动中所形成的并为组织大多数成员认可和遵循的区别于其他组织和具有本组织特色的价值观念、团体意识、行为准则和思维方式的总和。

10.1.2 组织文化的特性

（1）特色性和共同性。一方面，每个组织都具有自己独特的组织文化，这是由一个组织所处的发展阶段、所面临的组织内外环境、所从事的行业和时代背景、组织成员的个性特点等决定的。国内外一些优秀的企业都具有自己独特的组织文化理念。例如，娃哈哈集团坚持秉承的"产业报国、泽被社会"、海尔集团的"真诚到永远"等，都体现出明显的企业特色。另一方面，虽然每个组织的情况千差万别，但是每个组织的组织文化建设应该坚持一些共性。比如要遵循社会主义核心价值观，坚持公平、绿色、生态、环保等新的发展理念，积极承担社会责任等。这些是对整个社会所有组织的共性要求，应该体现在组织的文化中，不过每个组织的侧重点和表述可以不一样。

（2）物质性和精神性。一方面，组织文化有一定的外在物质表现，比如组织的标识、组织的员工服装、组织的产品标志，等等。这些物质表现是一个组织区别于其他组织的最显著的特征，体现了一个组织的特色。另一方面，组织文化又包含了精神层面的内容，这种精神层面的内容会形成一种信仰的力量。这种力量能够支配、决定和影响员工的行为，使员工在信仰的驱动下按照一定的规则行动。

（3）根生性和吸纳性。一方面，组织文化是组织在特定的时代特征和文化背景下形成的。具有鲜明的时代烙印，这就是组织文化的根生性。处于特定时代和文化背景的组织，必然会受到这个国家和民族的文化传统和价值体现，以及时代特征的影响，也会受到组织的发展历史和所处行业，以及创立者的信仰等因素的深刻影响。这些影响主要表现为以下几个方面。第一，民族文化的影响。组织成员成长于各自的民族社会文化之中，必然会将本民族的传统文化带到组织中。本民族的文化传统不仅影响组织及其成员的价值观念、行为准则和道德规范，也深刻影响着组织的经营战略。如中华民族素有奋斗、团结、创新的文化传统，因此，大多数中国的组织文化中存在着这样的特征。第二，组织的发展历史的影响。一个组织在发展过程中所走过的历程，所形成的优良传统和工作作风、管理经验等，会对这个组织文化的形成和发展过程具有潜移默化的影响。第三，组织领导人的价值观的影响。一个组织领导人引领着组织前进的方向，特别是一个组织的创始人的价值观，会深深影响这个组织的价值观、经验战略等，从而给这个组织的文化建设打下深深的烙印。另一方面，组织文化也应该吸纳当今世界一切先进的文明成果，不断充实和发展自我。当今我国正处于新发展阶段，运用新发展理念，构建新发展格局。各类组织一定要吸纳这些新的理念，改进自己的组织文化，以适应时代的要求。

（4）稳定性和发展性。一方面，组织文化应该具有稳定性。组织文化对于组织的长远发展具有非常重要的影响。只有组织文化在相当长的时期保持稳定，组织成员才能对组织文化有很深的理解，并且自觉服从于组织文化，自觉按照组织文化指引的方向前进。如果组织文化经常变化，将会使组织成员无所适从，从而削弱组织文化的作用。另一方面，我们这个时代也在不断发展，社会在不断进步，每个组织成员的价值观、思维方式以及这个社会的运作方式都在不断发生变化。所以，组织文化应该具有发展性，能够根据组织所面临的内外部环境的变化，修正、完善自己的组织文化，从而跟上时代的步伐。比如，当今世界是一个知识爆炸的时代，新的知识层出不穷。许多组织在自己的文化中，运用发展的眼光，将锻造学习型组织作为组织文化的重要内容，就体现出发展性特征。

（5）历史性和时代性。组织文化是在一定的历史阶段形成的，具有历史的烙印。历史性是组织文化的基本属性之一。组织文化体现了组织的价值观、信念和行为准则，不仅是组织内部有意识和长期灌输所形成的，也是所处历史阶段的各种因素影响所形成的，所以体现出鲜明的历史印记。时代性是指组织文化必须适应时代发展的要求，符合时代的特征和潮流，与时俱进，紧跟时代步伐，与时代的前进方向保持一致。一个组织的文化应该体现出历史性与时代性的统一，既要继承历史传统，也要体现时代特征。

（6）精英性和全员性。一方面，组织的领导人，特别是组织的创始人是组织的精神领袖。他们是组织文化的设计者、组织者和引领者，也是组织文化最忠实的实践者。领导人是全体成员的榜样，领导人的一言一行都对组织成员产生潜移默化的影响。领导阶层作为组织的精英，对组织文化的形成有决定性的影响。另一方面，组织文化具有全员性的特征。如果领导人的模范带头作用得不到组织成员的响应，领导人的号召得不到组织成员的配合，则组织文化的建设就不可能取得实实在在的成效。所以，组织文化建设需要全体成员参加，体现出鲜明的全员性特征。只有组织成员群策群力，共同进退，才能使组织文化建设顺利进行，达到预期的目标。

10.2 组织文化的要素与结构

10.2.1 组织文化的要素

不同组织的企业文化有不同的构成要素，不同国家的企业文化构成要素之间就更加带有明显的地域特征。关于组织文化的要素有多种研究视角与结论，最具有代表性的是迪尔和肯尼迪提出的五要素说与彼得斯和沃特曼提出的八要素说。

1. 组织文化的五要素说

1982 年，美国哈佛大学教授特伦斯·迪尔和麦肯锡咨询公司顾问阿伦·肯尼迪出版了《企业文化：现代企业精神支柱》一书。他们认为，每一个组织都有一种文化。无论是软弱的文化还是强有力的文化，在整个组织内部都发挥巨大的影响。他们曾用通俗的语言描述了他们所观察到的组织（企业）文化现象，指出了组织（企业）文化包含的五种基本要素。

（1）企业价值观。企业价值观是企业文化的核心要素。它旗帜鲜明地表明了企业倡导什么，反对什么。企业的英雄人物、典礼仪式及文化网络都是从其中衍生、引申出来的。企业价值观可以以核心价值观、企业精神、企业经营哲学、企业道德观等多种形式表现出来。

（2）英雄人物。英雄人物是企业价值观的人格化体现，更是企业形象的象征，是企业员工行为模仿效法和学习的具体典范。

（3）典礼与仪式。典礼与仪式是人类社会文化的外在表现形式之一。作为企业文化要素的典礼与仪式，是企业围绕自己企业文化的宗旨而组织的能体现自身价值与追求的各项活动。企业通过按一定标准和程序开展的典礼与仪式，从不同的角度去表现企业的价值观，共同营造一个完整的企业文化氛围。

（4）文化网络。文化网络是企业文化要素中的渠道要素，它是指企业内部以轶事、故事、机密、猜测等形式来传播信息的非正式渠道。企业文化的各种信息借助于文化网络在企业各方面的沟通传播，会形成一种特殊的文化氛围，从而为企业内部形成共同价值观、增强企业文化塑造功能和导向功能起到了促进作用。

（5）企业环境。企业环境是指企业在与内外部相关主体的作用中，通过主观努力和自身行为营造了企业内外部存在与发展的环境条件。

2. 组织文化的八要素说

汤姆·彼得斯和罗伯特·沃特曼在其《追求卓越》一书中提出了革命性文化的概念。这种革命性文化最根本的特征是具有"革新性"。这种文化主要包括八种要素。

（1）贵在行动。强调"组织的流动性"，提倡"企业实验精神"。具体地说，要求管理人员经常走出办公室多与各个部门员工进行交流，多巡视，以发现问题。鼓励成员之间也多行动，多交流信息，多学习新知识，进行新实验。

（2）紧靠顾客。这是指充分体现出"顾客第一"的理念，经常主动倾听来自顾客的意见和建议,对顾客的每一条意见都给予迅速的答复,提高服务顾客的水平,经常开展巡回上门服务。高层管理人员经常要亲临一线为顾客服务,必要时可以越过中层而直接与那些负责回答用户来信的下级专业人员定期碰头。

(3)鼓励革新、容忍失败。把创新放在事关企业未来发展的突出地位,要建立鼓励创新、容忍失败的相应制度,从制度层面调动全体员工创新的积极性,解除员工对创新失败可能面临的后果的担心。企业通过各种手段,营造创新氛围,使得创新变成全体员工共同信奉的理念和做事的习惯。

(4)以人促产。这是指要把员工当成企业最宝贵的资源,把发掘人的潜能和提高士气视为提高质量与生产力的根本源泉。要通过制度建设,形成一整套科学合理的制度,让职工控制自己的命运,表现和发展自己的才干,有足够的安全感和幸福感。公司要靠共同的信念来激励大家,不靠行政命令和管制。

(5)深入实践,以价值观为动力。企业要实现长远健康发展,物质资源、结构形式和管理技能并非关键,最重要的是价值观所体现的精神力量。价值观的形成主要靠领导人物的真诚信念和身体力行。通过领导者身体力行,起到表率作用,激励员工形成共同的价值观,这是企业发展源源不断的动力来源。

(6)不离本行。出色的企业总是强调它们必须以自己的专长作为企业经营的出发点和落脚点,不贸然涉足新的行业,也不依靠购买和兼并其他企业来搞多种经营,因为兼并以后的企业可能不能实现与原有业务的有效融合。简单地说,出色的企业做自己内行的事,扬长避短,不盲目投资其他行业。

(7)精兵简政。出色的企业,一是组织结构简单,二是班子精悍。其管理体制主要体现为几个特点:高效率和创新性,能够努力避免僵化,根据企业发展需要和时代变化需要,及时进行改组。

(8)辩证处理矛盾。企业发展过程存在矛盾不可避免。出色的企业在处理矛盾时采用辩证的思维。一是坚持执行纪律和自我管理的统一;二是集权与分权的统一;三是短期利益与长期利益的统一;四是原则性和灵活性的统一。

10.2.2 组织文化的结构

组织文化是通过各种载体的不同现象表现出来的,因而具有丰富的外在形式。根据不同的标准,可以对组织文化结构进行不同的分类。例如,以组织关注的焦点为划分标准,可以分为战略文化、品牌文化、营销文化等。虽然从不同的视角对组织文化结构的划分标准较多,但根据目前的文献研究,认同度较高的一种划分标准是根据组织文化的现象来划分的。有的学者分为物质和精神两个层次;有的分为物质、制度和精神三个层次;有的分为物质、行为、制度和精神四个层次。下面主要介绍四层次划分法,如图 10-1 所示。

1. 物质层

物质层也称为企业物质文化,是组织文化的表层部分,是一种以物质形态为主要研究对象的表层组织文化，是形成组织文化精神层和制度层的条件。物质文化是组织文化的外显部分，容易被人们感知到。

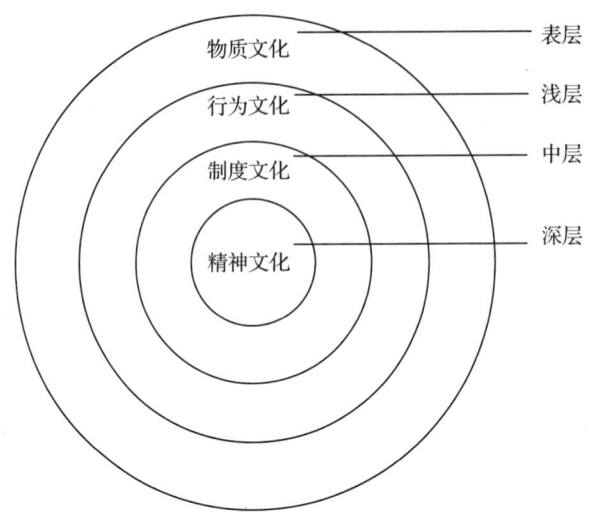

图 10-1　组织文化的结构示意图

资料来源：刘光明. 企业文化［M］. 3 版. 北京：经济管理出版社，2002：151.

企业生产的产品和提供的服务是物质文化的首要内容。其次，企业广告、网络形象、产品的信誉和组织生产环境、生活环境、文化设施等也是物质层文化的主要体现。

在现代社会，人们的产品观念早已突破原有的范畴，产品的品牌和包装以及附加利益日益引起人们的重视。这些要素成为企业产品的重要组成部分，成为企业物质文化的重要标志。比如，海尔集团的海尔兄弟标识、麦当劳的拱形门标志，都是企业物质层的重要体现。同时，企业生成环境的优劣、技术设备的现代化程度，也直接影响企业员工的工作效率和员工的凝聚力。这些也是物质文化的重要体现。

2. 行为层

行为层又称企业行为文化，从结构层次上划分，属于浅层。它是指企业员工在生产经营、学习娱乐等日常行为中产生的活动文化。这一层次的企业文化现象包括在企业经营、教育宣传、人际关系活动以及文娱体育活动中产生的各种文化现象。它是企业经营作风、精神面貌、人际关系的动态体现，也是企业精神、企业价值观的折射。

从人员结构上划分，企业行为中又包括企业家行为、模范人物行为和成员群体的行为等。企业家是整个企业的领军人物，企业的重大经营决策行为主要来自企业家，因此，企业家的人格魅力和由此产生的领导行为是企业行为文化的风向标；企业模范人物是企业的中坚力量，他们的行为在整个企业行为中占有重要的地位，这些模范人物将企业的价值观人格化，将企业家行为具体化，他们是企业员工学习的榜样，他们的行为常常被企业员工作为仿效的行为规范；企业员工是企业的中流砥柱，员工的群体行为决定企业整体的精神风貌和企业文明的程度。因此，企业员工行为的规范是企业文化建设的重要组成部分。

3. 制度层

制度层也称为企业制度文化，从文化结构上来看，属于中层。它主要包括企业领导体制、组织结构和企业的规章制度纪律等。

企业领导体制是企业领导方式、领导结构、领导制度的总称，它受制于生产力和文化的双重制约。不同时期的领导体制，反映着不同的企业文化。企业组织结构是企业文化的载体，包括正式组织结构和非正式组织结构。企业管理制度是企业在进行生产经营管理时所制定的、起规范和保障作用的各项规章制度、纪律、习惯做法、行为准则等，这些规章制度和行为准则，往往是企业文化中规范性较强的内容。上述三者，共同构成企业的制度文化。

企业制度文化是人与物、人与企业运营制度的结合部分，它既是人的意识与观念形态的反映，又是由一定物的形式所构成。企业制度文化是企业文化的重要组成部分，制度文化既是适应物质文化的产物，又是塑造精神文化的主要机制和载体，并对企业精神文化起反作用。

4. 精神层

精神层也称为企业精神文化，相对于企业物质文化和行为文化来说，企业精神文化是一种更深层次的文化现象，在整个企业文化系统中，处于核心的地位。

企业精神文化是指企业在生产经营过程中，受一定的社会文化背景、意识形态的影响，经过长期发展变化，最终形成的一种精神成果和文化观念。它包括企业精神、企业目标、企业经营哲学、企业道德、企业价值观念等内容，是企业意识形态的总和。它是企业物质文化、行为文化、制度文化的升华，是企业的上层建筑。

企业精神文化是企业价值观的核心，是企业优良传统的结晶，是维系企业生存发展的精神支柱。企业精神文化需要由企业的高层领导者倡导并率先垂范，积极引领全体员工共同努力、形成习惯，在继续传承的基础上，根据时代发展的需要及时做出调整。

上述对于企业文化的分类，是一种比较合理的分类，有助于我们理解企业文化的组成，也有助于我们学习和掌握企业文化建设的重点与方向。同时，我们必须看到，企业文化结构是一个系统的整体，企业文化不能机械地分割成上述四个层次。我们理解企业文化应该从系统的、整体的角度进行，才能够深入理解企业文化。企业在进行文化建设时，应该总体统筹，才能够使企业文化建设顺利进行，取得应有效果。

10.3 组织文化的功能与机制

10.3.1 组织文化的功能

组织文化形成之后，会对组织成员形成习惯性约束，会自然而然规范员工的行为。组织文化形成一些规则和规范，起到调节员工行为的作用，发挥出一系列基本功能。具体说来，组织文化的功能表现为以下 6 个方面。

1. 导向功能

组织文化的导向功能，是指组织文化能对组织整体和组织每个成员的价值取向及行为取向起引导作用，使之符合组织所确定的目标。组织文化的导向功能具体表现在两个方面：一是对组织成员共同的思想行为起到导向作用。比如组织文化中倡导创新，组织员工在工作中会受到创新意识的指引，尽量在各个方面寻求创新。二是对企业整体的价值观取向起到导向作用。如组织文化中强调合作，在潜移默化中，组织各个部门之间、各个成员之间会有意识地加强合作，这就是组织文化导向作用的体现。

2. 约束功能

约束功能是指组织文化通过文化氛围影响组织成员的价值观，使得员工对组织发展和经营理念等产生心理认同，进而对于员工的行为起到约束和规范作用。如某个组织文化倡导节俭，通过不断的宣传强化，让员工从心底产生认同感，这样能够约束员工在日常生产生活中的行为，避免产生浪费的现象。

3. 凝聚功能

凝聚功能是指当组织文化所倡导的价值观被该组织员工共同认可之后，它就会成为一种黏合剂，从各个方面把其成员团结起来，从而产生一种巨大的向心力和凝聚力。一个组织的成员可能来自不同的地域，各自具有不同的价值观、宗教信仰和文化背景。如果没有共同价值观的指引，那么组织成员的行为不容易统一起来，不利于组织的发展。当组织文化倡导的价值观被这些背景各异的员工认同后，就会产生巨大的向心力和凝聚力，能够很好地规范员工的行为。

4. 辐射功能

组织文化是社会文化的一个重要组成部分。良好的组织文化不仅指引一个组织发展的方向，对组织内部成员产生积极的影响，同时也通过各种方式对社会中其他成员产生辐射作用。一个组织通过自己的产品和服务，输出自己的组织理念、组织精神、价值观念和企业形象，让社会公众对组织产生深刻印象，从而将组织文化潜移默化地辐射到社会公众心里，对社会公众的行为产生积极的影响。如有的企业的产品包装以简约、环保为特色，可以向社会输出节约和环保的理念，影响社会公众的行为取向。

5. 协调功能

组织文化是组织成员之间的一种心理默契。组织文化能够发挥良好的协调功能。一方面，组织文化可以协调组织内部各个部门、各个成员之间的关系。组织文化包含了组织成员共同认可的价值观，这种价值观会引起组织内部各个部门、各个成员的心理认同，从而能够协调各个部门、各个成员之间的关系。另一方面，组织文化又可以协调组织与社会之间的关系。一个组织作为社会的一部分，不可避免地与社会其他部分进行信息、资源等方面的交流和交换。良好的组织文化不仅让组织内部成员产生认同感，还会让社会成员产生认同感，这样便于协调组织与社会其他机构之间的关系，发挥出良好的协调功能。

6. 激励功能

组织文化以尊重人、理解人、合理满足人们的需要为手段，来调动组织内部员工的积极性。当内部员工的合理需要得到满足时，组织文化就能够激发员工做好工作的热情，激发员工的潜能。同时，良好的组织文化也会发生外溢效应，对社会其他机构成员产生激励作用。比如2020年我国武汉抗击新冠疫情时，某个组织基于自己的文化，慷慨解囊，第一时间向抗疫前线捐助大量急需物资，并且派出专业团队前往抗疫前线提供帮助。这一举措在一定程度上激励了全国广大民众，大家都尽己所能，为全国抗击新冠疫情贡献力量。

小案例

H公司的企业文化

H公司成立于2001年，专业致力于冲压自动送料设备的研发、制造、销售。该公司在发展过程中，坚持以市场为导向，紧紧盯住市场需求，进行产品的研发、生产和销售。该公司非常注重科学严格的细节管理，对于每一个零部件严格检验，对产品整机性能反复测试，决不让一件不合格产品流向市场。经过多年的努力，该公司已经形成了"研发为先、精益制造、注重品质"的特色。在冲压送料领域，该公司已经成为行业内发展最好的公司之一。

该公司产品不仅行销国内各大中型厂商，如美的、格力、海尔、TCL等，而且行销于东南亚、欧美等。

该公司在发展过程中非常重视企业文化的建设。公司领导层深知企业文化对于企业长期发展的重要性。早在创立之初，该公司几位创始人就达成共识，要在发展过程中形成特色企业文化。在公司发展初期，千头万绪，事情庞杂，也没有专门的人员进行企业文化建设工作，所以企业文化的建设只是存留在管理层的思维中，没有形成定型的企业文化内涵。

随着公司的发展、环境的不断变化，管理层指派专门的人员进行企业文化建设工作。该公司经过多次调研，反复讨论，与各个层级的员工沟通，最终提出了本公司的企业文化：用管理和技术保障产品质量，用真诚和服务维护客户忠诚。

为了使企业文化能够落到实处，该公司建立了一整套规章制度。事实证明，该公司的企业文化是适合当下公司发展需要的。

资料来源：作者根据调研的资料进行整理。

10.3.2 组织文化的机制

1. 组织文化的运行机制

运行机制是指在人类社会有规律的运动中，影响这种运动的各因素的结构、功能及其相互关系，以及这些因素产生影响、发挥功能的作用过程和作用原理及其运行方式。组织文化的运行机制是反映企业文化如何运转、运行的企业文化子系统。组织文化的运行机制，是依据思维运动规律，通过人脑，将组织文化的内涵作用于主观意志的结果。企业文化从产生、形成，到变为员工的自觉行为，需要经历一个过程。这个过程需要通过企业文化运行机制完成。在组织文化运行机制的作用下，人脑遵循基本的思维模式，即形成企业共同遵守的价值观—形成个体的自觉行为—产生组织期望的结果。在这样一种思维模式下，人们会将组织文化的内涵内化于心，形成行为习惯。

2. 组织文化的管理机制

管理机制是指管理系统的结构和组成方式，即采用怎样的组织形式以及如何将这些组织形式结合成为一个合理的有机系统，并以怎样的手段、方法来实现管理的任务和目的。组织文化的管理机制是指组织在长期的实践中形成的，由组织领导倡导的组织意愿、组织宗旨、企业精神、核心价值观等一系列理念体系。在这一系列理念体系指导下建立有效可行的组织体系，引导和规范员工的行为，激发员工的工作积极性，提高员工的工作绩效，塑造顾客认同的企业形象，提高组织的绩效和竞争力。

10.4　组织文化的生成与演化

10.4.1　组织文化的生成

组织文化并不是自然而然地产生的，它的生成是有规律可循的。组织文化的生成包括以下过程。

第一是倡导阶段。这一般是组织的创始人基于自己的价值观和对组织未来发展方向的思考，为组织未来应该做的事情勾勒出愿景规划，并将这些愿景规划融合到特定的价值观中。为了谋求这种价值判断的实现，组织的创始人一方面会不断地向他人讲述这种价值观念，以让他人认知、理解并最后接受，成为每个人行为选择的指南和标准，另一方面又会谋求把这种价值观念用警句、格言，准确、形象、简洁地表达出来，以便让人容易理解、记忆和传播。

第二是泛化阶段。通过倡导阶段的灌输，组织的大多数人在潜移默化中已经理解组织高层领导人所倡导的价值观念，也准确地把握了其内在含义，但并没有意识到自己的行为要以这种价值观念为选择的依据和判断的标准。为了让组织的价值观念更加清晰，更加容易被记住并变成组织成员自己的行动，领导人会对相应的价值观念进行提炼，用形象、易懂、易记的警句、格言等形式表达出来。这样容易让组织成员记住组织所表达的价值观念，并内化为自己行为的标准和要求。

第三是标准化阶段。通过泛化阶段的实践，组织成员加深了对组织文化所倡导的价值观的认同和理解。标准化阶段的任务就是把这种价值观念所表现的标准和要求，进行标准和带有强制性的表述，并直接转化为强制实施的规章制度。把体现组织文化的警句、格言所表达的价值观念变成每个人的行为标准，与企业员工的切身利益挂钩，迫使企业员工按照这种价值观念的要求约束自己的行为。比如，有的组织文化倡导诚信，将组织中诚信的要求具体化，成为每个员工都要严格遵守的标准。

第四是习惯化阶段。任何事情只要不断重复，就会变成自觉的习惯。表达组织文化的格言、警句被不断重复后，就会根植于组织员工的脑海中，只要延续一定的时间，它们就会变成人们所自觉遵循的一种习惯。经过前几个阶段的实践，员工由对组织文化的模糊观念，到对组织文化的深刻理解，再到对组织文化所体现的标准的精准把握，已经从内心深处认识并且认同组织的文化。再经过一段时间的积淀，组织文化所要求的行为就变成员工自觉的习惯。比如，消防队经过长时间训练，养成了听到警铃就出动的习惯。以后，一旦出现这种情况，他们就会本能地做出反应。

10.4.2 组织文化的演化

组织文化是根植于一定的环境之中的。组织文化形成以后，会在一定时期内保持稳定。但是由于组织文化所处的内外部环境也在不断发生变化，这就决定了组织文化的内容和形式不能一成不变，应该与时俱进，跟上时代发展的步伐。

美国著名学者沙因根据组织生命周期理论，把组织的演进分为初创期、成熟期和衰退期三个阶段。每个阶段的发展情况对组织文化有影响，反之，组织文化也会对组织发展阶段有影响。

初创阶段。年轻的组织试图创建和扩展自己的组织文化，把它看作成功的基础。这种文化或多或少地反映了组织创始人的信念和价值观。创始人的价值观念会在很大程度上影响组织在初创阶段的发展。这一阶段组织的文化是模糊的、粗放式的、没有形成系统表述。

成熟阶段。随着组织的发展壮大，组织内部分工更加科学全面，组织管理水平日益提高。组织内部各个部门既分工又合作，可能形成各个部门自己的亚文化。各个部门的亚文化对组织整体文化有促进作用，也有可能影响组织整体文化的稳定。所以，这个阶段组织整体文化需要起到引领作用，引领各个部门亚文化的发展，并随着组织面临的环境变化，需要做出调整。

衰退阶段。随着组织的老化，组织文化会成为组织学习和改革的障碍。这是因为时代发展了，如果组织文化的变革跟不上时代的步伐，就会成为阻挡一个组织顺利发展的障碍物。所以，一个组织应该在这个阶段不断学习，看清时代的发展方向，找准组织未来的发展领域，及时改变目前不适应未来发展要求的组织文化。通过全员努力，尽快形成新的组织文化，以新的组织文化引领组织更好地发展。

总之，组织文化形成之后，在相当长的时间内应该保持相对稳定，不能朝令夕改，否则会令组织成员无所适从，也不利于保护组织的信誉。但是当今时代变化的速度是超出我们想象的，每个组织必须认识到，当今世界最大的特点是变化速度快。所以，组织文化必须根据组织所面临的内外部环境变化，及时做出调整，这样才能保证组织长远发展。

10.5 组织文化的冲突与整合

只要有不同的个体在一起，就会产生冲突，人类也不例外，组织更是如此。当今世界，各种原因导致冲突风险日益加重，尤其是组织并购过程中的文化冲突更加明显。如何整合组织文化，减少组织文化冲突，是每个组织需要思考的课题。

10.5.1 组织文化的冲突

1. 组织文化冲突的含义

组织文化冲突是指组织文化发展过程中不同性质的文化在相互抵触、交流时产生的撞击、对抗和竞争。每个组织在自己产生发展过程中，由于所处的历史阶段、行业、经营模式、员工素质、内外环境等因素不同，就会产生不同的价值观和思维方式，这就导致了组织的文化冲突。组织文化冲突不仅是不同组织之间的文化冲突，还包括组织内部各个群体之间的文化冲突。组织文化冲突本质上是人与人之间、群体与群体之间不同价值观念和行为上的冲突。

2. 组织文化冲突的表现

（1）价值观的冲突。价值观是指人们对事物的看法、评价，是人们信仰、价值、心态系统中可以评价的方面。共同的价值观是组织文化的核心，是一个组织文化区别于其他组织文化的本质表现。价值观具有极强的主观性，它决定着人们的行为准则，构成组织文化的核心内容。组织的价值观冲突是组织文化冲突的最显著的体现。如某个组织奉行集体主义价值观，不仅关心本组织的长期发展，还关注国家这个大集体的利益，要肩负起社会责任。而该组织准备并购的另一家企业奉行的是个人价值至上的价值观，非常关注个人利益。那么，这两个组织在并购成功后由于价值观不一致可能产生冲突。

（2）经营理念的冲突。不同的组织在内外部环境的影响下，形成了不同的经营理念。从企业的角度看，优秀企业往往具有长远的眼光，从企业长远发展的角度制定适宜的远景战略规划。在激烈的市场竞争中，优秀的企业重视诚信经营，追求"双赢"或"多赢"。与之形成鲜明对照的是，有些企业只注重短期利益，忽视长期发展。所以这些企业在生产经营过程中，热衷于短期利益，较少顾及企业信誉，更谈不上企业品牌的创建。因此，如果两家企业并购后，可能由于其经营理念并不统一，从而导致产生冲突。经营理念的冲突也是组织文化冲突的重要表现。

（3）决策管理方面的冲突。组织的决策是在组织的价值观和经营理念的引导下做出的，是组织价值观和经营理念的体现。如果两个组织的价值观和经营理念不一样，就会导致企业决策时产生不同的决策机制。以企业为例，有的企业奉行集体主义价值观，在决策时习惯于集体决策，制定了集体决策机制。而有的企业强调分层决策、独立决断和个人负责，以适应市场快速多变的要求，所以这样的企业决策机制就是以个人为主的。当这两类企业进行合作或者并购时，由于决策机制不一样，因此容易导致冲突的发生。

（4）人力资源管理方面的冲突。由于不同组织经营思想和价值观的差异，因此它们在用人制度方面截然不同，这也是组织文化冲突的重要体现。从企业的角度看，一些企业在选人用人上长期习惯于行政管理的方式，在人员录用方面片面强调政治素质、职务对等、个人历史、人际关系等。由此选拔的人员在政治素质上是合格的，但是不一定具备特定岗位所需要的专业素质，不一定适应特定岗位的工作需要。而优秀企业在选人、用人方面打破传统的用人制度，更多地强调专业素质，强调贡献、成就、创新和管理能力。这样的两个企业在合作或并购过程中容易产生冲突，进而给员工带来心理压力和困惑。

（5）显性文化的冲突。显性文化是组织特定的象征性符号系统之间的冲突。不同的组织在名称、标志性符号等方面有自己的独特性。当这些组织的特定符号系统处于同一空间，就容易在一定程度上产生冲突。

10.5.2 组织文化的整合

为了减少组织文化冲突给组织带来的负面影响，需要进行组织文化的整合。所谓组织文化的整合，就是组织文化在发展过程中将相异或矛盾的文化特质进行相互适应、认同后形成一种和谐、协调的文化体系。

1. 组织文化整合的原则

不同的组织文化内容千差万别，所以在整合时不可能采用同一种模式。但是，不同组织文化整合时还是要遵循一些通用的、共性的原则。这些原则主要包括：相互尊重原则、平稳过渡原则、充分沟通原则、专人负责原则、求同存异原则、系统整合原则等。

2. 组织文化整合的内容

组织文化整合不是将两个或多个企业的文化简单叠加和拼凑，而是将其优秀的部分进行融合与升华，是在共性认识的基础上建立起的具有连续性和一致性的新文化，是对两种或多种不同文化进行整合重塑，是借机创新的过程。组织文化整合主要包括以下内容。

（1）经营宗旨的整合。企业并购后，随着企业规模、产品品种等变化，企业的经营宗旨也应随之更新。

（2）企业价值观的整合。由于并购企业员工具有价值观多元化和冲突，所以价值观的整合是企业整合的核心和关键。

（3）道德行为准则的整合。在并购重组后，需要对原来各自的经营管理制度和规章制度，根据新企业的特点进行调整，形成新的员工行为准则。

（4）组织机构的整合。组织机构既是文化整合的设计制定者，又是执行者。可以说，组织机构的整合是文化整合的保障。

（5）物质文化的整合。企业整合必然涉及资产重组、产权变动，在物质上表现为资本结构的变更与调整、员工的增减、产品甚至行业的变化、设备的更新等企业有形资源的整合；另外，企业整合还会带来员工结构的变化。

（6）企业形象的整合。并购后企业要对公司形象、经营者形象等进行整合升级，以便使社会公众和内部员工形成一种新的印象。

10.6 组织文化的提升与影响

10.6.1 组织文化对企业竞争力的提升

组织文化引导一个组织的未来发展方向，能够激发员工的潜能，增强员工的凝聚力，引导全体员工朝着共同的目标迈进。优秀的组织文化通过引导全体员工形成共同的价值观，形成科学的经营理念，制定科学的制度，激励全体员工，为共同的目标而努力。所以优秀的组织文化是企业发展的深层动力。

优秀的组织文化能够让全体员工形成良好的行为习惯，比如诚信、奉献、团结等。这些良好的行为习惯会传导到社会公众中，有利于树立良好的组织形象。

优秀的组织文化增强了企业内部各个部门、各个员工之间的协调作用，凝聚各个方面的力量，有利于提升组织的绩效。

通过以上几个方面，组织文化可以有效地提升企业的竞争力。

10.6.2 组织文化对社会道德的影响

组织是社会的重要组成部分。组织的行为对整个社会有非常显著的影响。前些年，有个别奶制品企业由于生产劣质奶粉，给消费者带来很大伤害。因此在很长一段时间内，人们对国产奶制品的信心都没有得到恢复。组织文化中所倡导的诚信、创新、节俭、履行社会责任等价值观念，不仅会影响组织成员的行为，影响企业的形象，还会传导到社会各个阶层，对社会公众的心理和行为产生影响。

如果所有组织文化中倡导的积极正面的思想观念能够得到认真落实，那么这些观念将会传导到社会层面，对提升社会层面道德水准产生积极正面的促进作用。近些年，越来越多的组织积极落实其组织文化所倡导的企业责任和社会责任观念，在社会群体有困难时，积极主动提供帮助，引发了社会公众的好评，也带动了一大批社会公众积极参与到帮助困难群体的行动中去。比如 2020 年抗击新冠疫情中，许多企业积极行动，提供大量急需的物资，带动整个社会形成积极向上的良好风气，提升了整个社会的道德水准。

本章小结

组织文化是指组织在长期的经营活动中所形成的并为组织大多数成员认可和遵循的区别于其他组织和具有本组织特色的价值观念、团体意识、行为准则和思维方式的总和。

组织文化具有以下特性：特色性和共同性；物质性和精神性；根生性和吸纳性；稳定

性和发展性;历史性和时代性;精英性和全员性。组织文化通过各种载体的不同现象表现出来,因而具有丰富的外在表现形式。根据不同的标准,组织文化结构分为物质、行为、制度和精神四个层次。

组织文化主要表现为导向功能、约束功能、凝聚功能、辐射功能、协调功能和激励功能六个方面。组织文化的创建过程包括四个阶段:倡导阶段、泛化阶段、标准化阶段和习惯化阶段。

沙因根据组织生命周期理论,把组织的演进分为初创期、成熟期、衰退期三个阶段。沙因认为在每个阶段,组织文化都以不同的方式发挥作用。

优秀的组织文化除了对企业竞争力有积极的提升作用之外,还会对整个社会道德水准产生积极的影响。

学习建议

本章学习过程中,我们应该把重心放在对基本知识点的理解上。

1. 本章重点

组织文化的含义与特性;组织文化与企业竞争力的关系。

2. 本章难点

组织文化构建的路径;组织文化的发展与演化的把握。

核心概念

文化、组织文化、物质文化、行为文化、制度文化、精神文化、社会化。

课后思考与练习

1. 简述组织文化的概念与特性。
2. 论述组织文化的要素与结构。
3. 谈谈组织文化的功能与机制。
4. 简述组织文化的生成与演化。
5. 简述组织文化的冲突与整合。
6. 结合你所了解的一些企业的实际谈谈组织文化与企业竞争力之间的关系。

案例分析

企业文化建设

A公司是一家专注于健康食品生产和销售的企业。该公司非常注重产品质量,口碑一直很好。近年来,随着人们健康意识的增强,公司业务发展很快。在公司发展规模扩大的过程中出现了一些新的问题，比如有员工不按照规范操作，有员工私自拿走公司产品，员工离职率逐渐升高，等等。

企业高层管理者认为，出现这些问题的重要原因之一是该公司没有形成具有自己特色的、有凝聚力的企业文化。所以公司领导层决定要加强该公司的企业文化建设。公司领导层通过研究决定，采用招标的方式，选取最优秀的企业文化咨询管理公司帮助该公司进行企业文化建设。

该公司通过公开途径发布招标广告，经过多轮遴选比较，最终确定了H公司作为企业文化建设中标公司。A公司与H公司经过协商，订立了企业文化建设协议，规定了各方的权利义务。根据协议，A公司配合H公司完成资料收集、人员访谈等工作，H公司负责完成A公司企业文化建设各项工作，提炼出企业文化的内涵，并进行准确表述。

H公司派出三人小组，进驻A公司，查看了A公司各项文件，并且进行了实地调查，然后召开了一系列会议，由H公司的专家和A公司代表进行协商，最终确定了A公司企业文化的内涵。A公司企业文化建设完成后，短时间内确实起到了一定作用。但过了一段时间后，A公司又出现了一些新问题。

资料来源：作者根据调研的资料进行整理。

思考题：

1. A公司的企业文化建设出现了什么问题？
2. 你认为A公司的企业文化建设有哪些改进之处？

实训应用

实训项目

为模拟公司设计组织文化，制订一份组织文化建设方案。

实训目的

1. 培养初步运用管理思想解决问题的能力。
2. 培养分析与建设组织文化的能力。

实训内容与要求

根据所学知识以及从实际企业获得的信息资料，研讨并确定本公司的管理理念与组织文化。

1. 结合本公司的实际，论证应以何种理论作为管理的理论依据。
2. 探讨本公司应树立哪些先进的管理理念。
3. 对本公司的文化建设提出各种设想，并制订建设方案。
4. 班级组织一次交流，每个公司推荐两名成员谈管理的理论依据，并由总经理谈公司的文化建设方案。
5. 本实训项目实训时间以2小时为宜。

成果与检测

1. 每个人写出一份论证应以何种理论作为管理的理论依据的简要材料。
2. 每个公司提交一份"公司管理理念"与文化建设方案。
3. 由教师与学生对各公司所交材料与交流中的表现进行评估打分。

相关链接

中国企业文化促进会网:http://www.cecia.cn

企业文化网:http://www.7158.com.cn

Chapter 11

第11章

跨文化人力资源管理

学习目标

- 了解跨文化管理的含义。
- 理解跨文化人力资源管理的意义。
- 了解跨文化人力资源管理的影响因素。
- 熟悉外派员工管理与本土员工管理的基本思路。

引例 11-1

中国企业"走出去"的人力资源风险

在经济全球化的带动下,国际化经营已成为各国企业发展的重要趋势。我国"一带一路"倡议的实施,为中国企业"走出去"参与国际竞争创造了难得的历史机遇。当中国企业选择"走出去"战略时,将面临与在国内经营截然不同的各种挑战。如何适应当地文化、管理国际化人才决定了中国企业"走出去"战略实施的效果。中国企业应准确识别"走出去"过程中的人力资源整合、劳动法律规制、招聘、培训、薪酬、绩效、职业生涯管理等一系列国际人力资源管理风险,并采取有针对性的国际人力资源管理措施加以有效规避,如此中国企业才能看着世界地图做生意,更好地赢取国际化红利。

资料来源:林新奇,王富祥.中国企业"走出去"的人力资源风险及其预警机制[J].中国人力资源开发,2017(2):145.

引例 11-2

在华跨国公司的人才管理面临挑战

开拓中国市场是很多跨国公司的第一要务。不过,各个行业的跨国公司都面临一个共同的挑战——吸引、发展和挽留实现这一目标所必需的中国本土人才。世界各地的公司都意识到,拥有符合中国市场特质、适应市场迅速变化的本土领导力量非常重要。固特异公司亚太区总裁皮埃尔·柯华德(Pierre Cohade)日前在接受《华尔街日报》访问时也证实，在中国的第一大挑战"绝对是人才的争夺"。固特异并不是唯一面临这个问题的公司：在过去 13 年里，美国商会每年都会对在华的美国企业进行调查，并经常提到管理层的人力资源短缺是企业面临的首要挑战。

一、本土化：为何令外企如此费心

全球公司纷纷致力于从每个目标市场招聘员工，主要是为了认识新的业务区域。以中国为例，很多跨国公司为此削减了外国员工的数量。西班牙 IESE 商学院的教授潘卡杰（Pankaj Ghemawat）致力于研究"文化距离"给企业造成的影响。他发现，如果企业在缺乏历史和文化交汇的多个区域同时开展业务，就会遭遇更大的挑战。这就是在中国经营的北美和欧洲企业所面临的情况。在外国成功的经验或许不能顺利移植到中国：在其他市场占领先地位的企业，比如百思买（日本）和家得宝（美国），都由于不够了解中国消费者的习惯和当地环境而出现水土不服的现象。

"文化距离"促使在华跨国公司的经营方式发生重大改变，从市场营销、产品设计到公关，都是如此。比如，肯德基开发出北京烤鸭风味的三明治。除了简单地关注组群和市场研究以外，企业还要求高级人才了解本土需求，能够有的放矢地经营业务，此外还要能与总部和全球业务单位协同配合。

虽然较低的劳动力成本通常是员工本土化的好处之一，但往往仅能反映初级和中级岗位的情况。比如，宝洁公司的一名高管透露，招聘一名中国本土员工的成本仅是外国员工的 1/3。但是，随着平均收入的提高和人民币的升值，这个差距开始不断缩小。由于争夺本土顶级人才的竞争日益激烈，最优秀的中国经理人的身价最终将与外国经理人持平。

二、合格的人才：最优秀的 10%

虽然跨国公司承认对本土化的需求很明确，但由于合格劳动力的短缺，他们很难做到这一点。日前，管理咨询公司麦肯锡将这种现象称为"供应矛盾"，即尽管有众多大学教育程度的应聘者，却依然很难找到合适的人才。2005 年，麦肯锡根据研究预计，一场人才争夺战迫在眉睫，提出"平均不到 10% 的应聘者适合在（特定主要行业的）外企工作"。招聘之所以困难，还在于一些企业发现最优秀的毕业生不一定就是最优秀的员工。美中关系全国委员会前会长何立强（John Holden）指出："一些跨国公司宁愿不招聘刚刚毕业于中国一流大学的毕业生，而是从次重点和地方大学的毕业生中挑选员工，后者有更加贴近真实中国的经验，或许还有更加贴近实际的抱负。"

人才管理的质量正在显著改善，这要归功于教育和就业机会的扩大。首先，赴海外留学的中国人越来越多：2018 年我国出国留学人员总数为 66.21 万人。其次，管理学教育不仅在逐渐完善，更与成熟的管理方式实现进一步接轨：中欧国际工商学院目前邀请到来自哈佛商学院的高级副院长担任教务长，旨在改革师资、融资、品牌和学院文化；北京大学光华管理学院也越来越多地采用伦敦商学院、哈佛商学院的教材。最后，随着在华跨国企业越来越多，熟悉跨国操作的本土管理人才储备将越来越丰富，由此将为中国管理人才带来质和量的双重改善。

但是，顶级人才供不应求还有三个主要原因。第一，致力于扎根中国市场、拓展在华存在的外国企业越来越多。第二，跨国公司正在努力提高本土员工在公司所占的比例。百事中国首席财务官布莱恩·纽曼（Brian Newman）说："目前，我们已经基本上完成了本土化，但一些首席职位除外。"第三，想要借力中国市场的飞速发展，往往需要企业以极快的速度进行扩张，这就要求有更多能力越来越强的管理者。

三、中国本土企业加剧人才争夺战

一流人才的竞争不仅是跨国公司之间的竞争。中国的国有企业和私营企业也通过提供富有竞争力的条件挖走了更大比例的顶级人才，往往令跨国企业损失惨重。跨国企业在吸引人才方面的传统优势，例如响亮的品牌、较高的薪酬和职业发展机会，正在日益消失。根据人力资源咨询公司万宝盛华（Manpower）在2010年对中国求职者展开的一项调查，与4年前相比，将中国本土私营企业作为首选的受访者人数增加了5%，外企则下降了10%。推动这一改变的首要因素是更好的长期职业发展机会和更好的薪酬待遇。宝洁公司的一位高管也证实了这一点，评论说："中国公司的薪酬非常可观，一名员工的薪酬在3年内可以翻3倍。其中还不包括升到更高级别后享受到的房补、公车或者免息贷款。我们的薪水并没有减少，只是无法与中国公司提供的惊人的股票期权竞争，它们在争取一名新的营销主管时就会这样做。"

这是一个新兴市场，有着许多雄心勃勃的本土企业，加上自身拥有的大量现金和风投，共同形成本土企业对顶级人才的激烈角逐。只要资质匹配，跨国公司的中方中层管理人员很有可能在本土公司获得更高的薪酬，并被进一步委以重任。比如，某大型企业的助理经理可能会在一家上市企业担任总经理，或者在某个私募股权基金担任初级合伙人，帮助这些处于成长阶段的公司管理运营。微软公司在北京的高管查德·斯普拉格（Richard Sprague）评价说："我们的员工知道自己可以去百度或其他公司谋求到一个高级职位，管理数百号人。"对有实际经验的管理人员而言，那些地方往往有更多选择，能够获得更高回报。

外界的机遇之所以具有吸引力，还因为在跨国公司工作的中国员工有时候会遭遇一种挫败感。由于他们经常需要向负责区域或全球业务的外国主管汇报，而这些人又不太熟悉中国市场的快速变化和业务实践，因此本地员工总觉得大量时间被用来给外国人做"翻译"。比如，很多跨国公司施行非常严苛的内部控制，如果本土员工感到业务上受到了限制，相对于本土需求没有效率以及（或者）不够敏感，外部的机会就会更加诱人。

中国一所领先的商学院教育项目高级主管则用另一种方式解释这一挑战："最根本的问题在于信任，总部是否信任你？如果本土员工看不到那个（信任），他们就会离开。很多跨国公司的问题在于仍然没有建立常态化的本土员工晋升制度。没有正规的支持体系，每年只是确定一两名高级候选人，把他们送到国外，寄希望于他们能建立必要的信任是无法发挥作用的。即便建立了这种制度，也不够成熟。结果，本土员工可能经常感到天花板的存在，这限制了他们在跨国公司的晋升机会。除了顶级本土人才的竞争日益激烈，那些有关信任、交流、工作方式和职业轨道的问题,也是建立一支强有力的本土管理团队所面临的挑战。"

四、跨国公司的障碍:与中国的"文化距离"

语言经常被认为是跨国公司在华发展的阻碍之一。由于英语依然是公认的国际商务用语,跨国公司经常发现,中国管理人员必须提高英语技能,才能开展高效的工作,以及才能在用非母语进行表达的时候更具说服力。虽然很多领导者在使用母语的情况下表现出了突出的软技能,但是在使用第二、第三甚至第四语言时却非常不容易体现出同样的领导水平,进一步丧失了跨国公司在来源国所具有的那种程度的自信。

文化习俗和工作风格同等重要。中国管理人员在等级分明的组织结构中运作得更加自如,而不是那种更加开放、更加平面的合作式办公环境。正如微软公司的一位高管所说:"跨国公司的中国管理人员在处理上级问题时可能会遇到麻烦,如果需要挑战权威、表达不一样的意见以及冒风险的话。"

最后,中国的跨国公司在处理地区流动问题上也存在困难。家庭关系和赡养父母的文化责任可能会促使员工反对迁移到别的地方。比如,宝洁公司可以在北京和上海招聘到很多大学毕业生,但在北方却很难填补人员空缺。中国人在扩大与国际的接触面的同时,有时候却不愿离开中国,不仅因为这个市场的迅速变化,也因为担心"错失"增长机遇。在各地之间轮岗在一些跨国公司眼中对职业发展非常关键,但对本土人才来说往往意味着在职业和家庭上承担非常高的机会成本。

五、领导力发展、与全球接触,以及参与很"酷"的项目

为应对上述挑战,很多主要的跨国公司都制订了内部计划来排除障碍,为本土顶级人才提供更具吸引力的职业发展平台。通用汽车、微软、宝洁、百事可乐等跨国公司利用各式各样的项目,吸引和挽留中国最优秀、最杰出的人才。这些项目包括全球轮岗、内部培训、现金激励,以及与本土大学合作开课等。

比如,微软公司采取两种手段增加中国管理人员与国际的接触:首先,开展邀请美国高层管理人员来到中国,与本地员工并肩工作,以及开展并发展辅导项目。其次,开展有时被称为"逆向出国"的项目,也就是送中国管理人员赴美,用几个月的时间加深对总部运作的认识,在外国环境中吸收宝贵的工作经验。来自微软的斯普拉格建议:"挽留员工并不是很棘手的问题,我想部分原因是我们有很多诸如此类的发展项目。"

通用汽车(中国)公司的一位高管表示:"批判性思维和开创性的问题解决能力是跨国公司管理人员与各级员工的两项基本技能——这是中国教育系统一个明确的发展领域。"实际上,很多公司都表示愿意与本土大学开展合作,或者合作开课,或者资助、参与行业活动,比如案例竞赛和专家讨论等。这些公司还不约而同地指出,提倡开展更加严格的通用管理培训。

除了培训和发展,中国员工和其他地方的员工一样,在决定职业发展时都非常看重薪酬待遇。如前文所述,跨国公司和中国员工,特别是企业高管和企业拓展专员在解决这

个问题时面临一个重大挑战，涉及跨国企业和中国本土公司在中国做生意时的一个重要区别——回扣。中国有些专业人员将回扣视为再平常不过的事情，认为是企业文化的内在组成部分。而对跨国公司来说，无论观点如何，都必须与本国的现行标准保持一致，如果是上市公司，还必须遵守上市法律（例如美国的《海外反腐败法》）。

有时候，跨国公司的中国管理人员会因此感到在与中国公司的同行竞争合约时处于劣势，因此产生抵触情绪，甚至成为一个潜在的离职原因。为解决这个问题，跨国公司可以选择很多方式。它们可以对回扣政策予以明示，尝试着为员工规划方向明确、有晋升机会的职业通道，以及让工作内容充满乐趣。微软公司的一位高管表示，"我们的员工能够接触非常酷、非常尖端的技术项目，参与十分复杂的软件开发过程。根据我们的内部评估，我们知道这是（非常重要的），甚至比他们的薪酬还重要"。

跨国公司非常明确地表示，在华企业的本土化具有重大意义。但是，人才管理的挑战却令它们止步不前。本土顶级人才尽管稀缺，却是必不可少的。中国公司对人才的吸引力正与日俱增，超过了跨国企业。不仅如此，中国的"文化距离"与很多跨国公司的本土文化大相径庭。很多跨国公司由于无法成功处理这些问题而黯然离开。对留下来的跨国公司来说，人才管理（具体来说就是在中国这个庞大、复杂而又飞速发展的经济体内部招聘、发展和挽留本土顶级人才）无论是在过去十年还是在未来都会是无可争议的成功法宝。

资料来源：http://www.knowledgeatwharton.com.cn/index.cfm?fa=viewArticle&articleID=2515, 2012-01-06.

11.1 文化导向的人力资源管理

全球化的概念有狭义与广义之分。狭义的全球化是指商务超过本国范围的世界性趋势。全球化意味着整个世界的经济趋向一体，企业可以在任何地区开展经营，与任何对手竞争而不考虑国家界限。广义的全球化包括金融与资本占有的全球化，市场与市场战略的全球化，技术及其相关的科研、发展以及知识的全球化，生活方式与消费模式的全球化，文化生活的全球化，调控能力与政治控制的全球化，世界政治统一的全球化，观察与意识的全球化8个方面。经济全球化对人力资源管理的影响主要有以下几个方面：组织战略与组织结构发生变化，劳动力构成发生变化，以及不同文化价值观的碰撞成为新常态，等等。

11.1.1 人力资源的国际化分工

发端于19世纪的经济全球化，到20世纪中后期已成为不可阻挡的潮流。经济全球化导致了国际分工日益精细，国家之间依赖性日益增强，自然资源、人力资源和金融资源在世界范围内配置和流通。例如"日本制造"的电视机，可能是用马来西亚的原料、新加坡的显像管、印度的集成电路、日本的商标组装而成。从管理的角度讲，全球化意味着国际化，也就是说企业的生产经营活动超越国界，成为国际经营活动的一部分，以国际市场为舞台，在世界范围内从事研究、开发、生产、销售等经营活动，从地区型、传统型、封闭型的国内经营活动发展成为全球型、创新型、开放型的跨国经营的过程。"跨国公司""合资企业""外资企业"这些名词从无到有，伴随的是不同肤色或讲不同语言的人一起合作或竞争成为现实。

11.1.2 跨文化管理

国内外关于文化的定义众说纷纭。宏观意义上的文化是指一个国家或民族的历史、地理、风土人情、传统习俗、生活方式、文学艺术、行为规范、思维方式、价值观念等。弗雷德·卢森斯和乔纳森·P.多认为，文化是已经获取的知识，利用这种知识，人类可以解释各种经验和产生社会行为；这些知识构成了人们的价值观，决定了人们的态度，影响了人们的各种行为。他们指出，文化是学习形成的，文化是代代相传的，文化具有象征性，文化是模式化的，文化是具有适应性的。

种族优越感、不恰当地运用管理习惯、不同的感性认识、沟通误会以及文化态度都可能是导致文化冲突的起因。而文化冲突的结果则表现为极度保守、沟通中断和非理性反应。

跨文化管理又称为"交叉文化管理"（cross-cultural management），即在全球化经营中，对子公司所在国的文化采取包容的管理方法，在跨文化条件下克服任何异质文化的冲突，并据以创造出企业独特的文化，从而形成卓有成效的管理过程。研究表明，民族文化比组织文化对员工的影响更大。简单地说，跨文化管理就是跨国公司如何有效地管理不同国家公司的文化相似性和差异性。管理背后蕴含的文化色彩，使管理在跨文化组织中不能简单地移植。不同文化的需要、动机、态度、价值观和管理实践存在很大差异。如西方人的思想具有类型化、突出个性以及独立性等特征，而东方人的思想则具有连续性和联系性特征。

11.1.3 跨文化人力资源管理

经营的国际化使得企业面临着一些有趣的管理挑战。市场、产品以及生产计划都必须在全世界范围内加以协调，企业必须创建一种能够在公司总部的集中控制和海外分支机构的充分自主权之间实现某种平衡的组织结构。与此同时，企业的人力资源管理政策和系统必须向外延伸。研究者对8家大型企业国际人力资源经理提出同一个问题：在目前以及可预见到的未来，全球化对贵公司人力资源管理实践产生影响的关键性压力是什么？其答案涉及下列三个方面。

（1）人员配置。无论雇员所在的地理位置在哪儿，都能够轻松地将拥有企业所需技能的雇员调往需要他们的地方。

（2）知识和创造力的传播。无论某些知识和实践是在哪个地方产生的，都能够在整个组织范围内进行传播。

（3）在全球范围内辨别和开发人才，即辨别谁能够在一个全球性组织中有效地发挥自己的作用以及在全球范围内开发人才。

"跨文化人力资源管理"常常被看作"国际人力资源管理"的代名词。国际人力资源管理（international HRM，global HRM）是指跨国企业内部的人力资源管理活动，可能是跨文化的，也可能是同文化的，也就是说对于总公司而言是跨文化管理（总公司与子公司、外派管理者和东道国员工文化背景不同），对于子公司而言则可能不属于跨文化管理（本土管理者和员工文化背景相同）。国际人力资源管理强调的是人力资源管理职能本身而非文化差异的管理。跨文化人力资源管理是指企业管理者将文化差异作为人力资源管理的背景，即针对不同文化背景的员工如何进行人力资源管理。赵曙明认为，国际人力资源管理包括三个维度：人力资源管理活动包括人力资源的获取、分配和利用，与国际人力资源有关的三个国家即东道国、母国和第三国，跨国公司的三类员工即东道国员工、母国员工和第三国员工。从某种程度上讲，跨文化人力资源管理是国际人力资源管理的子集，体现了人力资源管理活动与员工背景的相互作用。

跨文化人力资源管理包括跨国企业的三类人员（东道国员工、母国员工与第三国员工）的甄选、安置、培训、考核以及薪酬发放等一系列职能活动。母国员工即总公司派向境外子公司的员工，东道国员工即跨国公司在境外的子公司所在国（地区）聘用的员工，第三国员工是指子公司聘用的既不是总公司所在国也不是子公司所在国的员工。

在海外开展人力资源管理活动所面临的压力不仅包括遥远的距离所产生的问题，还包括不同文化、政治、法律以及经济方面存在的差异。例如，就法律规定的最低年休假时间来说，各地的情况就不一样，最少的如英国，根本没有规定，而卢森堡每年有5个星期。文化差异要求跨国公司在不同分支机构中实施的人力资源实践必须有差异。一项研究发现，美国管理者最关注工作能否完成，中国内地的管理者则关注如何维持和谐的工作氛围，中国香港地区管理者处于二者之间。霍夫斯泰德（Hofstede）认为，对权力不平等的接受程度在一些国家（如墨西哥）比在另一些国家（如瑞典）要高一些。墨西哥工人希望同管理人员保持适当的距离，希望双方之间的关系是正式的。墨西哥企业中的正式规则和规章制度通常不会被遵守，除非出现权威人物。在德国，做事必须非常准时，迟到几分钟都不行，称呼资深人士要带头衔。总之，跨国公司的人力资源管理实践是多样化的。

不同的经济体制也会导致不同国家之间的人力资源管理实践差异。首先，一些国家比另一些国家更崇尚自由企业的理想。例如，法国对雇主解雇工人的权力施加了严格的限制，对雇员的法定工作时间做了严格规定。其次，各国劳动力成本差异明显。例如2000年，墨西哥生产工人的小时薪酬是2.46美元，英国和美国分别是15.88美元和19.86美元，德国为24.01美元。最后，不同国家劳动者的工时差异较大。葡萄牙工人每年平均工作1 980小时，德国工人每年平均工作1 648小时。在法律和劳资关系方面，有些国家规定雇主解雇工人要支付遣散费，不同国家的雇员权力和福利水平也不同。

11.2 外派员工管理

波尔马特（Perlmutter）将跨国企业人力资源管理模式分为四种：①民族中心主义模式，即将母国的管理模式与方法套用到海外分（子）公司，公司的重要管理职位大多为母公司外派人员，辅助性岗位才会雇用当地人员，公司高层管理人员在母公司既定的框架下进行管理；②多中心主义模式，即海外分（子）公司可以根据当地政治、经济等环境采取适当的人力资源政策，公司的管理人员有较大的自治权，一些重要管理岗位可以由东道国员工承担；③地区中心主义模式，即海外分（子）公司按地区进行分类，公司的管理职位可由驻在国的员工担任，人员在特定区域内流动，本土化程度进一步加深；④全球中心主义模式，即在全球范围内配置母国、东道国和第三国人员，各岗位由最适合的员工担任，个人能力成为任职的唯一标准，人力资源在母公司、子公司构成的网络间自由流动，从而实现最优配置（林肇宏等，2015）。具体而言，跨国企业人力资源管理实践涉及人员配备、培训、绩效考核、薪酬管理等职能活动。

1. 外派人员甄选

一般来说，跨国企业的上层管理人员由母公司派出，中下层管理人员从东道国或第三国中选拔，其他人员尤其是普通员工从东道国招募。发达国家跨国企业境外子公司的管理人员来源主要是：经过本国母公司教育和培训并获得相应经验的本国公民，即母国人员（home-country nationals，也称外派人员即"expatriates"）；经过东道国分公司教育和培训并获得相应经验的东道国人员（host-country nationals）；第三国的人员（third-country nationals）。

跨国企业的人力资源配备有四种方式：民族中心法、多中心法、地区中心法和全球中心法。民族中心法是指跨国企业所有的关键岗位都由母国人员担任。多中心法是指招募东道国员工管理当地的子公司，母国人员在总部任职。地区中心法是指把经营按地理区域划分，人员可以在地区间流动。全球中心法是指在整个组织中选择最佳人选来担任关键岗位而不考虑其国别和地区。

研究表明，美国企业外派人员提前结束海外工作的比率为16%～50%，每一次这样的失败所带来的直接成本可能达数十万美元甚至更多。日本和欧洲跨国公司外派人员的召回率较低，前者为1/6，后者为3%。有些外派人员尽管没有被召回，但可能导致生产率下降以及客户关系不佳等隐含成本的上升。

外派工作失败的原因有哪些呢？首先，外派人员的个性问题。性格外向、容易与人相处、情绪稳定的人更易融入外派工作中。其次，外派人员的动机。希望获得外派工作机会的人会努力调整自己以适应外派生活。最后，外派人员的家庭原因。家庭压力（如配偶、子女无法适应外派生活）是外派人员提前回国的重要因素之一。研究者认为，外派工作的失败并不是个人能力不足，而是由外派人员面临的家庭及个人问题所导致的。当然，生活环境、住房状况、健康保健、配偶能力等也会影响外派人员的工作效果。

跨国公司的管理人员包括本土管理人员和外派管理人员，后者分为母国管理人员和第三国管理人员。跨国公司高层管理人员的价值观分为三种：民族中心主义价值观、多中心主义价值观以及全球中心主义价值观。这三种价值观对应三种国家人员配置政策。民族中心主义价值观要求海外机构所有的关键管理职位由母国雇员承担；多中心主义价值观主张本土雇员担任海外分支机构中的管理职位，公司总部由母国雇员担任；全球中心主义价值观认为公司应该寻找适合某个关键岗位的最佳人选，不考虑其国籍。

外派人员甄选。外派人员不仅要胜任工作，还要具备跨文化沟通能力和环境适应能力。有助于外派管理人员完成工作任务的因素包括工作知识与动机、关系技能、灵活性、超文化开放性和家庭状况五个方面。美国研究者建立了"海外工作任务测试题库"，很多公司用它对外派候选人进行笔试。这个题库是对7000多位外派候选人进行长达12年纵向研究后建成的，可以用来鉴别出外派候选人是否具备从事海外工作所要求的特征和态度。此外，还有公司采用"真实工作预览"的方式甄选候选人，即将未来工作中可能遇到的问题以及外派国的真实情况呈现给候选人，既考察其能力，也供其决策时参考。值得一提的是，外派人员甄选的程序和方法与本土员工甄选基本相似，只不过甄选标准和测试内容不同。

跨国企业经理人员甄选的通用标准有：①身心健康、国际活动能力、专业知识以及管理水平；②冒险精神、乐观态度、文化适应力；③工作经验；④独立精神；⑤跨文化沟通经验、人际技能；⑥信任和被信任能力。此外，年龄、配偶以及工作-家庭因素也会在考虑之列。当然，跨国公司对于派往不同国家或地区的人员甄选具体标准或指标权重分配会有所不同。美国和德国的跨国公司在甄选外派人员时，通常会对候选人及其配偶进行面试，很少采用测评法。

值得一提的是，不同国家或地区对员工招募有不同的法律法规，跨国公司员工甄选与录用必须遵守本国、东道国以及第三国的制度规定。

2. 外派员工培训

严格的筛选是确保外派雇员工作成功的第一步，接下来的关键环节是培训。一家专门培训外派员工的美国公司提出一种"四步培训法"。第一步的培训着重解释国家间的文化差异会带来什么样的影响，旨在提高受训者对这种差异的认知能力，同时使他们了解这种差异对经营成果所产生的影响。第二步的培训目的在于让受训者理解人的态度是如何形成的以及态度是如何对人的行为产生影响的。第三步的培训是向受训者提供有关拟派国家的一些实际知识。第四步的培训重点在于语言、调整以及适应能力的提升。

外派人员的培训一般包括三个阶段：预备教育、启程前教育和抵达后教育。预备教育大约持续一个星期，内容主要是子公司所在国的情况介绍，如政治制度、经济制度、历史背景、文化传统等，工作任务、职责与待遇介绍，以及家庭安排等。启程前教育一般为4～5天，主要是子公司所在国的语言训练、跨文化教育以及旅途和抵达的注意事项教育。抵达后教育包括周围环境介绍、公司基本情况介绍、公司实际运营状况介绍。

当然，外派人员除了赴任前后的专门培训之外，任职期间还享有母公司提供的其他培训机会，如管理技能开发、语言培训、跨文化沟通等。

至于外派人员就任期满归国，母公司还要对其进行专门的培训，以便减少工作变动和生活方式变化带来的不适应。

3. 外派员工薪酬待遇

薪酬的外部公平和内部公平有时候是矛盾的，对于外派人员来说这一点更加突出。一方面，企业必须维护整个公司范围内的薪资水平与政策的一致性，比如位于世界各地的各个事业部的销售总监的薪资收入应该介于某个变动幅度较小的区间内。另一方面，如果忽略了雇员薪资与当地劳动力市场的一致性，企业可能无法找到合适的外派人员。常用的办法是在整个公司范围内为所有从事类似工作的人确定一个相似的基本薪酬，根据各地的市场情况增加各种补贴，如国外服务补贴、艰苦补贴、迁移补贴等。

跨国公司通常要在公司所在的地方进行年度薪酬调查。比如卡夫卡公司每年都在比利时、德国、意大利等国进行全面薪酬调查，包括现金、短期和长期奖金、退休金计划、医疗福利以及各种特权等。这些信息成为公司制订年度加薪计划以及改善福利组合的一个依据。计算外派人员薪资的一种普遍方法是使雇员在不同国家工作时的购买力水平不变，即资产负债表法。由于外派人员应该享受他们在国内工作时相同的生活标准，所以资产负债表基于4种主要消费项目（收入所得税、住房、商品和服务以及其他自由支配费用）的数据比较，外派人员的薪资与母国人员的薪资变化范围一致，但外派人员可以得到其他补贴。

对于外派雇员来说，非货币性收益不容忽视。强生公司外派的专业人员流失率高达25%，原因在于公司提供的培训和开发项目未能满足技术人员的需求。跨国公司日益重视满足外派员工的非物质性报酬需求。

对于跨国企业而言，有效的薪酬政策应该具有以下特点：能够使境外公司的工作对母国员工具有吸引力并能留住人才；便于员工在母公司与子公司之间进行调动；使各子公司的薪酬制度之间有一个稳定的关系；本公司和子公司的薪酬制度与同一地区的竞争对手相比具有竞争力。

跨国企业对于外派人员的薪酬待遇规定有两种取向：第一种是采用本国标准法，第二种是采用系数法。本国标准法是指所有的外派员工无论在哪一国子公司工作，均按母国的薪酬标准拿工资。这种方法适用于母国薪酬水平高于东道国薪酬水平的跨国公司。系数法是指将跨国员工的薪酬分解为一些"工资因素"，根据母国和东道国的有关法律条文对工资因素进行调整，使外派人员的薪酬水平保持一致，最后用"薪酬系数"的数值对整个薪酬进行综合平衡调整。

外派人员的薪酬待遇一般包括以下部分：基本工资、福利、津贴、奖金、税收。基本工资是外派人员在本国工作时的主要收入，外派后以在本国的基本工资为基础。外派人员1/3的收入来自福利。津贴是外派人员费用支出中较大的一块，如安家费、住房补贴、子女教育费、劳务费。外派人员的奖金有两种形式：持续性奖金和一次性奖金。公司对外派人员的赋税承担比例因外派人员的国籍和派驻国家而异。

全球薪酬体系最重要的原则是合理和公正。只有符合这两个原则，薪酬体系才可以被各方接受。

4. 外派员工绩效考核

外派员工绩效考核涉及两个特殊的问题：谁来考核？按照什么标准来考核？由于文化差异，东道国管理者对外派人员的评价可能存在偏差。由于信息获取的局限，母国管理者对外派人员的评价也可能存在偏差。因此，跨国公司考核外派人员的工作绩效时常常兼顾东道国管理者和母国管理者的评价。工作绩效不仅受到个人能力和动机的影响，还受到环境的制约。因此外派人员的绩效考核标准不能直接套用母国的标准，而应该根据所在地环境因素进行适当调整。

为了改善外派人员的绩效评价过程，专家提出以下建议：把握不同外派工作任务的难度等级；确定评价结果时，在国外当地工作的管理人员对外派人员的绩效评价应当放在更为重要的位置上，母国管理人员的评价次之；如果必须由母国管理人员填写书面的评价结果，可请有海外工作经历的人提些意见；对适用于某一特定职位的常规绩效标准加以修订，以使其满足海外职位的需要。

至于具体的绩效评价程序和方法，外派人员则与母国员工无异。

5. 外派员工的其他问题

（1）海外员工的安全问题。专家建议：对外派人员提供培训，使他们了解到外派国工作和生活的一些知识；告诉他们不要引起别人的注意，让别人知道他们是外国人；在外派人员的汽车和家里设置安保系统；告诉外派人员要经常改变上下班路线；外派人员定期查询信息来了解当地有关犯罪和其他问题的动态；建议外派人员保持自信。除了生命和财产安全之外，健康问题也受到关注，比如，为了帮助外派员工避免感染艾滋病，跨国公司提供艾滋病防治知识培训。

（2）外派归国问题。完成外派任务的员工归国后安置成为跨国公司人力资源管理的重要任务之一。外派归国者担心他们在国外停留时间过长，被高管"忽视"。如果外派人员归国后被随便安置一个岗位，而原来的同事已经得到提升，其心理落差会更严重，有些人甚至选择离职。如果说外派时遭遇了"文化震荡"，归国则意味着"反文化震荡"，同样需要特殊关照。为了留住外派归国人员，跨国公司可采取下列措施。

1）签订书面的外派归国协议，保证公司不会让外派人员在国外停留的时间超过规定时间，保证归国后安排一个双方都能接受的职位。

2）指派一名联络负责人，在外派期间与其保持联系，如告知公司本部发生的重大事件和人事变动，监控其职业发展和兴趣，考虑其适合的空缺职位。

3）提供正规的职业发展咨询服务，确保公司安排的职位满足归国者的需求。

4）保持沟通和交流，使外派人员参与母公司的经营活动。

5）制订定位引导计划，便于归国者的文化调整与适应。

11.3　东道国员工管理

由于跨国公司母国外派人员的薪酬福利费用太高，而且管理人员的失败率高，所以，跨国公司逐步开始实施子公司管理人员本土化战略。这一战略还有以下优势：本土管理人员更了解当地情况，有利于鼓舞本土员工的整体士气，有利于子公司组织内部沟通，有利于获取当地政府的支持。当然，子公司管理人员本土化也存在一些局限性，如东道国缺乏符合跨国公司需要的特殊人才，本土人员对跨国公司的文化理解不如母国员工，本土人员缺乏全球管理视角。

除了管理人员本土化之外，跨国企业的研发人员、销售人员等也开始本土化。相对本土企业而言，跨国企业子公司拥有先进的管理理念，能够提供丰厚的待遇以及较好的发展空间和机会（如培训、职业生涯指导、晋升等），所以能够吸引东道国或第三国的优秀人才加盟。在中国，跨国企业（尤其是知名外企）发布的招聘广告总是能够吸引大量的求职者（甚至包括在职者），为跨国企业网罗本土优秀人才提供了保障。

跨国企业对本土人才的选拔标准通常较高，最后录用人员的素质也非常过硬。这些本土人才通常具有名牌大学的学历，扎实的专业基础和出色的专业技能，超群的人际沟通能力、语言表达能力、思维创新能力、管理能力等。

东道国管理人员和技术人员的培训通常是由总公司派驻培训师进行培训，或者选拔优秀管理人员、技术人员前往总公司接受相关培训。至于一般员工的培训，则由子公司人力资源管理部门与培训对象所在部门联合完成。

跨国企业的一线员工（如蓝领工人）几乎完全本土化，而他们往往没有白领和金领那么幸运。跨国企业提供给这些本土员工的待遇是参照东道国劳动力市场行情的标准，与母公司同类职位相比待遇落差很大，容易导致本土人员产生不公平感。如果子公司采用母国的管理模式（如培训、绩效评价、激励等）管理东道国的员工，就会常常出现"水土不服"的现象，即母公司有效的管理方式在子公司变得无效甚至产生负效。这也是子公司管理人员本土化的一个潜在原因。本土员工薪酬管理的关键在于人力资源管理过程中应协调好本土与非本土人员之间的待遇关系，引导员工选择适当的参照对象进行社会比较，尽可能提升员工的满意感，避免使员工产生不公平感和挫折感。

学者观点

由于人力资源管理具有强烈的文化特质，即人性化与个性化的特点，所以任何一个国家的人力资源管理制度或方法都不能直接在另一国照搬照套。中国企业需要在跨国经营的条件下克服异质文化的冲突，构建"走出去"的人力资源风险预警机制，在不同文化、不同价值观、不同劳动法律法规的背景下实现国际人力资源的有效管理，最合理地配置国际人力资源，最大限度地挖掘和利用国际人力资源潜能，实现全球化条件下企业管理综合效益的最大化（林新奇、王富祥，2017）。

11.4 跨文化人力资源管理的挑战与发展

11.4.1 挑战

（1）跨国企业面临如何看待文化的同一性和差异性的挑战。从事国际商务活动的主要挑战在于如何有效适应不同的文化。要应付这种挑战，就必须理解文化之间的差异性、认知模式、刻板印象和价值观。近年来，大量关于文化维度和态度的研究证明，整合不同国别的文化是非常有意义的。然而，当讨论各个国家的文化时应特别警惕，即应该避免刻板印象和过分的一刀切，因为各个国家都存在个体差异，甚至存在亚文化。

（2）跨国企业面临经营人才缺乏的挑战。通晓国际经济，熟悉国际市场，懂得国外法律、财政、金融的专门人才供不应求，成为制约跨国企业发展的重要因素。传统的教育制度和人才培养方式限制了跨国企业经营人才的供给。

（3）跨国企业面临人才流失的挑战。本土化管理人员和研发人员在跨国企业积累了一定的工作经验和资本后，一旦认为公司不能满足自己的需要则倾向于选择离职，如流向本国企业、其他外企、境外企业等，有的选择自主创业。

（4）跨国企业面临职业道德和社会责任的挑战。跨国企业中女性员工晋升遭遇"天花板效应"，子公司的高层管理职位只提供给母国人员，对东道国员工的待遇歧视，东道国的环境污染，等等，都是考验跨国公司的新问题。

11.4.2 发展趋势

跨文化人力资源管理战略成为跨国公司全球战略的重中之重。跨国公司的人力资源管理战略必须为企业的发展战略服务，为跨国企业的全球范围竞争力和效率服务，实现全球化与本土化平衡以及跨国企业的弹性管理。

文化同化成为跨文化人力资源培训的重要方法。文化同化是指设计好的程序化的学习技巧，用来向某一文化中的人揭示另一种文化的基本概念、态度、角色理解、习惯和价值观。这种培训方法要求被培训者阅读一小段有关文化冲突的轶事，然后选择答案并解释所发生的事件及其原因。如果被培训者的选择是正确的，他将被要求继续下一则轶事。如果被培训者选择不正确，则被要求重新阅读，直到选择正确答案才继续下一个。文化冲突的关键事件至少满足下列条件之一：外派人员和东道国人员相互交往；这种情形令人迷惑，可能被外派人员误解；这种情形如果能够得到足够的关于文化的知识是可以解释的；这种情形与外派人员的任务或使命相关。

全球领导艺术开发成为必然趋势。不管面对的是硬性的组织问题还是软性的组织问题，高效的跨国公司倾向于采取强力型的领导风格。硬性问题包括预算、生产、营销、分配和财务；软性问题则涉及价值观、文化、远景、领导风格和创新行为。对硬性问题采取强力型领导的过程中，注意力被放在低成本提供产品和服务上；对软性问题采取强力型领导的过程中，注意力被放在发展和保持创新上。全球领导力项目（global leadership program，

GLP）是培训跨国公司全球领导者的最好方法之一。它是由美国、欧洲、日本的跨国公司，以及公司的全球员工和东道国共同参与的联合合作项目，旨在向参与者提供大量国际业务经历，从而培养其全球视野，提高跨文化能力以及提供全球网络合作的机会。该项目为期5周。第1周，参加者阅读其将要访问的国家资料，填写一些关于跨国公司特点、全球领导维度以及管理者行使全球职责洞察力的问卷。第2周，参加者对目标国进行评估。第3、4周，参加者回国。第5周，每个人写出自己的报告并制作视频资料，准备演讲。

积极组织行为（positive organizational behavior，POB）是跨文化人力资源管理的重要目标。积极组织行为是指"对能够测量、开发并有效管理的积极导向的人力资源能力和心理能力的研究和应用，能够提高当前工作场所的绩效"。一个组织要做到最有效和最具创造力，就必须具有积极的特质、状态和制度以促进积极的行为。积极的特质包括有责任心、情绪稳定、外向、认同他人、尊重他人的经验、拥有对自己的客观评价和积极的心态，如自我效能、希望、乐观以及心理韧性。积极的组织关注人与组织的目标和期望的匹配。尽管不同文化对积极和消极的定义可能不同，但是特定文化一定有关于消极和积极的划分，所以积极组织行为的内涵在不同文化背景中可能有差异，但人力资源积极行为的开发导向是相同的。

小练习

请上网搜索著名跨国企业的人力资源管理战略。

本章小结

经济全球化改变了世界经济发展的格局。跨文化人力资源管理的出现意味着跨国公司管理不仅重视人力资源因素，还开始重视文化因素。跨文化人力资源管理是指跨国公司为了实现组织目标对具有不同文化背景的员工进行招聘、培训、考核、薪酬发放等过程的集合。跨文化人力资源管理的对象通常包括母公司员工、外派员工、东道国员工和第三国员工，对这些不同文化背景的员工不能采用同样的管理方法和模式进行管理。

外派人员的招聘有一些通用标准，如身心健康、专业知识和技能过硬、文化适应性强、语言表达和人际沟通能力强、乐观、独立等。根据外派人员驻外工作的时间安排，可将外派人员的培训分为预备教育、启程前教育和抵达后教育三种类型。外派人员的薪酬标准制定有本国标准法和系数法两种。

本土人员的招聘、培训和薪酬发放通常与东道国人力资源管理一致。

跨文化人力资源管理遭遇以下挑战：文化差异性与相似性的协调、经营人才缺乏、人才流失严重以及经济目标与社会伦理的平衡等。展望未来，跨文化人力资源管理战略将成为跨国公司发展战略的重要组成部分，文化同化将成为跨文化人力资源培训的重要方法，全球领导艺术开发将成为跨文化人力资源管理的重要内容，积极组织行为开发将成为跨文化人力资源管理的重要目标。

学习建议

在本章的学习过程中，我们须重点关注文化差异如何对跨国人力资源管理活动产生影响。

1. 本章重点

跨文化人力资源管理的含义；本土人员管理；外派人员管理。

2. 本章难点

文化及其内涵；外派人员甄选。

核心概念

跨文化管理、跨文化人力资源管理、外派人员、东道国人员。

课后思考与练习

1. 如何理解文化的内涵？
2. 跨文化管理出现的原因是什么？
3. 如何理解跨文化人力资源管理的含义？
4. 外派人员的入职培训包括哪些内容？
5. 跨国企业管理人员本土化有什么优势和劣势？
6. 上网搜索两三家外国来华企业的人力资源管理策略和两三家中国驻外企业的人力资源管理策略，比较其管理策略的异同点，并分析原因。

案例分析 11-1

新联想的国际化薪酬架构

自联想于 2004 年 12 月 8 日以 12.5 亿美元收购 IBM 全球 PC 业务之后，一家中国本土企业如何设计一种兼顾本土和国际行情的国际薪酬体系，一直受到人们的关注。已在联想从事人力资源工作 6 年的联想集团华东区域总部人力行政总监曹金昌对此不无感慨："并购 IBM-PC 部门之后，我们采取'软着陆'的方式，逐步过渡达成中国员工和海外员工薪酬政策和结构的一致性。"

并购前各有利弊

联想自 1998 年就开始进行和世界接轨的薪酬体系规划和设计。联想所倡导的以 3P 为基础的薪酬理念，即为岗付酬（pay for position）、为人付酬（pay for person）、为绩效付酬（pay for performance），与 IBM-PC 部门的理念比较接近。但双方在具体的薪酬内容上存在一些差异。

在并购后进行双方薪酬设计方案整合的项目中，作为华东区 HR 总监的曹金昌在与原来 IBM-PC 部门的销售人员沟通后发觉，对方的激励制度设计和管理方面有待改善。"我们当时问了一些诸如你们以前的考核方案是什么、你觉得对此是否清晰、你目前做的工作与你的报酬是否相一致等问题时，他们的回答是：我们也不是很清楚。"曹金昌说，这主要是由于绩效考核指标设置过多过高、考核方案过于复杂和不清晰、绩效沟通面谈的沟通和反馈不够等。

相比而言，原来联想在激励方面做得相对较好。首先，它会根据很多细化的指标，例如各地生活指数、百户人口电脑拥有率等数据来测算某一区域今年的增长率是多少，保证设定一个相对有挑战又可以达到的目标。使得20%的人员能够大大超过目标，70%能够达到中等，10%达不到。此外，以财务指标为主的具体指标设定也很简单，一般不超过4个。

同时，联想对与员工的沟通面谈也非常重视。每次新方案出来后，HR管理人员会就该方案跟各个团队成员沟通，同时还以电子版等各种形式通知员工本人，并给员工一页纸的任务书，由员工本人签字确认，从而保证员工能够明确了解自己当前所做的任务与所得奖金之间的关系。

在长期激励方面，原来的联想基本上是全员持股，后来发觉市场大势不好时，期权对基层员工的激励作用相对较弱，于是将股权计划覆盖的范围缩小了。结果，原来所分配的股权现在继续执行，而新的股权只分配给很少一部分高管。曹金昌说："对基层员工的激励更多强调基薪和奖金。"而这种变化与IBM-PC部门基本一致。

除了薪酬激励方面的差异外，曹金昌认为双方第二个差异表现在基薪方面，而IBM-PC部门的优势就体现在基薪的确定上，比如用等级确定基薪、薪酬调查与国际调查相匹配、能力体系与薪酬的嫁接等，这些方面都是联想欠缺的。

0.5+0.5能否等于1

2003年5月1日交割完毕后，美国一位薪酬管理专家Ezara加盟联想成为专管薪酬的副总裁。Ezara上任后曾在中国巡查并了解当地的薪酬现状以及中国的文化。在美国总部，联想设立了由Ezara领导的薪酬福利项目组，负责设置全球薪酬体系，其中也包括一名中国员工。

"我看到很多核心的内容都继承了原来联想的东西。"曹金昌说，融合后新的薪酬架构要将原来联想的3P改为"P Three"，即priority（KPI的优先性）、performance（绩效沟通和反馈）、pay（报酬），根据KPI优先指标的达成，对员工的绩效进行反馈，然后据此支付其薪酬和奖金。

在此过程中，曹金昌从2005年8月开始主要负责华东区的员工薪酬调查，收集华东区各部门对待方案的反馈，以及向总部提交当地薪酬和绩效管理制度的实际运行情况。说到操作薪酬调查项目，曹金昌回忆曾经在摩托罗拉做薪酬管理时所参与的薪酬调查一直让他印象深刻，"对岗位做重新梳理、把公司的岗位与调查公司所要求的岗位匹配、薪酬水平如何定位、结构如何调整，摩托罗拉在这些方面都做得很成熟"。

在与员工进行沟通和完成薪酬调查之后，曹金昌了解到中国和美国两边员工的不同疑问：中国员工普遍感觉并购后公司前景更好，因而对薪酬也抱有更高预期；而国外员工担心自己是否会被降薪。

为此,联想对国内员工的基薪和福利都有所调整与补充,比如增加年金、养老金,补充医疗保险。而对国际员工,基薪不降,但在激励上更兼顾挑战性和可实现性。联想原来所实行的部门考核和个人考核相结合的员工绩效考核方式也将在联想全球中逐步推行,将考核绩效分为优、中、尚待改进三等,比例分别为20%、70%、10%,每年会有5%的末位优化,对于这5%的员工,会考虑给予换岗或不再续签劳动合同。

从大体上来说,职能部门员工的基薪高、奖金少;销售人员的基薪相对低些,奖金和业绩挂钩;研发人员的基薪高些,奖金更多地和员工的发明专利、完成项目的情况挂钩。中国和美国两边的员工互相都会外派,外派员工的薪酬按照各国的国际惯例执行。

"新的薪酬体系出来后,国内和国外员工的薪酬水平肯定还是有差别。"曹金昌解释说,这与不同国家的生活水平相关,同时也在考虑市场的竞争性。比如某个岗位是全球性的,则该岗位的薪酬制定就参照全球性的调查数据;如果只是一个地域性的岗位,则只在该地域去比较。此外,还会选定一些公司做参照,过去的联想会圈定一些国内比较知名的IT公司,新联想则会更多地圈定一些直接竞争对手的薪酬进行调查。

执行到位是关键

新的薪酬体系到目前一直没有最终确定,2005年12月21日,联想任命了新的全球总裁兼CEO威廉·J.阿梅里奥,新CEO对原CEO史蒂芬·沃德在任时所进行的薪酬融合做了重新回顾,尽管这对新体系的正式推出进程多少会有些影响,但曹金昌表示,基本的理念和大致框架都差不多,只是就具体细节再做考虑和权衡。据曹金昌说,在2006年第一财季,即4、5、6月,联想会正式公布新的薪酬体系架构。

新体系公布后会全面推行开,曹金昌说,"不需要做试点,在联想就是直接推下去。很顺畅,大家已经习惯于这种变化"。但每个财季都会根据推行效果,即执行的情况以及执行过程中所反映的方案本身的问题,对体系进行修正和调整。"薪酬是刚性的,一旦定了之后,会对员工心态有影响,因此以后只能是根据具体情况进行调整,不可能完全推倒重来。"

曹金昌指出,新联想的薪酬体系推行成功的关键在于沟通好、执行到位。

要保证这样一个规模大、跨地域多、业务多的公司像一家小公司那样具有高效的执行力,难度很大。曹金昌坦率地表示:"还需要一段时间的努力。"这跟各国的文化差异和思维方式有关,联想中国员工可能习惯于加班加点,但在美国可能更强调工作与生活的平衡。为此,联想正在做一个"知识交换"(knowledge exchange)的项目,国内外员工互相外派,加强对彼此文化的理解,力图找到恰当的执行点来有力推动未来新体系的良好运作。

无疑,"执行"成为新联想未来薪酬体系融合的最大挑战。多年的HR从业经历使曹金昌明白,要想挑战成功,高层管理者的支持和HR的争取尤其重要。同时,能够把复杂的东西简单化,以及进行持续的监督和反馈,缺一不可。

对于本土公司向跨国企业发展中进行国际化薪酬设计时,曹金昌根据自己多年的实践体会给出建议:一是谨慎、平稳过渡,因为薪酬有刚性,而且是敏感性的话题;二是要有充分的调查和研究,要很清楚双方的优势、劣势,以及当地的文化背景和员工的心态变化等；三是要形成一个跨国的国际化团队，能够充分交流，有序地推进。

资料来源：王春梅.新联想的国际化薪酬架构［J］.管理@人，2006（4）.

思考题：

1. 并购外资企业后薪酬管理应注意什么问题？
2. 如何理解执行到位是薪酬制度改革的关键？

案例分析 11-2

中国有色集团本土化用工经验

中国有色矿业集团有限公司（以下简称"中国有色集团"）成立于1983年，主业为有色金属矿产资源开发、建筑工程、相关贸易及服务，目前在"世界500强"企业中排名第398位（2014年排名），是我国有色金属工业"走出去"的排头兵。在"走出去"过程中，中国有色集团一直致力于推进本土化用工管理，在大型矿业企业跨文化人力资源管理即本土化用工方面积累了大量经验。

中国有色集团境外公司人力资源管理特色

1."民族中心主义"模式的劳动用工管理体系

在企业跨国经营初期，一般采用"民族中心主义"模式，即由来自母国的人担任海外分支机构的经理或主要职务。中国有色集团目前采取了"民族中心主义"模式，在海外的出资企业大多实行董事会领导下的总经理负责制，总经理大多由中方员工担任。海外人才管理队伍以集团公司为依托，采用高管裂变的用人模式，集团公司在海外每增加一座矿山，增设一个海外出资企业，主要是从中色非矿等老牌海外出资企业进行人才裂变转移，抽调部分有经验的中方管理人员，派驻到新的海外企业中，担任高层及中层管理者，这些人员构成了公司经理层、公司事务、财务、供应、技术、选矿等核心部门的骨干力量。要建设成为一个具有较强国际竞争力的国际化矿业公司，不仅要求企业在资源、市场和管理上做到国际化，还要实现人才队伍国际化，尤其是打造一支高素质、复合型、国际化管理人才队伍。建设这样一支队伍，离不开科学用人观念，更要具备海纳百川的广阔视野和博大胸怀，不仅要善于用中国人，还要善于用外国人，充分发挥他们的积极作用。

哈辛（Harzing）通过对2 689家跨国公司人员本土化问题的考察数据研究得出，跨国公司在高级管理职位上总是大量地使用母国外派人员，在中级管理职位上更多地使用东道国人员，而在低级管理职位上则主要是启用东道国人员。中国有色集团的用工策略正是如此，在企业负责人等高级管理职位上基本全部使用中方外派人员，由于非洲员工的管理能力和专业技术能力水平相对较低，故本土员工大多用于基层岗位和部分中层管理岗位。在低级管理职位上大量雇用东道国当地雇员，一是能充分发挥当地雇员熟悉本土情况的优势和作用，二是使用当地廉价劳动力能有效降低人工成本，三是为东道国解决就业问题有利于国际友好合作。目前中国有色集团各级海外出资企业外方员工人数均已达到较高水平，中色非矿、谦比希铜冶炼、中色卢安夏等重点企业本土员工已占到职工总数的90%以上，在一定程度上减轻了中方员工人力资源不足的压力，有效降低了人工成本。以在赞比亚的出资企业中色卢安夏为例，目前拥有中方管理和技术骨干近百人，赞方高级雇员二百余人（基本上是大学毕业生），低级雇员 2 300 多人。董事会由 10 名董事组成，其中中方董事 7 名，赞方董事 3 名（含 1 名政府董事），董事会秘书 1 名。

2. "没有最先进只有最合适"的培训教育体系

培训是人力资源管理的重要组成部分，在现代人力资源管理中占据着不可剥夺的地位，本土化雇员的培训教育也成为本土化用工的重中之重。由于矿业企业项目多分布在矿产资源比较丰富但经济发展相对落后的国家或地区，这些国家或地区的员工受当地经济、文化、教育的影响，很难有较为先进的技术能力和教育理念，培训方式和方法也要因地制宜。因此，中国有色集团研究出一套独特的培训教育体系，以"没有最先进的，只有最合适的"为培训理念，为不同国家、不同层次的员工提供不同形式的个性化培训，为本土化员工量身定制属于他们自己的员工培训。对于学历和素质较高的外方中高级管理人员，该集团利用其职教中心和"国家级专业技术人才继续教育基地"的师资力量与资源，推进海外出资企业培训工作转型升级，启动海外职工网络学习平台的搭建，不断完善适应海外发展需要的培训教育平台；对于外方基层管理人员，该集团采用集中授课培训的方式，外请专业师资力量或经验丰富的内部优秀中方员工进行授课，并对较为优秀的外方员工提供外派学习，提供少量名额由本企业出资请他们赴中国进行短期学习，参观集团总部，加强文化的沟通和融合；对于外方基层普通员工，该集团采用"传帮带"的传统培训模式，以熟练工人带新徒弟的模式，培养新人逐步熟悉并进入自己的岗位角色。在部分具有特殊国情和文化背景的国家和地区，该集团还根据当地风土人情和文化特征，设立专门的职业学校，培养当地的本土化员工。恪守"没有最先进的，只有最合适的"的管理理念，该集团所属敖包锌矿成立了职业大学，把世代游牧的牧民培养成现代化的产业工人，获得了蒙古国政府的表彰。

3. "福利多样化"的劳资谈判薪酬管理体系

薪酬管理是企业人力资源管理的重要内容，建立合理的薪酬管理体系，是企业经营与发展的需要，是应对外部竞争和内部激励的有效手段，海外本土化员工的薪酬管理更是如此，具有吸引力的薪酬福利待遇是招募和留住本土化员工的最直接和最有效手段。中国有色集团高度重视建设和谐的劳资关系，加强对当地雇员的薪酬管理，尊重境外企业所在地的法律法规、风俗习惯中对薪酬管理的要求。

在非洲国家，当地雇员都有自己的工会组织，而且每年都要由工会代表与企业代表进行劳资谈判，来确定当年的员工基本工资涨幅。面对这种特殊规定，中国有色集团高度重视和当地工会的劳资谈判，积极稳妥地处理与工会的关系，避免劳资问题"政治化"。首先，该集团要求各境外企业加强对当地法律法规和风俗习惯的研究，要求企业应根据所在国家、地区，以工会谈判协议为基础，制定符合当地实际的当地雇员薪酬管理办法，并报备集团公司。其次，该集团不断加强对当地雇员人力资源管理的了解和管控工作，寻找适当的方式来增加当地雇员的福利待遇，通过各项津贴补贴完善薪酬体系，形成了以"劳资谈判"为基础的"福利多样化"薪酬管理体系。例如，在集团境外项目较为集中的赞比亚，根据当地法律法规，当地雇员的薪酬结构包括基本工资和各项津贴补贴。一方面，集团企业支付了当地雇员各项津贴补贴，如住房补贴、医疗补贴、市场津贴、玉米面津贴、国民养老金、最终福利、教育补贴和交通费等。另一方面，集团企业也实施"暖人心"工程，尤其在2008年金融危机爆发之后，铜价跌至谷底，面对生产经营压力，集团企业负责任地提出"不减员、不减产、不减薪"，受到赞比亚政府的高度赞扬，也赢得了赞方雇员的拥护，企业凝聚力得到进一步增强。此外，集团企业认真开展好一年一度的工会劳资谈判工作，使工资增幅保持在合理水平范围内，有效保证企业长期健康发展。

以中国有色集团在赞比亚出资企业谦比希湿法冶炼有限公司（以下简称"湿法公司"）为例，公司2006年投产，2007年开始劳资谈判。从2007年到2013年，公司劳资谈判的基本工资涨幅如表11-1所示。

表11-1 湿法公司外方员工劳资谈判基本工资涨幅

年份	2007	2008	2009	2010	2011	2012	2013	2014
涨幅	28%	20%	0	12%	12%	KR800*	11%	7%

注：2012年公司上市，基本工资普涨KR300；并将原来的午餐补贴KR120、玉米面补贴KR130、公司生产奖金和工龄补贴合计KR250共KR500一并计入员工基本工资发放。

此外，湿法公司还为本土化员工提供了多样化福利待遇，具体如表11-2所示。

表11-2 湿法公司赞比亚当地员工福利

序号	福利	具体内容
		补贴类福利
1	住房补贴	公司支付基本工资的34%作为住房补贴
2	教育补贴	不论登记注册孩子的数量，每学期给员工家中上学的子女提供750K的教育补贴
3	高温补贴	给破碎站、电积萃取车间、经营部的部分员工提供每人每班次1K的高温补贴
4	夜班补贴	员工每工作一班次夜班，另发放月基本工资的0.8%作为夜班补贴
5	午餐补助	午餐补助计入基本工资发放。同时每人每工作日两个面包
6	交通补贴	由公司租用两辆公交巴士，解决家住青格拉和部分基特伟、卡路鲁西员工的交通问题；家住谦比希和部分基特伟、卡路鲁西的员工，由公司两辆巴士接送。其他地方的员工给交通补贴
7	证书补贴	对持有和工作相关的技能证书的员工，给其发放10%月基本工资的技能证书补贴
8	星期天补贴	星期天作为正常工作日轮班的员工，另发放日基本工资的2%作为上班补贴
9	裁员补贴	如果员工因裁员而被终止劳务合同的，按服务年限，公司支付每年三个月的基本工资
10	葬礼补贴	（1）员工矿难死亡，发放丧葬补助2 000K+圣安（St.Ann）专业殡葬公司的服务。（2）员工自然死亡，丧葬补助1 000K，全部殡葬补贴相当于2 030K，并给以交通车辆协助。（3）员工配偶及其登记孩子死亡，全部殡葬补贴1 000K，并给以交通车辆协助
11	合同到期补贴	员工每完成一个合同期，公司给员工发放每年3个月基本工资的合同到期补贴
		奖金类福利
12	圣诞节奖金	在每年12月，按本年的实际工作月数计算，给员工发放每月基本工资的8%作为圣诞节奖金。在这一年中，员工辞职的，或是被解雇的无资格享受此奖金
13	生产奖金	按产量完成情况，公司管理层给予员工一定的生产奖金

(续)

序号	福利	具体内容
社保类福利		
14	社保	公司为每个当地员工参加并缴纳了养老保险和工伤保险
15	医疗	公司为员工及其登记家属,在中赞友谊医院提供免费医疗。公司每周安排一次公交巴士接送员工孩子和孕妇去中赞友谊医院看病和检查
休假类福利		
16	节假日	执行赞比亚政府公布的公共假日,年公共节假日为11个共14天
17	女性特殊休假	每个女性员工,每个月有一天为带薪休假日
18	带薪休假	员工每年有26天的带薪休假。带薪休假日的兑换,每12个月,员工可以申请兑换其假期或部分假期
19	产假	每个女性员工,从聘用之日起,或从其上一次休产假记起,连续工作满2年的,在提供注册医师或医疗机构的怀孕证明后,可以享受120天的带薪产假。如果因怀孕生病而暂时不能履行其正常职责的,女雇员将享有病假权

4."依靠而不依赖"的跨文化沟通体系

事实证明,要提高跨文化沟通能力,跨国经营管理者应该积极主动进行沟通,入乡随俗,以全球性眼界和多元化价值观,尊重本土文化习俗和民族品格,尊重他们自己解决问题的方式,平等地对待当地人和异域雇员,这样才可能实现有效的跨文化沟通。

中国有色集团境外控股公司目前人才结构呈现以下特征:中方人员在经理层和核心部门中据核心地位,但人数少,能够控制公司的大政方针和资金、物流等重点资源的使用,但因为实施执行层为外方员工,是公司员工的主体,无法做到控制每个环节。中方员工有管理、技术的优势和勤勉的特性,但有人员流动频繁的不足;外方员工管理、技术能力、成本意识以及勤勉精神相对较差,不易考核,但也有严格按规章制度办事的优点。要经营管理好这支队伍,经营管理好这个国际化的企业,必须加强文化交流,形成合力。为此,中国有色集团首先是要求中方员工要用自身文明的行为、敬业的精神、出众的能力、负责的态度和严谨的工作方式来影响外方员工,形成公司的主流文化。自每个新建项目开设以来,公司全体中方人员积极响应领导班子的号召,披星戴月,早起晚归,白天忙现场,晚上忙整理和修订工作方案。在项目进入正常运转阶段后,中方员工每周仍然工作6天,表现了足够的敬业精神和专业精神,不仅得到当地政府、社会各界的高度评价,也深深地影响着当地雇员,出现了不少像中国人一样勤奋工作的外方员工。

相应地,公司在外方雇员的使用上,根据外方人力资源的实际情况,坚持"依靠"而不"依赖"的原则和"客观对待,逐步提高;相互尊重,严格要求"的十六字方针。"依靠"是因为外方员工是主体,"不依赖"是由他们在管理、技术和成本等方面所处位置和特性所决定的;"客观对待,逐步提高;相互尊重,严格要求"的方针要求公司实事求是地认识在海外经营企业所面对的环境,学会按照当地的法律法规科学地对待和管理员工队伍。在实际工作中,对外方员工表现优异的予以重用,但对不称职的人员则依据公司的制度坚决予以处理。这些做法得到外方员工的有力支持。通过文化融合行动和中方员工自身垂范，通过中外员工的共同努力，中国有色集团在海外的矿山开发实现无数个"第一"，也让当地员工充分感受到了中国投资者和经营者的不一样：中国人是真正的投资者，在管理上身体力行。这些"第一"的实现，不仅大大提升了中外员工的热情和士气，增加了彼此的信任，而且为公司的海外资源开发进程节约了时间、资金。

此外，为更好地激励外方员工努力工作，贡献力量，中国有色集团在非洲的部分出资企业对当地本土员工进行一年一度的优秀员工评选活动，当选为优秀员工的本土员工，可以有机会免费到中国参观学习，作为嘉奖一切费用由公司承担，这在某种程度上大大提高了外方员工的工作积极性，同时也使外方员工对中国文化有了更深刻的了解和认识，便于他们在以后的工作中进一步与中方员工加强合作与交流，更好地融入企业文化。

中国有色集团境外公司人力资源管理成效

自大力推广本土化用工管理以来，中国有色集团有效降低了劳动成本，扩大了自己的海外业务范围，取得了跨越式的经营业绩。中国有色集团大力培养当地雇员成为企业管理人员，提高了本土员工的责任心和任职能力，赢得了当地政府、社区与民众的普遍信任和大力支持，为派出人员尽快适应并融入当地文化与生活创造了良好条件，增强了企业的知名度和国际影响力。

中国有色集团的海外业务已遍布80多个国家和地区，拥有重有色金属资源量3 000万吨，涉及铜、铝、铅、锌、镍、钽、铌、铍、金、银、稀土等40余个有色金属品种。拥有各级企业261家，其中各级境外企业79家，在深圳、香港、悉尼、伦敦等城市拥有7家上市公司。在赞比亚、蒙古、缅甸、泰国、刚果（金）等国家和地区建成并经营着一批标志性的矿业开发项目。

除有色金属矿产资源开发外，中国有色集团在对外工程承包领域也树立了品牌，多次入选"全球最大225家工程承包商"，荣获有色行业首个境外工程鲁班奖，在越南、哈萨克斯坦、伊朗、阿尔及利亚、安哥拉、埃塞俄比亚、赞比亚等十几个国家承建了一批高速公路、住房、水泥厂、铜矿山和冶炼厂，创造了这些国家的诸多"第一"。

中国有色集团的相关贸易及服务业务也取得了长足的进展，依托2007年出资组建的中色国际贸易有限公司，稳步提升系统化服务和集成化供应的竞争优势，实现了贸易资源的优化整合，在欧洲、亚洲、非洲、澳洲形成了重点突出、多元经营的产业布局，经营规模、效益和贸易实物量实现了跨越式发展。

资料来源：李雪梦．"走出去"人力资源管理战略的本土化用工研究：以中国有色集团为例［J］．中国人力资源开发，2015（15）：103-108.

思考题：

1. 中国有色集团外派员工流动率高可能产生什么问题？应如何避免？
2. 中国有色集团跨文化人力资源管理取得了哪些成效？其根本原因是什么？

相关链接

中国人力资源开发网：http://www.chinahrd.net
中国人力资源网：http://www.hr.com.cn
人力资源开发管理网：http://www.hrdm.net
亚太人力资源网：http://www.aphr.org
人力资源管理协会网站：http://www.shrm.org
世界经理人网：http://www.ceconline.com/hr
中国国际跨国公司研究会：http://www.ciimc.comm

参考文献

［1］ 德斯勒，陈水华. 人力资源管理：亚洲版　第2版［M］. 赵曙明，高素英，译. 北京：机械工业出版社，2013.
［2］ 廖泉文. 人力资源管理［M］. 2版. 北京：高等教育出版社，2011.
［3］ 彭剑锋. 人力资源管理概论［M］. 2版. 上海：复旦大学出版社，2011.
［4］ 刘亮军，李清彦. 人力资源管理教程［M］. 北京：中国传媒大学出版社，2012.
［5］ 吴国华，崔霞. 人力资源管理实验实训教程［M］. 南京：东南大学出版社，2008.
［6］ 葛玉辉. 人力资源管理［M］. 3版. 北京：清华大学出版社，2012.
［7］ 杨顺勇，王学敏，查建华. 现代人力资源管理［M］. 上海：复旦大学出版社，2006.
［8］ 王立岩，刘明鑫，王娜. 人力资源管理［M］. 北京：清华大学出版社，2013.
［9］ 张爱卿，钱振波. 人力资源管理：理论与实践［M］. 2版. 北京：清华大学出版社，2008.
［10］ 德斯勒. 人力资源管理：第12版［M］. 刘昕，译. 北京：中国人民大学出版社，2012.
［11］ 谢晋宇. 人力资源开发概论［M］. 北京：清华大学出版社，2005.
［12］ 冯明，李华，闫威. 人力资源管理实验教程［M］. 重庆：重庆大学出版社，2006.
［13］ 德森佐，罗宾斯. 人力资源管理基础教程［M］. 吴晓巍，译. 大连：东北财经大学出版社，2007.
［14］ 刘昕. 人力资源管理［M］. 2版. 北京：中国人民大学出版社，2015.
［15］ 陈维政，余凯成，程文文. 人力资源管理［M］. 3版. 北京：高等教育出版社，2011.
［16］ 萧鸣政. 工作分析的方法与技术［M］. 2版. 北京：中国人民大学出版社，2006.
［17］ 张德. 人力资源开发与管理［M］. 3版. 北京：清华大学出版社，2007.
［18］ 李新建. 企业薪酬管理［M］. 天津：南开大学出版社，2003.
［19］ 李新建，孟繁强，张立富. 企业薪酬管理概论［M］. 北京：中国人民大学出版社，2006.
［20］ 赵曙明，冯芷艳，刘洪. 人力资源管理研究新进展［M］. 南京：南京大学出版社，2002.
［21］ 王雁飞，朱瑜. 绩效与薪酬管理实务［M］. 北京：中国纺织出版社，2005.
［22］ 吴国存，谢晋宇. 公司人力资源开发与管理［M］. 天津：南开大学出版社，1995.
［23］ 吴国存，李新建. 人力资源开发与管理概论［M］. 天津：南开大学出版社，2009.
［24］ 谢晋宇. 企业人力资源的形成：招聘、筛选与录用［M］. 北京：经济管理出版社，1999.
［25］ 郭庆松. 企业劳动关系管理［M］. 天津：南开大学出版社，2001.
［26］ 冯虹. 现代企业人力资源管理［M］. 北京：经济管理出版社，1997.
［27］ 赵西萍，宋合义，梁磊. 组织与人力资源管理［M］. 西安：西安交通大学出版社，1999.

[28] 赵曙明. 人力资源管理研究 [M]. 北京：中国人民大学出版社，2001.

[29] 涂云海. 人力资源管理原理与应用 [M]. 大连：东北财经大学出版社，2008.

[30] 叶龙，史振磊. 人力资源开发与管理 [M]. 北京：清华大学出版社，2006.

[31] 王海光. 人力资源管理 [M]. 大连：东北财经大学出版社，2008.

[32] 董克用，叶向峰，李超平. 人力资源管理概论 [M]. 2版. 北京：中国人民大学出版社，2003.

[33] 燕补林. 人力资源管理概论 [M]. 南京：东南大学出版社，2008.

[34] 窦胜功，卢纪华，周玉良. 人力资源管理与开发 [M]. 2版. 北京：清华大学出版社，2008.

[35] 彭剑锋. 人力资源管理概论 [M]. 上海：复旦大学出版社，2004.

[36] 张小兵. 人力资源管理系统与组织绩效：基于组织学习视角的研究 [M]. 西安：陕西人民出版社，2009.

[37] 王雁飞，朱瑜. 绩效与薪酬管理实务 [M]. 北京：中国纺织出版社，2005.

[38] 廖泉文. 人力资源管理 [M]. 北京：高等教育出版社，2003.

[39] 张一弛，张正堂. 人力资源管理教程 [M]. 2版. 北京：北京大学出版社，2010.

[40] 邓子鹃. 国外雇员心理健康研究综述 [J]. 淮阴工学院学报，2008（6）：66-72.

[41] 李爱梅，凌文铨. 心理账户：理论与应用启示 [J]. 心理科学进展，2007，15（5）：727-734.

[42] 李爱梅，凌文铨. 心理账户与薪酬激励效应的实验研究 [J]. 暨南学报，2009（1）：80-87.

[43] 张月玲. 宽带薪酬制度设计及其应用 [J]. 现代财经，2006（7）：40-43.

[44] 伯格曼，斯卡佩罗. 薪酬决策：第4版 [M]. 何蓉，柳莉，陆文学，等译. 北京：中信出版社，2004.

[45] 格哈特，瑞纳什. 薪酬管理：理论、证据与战略意义 [M]. 朱舟，译. 上海：上海财经大学，2005.

[46] 德斯勒. 人力资源管理：第9版 [M]. 吴雯芳，刘昕，译. 北京：中国人民大学出版社，2005.

[47] 米尔科维奇，纽曼. 薪酬管理：第6版 [M]. 董克用，等译. 北京：中国人民大学出版社，2002.

[48] 张艳丽. 组织职业生涯规划系统和生涯阶梯设计 [J]. 社科纵横，2007（12）：132-133.

[49] 周文霞. 职业生涯管理 [M]. 上海：复旦大学出版社，2004.

[50] 赵楠，施晨越. 职业生涯开发与管理操作手册 [M]. 北京：经济管理出版社，2006：21-22.

[51] 赵曼，陈全明. 人力资源开发与管理 [M]. 北京：中国劳动社会保障出版社，2007.

[52] 宋君卿，王鉴忠. 职业生涯管理理论历史演进和发展趋势 [J]. 生产力研究，2008（23）：129-131.

[53] 陈永秀，刘治跃，曾敏. 人力资源开发与管理 [M]. 北京：北京理工大学出版社，2007.

[54] 靳娟. 人力资源管理概论 [M]. 北京：机械工业出版社，2007.

[55] 李宝元. 人力资源管理学 [M]. 北京：北京师范大学出版社，2007.

[56] 吴宝华. 人力资源管理实用教程 [M]. 北京：北京大学出版社，2007.

[57] 左祥琦. 劳动关系管理 [M]. 北京：中国发展出版社，2007.

[58] 常凯. 劳动关系学 [M]. 北京：中国劳动社会保障出版社，2005.

[59] 程延园. 劳动关系 [M]. 北京：中国人民大学出版社，2002.

[60] 赵瑞红，秦建国，季璐，等. 劳动关系 [M]. 北京：科学出版社，2007.

[61] 马克思. 资本论：第1卷 [M]. 中共中央马克思恩格斯列宁斯大林著作编译局，译. 北京：人民出版社，1975：201-210.

[62] 邱小平. 劳动关系 [M]. 2版. 北京：中国劳动社会保障出版社，2005.

[63] 刘光明. 企业文化 [M]. 3版. 北京：经济管理出版社，2002.

[64] 赵光忠. 企业文化与学习型组织策划 [M]. 北京：中国经济出版社，2003.

[65] 王璞，武凌. 企业文化咨询实务 [M]. 北京：中信出版社，2003.

[66] 罗宾斯，贾奇. 组织行为学：第14版 [M]. 孙建敏，李原，黄小勇，译. 北京：中国人民大学出版社，2005.

[67] 齐善鸿，等. 道本管理：中国企业文化纲领 [M]. 北京：中国经济出版社，2007.

[68] 沙因. 企业文化生存指南 [M]. 郝继涛，译. 北京：机械工业出版社，2004.

[69] 李宝元. 人力资源管理案例教程 [M]. 北京：人民邮电出版社，2002.

[70] 郭京生，张立兴，潘立. 人员培训实务手册 [M]. 北京：机械工业出版社，2002.

[71] 德斯勒. 人力资源管理：第10版 [M]. 北京：清华大学出版社，2008.

[72] 伍双双. 人力资源开发与管理 [M]. 北京：北京大学出版社，2006.

[73] 诺伊. 雇员培训与开发 [M]. 徐芳，译. 北京：中国人民大学出版社，2001.

[74] 诺伊. 人力资源管理：赢得竞争优势 [M]. 刘昕，译. 北京：中国人民大学出版社，2001.

[75] 中国就业培训技术指导中心. 企业人力资源管理师（三级）[M]. 北京：中国劳动社会保障出版社，2007.

[76] 中国就业培训技术指导中心. 企业人力资源管理师（二级）[M]. 北京：中国劳动社会保障出版社，2007.

[77] 孙泽厚，罗帆. 人力资源管理：理论与实务 [M]. 武汉：武汉理工大学出版社，2002.

[78] 杨顺勇，王学敏. 人力资源管理 [M]. 3版. 上海：复旦大学出版社，2008.

[79] 张玉利. 管理学 [M]. 2版. 天津：南开大学出版社，2004.

[80] 李东进，秦勇. 管理学原理 [M]. 北京：中国发展出版社，2006.

[81] 陈春花，曹洲涛，曾昊. 企业文化 [M]. 北京：机械工业出版社，2010.

[82] BERGER L A, BERGER D R. The compensation handbook: a state-of-the-art guide to compensation strategy and design [M]. 4th ed. New York: McGraw-Hill，2000.

[83] HESSELBEIN F, GOLDSMITH M, BECKHARD R. The leader of the future [M]. San Francisco: Jossey-Bass，1996.

[84] FELDMAN D C. The multiple socialization of organization members [J]. Academy of management review: 1981(Apr): 310.

[85] HOLDSWORTH R. Psychology for careers counseling (psychology for professional groups) [M]. Atlantic Highlands: Humanities Press Intl Inc，1983.

[86] SCHEIN E H. Organizational psychology [M]. Boston: Pearson Higher Education，1979.

[87] ALPIN J C, GERSTER D K. Career development: an integration of individual and organizational needs [J]. Personnel. 1978(March-April): 25.